ISBN 978-1-332-57672-2
PIBN 10365977

For support please visit www.forgottenbooks.com

1 MONTH OF
FREE
READING

at
www.ForgottenBooks.com

By purchasing this book you are eligible for one month membership to ForgottenBooks.com, giving you unlimited access to our entire collection of over 700,000 titles via our web site and mobile apps.

To claim your free month visit: www.forgottenbooks.com/free365977

English
Français
Deutsche
Italiano
Español
Português

www.forgottenbooks.com

Mythology Photography **Fiction**
Fishing Christianity **Art** Cooking
Essays Buddhism Freemasonry
Medicine **Biology** Music **Ancient
Egypt** Evolution Carpentry Physics
Dance Geology **Mathematics** Fitness
Shakespeare **Folklore** Yoga Marketing
Confidence Immortality Biographies
Poetry **Psychology** Witchcraft
Electronics Chemistry History **Law**
Accounting **Philosophy** Anthropology
Alchemy Drama Quantum Mechanics
Atheism Sexual Health **Ancient History**
Entrepreneurship Languages Sport
Paleontology Needlework Islam
Metaphysics Investment Archaeology
Parenting Statistics Criminology
Motivational

ARMORIAL POITEVIN

LISTE ALPHABÉTIQUE

DES FAMILLES NOBLES OU D'ANCIENNE BOURGEOISIE HABITANT

OU AYANT HABITÉ LE POITOU

SUIVI D'UN

INDEX DES ARMES CITÉES

classées par figures héraldiques

NIORT

G. CLOUZOT, ÉDITEUR

22, RUE VICTOR-HUGO, 22

PARIS

H. CHAMPION, ÉDITEUR

5, QUAI MALAQUAIS, 5

1911

IL A ÉTÉ TIRÉ DE CET OUVRAGE

Trois exemplaires sur grand papier du Japon numérotés de 1 à 3,
Vingt exemplaires sur papier Japon numérotés de 4 à 23
et Vingt exemplaires sur papier Hollande numérotés de 24 à 43.

N°

AVIS AU LECTEUR

Composer un armorial est une tâche ingrate. Quelque soit le soin qu'on y apporte on est sûr de voir des erreurs se glisser dans un travail de ce genre. Nous ne prétendons pas avoir évité cet écueil dans le volume que nous présentons aujourd'hui au lecteur. Nous croyons cependant que malgré ses imperfections il pourra lui être utile.

L'armorial du Poitou se trouvait épars dans de nombreux ouvrages, les recherches par ce fait étaient longues et difficiles. Nous avons pensé qu'il serait agréable à ceux que le sujet intéresse de trouver réunis en un seul volume tous ces documents. D'autre part, pour permettre à nos lecteurs de connaître la source, et par conséquent la valeur des renseignements fournis et le degré de créance qu'il faut leur accorder, nous avons cru devoir, à la suite de chaque description d'armoiries, indiquer en abrégé les auteurs qui nous avaient fourni les documents que nous avions employés. Ce système permettra au lecteur d'éviter une perte de temps, ainsi que des recherches souvent fastidieuses et il n'aura qu'à se reporter aux auteurs indiqués pour trouver des renseignements complémentaires sur l'origine, la généalogie, les seigneuries de la famille dont les armes sont blasonnées dans ce livre.

Dans l'amas considérable de matériaux où nous avons puisé, il nous a fallu choisir. Autant que possible, nous ne nous sommes attachés qu'à la description des armoiries des familles nobles : peut-être avons-nous été moins strict que ne l'auraient été Chérin ou d'Hozier, mais c'est là une matière tellement délicate que nous avons pensé parfois que dans le doute il était préférable de ne pas s'abstenir ; d'ailleurs, la source de chacun de nos renseignements étant indiquée, le lecteur tiendra compte de l'auteur qui a décrit les armoiries en question pour savoir quel degré de confiance il doit lui accorder. Toutefois, nous avons également introduit dans ce volume, les armoiries de familles de vieille bourgeoisie, prises pour la plupart dans l'armorial général de d'Hozier, pensant que le rôle joué par elles dans notre province l'exigeait. Cette addition facilitera l'étude des documents armoriés, si abondants que l'antiquaire a souvent beaucoup de peine à identifier.

L'orthographe des noms, très variable jadis, était une autre difficulté : pour faciliter la tâche du lecteur nous avons mis, le plus souvent avec des renvois pour pouvoir concentrer les indications bibliographiques, les diverses versions d'un même nom. De même, nous avons indiqué les variantes que nous avons rencontré dans les armoiries d'une même famille. Certaines sont peut-être simplement des erreurs de copistes, mais le plus grand nombre sont des brisures voulues par les familles pour distinguer entre elles leurs diverses branches.

Quand il nous a été possible, nous avons indiqué la date de l'anoblissement ou celle à laquelle le titre fut conféré ou confirmé pour chaque famille. D'autres fois encore, pour les plus anciennes, nous indiquons le siècle à partir duquel on les voit figurer dans des documents authentiques.

Outre les familles originaires du Poitou, il nous a fallu citer un grand nombre de familles qui ont joué un rôle dans notre province soit par les fonctions qu'elles y ont remplies, soit par leurs alliances, ou encore par les possessions qu'elles y ont eues. Nous avons fait une très large part aux petits pays d'Aunis et de Saintonge qui ont été si intimement mêlés à notre histoire, et nous avons cru devoir recueillir dans cet armorial presque tous les blasons qui en étaient originaires. Nous avons aussi fait une place honorable à l'Angoumois pour la même raison ; aussi le lecteur, malgré le titre de cet ouvrage, trouvera de nombreux documents héraldiques concernant des familles originaires des provinces limitrophes du Poitou.

Nous terminerons ces quelques mots d'introduction en demandant au lecteur sa bienveillance pour les imperfections de ce volume qui, quoique petit, est le résumé de gros ouvrages et le résultat de la compulsation de plus de cent mille articles de nobiliaires et d'armoriaux tant anciens que modernes.

TABLE DES ABREVIATIONS

*1° Les majuscules mises en tête ou à la fin de chaque article
renvoient aux auteurs suivants ·*

B   Bonnaud. Armorial des maires et échevins de Niort.
C   Carré de Busseroles. La noblesse du Poitou.
D   Divers, annuaires héraldiques, Borel d'Hauterive; Bachelin
    Deflorenne, Wignacourt, etc.
F   Beauchet Filleau. Dictionnaire des familles du Poitou.
G   Gouget. Armorial.
H   D'Hozier. Armorial général, province du Poitou.
K   Documents particuliers, dessins, sculptures.
L   La Morinerie. La noblesse de Saintonge et d'Aunis convoquée
    pour les Etats Généraux de 1789.
M   Manuscrits de la Bibliothèque et des Archives Nationales.
P   De La Porte. Noblesse du Poitou convoquée pour les Etats
    Généraux de 1789.
R   Rietstap. Armorial général.

NOTA. — *Quand la lettre précède l'article, au lieu de le suivre, il
faut en conclure que l'ouvrage dont il s'agit cite la famille mais ne donne
pas la description de ses armoiries.*

2° Abréviations dans le texte

Accomp.	Accompagné.
Anc.	Ancien.
An.	Anobli, anoblissement.
Arg.	Argent.
Becq.	Becqué.
Chev.	Chevron.
Croiss.	Croissant.
Dev.	Devise.
Eċ.	Ecartelé.
Epl.	Eployée.
Ét.	Éteint, éteinte.
Fam.	Famille.
Gu.	Gueules.
M. ét.	Maison éteinte.
S.	Siècle.
Sa.	Sable.
Sin.	Sinople.
Sup.	Supports.
Surm.	Surmonté.
Ten.	Tenants.
Var.	Variante.
V.	Voyez.

ARMORIAL POITEVIN

Aage (de l') ou **Age** ou **de Lage.** (Mis DE VOLUDE). *Saintonge. Poitou.* D'or à l'aigle ép. de gu. becq. et membrée d'azur. (F. R.). *Alias :* d'or à la croix de gu. G.

Aage. D'azur ou croissant d'arg. surm. d'une étoile d'or. C. P. (*V. Age*).

Abadie (d'). *Béarn, Saintonge, Poitou.* D'or à l'arbre de sin.; au lévrier de gu. colleté d'arg. attaché du même au tronc; au chef d'azur. D. F.

L'Abadie (de). *Saintonge et Poitou.* D'azur à la croix patriarcale à 3 branches d'arg. accomp. en chef de 2 étoiles d'or et en pointe d'un croissant d'arg. F. L.

Abain ou Abin (d'). De gu. à 6 besants d'or 3, 2, 1 ; au chef denché du même. F.

Abbadie (d'). *Pays de Soule.* Ecartelé au 1 d'azur à l'épervier d'or contourné et perché sur un rocher du même, au 2 de gu. au lion léopardé d'or passant contre un arbre de sinople sur une terrasse du même, au 3 d'arg. à la croix tréflée de gu., au 4 d'or à 3 coquilles de sinople. F.

Abbadie (d'). De gu. au heaume d'or. C P.

Abbadie (de l'). D'azur à 3 fasces d'arg. en devise, accomp. de 2 étoiles du même en chef, et en pointe d'un croissant montant surmonté d'un pal en devise aussi d'arg. G. (*V. L'Abadie*).

Abillon (maison éteinte). *Saintonge.* De gu. à 5 billettes couchées d'arg. rangées en pal. (R. F.). *Alias :* d'azur à 5 billettes d'arg. posées en sautoir. G. C. (S'écrit aussi Dabillon).

Abillon (d'). *Niort.* D'azur à 3 papillons d'arg. H. C. R. (C'est *Dabillon qu'il faut lire*).

Abraham. *Paris.* D'arg. à l'ancre de sa. chargée d'une foi de carnation, parée d'azur; au chef d'azur chargé de 3 étoiles d'arg. C. (D'or, F.).

Abzac. (Mis DE LA DOUZE, Nov. 1615). XIIe siècle. *Périgord, Saintonge, Angoumois.* D'arg. à la bande d'azur chargée d'un besant d'or, à la bordure du second chargée de 10 besants du 3e dont 5 en chef, 2 en flanc, 3 en pointe. R. F. (var.) L. (var.) d'arg. à la bande d'azur à la bordure du même accomp. de 6 fleurs de lys. G.

Acarie, Accarie. (Fam. ét.). *Saintonge.* D'or à 3 chevrons de gu. F. C.

Acéré. *Paris.* De gu. à la fasce d'arg. chargée de 3 étoiles d'azur accomp. en chef d'un soleil d'or et en pointe d'un croissant d'arg. F.

Achard ou **des Achards.** *Poitou, Angoumois.* D'arg. à 3 fasces abaissées de gu. surm. de 6 triangles vidés de sa. entrelacés 2 à 2 et posés 2 et 1. Cri : Achard hache ! *Dev. :* Ex virtute nobilitas. R. F. L. Cte d'Argence. B.

Achard d'Argence. Coupé au 1er d'arg. à 3 fusées de gu. surmontées de 3 deltas de sable entrelacés (Achard) au 2 d'arg. à 2 léopards de gu. l'un sur l'autre (Tizon d'Argence). P. L.

Achard de la Luardière. D'azur au lion d'arg. armé et lamp. de gu. à 2 fasces alésées de gu. brochant sur le lion. Cri : Achard hache ! *Dev. :* Bon renom et loyauté. R. C. D.

Achard de Vacognes. D'azur au lion d'arg. armé et lamp. de gu., couronné d'or, à 2 fasces alésées de gu. brochant sur le lion. (Même cri). R.

Achart. D'arg. à 2 fasces de gu. R.

Acquet de Férolles (Comtes). *1643.* *Ecosse.* De sa. à 3 paniers ou seaux d'or.

Sup. : 2 lions au naturel. R. G. F. (Haquet : panier à vendange).

Acquet. D'azur au chevron d'or, accomp. de 3 têtes de lions arrachées et couronnées du même. H.

Acton d'Aurailles (Fam. ét.). D'arg. semé de fleurs de lis d'azur, au canton de gu. (R). *Var.* : (6 fleurs de lis, dit G.), 5 fl. de l., en devise, au franc canton de gu. chargé d'un croissant d'or. C. F.

Adam de Nauvergnes. D'azur au lion d'arg. R. G. C. H. F.

Adam. D'or à la pomme de sin. tigée et feuillée du même. C. H.

Adam de Sichard. D'or à 3 pommes de gu. tiges en bas, celle de la pointe supportant une croix haussée de gu. *Dev.* : Mort et merci. F.

Adhumeau. (Fam. ét.). D'azur au chevron d'or à l'arbre de sin. en pointe soutenu d'une rose d'arg. et cotoyée de 2 autres. F.

Affray ou **Affary du Fraigne.** De sa. à la bande losangée d'arg. C. H. F.

Agaisseau (d'). D'or au chat de sa., coupé de gu. à la rose d'arg. H.

Age de la Bretollière (de l'). D'azur à la fasce d'arg. accomp. de 3 croissants du même. F. (*V. Aage*).

Age de la Grange (de l'). D'arg. à l'épervier essorant d'azur armé et couronné d'or empiêtant un poisson d'azur. La Morinerie. F.

Age de Volude (de l'). D'or à l'aigle éployée de gu. becquée, membrée et couronnée d'azur. F. R.

Agenois. D'arg. à 3 merlettes de sa. F.

Agier. D'azur à l'étoile d'or en abîme, accomp. de 9 croisettes d'arg., 4, 2, 3, le tout surmonté d'une étoile d'arg. en chef à dextre. F.

Agnes. *Ecosse.* De gu. à 3 chevrons d'arg. G.

Agroué. D'arg. à 3 oiseaux d'azur. H.

Agroye. D'azur à 2 lions affrontés d'or. H.

Ague ou **Hague de la Voute.** *Ecosse.* D'arg. à 3 fasces de sa. et un croissant de gu. en chef. (F.). *Alias* : de gu. à 3 chevrons d'arg. R. P. C. F.

Aguesseau (d'). (*V. Daguesseau*).

Aigret ou **Esgret.** D'azur à 3 oiseaux ou aigrettes d'arg. F.

Aiguières (d') (MARQUIS). *Provence Saintonge.* De gu. à 6 besants d'arg. 2, 1, 2 et 1.

Aiguiller (L'). D'or à 2 aigles épl. de sa. se regardant. (R. B.). *Devise* : fide et securitate. C. F.

Aillon (d'). DUC DU LUDE, mais. ét., 1685. R. (*V. Daillon*).

Ailly (d'). *Picardie.* De gu. au chef échiqueté d'arg. ct d'azur de 3 traits. F.

Aimoin. (*V. Esmoin*). P.

Aimon. D'arg. à 3 merlettes de sa. H.

Ainé (de l'). D'arg. à la fasce de sa. accomp. de 3 molettes d'éperon du même. L.

Airon (d'). *Poitiers.* D'arg. au chev. de gu. accomp. en chef de 2 roses du même, boutonnées d'or, et en pointe d'un tourteau de sa. chargé d'un soleil d'or. R. G. C.

Aisse. *Aunis, Saintonge.* De sa. à 6 épées d'arg. posées en bande les pointes en bas. (R. C.). — (3 épées). F.

Aitz (d') (MARQUIS, 1689). *Périgord.* De gu. à la bande d'or. (F.). — Au chevron d'azur accomp. de 3 molettes de gu., 2 et 1. C.

Alamand. *Provence.* Bandé d'or et de gu. F.

Albin (d'). (Fam. ét.). *Rouergue.* De gu. au lion d'or. F.

Alesme (d'). (*V. Dalesme*).

Alexandre. D'arg. au chevron de gu. accomp. de 2 aiglettes affrontées de sa. becquées et pattées de gu. en chef, et d'un arbre de sin. en pointe. F. C.

Algret d'Aulède. G. P. (D'Olède. C.).

Aliday ou **Haliday.** De sa. au sautoir d'arg. cantonné de 4 quintefeuilles du même. F.

Aligre (d') (Marquis). *Chartres.* Burelé d'or et d'azur de 10 pièces, au chef d'azur chargé de 3 soleils d'or. C. D. F. L.

Allaire. D'arg. au lion passant de sa. et 2 mouchetures d'hermine en chef. F.

Allard. D'azur au chevron d'or accomp. en chef de 2 étoiles du même et soutenu d'un mouton d'argent. D. F.

Allard de Bois-Imbert. D'azur à la croix d'arg. cantonnée de 4 croiss. du même. F.

Allard de Clatton. D'or au chev. de sa. accomp. en chef de 3 étoiles rangées d'azur et en pointe d'un croiss. de gu. R.

Allard (d') de Puirobin. D'azur au chevron d'or soutenu d'un croissant d'arg. ; au chef cousu de gu. et chargé de 3 étoiles rangées d'arg. D.

Alléaume. D'herm. à la bande d'azur chargée en chef d'une étoile d'or et en pointe d'un demi vol d'arg. F.

D'Allemagne. *Aunis.* D'or à 3 fasces de gu. (Dom Fonteneau, C. F.). *Alias* d... à 3 lions de..., le premier caché par un franc canton de... à la bande de... M. F.

Allemand. D'arg. au chevron d'azur accomp. de 3 olives tigées et versées de sin. G.

Allery. De sa. à 9 alérions d'arg. mis en orle. H. F.

Alloneau. D'arg. au sautoir de sa. B. H. F.

Alloue (d'). D'arg. à 2 chev. de gu. accomp. en chef de 2 mâcles de sa. R. C. F.

Aloigny (d'). (Mⁱˢ DE GROYE, janv. 1661). De gu. à 5 fleurs de lis d'arg. 2, 1, 2. (R. P. G). Une autre branche portait seulement 3 fleurs de lis. C. H. F.

Alquier. *Angles* (Tarn). Baron de l'Empire français. D'azur au pal d'or accomp. d'un chef de gu. chargé de 3 étoiles d'arg. F. D.

Amaury. D'or au chevron de gu. accomp. de 3 étoiles d'azur rangées en chef et en pointe de 3 roses de gu. posées 2 et 1. F. G.

Amaury. De gu. à 3 fleurs de lis d'or.

Amaury. D'arg. au lion de sin. armé et lampassé d'or. R. C. H.

Amboise (d'). (Autrefois DE BERRIE). VICOMTES DE THOUARS, PRINCES DE TAL- MONT, COMTES DE GUINES, MARQUIS D'AU- BIJOUX, 1565. Palé d'or et de gu. de 6 pièces. C. F.

Amelin. D'or au chevron de sin. chargé de 3 quintefeuilles d'arg. H. F.

Amoureux. D'azur à 3 têtes d'aigle arrachées d'or, 2 et 1, accomp. de 6 trèfles d'arg., 3 en chef et 3 en pointe. F. B.

Amproux. (Cᵗᵉ DE LA MANSAIS). De sin. à 3 larmes d'arg. H. F.

Ancel (d'). *Normandie.* An. 1579. R. (*V. Dancel*).

Ancelin. *Aunis, Saintonge.* De gu. au lion d'or. (R. F.). Aᵢmé et lampassé d'azur. L.

Ancelon. De gu. semé de fleurs de lis d'or au canton du même. (F. R.). *Alias* : de gu. semé de fl. de l. d'arg. au franc çanton du même à une fleur de lis d'azur. G. C.

Anché. D'arg. au lion de sa. armé, lamp. et cour. de gu. R. G. C. H. F. (Famille connue dès 683).

Andayer. De gu. à la croix ancrée d'or. R.

Andigné (d'). *Anjou,* XIIᵉ s. D'arg. à 3 aiglettes au vol abaissé de gu. onglées, becquées et armées d'azur, 2 et 1. *Dev.* : Aquila non capit muscas. C. D. F.

Andrault. *Saintonge.* D'azur à la cloche d'arg. bataillée de sa., au chef de gu. chargé d'une étoile d'or à dextre et d'un croissant de même à senestre. R.

André. D'arg. au chevron d'azur.

Angély (d'). D'arg. à 4 croix cantonnées de sin. H. C. P. G. D. F.

Angevin. *Niort.* D'azur à un ange d'arg. tenant de la dextre un raisin d'or feuillé du même, et de la main gauche un couteau d'arg. à manche d'arg. accomp. en chef de 2 étoiles d'or. F.

Angevin de la Revêtison. *Niort.* D'arg. au chev. acc. en chef d'un croiss. entre 2 étoiles et en pointe d'un arbre, le tout de gu. R. P. B. C. F. L.

Anglars (d'). *Languedoc.* D'arg. à 3 fasces de gu. surmontées d'un léopard d'azur. L.

Angle (d'). D'arg. semé de billettes d'azur au lion du même. F. (D'or, etc. etc. R.).

Angle de Lusignan (d'). Burelé d'arg. et d'azur à 3 fleurs de lis de gu.

Angles (d'). (Fam. ét.). Gironné d'arg. et de gu. C.

Anjou (d'). COMTES D'ANJOU ET DE TOURAINE, Sᵍʳᵃ DE LOUDUN. De gu. au chef d'arg. à l'escarboucle pommetée et fleurettée d'or brochant sur le tout. C.

Ansart du Fiesnet. D'azur à 2 épées d'arg. posées en sautoir, chargé en abîme d'un cœur enflammé d'or. F.

Anthenaise (d'). *Anjou.* D'arg. à 3 boules de gu. F.

D'Appellevoisin (Tiercelin). (Mis DE LA ROCHE DU MAINE). De gu. à une herse d'or de trois traits. (H. C. G. P. F.). Originaire d'Italie. (C.). D'arg. à 2 herses d'azur passées en sautoir, cantonnées de 4 merlettes de sa. au tiercelin. G.

Apelvoisin (d'). (Mis DE LA ROCHE DU MAINE). D'arg. à 6 burelles de sa. H.

Aquin (d'). (V. Daquin).

Arambert (d'). Poitiers. D'arg. au sautoir de gu. cantonné de 4 croiss. d'azur, au chef du même. R. G. C.

Arcemale (d'). Sologne. D'azur au chev. d'arg. accomp. en pointe d'un croissant renversé du même. (C. P. H.). (Arsemalle). F. (Arcemalle).

Archambault. D'azur à la bande d'or, accomp. de 6 croissants d'arg. en orle. F.

Archambault. C. — D'H. indique un Archambault, marchand, qui portait : fascé d'arg. et de gu. de 6 pièces.

Archiac (d'). (Mais. éteinte). Saintonge. De gu. à 2 pals de vair, au chef d'or. R. C. F.

Arclais (d'). Normandie. De gu. au canton d'or chargé d'une bande d'azur portant en abîme une molette d'arg. et 2 molettes, 1 en chef à senestre, l'autre en pointe, également d'argent. R. F. (Darclais).

Ardillon (d'). Saintonge. D'azur à 3 boucles d'or l'ardillon en pal. F.

Ardon. D'azur au chevron d'arg. accomp. de 4 soleils d'or. G. F. (3 soleils).

Ardouin. D'or à 2 pals aiguisés d'azur accomp. de 3 roses de gu. mises en fasce. H.

Arembert. D'arg. au sautoir de gu. cantonné de 4 croissants du même, et d'un chef d'azur. G.

Argence (d'). De gu. à la fleur de lis d'arg. P. G. H. F. (V. Tison).

Argenson (d'). (V. Voyer).

Argenton (d'). (Fam. ét. vers 1450). D'or à 3 tourteaux de gu. accomp. de 7 croisettes du même, 3, 3, 1. C. F.

Argentrie (d'). (Fam. ét.). D'azur au cœur d'or accomp. de 2 étoiles du même en chef. G. C. F.

Argicourt (d'). D'or au lion de gu., à 3 chevrons émanchés d'azur et d'argent brochant sur le tout. P.

Argy (d'). Berry. Burelé d'or et d'azur de 10 pièces. F.

Arivé. De sa. au bateau d'arg., coupé d'arg. à la fleur de lis de gu. H.

Armagnac (d'). D'arg. au lion de gu. rampant surmonté de 3 chevrons d'azur. (C. H.), (lion du même). (F.). Alias écartelé au 1 et 4 d'arg. au lion de gu. au 2 et 3 de gu. au léopard lionné d'arg. F.

Armagny (d'). Vendômois. D'arg. fretté d'azur. F.

Armand. De gu. au sautoir d'arg. cantonné de 4 alérions du même. H. F.

Arnac (d'). De gu. à 7 annelets d'or 3, 3 et 1. C. P. F.

Arnaud, Arnaut. D'azur au lion d'or armé lampassé de gu. H. B. C.

Arnaud de Bouex. Angoumois. D'azur au croiss. d'arg. surmont. d'une étoile d'or. R.

Arnaudet. (An. 1659). D'or à 2 chevrons de sa. soutenus en pointe d'un épi de blé de gu. C. H.

Arnauldet. G. D'or à 3 pattes de griffon de gu. posées 2 et 1. B. H. F.

Arnauldet. De gu. au lion d'or surmonté de 4 étoiles d'argent. ? F.

Arnault. D'azur au lion d'or armé et lampassé de gu. H. F.

Arnault de la Gorce. D'azur à 6 pigeons d'arg. 3, 2, 1.

Arnault de la Grossetière. D'azur à 3 étoiles d'or et un croissant du même posé en abîme. F.

Arnault de La Menardière. Losangé d'arg. et d'azur, au faisceau consulaire de sa. lié d'or, brochant. D.

Arneaudeau. C.

Arnoul, Arnou du Puy. Poitiers. D'azur au chevron d'or accomp. de 3 coquilles d'arg. au chef cousu de gu. chargé d'un croissant d'arg. accosté de 2 étoiles d'or. G. C. F.

Arnoul de St-Simon. Saintonge. D'arg. à 7 losanges de gu. 3, 3, 1.

Arouet. D'arg. à 3 flambeaux de gu. Voltaire portait : d'azur à 3 flammes d'or. F.

Arpajon (d'). De gu. à une harpe d'or. F.

Arquistade (d'). D'arg. au chevron de gu. accomp. de 3 trèfles de sin. R. F. (Darquistade).

Arrivé. De gu. au chêne arraché d'or accomp. de 3 hérons d'arg. 2 et 1. H. F.

Ars (Brémond d'). (*V. Brémond*).

Arsac (d'). D'arg au chevron de sa. chargé de 3 coquilles d'or.

Arsac (d'). *Bretagne.* De sa. à l'aigle éployée d'arg. becquée et armée de gu. C. F.

Artaguette (d'). D'or à 3 pieds d'oiseau au naturel. P. C. (*V. La Hette*).

Arvemalle (d'). D'azur au chevron brisé d'arg. (H.). Ne serait-ce pas Arcemalle ?

Ascelin. D'azur à 3 croix pattées d'or. R.

Asne. De.. à la bordure danchée de... au chef de... chargé d'un lambel à 3 pendants de...

Asnières de la Chapelle (d'). *Saintonge.* D'arg. à 3 croiss. de gu. S. : deux centaures. Cimier : une mélusine. R.G. D. H. F. L.

Asnières de la Châtaigneraye (Marquis) princes **de Pons.** *Saintonge.* Coupé au 1er d'arg. à la fasce bandée d'or et de gu. (*Pons*) au 2 d'arg. à 3 croiss. de gu. (*Asnières*). S. : deux sphinx. R.

Asnières (d'). (*V. Guiot*).

Aspremont (d'). (Fam. ét.). De gu. au lion d'or couronné d'azur. F. C. R.

Assaily, Assailly (Comtes). *Niort.* D'azur à 3 lis de jardin d'arg. tigés et feuillés de sin. S. : deux lions ou griffons d'or. *Dev. :* Terris altius. R. B. G. C. D. F.

Asse ou **Asce.** (Fam. ét.). *Angleterre ?* D'azur à 3 aiglettes d'or becquées et armées de gu. F. C. R.

D'Asseme ? B.

Athènes (Duc d'). (*V. Brienne*). F.

Athon. D'arg. à 5 fleurs de lis d'azur, au canton de gu. chargé d'un croiss. d'or. R. (*V. Aton*).

Aton. (viiie S.) De gu. à 3 fleurs de lis d'arg. F.

Aubaneau, Aubanneau. D'arg. à 3 têtes de loup arrachées de sa. lampassées de gu. G. H. C. F.

Aubarbier du Manègre. D'azur au chevron d'or accomp. de 3 étoiles du même rangées en chef et d'un lion d'arg. en pointe. F. C.

Aubel de Pymont. D'azur à 2 cœurs d'or rangés de fasce, suspendus à 2 chaînes de gu. passées en sautoir le tout acc. en chef de 2 étoiles d'arg. et en pointe d'une tour du même. R.

Aubenton (d'). D'azur à 3 peignes ou rateaux d'or. P. C. F. L. R. (Daubenton).

Aubéri (d'), Aubery. *Angleterre ?* De gu. au croissant d'or accomp. de 3 trèfles d'arg. 2 et 1. C. F.

Aubert. D'arg. à 8 roses de gu. R. H. *Alias* d'or à 10 roses de gu. G.

Aubert d'Avanton. De gu. à la chemise de maille (ou haubert) d'arg. G. C.

Aubert de Courcenac. *Saintonge.* Losangé de gu. et d'azur à la bande d'or brochant sur le tout. R. P. L. (Courserac).

Aubert de la Normandelière. D'arg. à 10 roses de gu. 4, 3, 2, 1. F.

Aubert de Peyrelonge (d'). D'azur au pal d'arg. accosté de 4 étoiles d'or, au chef cousu de gu. chargé d'une fasce ondée d'arg. P.

Aubert du Petit Thouars. D'azur au haubert d'or. F.

Aubert de St-Georges du Petit Thouars. (Chevalier de l'Empire 1810). D'azur à un haubert d'or. (R. C.). (Vieille noblesse). L.

Aubery (Mis DE VASTAN, 1650). (Mais. ét.). D'or à 5 trangles de gu. (R.). *Alias* de gu. au croissant d'or accompagné de 3 trèfles d'arg. 2 et 1. P. C. (Aubéri).

Aubigné (d'). (Mis DE VILLANDRY). Orig. d'*Anjou.* De gu. au lion d'herm. armé, lamp. et couronné d'or. (Mise de Maintenon 1688). R. C. F.

Aubigny. De gu. à 3 châteaux d'or.R.

Aubigny (d'). (*V. Le Ret*).

Aubin de Bourneuf. D'azur au chevron d'or, accomp. de 3 gerbes du même. F.

Aubineau. De gu. chargé de lozanges d'arg. sans nombre. G. F. (De Vertot). Losangé d'arg. et de gu. au chef denché de gu. et d'arg. C. H.

Aubineau d'Insay. D'azur à 2 fasces ondées d'arg. accomp. en cœur d'un binet du même. C. F.

Aubouin des Combes. D'azur au cygne d'arg., au chef d'arg. chargé de 3 molettes de sa. F.

Auboutet. *Basse-Marche*. D'or au chev. de gu. accomp. de 3 molettes de sa. 2 et 1. C. P. F.

Aubry. De gu. au croissant montant d'or accomp de 3 trèfles d'arg. G. H.

Aubry des Varannes. D'arg. à la croix de gu. cantonnée de 4 coquilles de sa. F.

Aubriot. D'azur au croissant d'arg. surmonté d'une étoile d'or. F.

Aubugeois de la Ville du Bost. *Le Dorat.* D'azur au chevron d'arg. accomp. de 3 étoiles du même rangées en chef et d'un croissant aussi d'arg. en pointe. F.

Aubues (des). D'azur à 3 bues (vases à 2 anses) d'arg. F.

Aubusson Lafeuillade (d'). (Ducs, 1667). *Marche.* D'or à la croix ancrée de gu. C. P.

Aucher du Puy. D'azur à 3 miroirs de toilette d'arg. R.

Audayer, Audoyer. De gu. à la croix ancrée d'or. F. (Audager. C.).

Audebaud, Audebaut. D'arg. à la croix pattée et alaisée de sa. accomp. de 3 cormorans du même 2 et 1. F.

Audebert. D'azur au sautoir d'or. R. P. G. C. (Fam. des plus anc.).

Audebert. *Poitiers.* D'azur à 3 croix alaisées et pattées d'arg. G. F. H.

Audebert. *Angoumois.* De gu. à 2 hallebardes d'arg. au chevron d'or brochant sur le tout. R.

Audebert. *Basse-Marche.* De gu. au chevron d'arg. accomp. en chef d'un croissant du même entre 2 étoiles d'or et en pointe d'un lion du même. F

Audonnet, Odonnet. De gu. à la tour d'arg. terrassée de sin. F.

Audouart. *Niort?* D'azur à 3 roses d'arg. surmontées d'un soleil d'or. F. G. B.

Audouet. De gu. à la tour d'arg. sur un tertre de sin. G.

Audouin. D'azur au Phénix d'or sur un bûcher d'arg. F.

Audouin. D'azur à l'aigle essorant d'arg. croisé sur une frette de 2 traits du même. G.

Audoyer. De sa. à la bande d'arg. chargée d'une aigle de gu. H. R.

Audoyer de la Blasonière. (Audayer). P. G. De gu. à la croix ancrée d'or. R. H.

Augeard. D'azur à 3 jars d'arg. F.

Augeard, Aujard, Ojard. De sin. au lion d'arg, F.

Augeren. D'arg. au cor de chasse de gu. lié d'azur et accomp. de 3 mâcles du même. H.

Augier de Moussac et de Cremiers *Orléans.* D'or à 3 croix de sa. pommetées par le haut et posées en pal. C. D. F.

Augier de la Terraudière. D'arg. au chev. d'azur accomp. en chef de 2 croiss. de gu. et en pointe d'un arbre de sin. posé sur un rocher du 3e, au chef du second chargé de 2 étoiles d'or. C. R. P. H. B. F.

Augron du Temple. D'arg. au chev. d'azur accompagné de 3 mouchetures d'hermines de sa. G. P. C. H. F.

Aulneau de La Tousche. D'arg. à l'aulne de sin. terrassé de sa. D.

Aumont (d'). (Mis DE CLERVAUX, 1620. Ducs, 1665). D'arg. au chevron de gu. accomp. de 7 merlettes de sa. 4 en chef affrontées, 2 de chaque côté l'une sur l'autre et 3 en pointe mal ordonnées. H. C. F.

Aunay (d'). (Vicomtes). xe S. Losangé d'or et de gu. au pal d'or. F. C.

Auray de Brie (d'). *Bretagne.* Losangé d'or et d'azur. P. C. R. Supp. : Deux lions. *Dev. :* Retro nunquam. D. L.

Ausseure (d'). D'azur au pélican d'or, couronné de gu. avec sa piété du même. C. R. et F. (Ausserre).

Ausseure (d'). *Saintonge.* De... à la croix de... cantonnée au 1er canton d'une merlette. F.

Autefais (d'). D'arg. au lion passant de sa. lampassé et armé de gu. H.

Authier (du). *Limousin.* De gu. à la bande d'arg. accomp. en chef d'un lion rampant d'or couronné du même et en pointe de 3 coquilles d'or mises en bande. P.

Authon (d'). Fascé d'or et de sa. de 6 pièces. G. H.

Authon (d'). De gu. à l'aigle éployée et couronnée d'or. C. F. (Auton).

Auton (d'). De gu. au lion d'arg. lampassé et armé de sin. H.

Auvergne (d'). D'azur au chevron d'or accomp. de 3 tours d'arg. F.

Aux, Aulx (d'). (Marquis). *Guyenne.* D'or à la bande bretessée de gu. (R.).

Alias : d'or au lion de sa. au chef de gu. chargé de 3 fers de lance à l'antique d'arg. (P. G.). D'azur chargé de 3 rocs d'échiquier d'arg. (C.). Coupé au 1 d'or à 3 rocs d'échiquier de gu. 2 et 1, au second d'arg. au lion de gu. D. F

Auxi (d'). *Picardie.* Echiqueté d'azur et d'arg. (F.). Echiqueté d'or et de gu. R

. **Auzy** ou **Ozy (d').** (Fam. ét.). *Agenais.* D'azur à 3 fasces d'or. F. P. G. C. H. L.

Availloles. (Fam. ét.). *Touraine.* De sa. à la fasce d'arg. chargée de 5 losanges de gu. et accomp. de 6 fleurs de lis d'arg. F.

Avangour (d'). *Bretagne.* Ecartelé d'arg. et de gu. F.

Avenet. De sa. à 2 avirons d'arg. posés en sautoir. C.

Averton (d'). (Fam. ét.). D'azur au sautoir d'arg. cantonné de 4 étoiles d'or. F.

Aviau (d'). Issus de la maison de Montfort. Comtes 18 et 1821. De gu. au lion d'arg. la queue nouée, fourchée et passée en sautoir. (C. D. F.). Couronné du même. (R.). *Dev. :* Nihil sine Deo.

Avice de la Carte, de Mougon, de Surimeau. D'azur à 3 diamants taillés en triangle posés sur leur pointe, chaque diamant à trois facettes. H. C. R. P. F.

Avocat ou **Ladvocat (l').** D'arg. à la fasce denchée d'azur accomp. de 3 roses de gu. 2 et 1. F

Avoine (d'). De gu. au léopard d'arg. F.

' **Avoir** (Mis d'). D'arg. semé de larmes de sa. au chevron de gu. H.

Avril. De gu. au chevron d'arg. accomp. de 3 étoiles du même. F.

Avril de Grégueuil et de la Vergnée. D'arg. à l'arbre (un vergne ?) de sin. terrassé du même, au chef d'azur chargé de 3 étoiles d'or rangées. F.

Avy (d') ou **Davy.** De gu. à la pomme de pin d'or. F.

· **Aymar.** (Fam. ét.). De gu. à 3 coquilles d'arg. F. G. C.

Aymard. D'arg. au pigeon d'azur sur une branche de sin. F. L. (var).

Aymé (Baron, fév. 1809). *Melle.* Ecartelé au 1er d'or à la mélusine de carnation tenant un miroir d'arg., au 2 de gu. à l'épée haute d'arg., au 3 de gu. à 3 tours ruinées d'arg. posées deux et un, au 4, d'or à la haie de sin. brochant sur un mai du même et sommée de 3 moineaux de sa. tenant au bec chacun une violette au naturel. C. F.

Aymé de la Chevrelière. (B^on de l'Empire, juin 1811). *Ecart.* au 1 et 4 d'azur à la chèvre ramp. d'arg. broutant un lierre d'or, au 2 de gu. à la branche de chêne d'arg. en bande, au 3 de gu. à l'épée d'or en bande. Sur le tout de sa. au palmier arraché d'arg. accosté de 2 croiss. du même. (R. C). (Armes anciennes de la famille).
D'azur à la chèvre rampant d'arg. broutant un lierre d'or. R. F.

Aymer de la Chevalerie. D'arg. à la fasce componée de sa. et de gu. de 4 pièces. H. C. G. R. D. F. L. *Dev. :* Virtute et armis.

Aymer. Fascé d'arg. et d'azur de 4 pièces. H.

Aymeret de Gazeau. D'azur au chev. d'or accomp. de 3 étoiles d'arg. R. *Alias :* D'arg. au chevron de sa. chargé de 3 coquilles du 1er émail. F

Aymon. D'azur au chevron accomp. en chef de 2 étoiles et en pointe d'une coquille, le tout d'or. R. F.

Aymon de la Petitière. D'arg. à 3 merlettes de sa. G. C. H. F.

Ayrault. *Bretagne..* D'azur à 2 chevrons d'or. R.

Ayron (d'). Fascé de 8 pièces au dextrochère de... F.

Ayron (d'). D'arg. au chevron de gu. accomp. de 2 roses du même boutonnées d'or en chef et en pointe d'un tourteau de sa. chargé d'un soleil d'or. G. F. C

Aysle (de l'Ile). De sa. à 3 épées d'arg. mises en bande la pointe en bas. G.

Azay (d') D'arg. à la bande de gu. F

Babaud. De sa. à la pomme de pin d'or surmonté d'un croiss. d'arg. (H. F.). De gu. à la bombe d'or. H. F.

Babault de Chaumont, de l'Epine. D'azur au chevron d'or accomp. de 2

étoiles du même en chef et en pointe d'un rameau d'arg. F.

Babaud de Praisnaud, de La Croze, de Monvallier. De gu. au grenadier d'arg. de 5 branches. F.

Babert. D'or au bâton d'azur péri en bande et 2 étoiles du même en chef. F. H.

Babin, des Ardilliers. D'or à la baignoire de gu. C.

Babin des Bretinières. D'azur au cerf passant d'or armé de 10 cors, regardant une étoile du même, et en pointe une onde d'argent semée de roseaux de sin. F. H.

Babin, de la Gières. D'arg. à 4 burelles d'azur à 3 chevrons d'or broch. sur le tout. P. R. C.

Babin de Lignac. *Marche.* D'arg. à 4 burelles d'azur et 3 chevrons d'arg. brochant sur le tout. F. (St-Allais).

Babin de Rouville et de Rencogne. *Ruffec.* D'azur au chevron d'or accomp. en chef de 2 étoiles du même et en pointe d'un croissant d'arg. F. M.

Babin de la Touche Bourneuil. D'azur au chevron d'or accomp. de 3 lapins du même. F.(Arm. du Poitou,H.)

Babinet. D'azur au chevron d'or accomp. de 2 étoiles d'arg. en chef et d'un croiss. du même en pointe. R. P. D. (étoiles d'or, C.). F.

Babou. *Touraine.* Ecartelé au 1 et 4 d'arg. au bras vêtu de gu., issant d'une nuée d'azur et tenant une poignée d'amourettes (plantes) de sin., au 2 et 3 parti de sin. et de gu. à 2 pals d'arg. F.

Bachelerie (de la). *Auvergne.* De gu. au lion rampant d'or, à trois barres de sa. brochant. P. R.

Bachelier. De sa. au casque de profil et grillé, d'arg. G. F.

Bachoué (de). D'or au chev. de gu. accomp. en chef de deux pigeons de sa. et en pointe d'une rose tigée et feuillée du même. L.

Baconais ou Baconnais. De sa. à 3 molettes d'or. F.

Baconnet. De gu. à 3 mouches d'or membrées de sa. G. C. H. (D'arg. à 3 m. de sa.). F. (Barentin).

Bacqua. De sin. à une vache passante d'or accomp. en pointe d'un croissant du même; au chef de gueules soutenu d'une devise d'or et chargé de trois étoiles du même. R.

Badereau de St-Martin. De gu. à 2 épées d'arg. passées en sautoir accomp. de 3 étoiles d'or, 1 en chef, 2 en flanc, et d'un croissant d'arg. en pointe. D. F.

Badiffe. (An. 1644). *Saintonge.* D'azur à la levrette d'arg. au collier de sa. F. M.

Badiffe de Vaujompe. De sa. au croiss. d'arg. mantelé arrondi du même, au chef d'azur chargé de 3 étoiles d'or. L.

Badreau. Barré de sa. et d'or de 6 pièces, à l'aigle de gu. brochant sur le tout. P. C.

Baglion. *Italie.* D'azur au lion passant appuyant sa patte dextre à un tronc écoté et 3 fleurs de lis rangées en chef surmontées d'un lambel à 4 pendants le tout d'or. H. F. *Dev.:* Omne solum forti patria est. Cri : Baglioni.

Baïf (de). De gu. à 2 lions léopardés d'arg., au chef du même. F.

Baigneux (de). *Touraine.* De sin. à 3 lions d'or. M. F.

Baigneur de Courceval. *Maine.* De sa. à 3 étoiles d'or. F.

Baille de Beauregard. D'arg. à la fasce d'azur accomp. en chef de 3 roses de gu. et en pointe d'un lion léopardé du même. R.

Baillet. De gu. à la baille (baquet) à 3 pieds d'arg., au chef d'or chargé d'un casque de profil et grillé de sa. G. F.

Baillet de la Brousse. *Ruffec.* D'azur à la bande d'arg. accomp. de 2 dragons ailés d'or. *Alias :* D'arg. à la bande de gu. accomp. en chef d'un dragon ailé de sin. et en pointe d'un chardon fleuri de gu. tigé de sin. F. M.

Bailleuil (du). *Maine.* D'arg. à 3 têtes de loup de sa. G. C. F. (Barentin). (La Chesnaye des Bois).

Bailli, Bailly, Le Baillif. D'azur à 3 coquilles (crouzilles) d'or, au chef du même chargé d'un aigle de sa. F.

Baillou. *Perche.* D'or à 3 hures de sanglier de gu. F.

Bailly de la Falaise (de). *Caux.* D'azur à la fasce emmanchée d'or et de gu. de 5 pièces accomp. de 2 croissants d'arg. en chef et d'une molette du même en pointe. F. *Dev.:* nec metu, nec invidia, F.

Bailly du Pont. De gu. à l'ancre d'or, au canton d'hermine. D.

Bain de la Coquerie. *Rennes.* D'arg. à la fasce de sin. chargée d'un cœur d'arg. et accomp. de 3 trèfles du second. F.

Ballon (de), Baslon. *Montmorillonnais.* D'arg. à 3 fusées d'azur. C. F.

Balode. (xiie S.). *Saintonge.* D'herm. à la bande de pourpre. R. (de gu. F.).

Ballue. *Anjou.* D'arg. au chevron de gu. accomp. de 3 oiseaux de sa. F.

Balue (de La). D'arg. au chevron de sa. accomp. de 3 têtes de lion de gu. 2 et 1. (P. Anselme). F.

Banchereau. D'hermines au lion d'azur. F.

Banchereau. D'azur à la fasce d'arg. chargée de 3 cannettes de sa., accomp. de 2 étoiles d'or en chef et d'un croissant d'arg. en pointe. G. F. (*V. Bauchereau*).

Barachin. De gu. à la bordure de sa. au lion d'or. G. C. F. (Barentin).

Baraton. D'or à la fasce fuselée de gu. accomp. de 3 croix recroisetées de sa. F.

Baraton. Ecartelé au 1 et 4 de gu. à 3 quintefeuilles d'arg., au 2 et 3 d'azur au dauphin (ou bar ?) d'arg. H. F.

Baraton. *Anjou.* D'azur à 3 lions d'or, au chef du même chargé de 5 losanges de gu. F.

Baraudin. *Loches.* D'azur à 2 bandes d'or accomp. de 3 étoiles du même, en pal. F.

Barazan (de). (Fam. ét.). D'azur à 3 losanges d'or. G. C. F.

Barbade. *St-Jean d'Angély.* G. C. Sgr. du Château.

Barbarin (de). De gu. au turbot d'arg. D. (Un barbarin) F.

Barbarin. D'or à 3 barbeaux de gu. H.

Barbarin (le) du Bost. *Poitou et Angoumois.* D'azur à 3 bars nageant en fasce d'arg., celui du milieu contourné. (R. C. P. F.), écaillés, barbés, lorés et peautrés de sa. G.

Barbarin de Vossac. D'arg. à 3 abeilles de sa. surmontées en chef d'une étoile de gu. F.

Barbaste ou **Barbastre.** (xiie S.). D'arg. semé d'étoiles d'azur au léopard de gu. F. (Malte).

Barbaud ou **Barbault.** De gu. à la croix d'or barbée. *Alias:* De sin. à la

fasce d'arg. accomp. de 3 étoiles d'or. F. H.

Barbe. *Angoumois.* D'azur à une tête de vieillard d'arg. R.

Barbe. De sa. au chevron d'or accomp. de 3 barbes du même, au chef cousu d'azur chargé de 3 besants d'or. G. (Chevron de gu. accomp. de 3 barbes d'or en devise. C.). F.

Barbe de l'Age Courbe. D'arg. à 2 lions de gu. supportant un chef d'azur. (G.). *Alias:* D'arg. au lion en gu. ayant une tête humaine barbue. F.

Barbelinière (de la). D'arg. au serpent ondoyant renversé en pal. H.

Barberie ou **Barberye.** *Paris.* D'azur à 3 têtes d'aigle d'or. R. F.

Barberin de Reignac. *Saintonge.* D'azur à 3 abeilles d'or. R. D. H. (Barbarin).

Barbezières - Chemerault. *Saintonge, Angoumois.* D'arg. à 3 fusées et deux demies de gu. accolées en fasce. (Anselme. R). D'arg. à une fasce fuselée de gu. de 5 pièces. (P. G.). Losangé d'arg. et de gu. C. F.

Barbicon, Barbiton. D'arg. à 3 barbes de sa. F. G.

Barbier. Parti d'arg. et de gu. au plat à barbe de gu. en cœur. F. H.

Barbier Montault. Ecart. de gu. au chevron d'or accomp. de 3 molettes du même, au 2 et 3 d'azur à mortiers d'arg. l'un sur l'autre. F.

Barbin. D'arg. au chevron d'azur accomp. de 3 tourteaux du même. F.

Barbot. *Saintonge.* D'azur à 2 épées d'arg. posées en sautoir, au chef d'or chargé d'un barbeau de gu. D.

Barbot. D'arg. à 3 barbeaux de gu. en fasce. F. M.

Barbotin. G. *Touraine.* D'arg. à 3 grenades tigées et feuillées de sin. F.

Barde (de la). (Fam. ét.). Ecartelé au 1er et 4' d'or à la fasce fuselée de gu. de 3 pièces et 2 demies ; au 2 et 3 d'or, à 3 coquilles de sa. ; à un chef d'azur chargé d'une molette d'or. (H. F.). *Alias:* D'arg. au sautoir de gu. chargé en abîme d'une molette d'or et accomp. en chef d'une merlette de sa. F.

Bardeau. D'arg. au chevron de gu. accomp. de 2 étoiles d'azur en chef, et d'un croissant de sa. surmonté d'une rose de gu. en pointe. F.

Bardet. De gu. au chef d'arg. chargé de 3 étoiles rangées d'azur. F.

Bardin. De sin. à 3 dauphins d'arg. (R.). *Alias :* d'arg. à l'aigle éployée de sa. C. P. F. M.

Bardon. D'azur à la dextre d'arg tenant un guidon d'or. B. H. F

Bardonin. *Marche.* D'azur à 3 molettes d'éperon d'or. G C. F.

Bardouin (C^tes DE SANSAC, B^ons D'AL-LEMAN, Mis DE SONNEVILLE). (Mais. ét.). *Saintonge.* D'arg. au chev. de gu. accomp. de 3 hures de sanglier de sa. défendues d'arg. R.

Bardoul. *Bretagne ?* D'arg. au limier passant de sa. et 3 molettes de gu. 2 et 1. F.

Bareau de Girac. *Angoumois.* Ec. au 1er d'arg. à la fasce de gu., au 2, d'arg. à la tour de sa., au 3, de gu. au lion d'arg., au 4, d'azur à la fasce d'or accomp. en pointe d'une étoile du même, au chef denché aussi d'or. Sur le tout d'or au chevron de gu. accomp. de 3 croiss. du même. R.

Baret de la Plicottière. C.

Baret de Rouvray. D'azur à 3 barbeaux d'or, celui du milieu contourné. C. F.

Barillon de Bonnefons. De gu. à 3 barillets couchés d'or cerclés de sa. R. C. F.

Baritault (de). D'azur à l'aigle éployée d'arg. D.

Barlot. De sa. à 3 croix pattées d'arg. M. F. G. R C. Supports : 2 lions.

Barlottière (de la). De sa. à 3 fasces d'arg. et 3 chevrons d'azur brochant sur le tout. P. G. C. F. (La Barlottière. C).

Barnabé de la Boulaye. (B^ons DE LA HAYE FOUGEREUSE). C.

Baron. D'azur au chevron d'arg. accomp. de 3 roses d'or. F

Baron de Vaujolais. *Picardie,* 1312. D'azur au lion d'or lampassé de gu. issant d'un chevron d'arg. accompagné en pointe d'une étoile d'or. G. C. F. C., dit originaire du Poitou.

Baron de Vernon. D'arg. au chevron de sa. accomp. en chef de 2 roses de gu. et d'une hure du même en pointe. F.

Baroteau. Vairé d'arg. et de sa., au lion de sin. H. F.

Barraud. D'azur à un chevron d'or,

au chef d'arg. chargé d'un ciboire de gu. accosté de 2 étoiles du même. G. F.

Barraud. D'azur à la croix d'or cantonnée de 4 étoiles d'arg. F.

Barrault, Barraud. D'or à 2 lions léopardés de gu. l'un sur l'autre ; au chef d'Anjou-Sicile qui est d'azur semé de fleur de lis d'or au lambel de gu. en chef *Sup. :* 2 lions au naturel. R.

Barrault. De sin. à 6 barres d'or. H.

Barrault. D'arg. à 2 fasces de gu. au tourteau du même en cœur ; au chef de gu. chargé de 3 étoiles rangées d'arg. F. H.

Barraut, Barraud. D'azur à l'écureuil grimpant d'arg. onglé de sa. G. C. H. F. (Barentin).

Barraut. *Anjou.* D'arg. à 3 corbeaux de sa. F. (Malte).

Barre (de la). D'azur à la bande d'or accostée de 2 croissants montants d'or. F.

Barre (de la) de Bridiers. D'arg. au chevron de gu. accomp. de 3 étoiles de sa. au chef d'azur. F. M.

Barre (de la) de la Brosse. *Chinon.* D'arg. à 3 lions de sa. armés, lampassés, couronnés d'or. F. (Malte). H. (var.)

Barre (de la) de Chargé. *Touraine.* D'arg. à 6 croissants de sa. 3, 2, 1. F.

Barre (de la) de la Guenonière, de l'Age. D'arg. à la bande d'azur chargée de 3 coquilles d'or et accompagnée de 2 merlettes de sa. posées 1 en chef, l'autre en pointe (P.) au croissant montant d'azur sur le 2e quartier.(G.). D'arg. à la barre etc. C. H. F.

Barre (de la) de Londières. De gu. à la croix d'arg. chargée d'une cotice d'azur en bande. F. (en barre) H.

Barre (de la) de la Roumelière. D'azur à 3 fasces d'arg. R. H. F.

Barré. D'azur au chevron d'or accomp. en chef de 2 croissants d'arg. et d'un cygne du même en pointe. G. F.

Barré. Barré de gu. et d'arg. de 6 pièces, à l'aigle d'azur brochant sur le tout. P.

Barré. D'arg. à la bande d'azur chargée de 3 coquilles accomp. de 2 merlettes de sa., 1 en chef, 1 en pointe. G.

Barré. D'arg. au sautoir de sin.

accomp. en chef d'un lambel de gu. H. B. D. F.

Barrière (de). D'or à la fasce de gu. accomp. de 6 fleurs de lis d'azur, 3 en chef, 3 en pointe. F. K.

Barro, Barreau. D'azur à 3 sceptres d'or posés en barre, à la bande de gu. brochante. F. (Malte).

Barro, Barrou. D'arg. au chef de gu. chargé de 3 étoiles d'arg. rangées. F. M.

Barthomme. *Saintonge.* D'azur au cœur d'or adextré d'une épée d'arg. et senestré d'une flèche du même. R.

Barton. (Mis DE MONTBAS). D'azur au cerf couché d'or, au chef échiqueté d'or et de gu. de 3 tires. *Dev.: Sans y penser.* R. C. H. G. et L. (Barthon). F.

Barusan (de). D'azur à 3 losanges d'or, bordés de sa. H.

Barvet. De sin. à un pavillon d'or surmonté d'un soleil du même. H.

Bascher de Beaumarchais. *Bretagne.* Ecartelé 1 et 4 d'arg. au chêne arraché de sin., au 2 et 3 d'arg. à 3 quintefeuilles de sin. F.

Bascle (Le). De sa. à 3 étoiles d'or. F.

Bascle (Le). De gu. à 3 mâcles d'arg. F.

Bascle (Le). D'arg. au chevron de sa. accomp. de 3 hures de sanglier du même. F.

Baslon (de). *Ecosse* D'arg. à une bande de fusées de gu. (F. R.) *Alias:* d'arg. à 3 fusées d'azur 2 et 1. G. F.

Basses (de). De... à 3 lions rampants de .. F.

Basset de la Pape. (B^ons DE CHATEAUBOURG, B^ons de l'Empire, 1812). D'azur à la fasce bretessée et contre bretessée d'or. Les cadets brisent d'un lambel d'arg. à 3 pendants. R.

Basson. D'arg. à un basson de gu. H.

Bastard. D'azur à 3 glands versés d'or. G. F. (Thibaudeau). D'azur à 3 têtes de léopard d'or rangées en fasce. B. C. F.

Bastard. De gu. au château sommé de 3 tours d'or. F. H.

Bastard. D'arg. à 3 fasces de gu. F.

Bastard de la Cressonnière. D'arg. à l'aigle de sa., membrée et becquée de gu. C. F.

Bastide (de). D'arg. à la fasce bastillée de gu. (H. F. R.). D'arg. à 5 fu-

sées de gu. (G. C. H.). D'azur à 2 chevrons d'or et une rose d'arg. en pointe. F.

Bastier. (1461). D'arg. au chevron d'azur accomp. de 3 roses de gu., 2 en chef, une en pointe. B.

Baston de Lariboisière (de). D'arg. à l'aigle de sa. becquée et membrée de gu. à la bande d'or brochant sur le tout. D.

Bataille. De... à 3 coquilles de... surmontées d'un lambel à 3 pendants. F.

Bauçay (*V. Beaussay, Beaucé*). De gu. à la croix ancrée d'or. F.

Bauchereau. D'azur à la fasce d'arg. chargée de 3 merlettes de sa. accomp. en chef de 2 étoiles d'or, et en pointe d'un croissant d'arg. G.

Baudéan. (Cte DE PARABÈRE, Mis DE LA MOTHE-SAINTE-HÉRAYE). *Bigorre.* Ecartelé au 1 et 4 d'or, à l'arbre de sin., au 2 et 3 d'arg. à 2 ours en pied de sa. (qui est de Parabère). C. F.

Baudeau (de). D'azur à un bras d'or mis en pal accosté de 2 billettes du même. H.

Baudiment (de). (Fam. ét.). D'arg. à 3 merlettes de sa. ? F.

Baudin, Bodin. Bandé d'arg. et de gu. ? F.

Baudinière (Bodin de la). Fascé d'herm. et de sa. F

Baudouin. D'arg. au cœur enflammé de gu. accosté de 2 palmes en sautoir et accomp. de 2 étoiles de gu. en chef. F.

Baudoin. *Aunis.* De sa. au lion d'or lampassé d'azur, au franc canton d'herm. F.

Baudouin de la Noue. D'arg. au chevron de gu. accomp. de 3 hures de sanglier de sa. mirées, allumées et défendues d'arg. (G. F. L.). Chevron brisé C. (connu dès le XIIe s.).

Baudrière (de la). *Anjou.* D'arg. semé de fleurs de lis de gu. F. (Malte).

Baudry (de). Parti au 1er fascé d'arg. et d'azur de 6 pièces, au 2, d'azur à 2 chevrons d'or, accompagnés en pointe d'une étoile du même, soutenue d'un taillé d'or. P. H.

Baudry. De gu. au baudrier d'arg. R. H.

Baudry d'Asson. *Bretagne.* D'argent à 3 fasces d'azur. (F. H. G. C. R. D.). Fascé d'or et d'argent de six pièces. (P.). C. dit origin. du Bas-Poitou.

Baudus (de). *Rouergue.* De gu. à la foi d'arg. issant de 2 nuages du même, tenant 3 épis d'or. F.

Baudy. D'azur au phénix d'or essorant de son bûcher d'arg. et fixant un soleil d'or posé au canton dextre. F.

Baugé (de). *Mirebalais,* D'azur à la croix engreslée d'arg. F. (Barentin).

Baugier. De gu. à la dextre d'arg. sortant d'un nuage du même et tenant une croix d'or, accomp. de 3 trèfles d'or en pointe, 2 et 1. F.

Bault (le). D'arg. au cerf passant au naturel soutenu par 2 aigles de sa. P. F.

Bauvaulier. De gu. à 2 fers de lance contrepointés d'arg. posés en pal. R.

Baye. De gu. à 3 cors de chasse d'arg. chargés chacun de 5 mouchetures d'herm. H. F.

Baylons (de). *Béarn.* D'or au lévrier rampant de gu. colleté d'arg., écartelé d'azur à 3 cannettes d'arg. F.

Baynet de Brizay. D'arg. au lion de gu. au chef d'azur. R.

Bazoges. D'arg. à 3 écussons d'azur. F. H.

Bazoges (de). (*V. Irland*).

Beau. D'azur à un buste d'or ? F.

Beau (Le). D'azur à la fasce d'or accomp. de 3 coquilles d'arg. rangées en chef et d'un croissant du même en pointe. F. (Malte).

Beaucaire (de). D'azur au léopard d'or, écartelé d'azur à la croix ancrée d'or. F

Beaucé (de). *Bretagne.* D'arg. à l'aigle de sa., becquée, membrée de gu., au bâton d'or brochant sur le tout. F.

Beaucé, Beauçay (de). D'arg. à la croix ancrée de sa. (R.). De gu. à la croix ancrée d'or. C. (connus dès le XIe siècle). F. (*V. Beauçay et Beaussay*).

Beauchamps (de). (Marquis). D'azur à l'aigle au vol abaissé d'arg., becq. et membrée de gu. C. P. R. F. L.

Beaucorps (de). D'azur à 2 fasces d'or. F. D. L. *Dev.* : *Fiez vous.* G.

Beaucorps-Créquy (Comtes). *Saintonge.* Ec. au 1 et 4 d'az. à 2 fasces d'or (*Beaucorps*), au 2 et 3 d'or au créquier de gu. (*Créquy*). *Cimier :* 2 cols de cygne affrontés au naturel supp. de leurs becs un annelet d'or. Cri : Créquy haut baron ! Créquy haut renom. *Dev.* : nul ne s'y frotte. R.

Beaudéan. (Mis DE PARABÈRE, 1633 *Bigorre.* Ec. au 1 et 4 d'or au pin de sin., au 2 et 3 d'arg. à 2 ours ramp. et affrontés de sa. (*V. Baudéan*).

Beaufossé (de). Echiqueté d'arg. et d'azur. H.

Beaugay. De gu. à la croix ancrée d'or. R. (N'est-ce pas une confusion avec Beauçay ?)

Beauharnais (de). *Orléanais.* D'argent à la fasce de sa. accompagnée en chef de 3 merlettes du même. P. R. (Mais. ét., 1846). F.

Beauharnais (de). MARQUIS, 1756, DUCS DE LEUCHTENBERG et PRINCES D'EICHSTADT, 1817. D'arg. à la fasce d'azur. C.

Beaulieu (de). (XIIIe S.). *Brie.* D'azur à 7 besants d'or, 3, 3, 1 au chef d'or chargé d'un lion issant de gu. F.

Beaumanoir (de). (XIIIe S.). D'azur semé de billettes d'or.

Beaumont. *Saintonge.* D'arg. au lion de gu. armé, lamp. et cour. d'or. L. R.

Beaumont (de). De sa. au lion d'arg. lampassé et armé de gu. H.

Beaumont-Bressuire. De gu. à l'aigle d'or accomp. d'un orle de fers de lance d'argent ou de besants d'or, R. (de chaussetrappes, F.), (9 fers de lance, C.). Connu dès le XIe siècle.

Beaumont d'Autichamp. (XIe S.). *Dauphiné.* De gu. à la fasce d'arg. chargée de 3 fleurs de lys d'azur. C. D. F.

Beaupoil. D'arg. à la bande de gu. F.

Beaupoil (Mis DE ST-AULAIRE). *Limousin, Saintonge, Bretagne.* De gu. à 3 accouples de chiens d'arg. en pal, les liens d'azur 2 et 1. *Ten.* : deux sauvages au naturel.

Beaupuy (de). D'azur au puits d'arg. maçonné de sa. G.

Beauregard (de). D'or à la bande d'azur accomp. de 3 lamproies naissantes de sable 2 et 1. P. H. (var.) G. *Alias :* d'arg. au chevron d'azur accomp. de 3 roses de gu. C. H. F.

Beauregard (de). De sa. au chevron d'or accomp. de 3 têtes de lamproies du même, mirées d'azur. F.

Beauregard (de) D'azur à l'aigle d'or regardant un soleil du même naissant de l'angle dextre du chef. H.

Beaurepaire (de). De sin. à 7 billettes d'or, 3, 1, 3. H.

Beausobre (de). *Provence.* Coupé de gu. à l'étoile de 16 rais d'argent, au 2 d'azur à 2 chev. entrelacés d'or, le 1er renversé. F. R. D.

Beaussé. (Fam. ét.). De gu. au bourdon d'or en pal, enlacé de haut en bas de 2 cordons d'arg. terminés en pointe de 2 houppes d'or et sommé de 2 coquilles du même. G. C. F.

Beaussigny. G. C. (Barentin) F.

Beauvais. D'arg. au chef de gu. F.

Beauvau (de). *Anjou.* D'arg. à 4 lions cantonnés de gu. armés, couronnés et lampassés d'or. *Dev. :* Sans départir. Cri : Beauvau.

Beauvillain (de). De gu. au chevron d'or, accomp. de 3 étoiles du même, et surmonté en chef d'un croissant d'arg. (H.). *Alias :* Fretté d'or et d'azur à la bordure de gu. F.

Beauvolier (de). *Touraine.* De gu. à 2 fers de lances mornés et contre-pointés d'arg. en pal. F. C. P. (*V. Bauvaulier*).

Bec (du). Losangé d'arg. et de gu. F.

Béchet. De sin. à une bêche d'or. H. *Alias : Saintonge.* D'azur au lion d'or. F.

Béchet. De gu. à 4 fusées d'arg. rangées. H. F.

Becquillon des Islereaux ou **Béchillon.** P. *Aunis.* D'arg. à 3 fusées de sable rangées en fasce. P. G. B. F. C. D. H. R. (var.).

Bedeau. D'azur au chev. d'or accomp. en chef de 3 merlettes d'arg. et en pointe d'une masse d'or. P. C.

Bégault, Bégaud. De gu. à 6 fleurs de lis d'or rangées en 2 pals, au franc quartier de sa. chargé d'un lion d'or, lampassé et cour. de gu. F. R. C. H.

Begeon de Ste-Mesme. *Saintonge, Anjou.* D'arg. à la fasce engrelée de gu. accomp. de 3 étoiles du même, 2 et 1. L. F. R.

Bégouën (Comtes, 1808). Coupé au 1er d'arg. au palmier de sin., au 2 d'azur, à la proue de galère d'or flottant sur une mer d'arg. *Dev. :* Per dura, per aspera crescit. D.

Beguier ou **Bequier.** D'arg. à 2 fasces de gu. accomp. de 3 molettes d'azur. (G.). *Alias :* D'or au coq de sa. becqué d'or. H. F.

Beguin des Vaux. De... au cygne d'arg. surmonté d'un croissant et accosté de 2 roses du même. F.

Beignac (de). Burelé d'or et de gu. de 10 pièces. H.

Béjarry (de). (xiiie S.). De sa. à 3 fasces d'arg. G. R. P. C. D. H. F.

Bel de Bussy (Lc). De sin. à la fasce d'arg. F.

Belcastel (de). *Rouergue.* D'azur à la tour d'arg. sommée de 3 donjons du même crénelés, ajourés et maçonnés de sable. P. C. F. (var.).

Belgrand (Ctes de Vaubois). *Champagne.* De gu. à la bande componnée d'arg. et de sa. de 6 pièces au franc quartier de comte sénateur. F.

Belhere, Belhoir. D'azur à 12 étoiles d'arg. posées 4, 4, 3 et 1. G. F. H. (var.).

Bellanger (de). *Champagne.* D'azur au chevron d'or. G. C. H. F.

Bellay (du). *Anjou.* D'arg. à la bande de fusées de gu. cotoyée de 6 fleurs de lis d'azur 3 de chaque côté en orle. C. G.

Bellay (de). De sa. à la bande de 4 fusées d'arg. G.

Belleau. D'azur à 3 bourdons d'arg. en pal, celui du milieu surmonté d'une étoile d'or accompagné de 3 molettes d'éperon d'arg. 2 et 1. H. G. C. F.

Bellemondre (de). (Ctes d'Aube-roche). C. (P. écrit de Bellemondie).

Bellere (de). De sa. au porc épic d'or. H. F.

Belleville (de). D'azur au chevron d'or chargé de 5 aiglons de sa., accomp. de 3 lozanges d'arg. G. C. F. (var.).

Belleville. D'arg. à 2 roues de Ste-Catherine à pointes de couteaux l'une dans l'autre, à l'escarboucle de 6 rais de gu. florencée brochant sur le tout. (G.). *Alias :* D'arg. à 2 orles ronds d'azur appointés en dehors de 8 pièces chacun à l'escarboucle passée à 8 rais de gu. brochant sur le tout. (G.). C'est le premier blason qui nous semble le bon.

Belleville de Belleville. Gironné de vair et de gu. de 12 pièces. H. R. F. (*V. Harpedane*).

Belleville Harpedane. *Poitou, Saintonge.* (*V. Harpedane*).

Belliard (Comtes, 1810). Ecartelé au 1er d'azur à l'épée haute d'arg. garnie d'or, au 2 de gu. aux ruines d'arg., au

3 de gu. au palmier terrassé d'arg.
adextré d'une pyramide et senestré de
2 autres du même, au 4 d'or au cheval
libre cabré en bande et soutenu de sa.
C. F.

Bellin de la Boutaudière. (An.
1697). D'or au lion de gu., au chef d'a-
zur chargé de 3 étoiles d'or. H. P. C. F.

Bellineau. D'azur à 3 têtes de béliers arrachées d'arg. (G.), et une étoile
du même en chef. F.

Bellivier de Prins. De gu. à 4
otelles d'arg. (R.), ou de gu. à 3 fers
de lance d'arg. P. G. C. F.

Bellot des Mimères. D'azur semé
d'étoiles d'or, au sautoir alaisé d'arg. F.

Belluchau. D'azur à la rose d'arg.
boutonnée de gu., au chef d'arg. à la
tulipe fermée de gu. tigée de sin. G. F.

Belon (de). D'arg. au sautoir péri
de gu. à 5 fusées d'arg. G.

Belossac (de). De vair à la fasce de
gu. F.

Benac. *Périgord.* Burelé d'or et de
gu. F. H.

Benest. (1429, B.). *Niort.* D'or à l'aigle éployée de gu. F.

Bennez (de). (1428, B.). *Niort*

Béranger. D'arg. à une main dextre
appaumée de gu. accostée des lettres
S et B de sable. R. C. F. H.

Bérangier. *Anjou.* D'azur à 3 croissants d'arg. F.

Béraud du Pérou. D'azur à 3 chevrons d'or accomp. de 3 étoiles d'arg.,
2 en chef, 1 en pointe. L. F. (St-Allais).

Beraudière (de la). D'or à 2 pals de
sin. et 2 fasces d'arg. brochant sur le
tout. H.

Béraudière (de la). (Mis DE L'ISLE-
JOURDAIN). D'azur à 3 roues d'or. (R.).
Alias: D'or à l'aigle éployée et couron-
née de gu. G. F. (var.) (La Béraudière,
D.)..., lampassée et couronnée de sin.

Béraudière(dela) d'Ursay.(XII^eS.).
Ec. au 1 et 4 d'azur à la croix à 12
pointes d'arg., au 2 et 3 d'or à l'aigle
éployée de gu., sur le tout de gu. au
pal de vair. (R.). P. dit que l'aigle est:
armée, lampassée et couronnée de sinople.

Béraudin. D'azur à 3 fasces d'or
accomp. de 3 besants du même rangées
en chef. G. C. R. F. (Fam. ét.).

Béraudin. (*Aunis, 1651*). D'azur au
cerf courant d'or. F.

Bérault, Béraud. De gu. au loup
cervier d'arg. à 3 coquilles du même,
2 en chef, 1 en pointe. P. F.

Berault de la Bellarie. D'or à la
fasce engrelée d'azur, accomp. en chef
de 2 étoiles de gu. F.

Bereau ou **Berault.** Parti : au 1er
d'azur à la tour d'arg. maçonnée de sa.,
au 2 d'arg. au lion de sin. armé et lampassé de gu. tenant dans sa patte dextre
une moucheture d'herm. de sa. ; au
franc canton d'azur chargé d'une étoile
d'arg. F.

Bergeau. De sin. au berger vêtu d'or
la face et les mains de carnation tenant
dans la dextre une houlette d'arg., aux
moutons paissants du même sur un
tertre de sin. G. F.

Bergier du Plessis. C. F.

Béri de Marans (de). D'arg. à la
croix d'azur. H.

Berland. D'azur semé d'étoiles d'or
à 2 merlans adossés d'arg. brochant
sur le tout. (G. R. F. B.). *Alias :* De
gu. à 2 dauphins adossés d'arg. cantonnés de 4 étoiles du même. C.

Berlouin. D'azur au chevron d'arg.
chargé de 3 hures de sa. B. H. F.

Bermondet de Cromières. D'azur
à 3 mains gauches de carnation renversées en pal. C. P. (3 mains d'arg. G.). F.

Bernabé (de). *Anjou.* D'azur à la
croix d'or cantonnée de 4 colonnes du
même. F.

Bernard. D'arg. au chevron d'azur
accomp. de 3 croisilles de gu. 2 et 1.
(C. F.). *Alias :* D'azur au chev. d'or
accomp. de 3 crousilles (coquilles) de
gu. F. (inexact) d'après Thibeaudeau.

Bernard de la Bernardière. De
gu. à 3 coquilles d'arg. F. (Malte).

Bernard d'Estian. *Anjou.* D'arg. à
2 lions passants de sa. langués de gu.
F. H.

Bernard de Marigny. *Normandie.*
D'azur à 3 fasces ondées d'or. C. F. L.

Bernard de la Pommeraye. *Angoumois.* D'azur à la croix d'or, soutenue d'un croiss. d'arg. R.

Bernard de Préchapon. De... à la
cotte de mailles de... accomp. de 3
étoiles. F.

Bernard Sauvestre. Palé d'arg. et de sa. de 6 pièces, chargé au 1ᵉʳ de trèfles de gu. sans nombre. G.

Bernardeau. (1645). D'azur au chevron accomp. en chef de 2 étoiles et en pointe d'un soleil le tout d'or. R. C. F.

Bernardeau. D'arg. à la fasce coupée de 3 pièces d'azur, d'or et de gu. H. F.

Bernardeau de la Briandière. De sa. à 3 croix ancrées d'arg. H. F. L.

Bernardeau de Monterban. D'azur à 2 épées d'arg. en sautoir la pointe en bas. accomp. en chef d'un cœur enflammé d'or et en pointe d'un soleil du même. D. F. (les épées la pointe en haut).

Berne. *Aunis.* De pourpre à l'ours de sa. surmonté d'un aigle d'arg. (G.). F. déclare ces armes inexactes et indique : d'arg. à l'ours de sa. au chef d'azur chargé d'un aigle d'or.

Bernegoue, Bernegoyau. De gu. au pal d'arg. retrait en pointe, chargé d'une couleuvre tortillée. G. F.

Bernes ou **Bernez.** *Picardie.* D'or à 3 chevrons de gu. F.

Bernezay. De gu. à 3 lions d'arg. F.

Bernon. D'azur au lion d'or armé et lampassé de gu. (P. G. C. D. F.). *Dev. :* Virtutem a stipe traho.

Bernon. De gu. à 4 roses d'or posées en pairle. P. C. F. (var).

Bernon. *Aunis.* D'azur au chevron d'arg. accomp. d'un croissant d'arg. entre 2 étoiles d'or en chef et d'un ours d'or en pointe. F.

Bernon de la Bernerye. *Aunis.* D'azur au chev. accomp. en chef de 2 étoiles et en pointe d'un lion, le tout d'or. R.

Berrandy. *Aunis.* D'azur au chev. accomp. en chef de 3 étoiles rangées et en pointe d'un chien surmonté d'un cœur, le tout d'or. R.

Berrie. *Loudunois.* De gu. à la bande d'or. R. (s'est fondue au XIIIᵉ s. dans la maison d'Amboise, C.). *Alias :* Bandé d'or et d'azur de 6 pièces.

Berrurière de St-Laon. D'azur à 3 aiguières d'or, 2 et 1. F.

Berry ou **Berye (de).** D'hermines plein. R. G. C. F. (Béry).

Berseur. (XIIIᵉ siècle). D'azur à une fleur de lis d'or soutenue d'un croiss. d'arg. F. R.

Berthe. D'arg. au chevron d'azur accomp. en chef de 2 cœurs de gu. avec leurs bases ou têtes de sa. et en pointe d'un taureau passant de sa. G.

Berthe de la Chevrie. D'arg. à 3 merlettes de sa. G. C. F.

Berthelin (COMTES DE MONTBRUN). (XVᵉ siècle. Mais. ét.). D'arg. au chev. d'azur accomp. en chef de 2 fleurs de lis du même et en pointe d'une moucheture d'hermine de sable (H. K. R. C. P.). Ce sont les armes les plus anciennes de cette famille qui ajouta depuis un chef de gu. chargé de 3 coquilles rangées d'arg. G. B. F.

Cette famille qui fournit plusieurs échevins et maires à Niort ne doit pas être confondue comme l'a fait Rietstap dans son armorial avec la famille Berthelin originaire de Troyes. (V. manuscrits du cabinet du Roi à la Biblioth. Nation.).

Berthelot. *Loudunois.* D'or à 3 aiglettes éployées d'azur, membrées de gu. G. C. F.

Berthelot. *Touraine.* D'azur à la fasce bandée d'or et de gu. à l'aigle naissant, en chef. F.

Berthet. De gu. à 12 billettes d'arg. 4, 4, 3, 1. H.

Berthineaud. G. C. (*V. Bertinaud?*)

Berthon. D'azur au chevron d'or accomp. de 2 étoiles d'arg. en chef et d'une abeille du même en pointe. F.

Berthre de Bournizeaux. D'azur à la grappe de raisin d'or. accomp. en chef de 2 mouches à miel renversées du même. H. F.

Berthus. *Saintonge.* D'arg. à l'arbre de sin. sommé d'une colombe d'azur et accomp. en pointe d'un lévrier de gu. passant devant le pied de l'arbre. R.

Berthus (MARQUIS DE L'ANGLADE). *Saintonge.* De sa. à une couleuvre ondoyante en pal d'or. R.

Bertin du Breuil-Bertin. Palé de et de... de six pièces dont 3 semées de trèfles de... F.

Bertinaud. *Saintonge.* De sa. à 3 hures de sanglier d'arg. R.

Bertineau ou **Berthinaud.** D'azur au chevron d'or accomp. de 3 cerfs passants du même, 2 et 1. F. H.

Berton. D'azur au chevron d'or accomp. de 2 étoiles d'arg. en chef et d'une abeille du même en pointe. B. H.

Bertram ou **Bertrand.** D'azur à la fuie d'arg. sommée d'un pigeon, accomp. en chef de 2 étoiles d'or et accostée de 2 roses tigées d'arg. F.

Bertrand de la Bazinière. D'azur au chevron d'or accomp. de 3 roses d'or. F.

Bertrand (Mᴵˢ ᴅᴇ ʙᴇᴀᴜᴍᴏɴᴛ ᴇᴛ ᴅᴇ ᴛᴇʀᴄɪʟʟᴀᴄ, anc. vicomtes de Bourges). Losangé d'arg. et de gu., chaque los. d'arg. chargé d'une moucheture d'hermine de sable. Cimier : Un vol de sa. *Sup. :* 2 lions d'or armés et lamp. de gu. *Dev. :* Potius mori quam fœdari. F. R.

Bertrand de la Roche-Henri. D'arg. à 3 merlettes de sa. F. (Malte).

Bertrand de St-Fulgent. De gu. au lion d'arg. ayant la queue passée en sautoir. G. C. R. F.

Bertrand de Vitrac. D'azur à 3 chevrons d'or. C. F.

Béruier. Chevronné d'arg. et de gu. de 6 pièces. R.

Béry. (Fam. ét.). D'azur au chevron d'or accomp. de 3 croissants d'arg. F.

Besdon (de). D'arg. à 2 fasces d'azur accomp. de 6 roses de gu., 3, 2 et 1, pointées de sin. G. C. R. F.

Beslac ou **Bezac (de).** D'azur à 2 ou 3 chevrons d'or. G.

Beslay (de). D'azur au chevron accomp. en chef de 3 étoiles et en pointe d'un scorpion, le tout d'or. C. F.

Beslon. *Angleterre.* De... semé de merlettes de... au franc canton de... F.

Besly. De... à 3 flèches de... la pointe en bas, et une rose de... en pointe. F.

Besnard. D'azur à l'ancre d'arg. ; au chef d'or chargé de 3 étoiles rangées de gu. F. H.

Besnard. D'azur à 2 fasces d'arg. ondées, au chef de sa. chargé de 3 rocs d'échiquier d'or rangés. F.

Bessac (de). *Bretagne.* D'or au lion de sa. armé et lampassé de gu. accomp. de deux étoiles d'azur, 1 en chef et 1 au flanc senestre de l'écu. C. P. R. F. *Var. :* D'azur au lion couronné d'or. H.

Bessane (de). De sa. à 3 gantelets d'arg. apaumés. H.

Bessay. (Comtes, 1630). De sa. à 4 fusées d'arg. posées en bande. *Sup. :* deux lions au naturel. (H. C. R. P. F. D.). *Dev. :* Fac quod debes et non timeas.

Besse. D'azur au pin d'arg. accosté de 2 croissants du même, et accomp. de 3 étoiles d'or rangées en chef. F.

Bessonneau. D'or à 3 fasces de gu. semé de mâcles de l'un en l'autre. F.

Bethaux (de). De sa à 6 fusées d'arg. 3, 2 et 1. G. F.

Bethizy (de). ᴍᴀʀǫᴜɪs, ʙᴀʀᴏɴs. D'azur fretté d'or. C. D.

Béthune (de). (ᴅᴜᴄ ᴅᴇ ᴄʜᴀʀᴏsᴛ ᴇᴛ ᴅᴇ ꜱᴜʟʟʏ, 1606). D'arg. à la fasce de gu. (C.), accompagnée en chef d'un lambel du même. P. D.

Betoulat. De sa. au chevron d'arg. accomp. de 3 chardons d'or tigés et feuillés du même. F.

Bettland de Colombie. C.

Beuf (Le). D'arg. à l'aigle de sable, éployée, becquée et membrée de gu. *Alias :* De gu. à un bœuf d'or. P.

Beufvier. (Mᴵˢ ᴅᴇꜱ ᴘᴀʟɪɢɴɪᴇꜱ, B.). D'azur à 3 rencontres de bœuf d'arg. couronnées d'or. R. P. C. F. (Beufade des Polinières G. H.

Beugnon. D'or au chevron d'azur à 3 molettes d'éperon de gu. G. C. F.

Beugnon. D'arg. à la levrette passante de sin. F. (Malte).

Beuil (de). D'azur au croissant montant d'arg. accomp. de 6 croisettes au pied fiché d'or. G. C.

Beynac ou **Benac.** *Guyenne.* De gu. au lévrier grimpant d'arg. F. (var).

Beynac (de). Burelé d'or et d'azur ou d'or et de gu. de 10 pièces. L.

Bezanne (de). De sa. à 3 gantelets d'arg. G. C. (gantelles). *Alias :* D'azur semé de besants d'or, au lion d'arg. brochant. F. (Chérin).

Biaudos de Castéja. Ecartelé d'or au lion de gu., et d'arg. à 3 merlettes de sa. F.

Bichier (1663). De sa. à la biche passant d'arg. colletée d'or. C. R. F. D.

Bicon. D'azur à 3 mâcles d'arg. F.

Bidault. D'azur à 2 bars adossés d'arg. F.

Bideault de la Chauvetière. D'arg. à un cerf de gu. sortant d'un bois de sinople et blessé d'un dard de sable. P. C. H. F.

Bidaut, Bidault. G. De gu. au léopard d'or. (1650, B.). H.

Bideran (de). *Périgord.* De gu. au château de 3 tours d'or. F. — 5 tours, D.

Bidoux. *Touraine.* D'azur à 3 chevrons d'or. F. (Malte).

Biencourt (de) (Marquis). *Picardie.* D'azur au lion d'arg. couronné de laurier et appuyé sur une branche de même d'arg. *Alias :* D'arg. au lion d'azur langué, armé et couronné de gu. (P.). De sa. au lion d'arg. couronné, armé et lampassé d'or. C. D.

Biget. D'azur au cygne d'arg. F.

Bignollet. D'azur à 3 pattes de lion d'or et en pointe un cygne d'arg. nageant sur une mer du même. H.

Bigot. Echiqueté d'arg. et de gu. G. C. H. F.

Billard. D'azur au chevron d'argent. B. F. (var.)

Billaud, Billaut. D'azur à 3 billettes d'arg. F. H.

Billocque. D'azur à 2 lions affrontés d'or. F. H.

Billy. D'azur à 3 croissants d'arg. F.

Billy de Prunay. Ecart., au 1 et 4 contrevairé d'or et d'azur à 2 fasces de gu., au 2 et 3 d'or à une croix alésée d'azur. (R.). D. Vairé d'or et d'azur à 2 fasces de gu. C. F.

Binel. D'arg. à l'aigle éployée de gu. F.

Binot de Villiers. *Bretagne.* D'azur à la couleuvre d'arg. languée de gueules tortillée en forme de 8 posée en pal. R. D. F.

Bion. D'azur à l'étoile d'or soutenue d'un croiss. d'arg. et de gu. au coutelas d'arg. manché d'or posé en pal. F.

Bion. D'azur à 3 bues (ou buires) d'arg. F. H.

Bionet. D'arg. au lion de gu. armé et lamp. d'or ; au chef d'azur. R.

Bionneau d'Eyragues. D'azur à la fasce d'or chargée de 2 croissants de gu. accomp. de 3 étoiles rangées d'or en chef et d'un vol d'arg. en pointe. F. R. (Bironneau).

Biré (de). D'azur à la branche de grenadier fruité de 3 grenades, 2 en chef, 1 en pointe. F. — Ouvertes de gu. D.

Birot. *Angoumois.* D'arg. à la bande d'azur chargée de 3 roses d'or et accomp. en chef d'un pied de griffon de sa. armé de gu. et pointe d'une molette de sa. R. H. et F. (var.).

Bittier. De gu. au sautoir d'or cantonné de 4 croissants du même. F.

Bizac. D'azur à 3 chevrons d'or. F.

Bizemont (de). *Picardie.* D'azur au chevron d'arg. accomp. en chef de 2 croissants d'arg. et en pointe d'une molette d'or. F. D.

Blachèrie (de la). G. De gu. à 7 mâcles d'arg., 2, 3, 2. H. F. (Blachière).

Blachière (de la). D'azur au chevron d'arg. chargé de 3 aiglettes de sa. accomp. en chef de 2 étoiles d'arg. et de 6 flammes d'or, 1, 2, 3. F.

Blackvood, Blacvod. *Ecosse.* Ecartelé au 1 et 4 d'azur à la face en devise d'or, surmontée d'un losange à dextre, et à senestre d'une étoile du même et d'un croissant en pointe ; au 2 et 3 de gu. à une tête et col de cerf de profil sommé de 9 cors d'or G., var. C., H. F. R.

Blactot. D'azur au chevron d'arg. accomp. de 3 étoiles du même. H. B. F.

Blair. *Ecosse.* De sa. à la fasce d'or accomp. de 3 besants du même, chargé en cœur d'un écu d'arg. au chevron ondé de sa. accomp. de 3 tourteaux du même. R. F.

Blanc. D'azur au cygne d'arg. becqué et patté de sa. H. F

Blanchard. C. F.

Blanchefort. *Limousin.* D'or à 2 lions passants de gu. R. F.

Blanchereau de la Longuerain.

Blandin. *Aunis.* D'azur au chevron d'or et une billette d'arg. en pointe, au chef cousu de gu. chargé de 3 étoiles d'or. G. (… belette passante d'arg. F.)

Blandin. D'or au cerf élancé et aile de sa. chevillé de 10 cors de même. G. F.

Blason. *Anjou.* Bandé d'arg. et de gu. F.

Blaye. D'arg. à un château à 3 tours girouettées, pignonnées, crénelées et ajourées de sa., une sentinelle d'or sur la porte. G. F.

Blet (de). *Berry.* D'arg. à 2 feuilles de bette ou laurier de sin. C. F.

Blom (de), Blom. D'arg. au sautoir de gu. accomp. de 4 croisettes du même. F. H. P. C. R.

Blon (de). D'arg. à 4 croisettes de gu., 1, 2, 1. H. (Se confond avec le précédent.

Blondé. D'arg. à la palme de sin. en pal accostée de 2 étoiles de gu. C. F.

Blondeau du Parcq. C. F.

Blosset (de). *Dauphiné.* Palé d'or et d'azur de 6 pièces ; au chef de gu. à la fasce denchée d'arg. R. F.

Blou (de). (XIIᵉ S.). *Anjou.* De gu. à 3 bandes d'or. R. F

Blouin. De gu. au lion couronné d'or. (B. F. C. H. F. R.).—*Alias :* De gu. au chevron d'or accomp. en chef d'une lance couchée en fasce et en pointe d'un lion d'or. H. F.

Bochard de St-Surin. *Bourgogne.* D'azur au croissant montant d'arg. surmonté d'une étoile d'or. P. C. R.

Bocquet (de). G. Sʳ de la Pacaudière.

Bocquier. D'azur à 2 fasces d'or, accomp. de 3 molettes d'éperon du même. G. C. F.

Bodet de la Fenestre. (XIVᵉ S., Mais. ét.). D'azur à l'épée d'argent posée en pal, à la trangle de gu. brochant sur le tout en chef. P. R. K. G. C. H. F. (Malte).

Bodin. D'azur au cœur d'or percé de 3 épées d'arg. F.

Bodin. D'arg. au chêne arraché de sin. sur un tertre d'azur chargé de 3 cannettes d'arg. G. F.

Bodin de la Bodinière. Fascé d'herm. et de sa. de 6 pièces. F.

Bodin de la Rollandière. D'azur à 9 besants d'or, 4 en pal sur chaque flanc de l'écu et 1 en pointe. P. G. C. (3, 3, 3. H.). R. *Var :* D'azur à un écusson d'arg. en abîme. G. *Var :* D'azur à l'écu d'arg. à l'orle de 9 besants d'or. G. F.

Bœslier. C.

Bœuf (Le). D'or à 3 rencontres de bœuf de gu. F.

Bœuf (Le). D'azur à 2 chevrons d'or. F. (Malte).

Bœuf (Le) des Moulinets. D'arg. à l'aigle éployée de sa., becquée et membrée de gu. (F.). *Dev. :* Civis et Miles.

Boiceau de la Borderie et d'Artige. (*V. Boisseau*). Ecartelé au 1 et 4 d'azur à 3 boisseaux d'or, au 2 et 3 d'azur à l'aigle d'arg. F.

Boignon. D'azur à 3 besants d'or. R.

Boilève. D'argent au chevron de gu. accomp. de 4 merlettes de sa. C. R. et F. (3 merlettes). (*V. Boylesve*).

Boin. D'or au pin de sin. fruité de sa. F.

Boin. D'or à la croix fleuronnée de gu. percée en cœur. F.

Boinet. D'arg. au lion de gu. et un chef d'azur. H. F.

Boins. D'arg. au lion de gu. armé, lampassé de sa. au chef d'azur. G.

Boirot. D'azur au chevron d'or accomp. de 3 étoiles du même et surmonté de 2 oiseaux affrontés d'arg. F.

Bois (du). D'azur à l'épervier d'or. C.

Bois (du). D'or à 3 arbres de sin. sur une terrasse du même, au chef de gu. chargé de 3 besants rangés d'or. F.

Bois. D'arg. à 5 arbres de sin., 2, 2, 1. F

Bois. D'arg. au lion de gu. accomp. de 3 glands de sin. la pointe en bas. F.

Bois d'Argonne (du). *Anjou.* De gu. à 3 croix pattées d'arg. F.

Bois des Arpentes (du). D'or à l'écu de gu. accomp. de 6 coquilles de sable en orle. F.

Bois-Béranger (du). *Maine.* D'arg. à la bande de gu. F. (d'or etc. R. et D.).

Bois de Chabannes (du). D'arg. au chevron de sa. accomp. de 9 billettes de sa. en orle. F.

Bois de Courval (du). D'azur à 3 fasces d'arg. (F.). *Alias :* D'arg. à 3 fasces d'azur. L.

Bois de Dirac (du). D'or au chevron de sa. chargé de 3 étoiles d'or. F.

Bois de la Fenonnière (du). *Nantais.* De gu. à 3 épées d'arg. la pointe en bas. F. (Malte), rangées, R.

Bois du Fresne et de la Gravelle (du). *Saintonge.* D'arg. à l'aigle de sa. au vol abaissé, becquée et pattée de gu. R. F. L.

Bois de St-Mandé (du). D'or à 3 tourteaux de gu. P. C. F. R. (tourteaux de sa.). L. de sa. à 3 besants d'or.

Bois de la Touche-Levrault (du). D'or à la hure de sanglier de sa. F.

Boisgroland (de). Ecartelé au 1 et 4 de gu. à 3 fleurs de lis mal ordonnées d'or, au 2 et 3 d'hermines plein. R.

Boisjourdain (de). *Maine.* D'or semé de fleurs de lis d'azur, et 3 losanges de gu. F.

Boislinards (de). *Berry.* D'arg. au chêne ou vergne de sin. à la bordure engrelée de gu. R. C. F. D.

Boislinière (de). De sa. à un bois de cerf d'or, au chef d'arg. H.

Boismorin (de). D'or à la bande alaisée d'azur accomp. en pointe d'une tête de maure de sa. bandée d'arg. et un chef de gu. chargée d'une croix tréflée d'arg. H.

Boisnard. G. F. (Ne serait-ce pas de Boislinards ?)

Boisnet de la Frémaudière. D'arg. au chef d'azur au lion de gu. brochant. P. G. C. H.

Boisse (de). (MARQUIS). *Limousin.* De gu. à 3 fasces d'arg. chargées de 3 mouchetures d'hermines. F. R. et D. (fascé). *Dev.* : amour et honneur.

Boisseau de la Borderye et de la Galernerie. D'azur à 3 boisseaux d'or. P. K. C. F. R. (*Limousin*) L.

Boissel de Linières. D'azur à l'aigle d'arg., à la bordure de gu. F.

Boissière (de la). *Nantais.* D'arg. à 3 merlettes de sa. F.

Boisson. D'azur à un rinceau de laurier d'or. H.

Boisson. De gu. à 3 fasces d'arg. F.

Boisson de la Couraizière. D'azur au chevron d'or chargé de 5 aiglons de sa. accompagné de 3 colombes d'arg. posées en devise membrées de gu. G. C. ; ou posées 2 en chef et 1 en pointe. H. P. F. R.

Boissot. Losangé d'arg. et de gu. au franc canton d'hermines. F.

Boissy (de). D'or à l'aigle de sa. P. R.

Boissy (de). *Anjou.* D'or à 3 fasces de sa. C. F. (Boisy).

Boisy (de). D'or à 3 jumelles de sa. (R.), au filet du même en barre. F.

Boitault. D'arg. au croissant de gu. soutenant une tige de fougère de sin., au chef d'azur chargé de 3 étoiles d'or rangées. F.

Boivin. D'or à 2 chevrons de sa. (Malte) F.

Boixon. D'or à l'aigle éployée de gu. G. F. (Boexon).

Boju, Bouju. D'azur à 3 quintefeuilles d'arg. F.

Boju. D'or à 3 aigles de sa. becq., membrées de gu. R.

Bomez (de). Ecartelé d'or et de gu. F.

Bompart. *Saintonge* D'azur à 3 fermeaux d'or. F.

Bonafos. *Basse-Marche.* D'azur à 3 pals d'or. F.

Bonamy de la Princerie. D'azur ou de sinople à 3 roses d'arg. P. C. F.

Boncenne. D'arg. à la fasce ondée, échiquetée de gu. et d'or. F.

Bonchamps (de). *Anjou.* De gu. à deux triangles entrelacés d'or (pentalpha). C. H. F. D.

Bondet. D'or au chevron de gu. accomp. de 2 croissants du même en chef et d'un lion de gu. en pointe. F.

Bonenfant. *Normandie.* De gu. à la fasce d'arg. accomp. de 6 roses du même. R. F.

Bonin de Messignac. De gu. à la croix dentelée d'arg. H. F. (de sa...).

Bonnard. *Touraine.* An. *1444.* D'azur à 3 huchets d'or liés de gu. et virolés d'arg. C. *Var.* : d'or à 3 huchets de gu... H. F., et liés d'azur. R.

Bonnart. D'arg. à la fasce de gu. accomp. de 5 glands de sin. la queue en bas. R.

Bonnault. D'azur à la fasce d'arg. chargée de 3 roses de gu. boutonnées d'or, accomp. de 3 étoiles d'arg. G. C. F. (var.).

Bonnaventure (de). (Mis DE CREVANT). Ecartelé d'argent et d'azur. G.

Bonneau ou Bonnault. D'azur au chevron d'or, accomp. de 2 étoiles du même en chef et d'une fontaine jaillissante d'arg. en pointe. B. C. D. F. R., plusieurs variantes.

Bonneau. *Aunis.* D'azur au chevron d'or surmonté de 3 étoiles rangées en chef, d'or, et en pointe d'un croissant d'arg. R.

Bonneau. D'azur à une fontaine d'argent. R.

Bonneau. *Touraine.* D'azur à 3 grenades d'or. F.

Bonnefoy (de). G. De sa. à deux mains dextres appaumées d'or posées en pal. L.

Bonnegens. D'azur au chevron d'arg. accomp. de 3 étoiles d'arg. 2 et 1, celle de la pointe soutenue d'un croissant du même. F. D.

Bonnelie des Jonchères. D'azur à 2 tours d'arg. maçonnées de sa. au chef cousu du même, chargé d'un lion passant d'arg P. G. H. (Bonnetye).

Bonnemain. De sa. à la croix ancrée et alaisée d'arg. G. (F. *fam. ét.*).

Bonnet. D'or au lion de gu. P. R. (var.).

Bonnet. De sa. à 3 besants d'or. C. P. R. F.

Bonnet de St-Léger. D'azur à l'ancre d'arg. F. (Malte).

Bonney (de). D'arg. à 3 pommes de pin versées de gu. G. F.

Bonniet. C.

Bonnin. De sa. à la croix ancrée d'arg. C. P. G. *Var. :* croix engrelée. G. R.

Bonnin de la Bonninière de Beaumont. *Touraine.* XIIᵉ S. Marquis, 1757. D'arg. à la fleur de lis de gu. (F.). *Dev. :* Virtute comite sanguine.

Bonnin du Cluzeau. *Berry, Nivernais.* Losangé d'or et de gu. à 5 pals d'azur. F.

Bonnin de Fraysseix. Ecartelé au 1 et 4 d'arg. à la croix ancrée de sa. ; au 2 et 3 d'azur à 3 fasces ondées d'or, sur le tout d'arg. à la fleur de lis de gu. D. H. (var.) F.

Bonnin de Gramont. D'or à 3 têtes d'ours, arrachées, emmuselées et enchaînées de sa. R. P.

Bontemps. D'azur à la gerbe d'or posée à dextre, un raisin d'arg. à senestre, une étoile d'or en chef, 7 pièces d'arg. rangées en compte en pointe. F.

Bony (de). (Marquis de la Vergne). De gu. à 3 besants d'arg. 2 et 1. (H. P. D. F. R.). *Dev. :* Bisantiis numis pauperibus adest.

Borde (de la). D'azur au chevron d'... accompagné de 2 étoiles en chef et d'une tête de licorne en pointe. F.

Bordes de Jansac (des). C. (*V. Desbordes*). D'azur au chevron d'or accomp. de 3 arrêtes de poisson d'arg. 2 et 1. F. D.

Boreau de Roincé. *Anjou.* D'azur au chevron d'arg. accomp. de 2 coquilles d'or en chef et d'une ancre d'arg. en pointe. F.

Borgnet. G. C. d'arg. à un sanglier de sa. passant. H. F. (fam. ét.).

Borie de la Campagne (de la). *Périgord.* De gu. à 3 fers à cheval d'arg. au croissant du même en chef. R. F.

Borry. D'azur au chevron d'or accomp. de 3 croissants montants d'arg. G.

Bors. De... au lion passant. F.

Borstel (de). *Allemagne.* Tiercé en bande d'or, de gu. et de... chargé de 3 brosses d'arg. à manche d'or posées en bande F. — R. D'arg. à la bande de gu. etc. (*Touraine*).

Boscals de Reals de Mornac. (Barons. Comtes). *Béziers.* De gu. à un chêne d'arg. surmonté d'une fleur de lys d'or. P. C. F. R. L. D.

Boscher (de la Boucherie). D'or au lambel de sa. de 3 pendants. F. M.

Bosquevert (de). *Auvergne.* D'arg. semé de glands de gu. à la bande ondée du même, brochant ; au chef cousu d'or chargé de 3 merlettes de sa. P. G. C. F.

Bossu (Le). D'or à 3 têtes de maures de sa. au bandeau d'arg. R. F.

Bottreau. D'azur à la fasce d'or accomp. de 6 merlettes du même, 3 en chef et 3 en pointe, rangées. F.

Bouchard d'Aubeterre Losangé d'or et d'azur au chef de gu. chargé de 3 coquilles d'or rangées. (F.). *Alias. : Saintonge.* Ecartelé au 1 et 4 de gu. à 3 léopards d'or armés et lampassés d'arg. l'un sur l'autre (Bouchard) au 2 et 3 losangé d'or et d'azur en chef de gu. (Raimondi d'Aubeterre) R. L. D.

Bouche. Losangé d'arg. et de gu. au canton du second. F.

Boucher. D'arg. au chevron de sa. accomp. de 3 étoiles du même. F.

Bouchereau. D'azur à la fasce d'arg. chargée de 3 merlettes de sa. accomp. de 2 étoiles d'or en chef et d'un croissant d'arg. en pointe. F.

Bouchereau. *Aunis.* De gu. au lion d'or soutenu d'une terrasse de sin. tenant une fleur de lis d'arg. ; au chef d'azur chargé de 3 étoiles d'or. R.

Boucherie (de la). D'azur à un cerf passant d'or. G. P. C. (La Boucherie), F. R.

Bouchet. *Anjou.* D'arg. à 3 anneaux de sa. F. R.

Bouchet d'Amblon. D'or au chevron d'azur accomp. de 3 chardons au naturel. F.

Bouchet (du), Boschet. (XIIIᵉ S.). Semé d'herm. et de croissants de gu. F.

Bouchet de Martigny. D'arg. au chevron d'azur accomp. de 3 roses de gu. G. F.

Bouchet de la Sardière. D'azur au sautoir d'argent chargé de 5 losanges de gu. R. P. G. F. B. C. D.

Bouchet de Sourches (du). (Mais. ét.). *Maine.* BARON, 1598, MARQUIS, 1652, DUC, 1816. D'arg. à 2 fasces de sa. R C. F.

Boucheul. D'azur à 2 fasces d'or accomp. en chef d'un croissant d'arg. à dextre et d'une étoile d'or à senestre, et en pointe d'une étoile du même. F. H.

Bouchey. C. (*V. Bouchet*).

Bouchier. D'azur au cœur percé d'or, par 2 flèches du même ferrées et empennées d'arg., un croissant de gu. en abîme sur le tout. F.

Bouer, Boer, Bouet. *Anjou.* Palé d'or et de sin. de six pièces. F.

Bouère (de la). *Bretagne.* XIIIᵉ S. (Fam. ét.). De gu. au lion d'arg. armé, lampassé et couronné d'or. F.

Bouet, Bouhet. *Anjou.* XIIᵉ S. (Fam. ét.). D'azur au chevron d'or accomp. de 3 roses du même. C. F.

Bouet du Portal. D'arg. à 3 hures de sa. arrachées de gu. défendues d'arg. R. F. L.

Bouex (du). *Ile de France.* D'arg. à 2 fasces de gu. P. C. F. R.

Bouez d'Amazy. D'arg. à une cigogne d'azur la patte senestre levée tenant en son bec un serpent de sin. et accomp. de 3ʳ hures de sanglier de sa. arrachées de gu. défendues d'arg. *Sup. :* Deux lions. *Dev.:* Noblesse et droicture. R.

Bougrenet (de). *Nantais.* D'or au lion de gu. chargé de mâcles d'or. R. F.

Bouhault. (Fam. ét.). Echiqueté d'or et de gu. B. H. F.

Bouhet. (*V. Bouet*).

Bouhet, Bouet. D'azur au sautoir d'or chargé de 5 losanges de gu. F. N'est-ce pas une confusion avec Bouchet de la Sardière ?

Bouhier ou **Bouchier.** *Artois.* D'azur au chevron d'arg. accomp. de 2 croissants d'arg. en chef et d'une tête de bœuf d'or en pointe. (G. C.). *Var. :* avec 1 seul croissant. D. ; F. et R. 2 croissants en chef.

Bouillé (de). *Auvergne.* XIIᵉ S. MARQUIS. De gu. à la croix ancrée d'arg. *Dev. :* A vero bello Christi. R. F. D.

Bouilly. *Bretagne,* an. 1587. D'azur à la bande d'or entre 2 croissants d'arg. F. R. (var.).

Bouin. D'azur à 3 roses d'arg. C.

Bouin de Beaupré. (Fam. ét.). D'azur au chevron d'or accomp. de 2 étoiles du même en chef et en pointe d'un mouton passant sur une terrasse d'or. F.

Bouin de Noiré Marigny. D'azur à une foi d'arg. en fasce accomp. de 3 soleils d'or, 2 en chef et 1 en pointe. P. C. F.

Boujeu. D'or à une cage de sa. à une bordure du même. H. F.

Boul. D'or à la bande de gu. F.

Boula de Marteuil. *Melun.* D'azur à 3 besants (ou boules) d'or. R. F. D.

Boulard. G. Nous ne savons pas si cette famille porte comme les Boulard en Gascogne : d'arg. à 3 aiglettes de sa. allumées et membrées d'azur au franc quartier d'or chargé d'un lion d'azur allumé, armé et lampassé de gu. D.

Beulay. D'arg. au bouleau de sin. terrassé du même, accomp. de 3 étoiles de gu. F

Boullay (du). D'azur au croissant montant d'arg. en chef à 3 fiches d'or 2 et 1. C. F.

Boullaye (de la). *Bretagne.* D'azur au chev. d'or. P. R.

Boullet (du) de la Broue. *Angoumois.* D'arg. à la bande d'azur chargée d'une fleur de lis entre 2 besants d'or, accomp. d'un cygne d'azur à senestre. Au chef de gu. chargé d'un besant d'or. R. F.

Boulliau. D'azur à 3 besants d'or. Au chef d'arg. au lion naissant de gu. R. F.

Boumard. D'or au chêne de sin. terrassé du même, au sanglier de sa. passant devant le tronc. F.

Bounaud. De gu. à la fasce d'arg. chargée de 3 roses de gu. boutonnées d'or et accomp. de 3 étoiles aussi d'or. R.

Bouquenet (de) ou **Bougrenet ?** (P). D'or au lion de gu. chargé de mâcles d'or. P. C.

Bouquet. D'arg. au bouquet de fleurs naturelles. F.

Bouquet de Boismorin. De gu. à la licorne d'arg. F.

Bouquin. D'azur à 3 cornes de bouquin d'or. F.

Bourbeau. D'arg. à un étang d'azur dans lequel nage une anguille d'arg. en fasce. F.

Bourdeau (de). De gu. à 3 bourdons d'arg. en pal. H. F.

Bourdeille (de). *Périgord.* XIe S. D'or à 2 pattes de griffons de gu. onglées de sa. l'une sur l'autre. R. F. D. L. (var.). *Sup.* : Deux griffons.

Bourdicaud. D'or au chevron écimé de gu. accomp. de 3 trèfles du même. R.

Bourdin. De gu. à 3 rencontres de daims d'arg. G. C. F.

Bourdonnaye (de la). MARQUIS, 1717. De gu. à 3 bourdons d'arg. F. R. (*V. La B.*).

Bourg (du). *Saintonge.* D'azur à 3 tiges d'épines d'arg. (R. D. F.). *Dev.* : Lilium inter spinas. *Sup.* : Griffons.

Bourgeois. D'arg. à 3 hures de sanglier arrachées de sa. G. F.

Bourgneuf de Rais (de). D'arg. à la croix de sa. F.

Bourgnon. CHEVALIER DE L'EMPIRE, 1811. Parti au 1 d'azur à une épée d'arg., au 2 échiqueté d'or et d'azur. R.

Bourgnon de Layre. BARONS, 1815. D'arg. au bourgnon (verveux), de gu. dans lequel entre un poisson du même accomp. de 3 roses feuillées et tigées du même. (D. R.). Au chef de gu. chargé à dextre d'une épée en pal d'arg. montée d'or, et à senestre d'un croissant aussi d'arg. C. F.

Bourguignon. D'azur à 3 bourguignottes (casques) d'arg. 2 et 1. B. F. ; posées de profil, R.

Bourin. D'... au lion de... F.

Bournan. D'arg. au lion de sa. baillonné de gu. à la bordure componée d'arg. et de sa. F. R. (canton de *Vaud*).

Boursault. D'azur au chevron d'arg. accomp. de 3 croisettes du même. H. B. F. (var.).

Boussay (de) de la Tour. De sa. au lion d'or armé, lampassé et couronné de gu. R. C. F.

Boussigny (de). De sa. au chevron d'arg. accomp. de 3 fleurs de lis du même. F. (Malte).

Boussiron. D'or à la croix de gu.

chargée de 4 coquilles du 1er et cantonnée de 4 croix de gu. (F.). *Var.* : De gu. à la croix alaisée d'or cantonnée de 4 croissettes d'arg. R.

Boutaud. XIIe S. De gu. à 3 demis vols d'or. F.

Boutaut. D'azur à 3 chevrons d'or, accomp. de 3 triangles d'or renversés et pleins, 2 en chef et 1 en pointe. R. F.

Bouteroue. (Fam. ét.). D'arg. à la bande de vair. F. R. (var.).

Boutet de Marivaz. *Paris.* D'or à l'écu de gu. chargé d'une feuille de houx d'arg. entouré d'un orle de sin. F. R. (var.).

Bouthet. D'or au chevron de gu. accomp. de 2 rocs d'échiquier en chef de gu. et une hure du même en pointe. R. F.

Bouthier. D'arg. à l'épervier au naturel. F.

Bouthon, Bouton. D'arg. à 3 roses de gu. boutonnées d'or. G. C. F. R.

Boutin. D'arg. à l'aigle de sa. éployée. F. (Malte).

Bouttet. De gu. à un boutoir de maréchal d'arg. H.

Bouville (de). *Normandie.* D'arg. à la fasce de gu. chargée de 3 anneaux d'or. R. F.

Bouvin. De sa. à la croix dentelée d'arg. H.

Boux de Casson. D'or au sautoir de gu. cantonné de 4 merlettes. G. D. F. R.

Boyer. D'arg. coupé d'azur au lion de gu. armé, lampassé et vilené de sa. brochant sur le tout. G.

Boyer (de). D'azur au faucon d'arg. chaperonné de gu. posé sur un mont d'arg. F.

Boylesve (de). D'arg. au chev. de gu. accompagné de 3 merlettes de sa., 2 et 1. P. G. (*V. Boilève*).

Boynet. D'arg. au lion de gu., au chef d'azur. F. (*V. Boisnet*).

Brach (de). *Guyenne.* D'azur à une bande d'or accostée de 2 fusées d'arg. P. C. D. K. F.

Brachechien. De sa. au lion d'arg. armé, couronné et lampassé d'or. G. C. F. R.

Brachet. *Marche.* D'azur à 2 chiens braques d'arg. (F.), l'un sur l'autre. D.

Bragelongne (de). *Franche-Comté.* De gu. à la fasce d'arg. chargée d'une coquille de sa. accomp. de 3 molettes d'or. (R. F. D.). *Sup.:* Deux griffons. *Dev.:* Non celam malis.

Braille (de). De gu. à 2 lions affrontés d'or surmontés de 3 fers de lance renversés d'arg., au chef d'azur à la croix pattée d'or. F.

Branchu. D'arg. au chevron de sa. accomp. de 3 étoiles de gu. F.

Brault. (BARON, 1809. COMTE, 1827). Coupé, au 1er parti d'arg. à l'agneau pascal d'azur et de gu. à la croix alaisée d'or. Au 2e de pourpre à la couleuvre d'or accostée à dextre et à senestre d'une colombe du même. C. F.

Brayer. *Alsace.* COMTE DE L'EMPIRE, 1869. Écartelé au 1 de sa. au chevron d'arg. alaisé, accomp. de 3 besants du même ; au 2, de gu. à l'épée haute d'arg. ; au 3, de pourpre à la couleuvre en orle d'or ; au 4, d'azur à la faucille d'arg. emmanchée d'or. Le tout soutenu d'une champagne de gu. chargée d'un pont d'arg. où passe un renard d'or. R. F.

Bréchard. De sa. à 3 rencontres de bœufs d'or. F.

Bremiers (de). De gu. à la bande d'or chargée de 3 rustres de sa. F

Brémond. *Dauphiné.* D'or au cœur de gu. (R.). *Dev.:* Ex tota anima mea et toto corde meo.

Brémond d'Ars (de). (MARQUIS). *Saintonge.* XIe S. D'azur à l'aigle éployée d'or. P. G. C. K. H. F... au vol abaissé, languée de gu. D. R. L.

Breslay. *Anjou.* D'azur au lion d'arg. et un croiss. du même au canton dextre du chef. F.

Bresmont (de). D'arg. à l'aigle éployée de sa., becquée et membrée de gu. G.

Bresson (de). *Lorraine.* D'arg. à la flèche de gu. posée en pal, la pointe en haut, chargée d'un sautoir alaisé d'or, accompagné à chaque pointe d'une étoile de gu. et flanquée de 2 croissants du même. *Dev.:* Quo Deus vocat sequar. D.

Brethé. D'arg. au chevron d'azur accomp. de 2 cœurs de gu. en chef et d'un taureau furieux de sin. en pointe. F.

Brethé. D'arg. à 3 merlettes de sa. F.

Brethé de la Guibretière. D'azur au chevron d'arg. accomp. en chef de 3 étoiles d'or et en pointe d'un lion du même, armé et lampassé de gu. H. F.

Brethé de Richebourg. D'or au chevron ondé d'azur accompagné de 3 fers de flèche de sa. 2 et 1. *Alias:* D'arg. à 3 vaches de gu. accolées et clarinées d'azur passant l'une sur l'autre. P. C. H.

Bretinauld de St-Seurin et de Méré. *Bretagne.* De sa. à 3 hures d'arg. L. F. D.

Breton (Le). D'azur au rocher d'or ouvert en grotte accomp. de 2 étoiles d'or en chef et en pointe d'un chien d'argent couché sur une terrasse de sin. F.

Breton (Le). D'azur au chevron d'or accomp. de 2 étoiles d'arg. en chef et d'un croiss. du même en pointe. F.

Bretonneau. *Touraine.* D'arg. au saule terrassé de sin. accomp. de 3 étoiles d'azur rangées en chef. F. R.

Bretonneau. D'azur au lion d'arg. lampassé de gu. au chef d'arg. chargé de 3 roses de gu. F.

Brettes (des). *Limousin.* D'arg. à 3 vaches de gu. l'une sur l'autre, colletées et clarinées d'azur. R. F.

Breuil (du). De gu. à la manche mal taillée d'arg. (une hache ?) F.

Breuil. *Touraine.* D'arg. à la fasce vivrée de gu. bordée de sa., accomp. de 2 jumelles des mêmes. (R. F. D.). *Sup.:* Deux lions.

Breuil (de Chassenon) du. D'arg. à la croix ancrée de gu. C. F.

Breuil du Doré (du). BARON. De gu. à 3 lions d'or à la bordure d'arg. semée d'hermines. F.

Breuil-Hélion de la Guéronnière (du). COMTES. D'arg. au lion de sa. armé, lampassé et couronné d'or. R. P. C. D. F... couronné de gu. G.

Breuil (du) (des Ouches). D'arg. au chevron de gu. surmonté d'une aigle de sa. C. F.

Breuil de Théon (du). D'arg. à la bande d'azur accompagnée de 2 étoiles de gu., 1 en chef et 1 en pointe. R. P. C. F. L.

Breuil du Traversay (du). D'arg. à 8 fers de pique de gu., 3, 3, 2. F.

Briand. D'arg. à une broche d'azur mise en bande. H.

Briant. G. *Niort*. D'arg. au chevron d'azur accomp. de 3 brillants du même. H. C. F. (bruants), R.

Briaud. De gu. à 3 fers de lance d'arg. F.

Briaud de la Maudinière. D'arg. au chev. d'azur accompagné de 3 étoiles du même, 2 et 1. P.

Bricauld de Verneuil. De... à 3 abricots. F.

Bricheteau. D'or à la tour buttée, crénelée et ajourée de sa. G.

Bricheteau. D'azur à un cygne d'arg. H. F.

Briconnet. *Touraine*. D'azur à une bande componnée d'or et de gu. de 6 pièces, le second compon chargé d'une étoile d'or, et une étoile du même au second canton. H. F. R.

Bridiers (de). *Marche*. xiᵉ S. D'or à la bande de gu. (D. F.). *Var.:* De gu. à la bande d'or accomp. en chef d'une croisette fourchettée du même. R.

Bridieu (de). (Marquis). *Marche*. D'azur au mâcle d'or cramponné doublement en haut et accompagné de 3 étoiles du même, 2 et 1. P. (Le mâcle cramponné, G.). C. D. F. R.

Bridonneau. D'or au chevron d'azur accomp. de 2 roses de gu. en chef et d'un phénix de sa. sur un bûcher enflammé de gu. F.

Brie (de). Fascé d'arg. et de sa. au lion brochant de gu. F.

Brienne (de). D'arg., semé de billettes d'azur au lion du même. F.

Briey (Comtes de). *Lorraine*. D'or à 3 pals alaisés au pied fiché de gu. R. F. D.

Brigueil (de). De... à l'aigle de... au chef de... chargé de 3 étoiles rangées. F.

Brilhac. D'azur à 3 fleurs de lis d'arg. F.

Brilhac (de) de Nouzières. (xiiᵉ s.). D'azur au chev. d'arg. chargé de 5 roses de gu. au bouton d'or et accompagné de trois molettes d'éperon d'or, 2 et 1. P. C. (3 roses et 3 étoiles, G.). H. (var.) F. R. L.

Brillouet. De sa. au lion d'arg. R. F.

Brioñ (de). D'azur à la lance rompue en trois morceaux d'or, au flanc de l'écu. C. F.

Brisay (de). *Anjou*. xiᵉ S. Fascé d'arg. et de gu. de 8 pièces. R. C. D. F. *Sup.:* Deux aigles.

Brisay ou **Brizay (de)**. D'arg. à la bande d'azur chargée d'une autre bande d'or. F.

Brissac (de). *Dauphiné*. D'azur au sautoir d'arg. accompagné de 4 coquilles de sa. et chargé d'un dauphin du même en abîme. P. C. F.

Brisset. B. D'arg. à 3 trèfles de sin. F.

Brisson. D'azur à 3 mâcles d'arg. (G.). *Alias:* 3 fusées, G. C. F., rangées en fasce. R.

Brisson. D'azur au chevron d'or et 3 têtes de léopard du même. F.

Brissonnet. D'azur à la bande componnée d'or et de gu. G. C. (*V. Briçonnet*).

Brochant de Villiers. *Ile de France*. D'or à l'olivier de sin. accosté de 2 croissants de gu., à la champagne d'azur chargée d'un brochet d'arg. D. R.

Brochard. D'arg. à l'aigle de sa. membrée, becquée d'or, chargée sur l'estomac d'un écusson d'or à 3 fraisiers de gu. tigés de sin. G.

Brochard de la Clielle. D'or au chevron d'azur accomp. de 3 fraisiers de gu. tigés de sinople, G. (3 fraises, C. F. R.).

Brochard de la Rochebrochard. D'argent au pal de gu. cotoyé de 2 pals d'azur. F. H. B. G. P. K. R. C.

Broglie (de). *Piémont*. Mⁱˢ DE RUF-FEC. DUCS, 1742 ; PRINCES DU SAINT-EMPIRE, 1759. D'or au sautoir ancré d'azur. (R. P. D.). *Sup.:* Deux lions. *Dev.:* Pour l'avenir.

Brossard (de) de Kermant. *Bretagne*. D'azur au chev. d'or accompagné de 3 fleurs de lis du même. P. G. C. (F. et R., chevron d'argent).

Brosse (de). *Bretagne ou Flandre*. D'azur à 3 gerbes d'or liées de gu. C. D. F. R.

Brosse (de la). De gu. à 3 besants d'or. F.

Brosse (de la). D'arg. à 3 lions de sa. F.

Brosseguin (de). D'arg. à l'aigle éployée de sa., membrée et becquée d'or. (C.). *Var.:* D'azur à l'aigle éployée d'arg. au vol abaissé. H.

Brosses (des). De gu. à la fasce d'arg. chargée de 3 brosses de sa. H.

Brossier de la Charpagne. *Anjou ?* D'azur au chevron d'or accomp. de 3 roses d'arg. F. H.

Brossin de Méré. *Anjou.* D'arg. au chevron d'azur. (C. D. F. R.). *Sup.* : Deux lions. *Dev.* : Virtus aspera vincit.

Brotheron. B. — Ce nom pourrait bien être une altération de l'Anglais Brotherton issue de la maison des Plantagenet : de gu. à 3 léopards d'or l'un sur l'autre, au lambel d'arg. en chef. R.

Brothier de Lavaux, de Rollière. D'azur au chef componé d'arg. et de sa. de six pièces. D. F. H.

Broue (de la). *Languedoc.* D'azur au chev. d'or accompagné en chef de 2 coquilles d'arg. et en pointe d'une main du même posée en pal. (P. H. G. C. F.). *Dev.* : In manibus Domini sors mea. *Var.* : D'azur... accomp. en chef de 3 boucles rangées et en pointe d'un gantelet entre 2 coquilles, le tout d'or. R.

Brouihac de la Bodinière. De gu. à la croix d'arg. à la bande du même brochant sur le tout, à la bordure aussi d'arg. R.

Brouilhac. D'azur au sautoir d'or chargé en cœur d'une fleur de lis d'azur. H.

Brouillac, Brouilhac, Bruilhac de la Mothe-Comtais. D'arg. à 5 mouchetures d'hermine de sable posées en sautoir. P. G. C. H. R. L.

Brousse (de la). *Saintonge.* De... à trois tours de... F.

Brousse de Verteillac. *Périgord.* D'or au chêne arraché de sin. pointé de 8 glands d'or. Au chef d'azur chargé de 3 étoiles d'or. F.

Bruc (de). Marquis de la Guérche, 1682. *Bretagne.* D'arg. à la rose de gu. boutonnée d'or. (P. C. D. R.). *Dev.* : Flos florum, equites equitum.

Bruce (de). Comtes. *Ecosse, Champagne.* D'or au sautoir de gu., au chef de gu. chargé d'une étoile d'or au canton dextre. (R. C. F.). *Ten.* : 2 sauvages. *Dev.* : « Fuimus ». D.

Bruchard (de). *Limousin.* D'azur à 3 fasces d'or à la bande de gu. brochant sur le tout. (R. D.). *Ten.* : Deux hercules.

Bruet (de). D'azur au pont d'or surmonté d'une étoile de 6 rais du même. H.

Brulon. (Fam. ét.). De sa. au lion d'arg. couronné d'or. F.

Brulon de la Brulonnière. D'arg. à 5 barils de sa. posés en bande et entrelacés d'une trainée du même. C.

Brulon de la Muce. *Bretagne.* D'arg. au griffon de sa. R. F.

Brumauld de St-Georges. D'arg. au chevron d'azur accompagné de 3 lapins de gu. (P. C. F. R.)... les 2 du chef affrontés. (D.). *Sup.* : Deux lions.

Brun (Le). D'arg. au chevron de gu. accomp. de 3 molettes de sa. F.

Brun du Magnou. Burelé d'or et d'azur de 8 pièces à un lion d'or allumé, lampassé et armé de gu. brochant sur le tout. F. G. P. C.

Bruneau de la Rabastelière. D'arg. à 7 merlettes de sa., 3, 3, 1. H. G. C. F.

Brunet. D'azur à 3 arcs d'arg. mis en fasce l'un sous l'autre, soutenus de 3 besants d'or, 2 et 1. F.

Brunet. D'arg. à 2 étoiles de gu. et une coquille du même en pointe. F.

Brunet. D'azur à 2 lions d'or léopardés. G.

Brunet. *Niort.* D'azur à la colombe d'arg. portant dans son bec un rameau de sin. (F.). *Var.* : Accomp. de 3 étoiles d'or. H. B. C. F.

Brunet. De gu. taillé d'arg. à 3 roses de l'un en l'autre mises en barre. H.

Brunet de Neuilly. *Vexin.* De gu. à 2 chevrons alaisés d'or accomp. de 3 étoiles du même. R. F.

Brunet de Sérigné. *Périgord.* D'azur à la tour d'or en abîme accompagnée de 2 étoiles d'arg. en chef et d'un croissant du même en pointe. R. P. C. D. F. (var.).

Brunetière (de la). D'hermines à 3 chevrons de gu. F.

Bruneval (de). P. C.

Brusac, Bruzac (de). *Périgord.* D'arg. au lion de gu. couronné d'azur. F.

Bruslon. (V. Brulon).

Buade (de) Guyenne. *Touraine.* D'azur à 3 serres d'aigle d'or (ou pattes de griffon). R. F.

Budan de Russé. *Saumurois.* De gu. au pentalpha d'arg. soutenu d'un croissant du même. Au chef d'arg. chargé de 2 glands tigés et feuillés de sin. posés en sautoir. (R. F. D.). *Sup.* : Deux lévriers.

Bueil (de). *Touraine.* D'azur à 6 croix d'or recroisetées, au pied fiché, posées en orle. Un croissant d'arg. en abîme. R. F.

Buet ou **Buhet**. De gu. à 3 coquilles d'arg. F.

Buffeteau. *Niort,* 1383. B. F.

Buget. D'arg. semé de trèfles de sa., au chevron du second chargé de 5 molettes du 1er. R. F

Buignon. D'azur à trois besants d'or. F. P. C. (à 3 pommes d'or, G.). De gu... etc. H.).

Buissac. C.

Bullion. *Paris.* D'azur à 3 fasces ondées d'arg. surmontées d'un lion naissant d'or. F.

Bunault de Montbrun. *Roussillon* (C.), *Champagne* (F.). D'azur au chevr. d'or accompagné en chef de 2 aiglons et en pointe d'un lion du même. P. C. F. R.

Buor (de). De sa. au bœuf d'or contourné. H.

Buor (de) de Lavoy. *Ecosse.* D'arg. à 3 coquilles de gu., 1 en chef, 2 en pointe ; au franc canton d'azur. H. R. G. F. P. C. D.

Bureau de la Mothe-Bureau. D'azur au chevron potencé et contre-potencé d'arg. accomp. de 3 buires (fioles) d'or. F. (Vertot). R.

Burges (de). An. 1464. *Lorraine.* D'azur au chevron d'or accomp. de 2 coquilles d'arg. en chef et en pointe d'une grue du même tenant en son bec un serpent de sin. R. F.

Burlé (de). *Saintonge.* G. C. D'or à 2 croix raccourcies de gu. l'une sur l'autre. F. (Malte).

Burot de Carcouet. *Nantais.* D'arg. à 3 têtes de loup de sa. R. F.

Busca (de). *Guyenne.* D'or à deux lions de gu. couronnés du même. C. F. (R. var.).

Buseau (de). D'or à 2 lions de gu. couronnés du même. G.

Busseau. D'azur au chef d'or chargé de 3 hirondelles de sa. R.

Bussière (de la). D'azur à la bande d'arg. accompagnée de 2 vols d'épervier du même et surmontée de 2 molettes d'éperon d'or. C. P. G. ; R. et F. (var.). D'azur à la b. d'arg. accostée de 2 molettes d'or, 1 en chef l'autre en pointe, surmontée de 2 fleurs de lis du même. G.

Bussy (de). COMTES. De sa. à l'aigle éployée d'or. (P. F.). *Alias :* D'azur à 3 chevrons d'or le premier brisé. C.

Bussy Fontaine (de). D'or à la fasce de gu. chargée de 3 aiglettes d'arg. couronnées d'or. H. F.

Butault. D'arg. à la fasce de gu. accomp. de 3 trèfles de sin. F.

Butigny (de). D'azur à 3 sautoirs d'arg. H. F.

Buxière (la). D'azur à la fasce d'arg. accompagnée en chef d'un lion issant d'or et en pointe de 3 vannets du même 2 et 1. P. H. (var. Bussière). *Var. :* La fasce d'or et les coquilles mal ordonnées. R.

Buzelet (de). *Anjou.* De gu. à 3 roses d'arg. et au croissant d'or posé en cœur. (P. C.). *Var. :* D'azur à 3 roses d'or, au croissant d'arg. en cœur. F. (R. var. *Milan,* Buzelette).

Cabaret. D'azur au chevron d'or accomp. de 3 roses du même. F. R. (var... accomp. de 3 besants d'or et surmonté d'une grappe de gu.).

Cabèce. *Portugal, Aunis.* D'azur à 13 besants d'or posés 3, 3, 3, 3, 1, à la bordure de gu. chargée en chef de 3 têtes de turcs au naturel avec un turban d'azur, sur chaque côté une échelle d'or soutenue d'un bras de carnation armé d'arg. Le 1er quartier brisé d'un 1/2 canton d'or chargé de 3 feuilles de sin., écartelé au 2 et 3 d'arg. à la bande d'azur accomp. de 2 lions de sa. affrontés la queue fourchée, lampassés et armés de gu. F.

Cadare. D'azur au lion d'arg. brisé d'une fasce du même chargée de 3 étoiles de gu. G. C. F.

Cadart. D'arg. au chevron de gu. chargé de 3 étoiles d'or et accomp. de 3 merlettes de sa. F.

Caderan, Cadoran (de). *Bretagne.* De gu. à cadrans d'or. F.

Cadie (de). D'azur à 2 lions affrontés d'or et un chef d'arg. chargé de 2 merlettes de sa. H.

Cadoret de Beaupreau. De gu. au chevron d'or accomp. en chef de 2 étoiles du même et en pointe d'un croissant d'arg. R. L. (étoiles d'arg.).

Cadu. D'or à la fasce de gu. surmontée d'un lambel d'azur et à la bordure de gu. F.

Cahideuc (de). *Bretagne.* De gu. à 3 têtes de léopards d'or lampassées de gu. (R. F.). *Dev. :* Antiqua fortis virtute.

Cailhaut, Caillaut. D'or au lion de sa. armé et lampassé de gu. P. C. F. R. (Gouget dit que le champ est d'arg.).

Cailhou d'Esignac. Ec. au 1 et 4 d'or à 3 hures de sanglier de sa., au 2 et 3 de gu. semé de cailloux d'or. Sur le tout d'or au lion léopardé de sin. R.

Caillaud. D'azur au chevron d'or accomp. de 3 cailles du même. H. F.

Caille, Caillé. D'azur au chevron d'arg. accomp. de 2 sautoirs du même en chef et d'une croisette d'or en pointe. F.

Cailler. D'arg. à l'aigle éployée de sa. à la bande de gu. chargée de 3 roses d'or brochant sur le tout. F.

Caillères (de). *Saintonge.* D'arg. à 3 fasces bretessées et contre-bretessées de sa. F. L.

Caillet. D'azur au lion d'arg. armé lampassé de gu. et 3 cailles d'arg. en chef. G. C. F. (2 en chef, 1 en pointe).

Caillo. De gu. à 3 colombes d'arg. becquées et membrées de gu. 2 et 1, celle-ci soutenue d'une patte de loup coupée d'or. P. C. H. F. (var.) R.

Caillon. *Angoumois.* De gu. à l'aigle d'or éployée, accomp. de 3 cailles du même rangées en chef. F.

Caillon. D'azur au cœur d'or soutenu d'un croissant d'arg. F.

Callays (de). D'azur à 3 bourdons d'or mis en pal, celui du milieu cotoyé d'une coquille d'arg. de chaque côté. G. C. F. L.

Calluau. VICOMTES. *Angoumois.* D'azur au croissant montant d'arg. surmonté d'une étoile d'or. G. F. (étoile d'argent. C.).

Cambourg (de). De gu. à 3 fasces échiquetées d'arg. et d'azur de 2 traits P. F. C. D. *Sup. :* 2 hermines. *Dev. :* « Jamais en vain ».

Camin (de). De gu. au pal d'arg. accosté de 2 lions affrontés du même, au chef cousu d'azur chargé d'une croix de Malte d'arg. accomp. de 2 étoiles du même. G. C. D. H. F. (var.).

Campet. C^tes DU SAUJON. D'azur à la fasce d'arg. surmontée d'un croissant et soutenu d'une coquille du même. R. F.

Camus de Marcilly. *Bretagne.* D'azur à 3 croissants d'arg. et une étoile d'or en abîme. R. F.

Canaye. *Paris.* D'azur au chevron d'or accomp. de 3 étoiles d'arg. rangées en chef et d'une rose tigée et feuillée d'or en pointe. F. R. (*Orléanais*).

Cant. De gu. au franc canton chargé d'une fleur de lis de gu. F. H.

Cantineau. D'arg. à 3 molettes d'éperon de sa. H. G. C. F. R. (*Anjou*).

Cantinière (de la). D'arg. à 3 molettes de sa. G. C., F. dit que c'est une branche des Cantineau.

Canuel. *Perche, Loudunois.* BARON, 1817. C.

Caquerau. D'azur à 3 os cassés d'arg. 2 et 1, liés chacun de 2 cordons de sa. G. Ne seraient-ce pas tout simplement des couples de chiens ? F. dit que ce sont des jeux d'enfants appelés caquets.

Caradreux, Karadreux. *Bretagne.* D'arg. à 3 lions léopardés d'azur. F.

Caraleu, Karaleuc (de). *Bretagne.* Echiqueté d'or et de gu. F.

Carbonnier de Marzac. De gu. à la croix patriarcale d'arg. accomp. en chef de 2 croissants du même et en pointe de 2 étoiles à 5 rais d'or. D.

Carbonnières de St-Brice (de). COMTES, MARQUIS. *Périgord.* D'azur à 3 bandes d'arg. chargées de 10 flammes de gu. 4, 3, 2, 1. (P.). D'arg. à 3 bandes d'azur accomp. de 8 charbons de sa. allumés de gu. posés 1, 3, 3, 1 entre les bandes. C. F. R. (*Auvergne*).

Cardio. D'arg. au chevron de sa. accomp. de 3 roses de gu. F.

Cardinault. D'arg. à 3 trèfles de sin. F.

Carion. D'or à 3 bandes d'azur au chef d'hermines. C. R. (*Touraine*).

Carlhouet, Carlouet ou Carthouet. D'or à la fasce de gu. chargée d'un lévrier courant d'arg. colleté et bouclé de sa. accomp. de 3 roses doubles de gu. (G. C. H. F. R.). *Var. :* D'arg. à un lévrier de sa. accomp. de 3 roses de gu. H.

Carmant. De gu. au lion couronné d'or. C. G.

Carqueville (de). *Normandie.* D'arg. au chevron d'azur accomp. de 3 lions de gu. la queue nouée. F.

Carré de Busserolles. D'azur à 2 étoiles d'or en chef et une rose du même en pointe. P. G. C. H. R.

Carré de la Mothe, de Beaumont.
D'arg. à la bande de sa. chargée de 3
roses d'arg. G. C. F.

Carré de Ste-Gemme. D'azur à la
croix d'arg. cantonnée de 4 étoiles du
même. P. C. F. L. (étoiles d'or).

Carrion. *Anjou.* D'or à 3 bandes
d'azur ; au chef d'hermines. (F.). *Dev. :*
Nihil virtute pulchrius.

Cars (des) ou **Carts.** D'azur à 4
étoiles d'or. G. P. (...3 étoiles... C.). F.
(Descars).

Cartier. Ecartelé d'arg. et d'azur à
6 fleurs de lis. C. (4 fleurs de lis de l'un
en l'autre. F. R. (*Bretagne*). Cartier du
Hindret.

Cartier de la Malmaison. *Ile de
France.* D'azur à la croix d'or cantonnée au 1 et 4 d'une étoile d'arg. ; au 2
d'un lion naissant du même, mouvant
de la traverse de la croix ; au 3 d'une
gerbe d'or. R.

Carvoisin (de). Comtes. *Milanais.*
D'or à la bande de gu. au chef d'azur.
P. C. F. R. (*Soissonnais*). *Dev. :* Duce
non erramus Olympo.

Casau (du). (Fam. ét.). *Anjou.* D'arg.
à 3 roses de gu ; au chef du même chargé
de 5 fusées d'or, au franc canton d'hermines. F.

Cassagne (de la). *Béarn.* Ecartelé
au 1 et 4 d'or au châtaignier de sin.,
au 2 et 3 d'azur au dauphin couronné
d'arg. F.

Cassaigne (de la). *Guyenne.* De gu.
à la bande d'or. F.

Cassin. *Anjou.* D'azur à 3 bandes
d'or. C. D. F. (var.).

Castellane (de). Marquis. *Provence.*
De gu. à la tour donjonnée de 3 pièces
d'or, celle du milieu supérieure ; maçonnée et ouverte de sa. (H. C. P. D.
F. R.). *Sup. :* Deux lions. *Dev :* « May
d'hounour ché d'hounours ».

Castello (de). *Bretagne.* D'or à 3
aiglettes éployées, couronnées de sa. —
F. — Aigles de gu. R. (*Poitou*).

Cathelineau. An. 1816. *Anjou, Bretagne.* D'azur à la hampe fleurdelisée
d'or, à la banderole d'arg. chargée d'un
cœur de gu. surmontée d'une croix du
même. (D. F. R.). *Dev. :* Dieu et le
Roi.

Cathineau. G. — D'azur au lion d'or
couronné du même. H. F.

Cathus. C. De gu. semé d'étoiles
d'arg. au lion léopardé d'or. F. (Fam.
ét.). — R. étoiles d'or.

Caulaincourt (de). D'or à 2 lions
affrontés de gu. accomp. de 3 trèfles de
sin., au chef de sa. chargé de 3 croissants montants d'arg. G. (*V. Colincourt*).

Caulnis (de). *Angoumois.* D'arg. à
la croix ancrée de gu. F.

Caumont (de). D'azur à 2 lions d'or
lampassés de gu. G. P. C. (léopardés F.).

Caumont (de). D'arg. à la fasce de
sa. accomp. de 3 molettes du même. H.

Caux (de). D'azur à 3 lions d'or 2
et 1. C. D. F. (R. à la bordure de sa.).

Cave (de la). G. C. F. Sr du Treuil
Chopin. Il existe en Prusse deux familles de ce nom. Elles sont peut-être
issues de famille du Poitou émigrée
soit après la révocation de l'édit de
Nantes, soit pendant la Révolution ?
R. leur donne comme armes : de gu. à
la croix d'arg.

Cazelis (de). *Béarn.* D'or à 3 fasces
d'azur. F.

Celle (de la). *Marche.* D'arg. à l'aigle au vol abaissé de sa. becquée et
membrée d'or. F. R. (*Bourbonnais*). D.

Celle (de la). De sa... à la fasce de...
accomp. de 7 billettes en orle à la cotice
de... sur le tout. F.

Celle (de la). De... à 3 chevrons
de... F

Céris (de). D'azur à 3 étoiles d'or.
P. G.

Céris (de). D'azur bandé d'or. G.

Céris (de). D'azur à la croix alaisée
d'arg. C. F. R. D.

Cerizay (de). D'azur à 3 croissants
d'or ? F.

Cerizier de l'Epine. D'arg. au ceri
sier de sin. fruité de gu. C. F. (*V. Seri-
xier*).

Certany. D'azur à la bande d'or
chargée de 3 arbres de sin. F.

Césard. (Vte de Nort). D'or à la
bordure losangée de sa. P. C.

Chabanais (de). D'arg. à 2 lions
léopardés de gu. couronnés d'azur. F.
— D'or etc. R. (*Angoumois*).

Chabannes (de). Bons de Curton,
Mis de la Palice. *Angoumois.* De gu.
au lion d'hermines couronné, armé et
lamp. d'or. (C. R.). *Dev. :* « Nulli
cedo ». D. (F. D'azur...)

Chabert. De sa. au chat d'arg. soutenu d'une jumelle d'or. H.

Chabert. D'azur à la bande d'arg. chargée de 3 rocs de sa. bordée ainsi que l'écu de potences d'arg. et une molette du même au 2ᵉ canton. F.

Chabiel de Morière. (BARONS, 1824). *Espagne.* D'azur à 3 pommes de pin d'or posées 2 et 1. (P. C. F. R. D.). Etabli en Poitou dès 1614.

Chaboceau. D'or à 3 chabots (ou chaboiceaux). De gu. F.

Chabot (de). (COMTES DE BUSANÇAIS, 1532, DUCS DE ROHAN, 1652). D'or à 3 chabots de gu. posés 2 et 1 en pal. (P. G. C. H. F. R. D.). *Dev. :* « Concussus resurgo ».

Chabot. (BARONS, 1811). *Niort.* Ecartelé aux 1 et 4 d'or à 3 chabots de gu. posés 2 et 1 ; au 2, de gu. à l'épée d'arg. en pal ; au 3, d'azur à la forteresse donjonnée de 3 tourelles crénelées d'arg. ; ajourées et maçonnées de sa. soutenue d'un rocher d'arg. ; cantonnée à dextre et en chef d'une botte éperonnée d'arg. ; à senestre d'un casque baré de profil ; et en pointe, à dextre une galère antique d'or, à senestre un cygne nageant d'arg. C. F.

Chabot de Pêchebrun. *Saintonge.* D'azur à deux chabots d'arg. posés l'un sur l'autre ; le 1ᵉʳ regardant à dextre, le second à senestre. L. F. P. D.

Chaffaud (du), Chaffault. (COMTES). *Bretagne.* De si. au lion d'or armé, lampassé et couronné de gu. (G. P. C. D. F. R. L.). *Ten. :* Deux jouvencelles.

Chaffray. De... à 2 fasces de... et une bordure de... chargée de besants. F.

Chaigneau. G. — *Saintonge.* D'or au chêne de sin. F. H.

Chaillé. D'azur au chevron d'or accomp. de 3 cailloux du même. G. F.

Chaillé. D'azur à la tour d'arg. maçonnée de sa. C.

Chaillou. De... à 3 lions couronnés. F.

Chaillou de Fougerolle (de). *Champagne.* De gu. au chat d'arg. surmonté d'un lion du même. D.

Chain, Chein. De gu. à la croix ancrée d'arg. F.

Chainay (de la). (Bᵒⁿ DE PUYMOREIN). D'arg. à 3 chevrons de sa. H.

Chaise (de la). P.

Chalaru (Mⁱˢ de). P. C. Peut-être est-ce Chalard ?

Chalard (du). D'azur à 3 larmes d'argent. F.

Chalmot (de). D'arg. à un vol de sa. accomp. de 3 étoiles de gu., 2 et 1. (G. P. C.). *Alias :* D'azur à un vol d'arg. accomp. de 3 étoiles d'or, 2 et 1. (P. B.), et un chef d'or chargé de 3 quintefeuilles de gu. (H. F. R.). *Sup. :* 2 griffons au naturel.

Chalon (de). *Franche-Comté.* De gu. à la bande d'or. (R. F.). Les princes d'Orange sont originaires de la même maison.

Chemaillard. (XIIIᵉ S.). De... à 2 lions adossés de... F.

Chamarre. D'arg. à 3 merlettes de sa. F. (Malte).

Chambellain. *Champagne, 1638.* D'azur à la branche de 3 lis d'arg. naissant de la pointe de l'écu et un soleil d'or en chef. C. F. R.

Chambes (de). *Bourgogne, Anjou.* (Cᵗᵉˢ DE MONTSOREAU, 1573). D'azur semé de fleurs de lis d'arg., au lion du même brochant sur le tout. C. (fleurs de lis d'or, F.), armé, lampassé et couronné de gu. R. L.

Chambier. P. Peut-être est-ce Chambes ?

Chambon. D'azur à la tour d'arg. maçonnée de sa. G. C. F. R. D.

Chamborant (de). (XIᵉ S.). MARQUIS. D'or au lion de sa., lampassé et armé de gu. (G. H. C. D. F. R.). *Dev. :* Oncques ne faillis.

Chambre (de la). D'azur au chevron d'or accomp. de 3 têtes de lion arrachées d'or, lampassées de gu. F. L.

Chambres (de). D'azur semé de fleurs de lis d'arg. au lion du même couronné d'or. (G.). Confusion avec *Chambes.*

Chambret. (Fam. ét.). D'azur à 3 chambres d'arg. (maisons ouvertes), au chef d'arg. chargé d'un lion léopardé de gu. F.

Chamillard de, Chamillart. MARQUIS. D'azur à la levrette passante d'arg. colletée de gu. au chef d'or chargé de 3 étoiles de sa. R. P. D.

Champagne (de). *Maine.* De sa. fretté d'arg. au chef d'arg. chargé d'un lion naissant de gu., armé et lampassé d'azur. R. F.

Champagné (de). *Anjou.* D'hermines au chef de gu. F.

Champagné. *Saintonge.* D'azur au lézard d'arg. en pal accomp. de 3 étoiles d'or, surmonté d'une couronne du même. R.

Champallays (de). D'arg. à 3 fusées de gu. à la bordure du même chargée de perles d'arg. G.

Champbon (de). *Touraine.* De... à 2 fasces de... F.

Champdeniers (de). (XIIᵉ S.). D'or au lion de sin. ? F.

Champdeniers, Chandenier. D'arg. au chef emmanché de gu. F.

Champeau (de). *Bretagne.* D'herm. au lion de gu. couronné, armé, lampassé de sa. (R. F.). *Dev. :* Dieux le volt.

Champelais (de). *Bretagne.* D'arg. à 3 fasces de gu. surmontées en chef de 3 aigles éployées de sa. (C. F.). Fascé d'arg. et de gu. de 8 pièces. R. (*Anjou*).

Champelon. *Basse-Marche.* D'azur à la fasce d'or soutenue d'un lion rampant, couronné du même. (F.). *Alias :* D'azur à 3 chevrons d'or et un lion couronné de gu. brochant sur le tout. F.

Champin. *Normandie.* (Bᵒⁿˢ DE VERRIÈRES). D'arg. à 3 hures de sanglier contournées, de sa., 2 et 1. C. R.

Champinoise. D'arg. à 3 fleurs de lis d'azur en une cotice d'or brochant sur le tout. L'Ecu entouré d'une bordure d'or chargée de 8 cœurs de gu. R.

Champropin (de). De gu. à 3 molettes d'arg. F.

Champs (des). D'arg. à la chèvre passante de sa. G.

Champs (des). De... à la croix tréflée d'hermines. F.

Chanac, Chenac. *Limousin.* Burelé d'arg. et d'azur de 8 pièces au lion de gu. brochant. F.

Chandos. *Angleterre.* D'arg. au pal aiguisé de gu. (F.). *Var. :* D'or à la pile de gu. (MAISON ét. en 1428). R.

Changy (de). (Mⁱˢ DE THURÉ). Ecartelê, au 1ᵉʳ et 4ᵉ contre-écartelé d'or et de gu., au 2 et 3 d'azur à la croix d'or cantonnée de 20 croisettes du même. H. F.

Chantefin. C. — D'or fretté de gu. F. (Fam. ét.).

Chantemerle (de). F. — (Fam. ét.). Ecartelé au 1 et 4 d'or à 2 fasces de gu. accomp. de 9 merlettes du même en chef, posées en orle ; au 2 et 3 d'arg. au sautoir d'azur. C. — R., *Bourgogne.*

Chantereau, Chantreau. D'azur à 3 tourterelles d'arg. 2 et 1. H. P. R. (surmontées de 3 étoiles rangées. C.). D. F. (var.).

Chantillac (de). G. C. — *Basse-Marche.* F.

Chantoul. C. F.

Chapelain. De sa. au cerf d'or surmonté d'une branche d'arbre du même. F.

Chapelain de l'Echasserie. D'or à 3 écussons de gu. F.

Chapelin, Chapellain. D'azur au chevron d'arg. chargé de 2 levrettes affrontées de sa. G. C.

Chapelle (de la). (*V. La Chapelle*).

Chapelle (de la). D'or au bœuf passant de gu. acorné et onglé d'azur, à un chef de gu. chargé de 3 ancres d'or. H. F. (3 annelets dit R.).

Chapelle de Jumilhac de Richelieu (de). (DUCS). D'azur à la chapelle d'or, écartelé d'arg. à 3 chevrons de gu. (Richelieu). F., R. et L. sans l'écartelure.

Chapelle Rainsouin (de la). *Maine.* D'or à la croix de sa. (F.). *Var. :* De gu. à la croix ancrée d'arg. R.

Chapelle de la Roche Giffart (de la). *Bretagne.* De gu. à la fasce d'herm. (F. R.). *Dev. :* En bon espoir.

Chapelle (de la). *Saintonge.* D'arg. à 2 fasces de gu. et 4 tourteaux du même, 3 en chef et 1 en pointe. F.

Chapellerie (de la). *Ile de France.* D'arg. à 4 pattes de griffon de sa. cantonnées. C. F. (Fam. ét.). R.

Chappot de La Chanonie. De sa. à 3 chevrons d'arg. sommés d'une étoile d'or à dextre et d'un croissant d'arg. à senestre, et soutenus d'une moucheture de contre hermine. G. C. D. F.

Chappron, Chaperon. *Anjou.* D'arg. à 3 chapperons de gu. posés de profil 2 et 1. C. F. R.

Chapt de Rostignac. *Limousin.* (MARQUIS, 1617). D'azur au lion d'arg. armé, lampassé et couronné d'or. (C.R.). *Dev. :* In domino confido.

Charbonneau. *Bretagne.* D'azur à 3 écussons d'arg. accompagnés de 10 fleurs de lis d'or, 4, 2, 3, 1. R. P. F. (semé de fleurs de lis G.). B. H. (3, 1,

3, 2, 1). (4, 3, 2, 1). C. *Dev.* : Pro fide scuta et Rege lilia.

Chardebœuf (de). *Anjou.* D'azur à 2 fasces d'arg. accomp. en chef d'un croiss., 4 étoiles du même entre les fasces. et en pointe d'une rencontre d'or. P. F. R. (var.). D'azur à 2 bandes d'arg., à 4 étoiles d'or entre, et en pointe une rencontre de bœuf d'or. C.

Chardon. G. — 1402. D'arg. au chardon tigé et feuillé de sin. B. C.

Chardon de Bonneuil. D'arg. au lion de gu. F.

Charet. D'azur au loup d'arg. F.

Charette. *Bretagne.* D'arg. au lion de sa. armé et lampassé de gu., accompagné de 3 cannettes de sa. becquées et membrées de gu. 2 et 1. P. F. (... 3 aiglettes...). C. R. *Dev.* : « Semper idem ». D.

Chargé (de). D'azur à la fasce d'arg. chargée de 3 étoiles de gu. G.

Chargé (de). *Touraine.* De sa. semé d'étoiles d'arg. au lion du même. F.

Chargé de la Crespelière. D'azur à 3 coquilles d'arg. 2 et 1. B. H. F. R.

Charité (de la). D'or au cœur animé de 5 flammes de gu. G. C. F. D.

Charles. D'or à un olivier de sin. R.

Charlet. D'or à l'aigle éployée de sa. membrée et becquée de gu. (G. D.), au vol abaissé. P. C. F. R.

Charoulière (de la). D'or semé de billettes d'azur au lion du même, armé et lampassé de gu. F.

Charnacé (de). D'azur à 3 croisettes potencées d'or. P. D. R. (croix pattées).

Charpentier. D'arg. au chevron de gu. et 3 roses du même. F.

Charretier. D'arg. au lion passant de sa. F.

Charron. De gu. au chevron d'or, 2 étoiles d'arg. en chef et un chat accroupi en pointe. F.

Charron. *Paris.* D'azur au chevron d'or accomp. de 2 étoiles en chef et d'une roue du même en pointe. F. R. (au lieu de la roue : un cœur ailé, les ailes abaissées, surmonté d'un croissant).

Charroir de Pradines. D'or au chevron de sa. H.

Charruau. (XIIᵉ S.). De gu. à 3 roues d'or. F. (Fam. ét.).

Chartier de Coussay. BARONS, 1810. D'arg. au chevron d'azur chargé de 5 besants du premier et accomp. de 2 demi vols de sa. en chef et d'un hérisson du même en pointe, franc canton de baron propriétaire (d'azur à l'épi d'or) brochant sur un des 1/2 vols. C. F. R.

Charton. B. D'arg. à 3 chats de sa. F.

Chasaud (de). D'azur au lion couronné d'or, surmonté de 3 étoiles du même, rangées en chef. H. R.

Chaspoux de Verneuil. D'azur au phénix d'or sur un bûcher du même, au chef cousu de gu. à 3 croissants d'arg. F.

Chassagne (de la). Ecartelé au 1 et 4 d'or au chêne planté de sin. ; au 2 et 3 d'azur à 2 dauphins couronnés d'or. G. C.

Chassaigne (de la). D'azur à 2 fasces d'or et 6 étoiles du même, 3 en chef, 3 en pointe. F.

Chasselle. D'or au bœuf passant de gu. accorné et onglé d'azur, au chef de gu. chargé de 3 ancres d'or. R. (*V. Chapelle*, avec qui il nous semble qu'il y a confusion).

Chasseloup. De sin. à 2 chiens d'arg. et un loup d'or. (F.). *Alias :* D'azur à la fasce d'arg. et 3 tours du même. F.

Chasseloup-Laubat. *Saintonge.* Ecartelé au 1 d'azur à l'épée d'arg. garnie d'or. Au 2, de gu. à la fasce d'arg., au lion d'or brochant. Au 3, de gu. à la barre d'or accomp. en chef d'une cuirasse d'arg., et en pointe d'un casque taré de profil du même. Au 4, d'azur à la fasce d'arg. chargée d'un léopard de sa. et accomp. de 3 écussons d'or. Confirmation du titre de marquis, 1866. R.

Chassemont. D'arg. au chevron d'azur chargé de 3 étoiles de sa. R.

Chastaigner. Coupé d'arg. et de sa. au chevron de l'un en l'autre accomp. d'un croissant montant et de 2 étoiles de même. G.

Chastaigner. De gu. à 3 châtaignes d'or hérissées. H.

Chastain. De... à la bande de... et 6 billettes en orle. F.

Chasteau. D'azur au chevron d'or, à 2 tours d'arg. en chef et un sanglier au naturel en pointe. G. C. F.

Chasteau (de). D'or à 3 têtes de loup arrachées de sable 2 et 1. H. G. C. F.

Chasteigner (de) de la Roche-Posay. (xiᵉ S.). D'or au lion passant de sin. armé et lampassé de gu. (H. C. D. F. R.). *Dev. :* Par les aïeux et par les armes.

Chasteigners (des). (Fam. ét.). D'argent à la croix ancrée de gu. à la bordure de sa. chargée de 8 besants d'or. F. (Malte).

Chastel (du). *Bretagne.* D'or à la croix engrêlée de gu. C. F.

Chastelet (du). *Anjou ?* D'or à la tour donjonnée de sa. soutenue d'un cor du même. F. (Malte).

Chastelet (du). *Lorraine.* D'or à la bande de gu. chargée de 3 fleurs de lis d'argent. F.

Chastelier (du). D'arg. au chevron de sa. et 3 tours du même. F.

Chastenet (de). D'argent à l'aigle éployée d'azur. F.

Chastenet (du). De sin. au soleil d'or accomp. de 4 hermines de gu. G.

Chastenet. D'arg. au châtaignier de sin. cantonné de 4 hermines, au chef d'azur chargé d'un soleil d'or. F.

Chastignier. De sin. semé de rochers d'arg., et un chef cousu de gu. H.

Chaston. D'arg. à 3 petits chats de sa. G.

Chat (Le). D'arg. à 2 fasces d'azur et 7 merlettes de sa., 3, 3, 1. F. R. (var. 3 fasces de gu.).

Chataignier du Bergeriou. *La Rochelle.* De sin. au rocher d'arg. au chef cousu de gu. P. C. D. (Chasteigner).

Châteaubodeau (de). *Combraille.* D'azur au chev. d'or accompagné de 3 quintefeuilles du même, 2 en chef, 1 en pointe, celle-ci surmontée d'un croiss. d'arg. P. C. D. F. R.

Chateaubriant (de), Chateaubriand. *Bretagne.* De gu. semé de fleurs de lis d'or. (G. C. D. F. R.). *Dev. :* Mon sang teint les bannières de France.

Chateau Châlons (de). *Touraine.* D'arg. à la bande d'azur chargée de 3 châteaux d'or. (R. F.). *Dev. :* Selon le lieu.

Chateaumur. De.,. à 9 merlettes posées en orle, au canton de... F.

Chateauneuf (de). Ecartelé au 1 et 4 d'arg. a 2 lions de sa. affrontés, lampassés et couronnés de gu. soutenant 2 épées au naturel (Chateauneuf) G. C. Au 2 et 3 (de Comminges) de gu. à 4 otelles d'arg. en sautoir. G. (F. sans les 2 et 3ᵉ quartiers).

Châteauneuf (de). *Provence.* D'azur à la tour donjonnée de 3 tourelles crénelées d'arg. et maçonnées de sa. B. H. F., sur une terrasse d'arg. D.

Chateauneuf (de). D'azur à 2 lions passants d'or lampassés de gu. l'un sur l'autre. F.

Chateauneuf (de). De sa. au lion d'or. F.

Chateaupers (de). D'arg. au château d'azur ? F. R.

Chateauroux (de). D'arg. au sanglier passant devant un chêne glanté de... F.

Chateauvieux (de). *Bourgogne.* (Mais. ét.). D'azur à 3 fasces ondées d'or, écartelé d'azur avec une fleur de lis d'or. R. F.

Chateigner (de) de la Rocheposay. (Marquis). D'or au lion de sin. posé, armé, lampassé de gu. P. G. H. F. (V. Chasteignier).

Chateignier. De sin. au rocher d'arg. sans nombre, au chef cousu de gu. F.

Chatellerault (de). D'arg. au lion de gu. à la bordure de sa. chargée de 8 besants d'or. F.

Chatenet (du). D'arg. à l'aigle à 2 têtes d'azur aù vol éployé. H. D. (var.).

Châtillon (de). De gu. à l'aigle éployée et couronnée d'arg. G. P. C. D. F.

Châtillon (de). (Bᵒⁿˢ d'Argenton, Ducs de Chatillon-sur-Sèvre, 1736, alliés à la maison de France). De gu. à 3 pals de vair, au chef d'or. R. C. F.

Châtre (de La). *Picardie.* Ducs,1815. (Mais. ét.). De gu. à la croix ancrée de vair. P. (V. La Chatre).

Chaubier. D'arg. à l'aubier de sin. mouvant d'un feu de 3 flammes de gu. B. H. F.

Chaud. *Basse-Marche.* D'azur au chevron d'or accomp. en chef de 2 étoiles, et en pointe d'un trèfle du même, soutenu d'un croiss. d'argent. P. C. F. (var.).

Chaudreau. D'or au chêne de sin., au pied duquel est couché un cerf de gu. sur une terrasse de sin. F. H.

Chaudrier. *Aunis* D'arg. à 3 chaudrons de sa. F. R.

Chaudron. De sa. à 3 chaudrons d'or ? F.

Chaudruc de Crazannes. *Saintonge.* De gu. au chevron d'arg. accomp. de 2 étoiles du même en chef et en pointe d'un lion passant d'or. Au chef d'arg. chargé d'une tête de maure de sa. *Ten.* : Deux sauvages. D.

Chauffepied (de). D'arg. à 2 bandes bretessées d'azur, au chef écartelé en sautoir d'or, de sable, d'arg. et de gu. chargé de 4 croisettes de l'un en l'autre. G. C.

Chaugié (de). De gu. à la croix d'arg. cantonnée de 16 croisettes du même. C.

Chaumejan (de). *Touraine.* (MARQUIS, 1610). D'or à la croix ancrée de gu. F. R.

Chaumel, Chomel. D'azur à la fasce d'arg. chargée de 3 billettes de gu.

Chaunay (de). De gu. à la fleur de lis de vair. F.

Chaune (de). D'azur à la levrette passante d'arg. accolée de sa. et surmontée d'un croissant d'or. H.

Chausse. *Angoumois, Saintonge.* D'azur au chevron d'or accomp. de 3 étoiles du même. F. — 3 molettes (R.).

Chausseblanche. De gu. au chevron d'arg. accomp. de 3 roses du même en devise. G. C. F. D.

Chaussée (de La). Ecartelé d'argent et de sable, l'écu en bannière. G. P. C. D. F. R. (de sa. et d'arg. H.). *Sup.:* 2 lions.

Chausseraye. Burelé d'arg. et d'azur chargé de 3 tourteaux de gu. F.

Chauvain, Chauvin. Ecartelé au 1 et 4 d'arg. à l'aigle éployée d'azur ; au 2 et 3 fascé d'arg. et d'azur de 6 pièces, à 3 bandes de gu. brochant sur le tout. G. G. F.

Chauveau. D'arg. au lion de sa. au chef de gu. F.

Chauveau des Roches. D'azur au chevron d'or accomp. en chef de 2 chauve-souris d'arg. (D. F.). *Dev.:* « Honor semper ».

Chauvelin (de). *Bourgogne.* D'arg. à un chou arraché de sin. la tige entortillée d'un serpent d'or la tête en haut. H. P. C. F. R.

Chauveron (de). *Limousin.* D'arg. au pal bandé d'or et de sa. P. C. F. R.

Chauvet. *Basse-Marche.* D'arg. à 3 fasces d'azur accomp. de 9 merlettes de sa., 3, 3, 2, 1. F.

Chauvet. D'arg. à l'aigle de sa. au vol abaissé. R. F.

Chauvet du Theil. D'arg. au cor de sa. lié de gu. accomp. de 3 losanges du même. F.

Chauvière (de la). De gu. au chevron d'or accomp. de 2 étoiles en chef et en pointe d'un oiseau tenant en son bec une châtaigne le tout d'or. F.

Chauvigny (de). (XIᵉ S.). C. D'arg. à 5 fusées et 2 demies de gu. F. R. (*Dauphiné*).

Chauvigny de Blot. *Auvergne.* De sa. au lion d'or. F. R. : écartelé avec au 2 et 3 : d'or à 3 bandes de gu.

Chauvin. (*V. Chauvain*).

Chauvin de la Muce. *Bretagne.* D'arg. à 3 croissants de gu 2 et 1, le dernier la pointe en bas. R. F.

Chauvinière (de la). De gu. à la croix ancrée d'or, brisée d'une barre d'azur, chargée de 6 besants d'or. G. C. F.

Chauvirey (de). *Bourgogne.* (Mais. ét. au XVIIᵉ s.). D'azur à la bande d'or accostée de 8 billettes du même, 1, 3, 3, 1. R. F.

Chazaud. D'azur au lion d'or couronné, et 3 étoiles du même rangées en chef. F.

Chazeaux de Montjuvin (de). *Languedoc.* De gu. à la bande d'or, accostée en chef d'une colombe d'arg. surmontée de 3 étoiles rangées d'or. D. R.

Chazelles (de). *Périgord.* D'azur au chevron d'or accomp. de 3 étoiles du même 2 et 1. C. F. R. (var.).

Chazerac (de). D'arg. au chevron de sa. et 10 billettes du même. F.

Chebassière (de la). De sa. au sautoir fascé de gu. et d'or de 8 pièces. H.

Chebrou de la Roulière. *Niort.* D'azur à un cerf grimpant d'arg. P. B. H. C. D. F. (écartelé au 1 et 4 d'or à la croix pattée et alaisée d'azur, R.).

Chefdebien. *Bretagne.* D'azur à la fasce d'arg. accomp. de 2 lions léopardés d'or, lampassés et armés de gu., celui de la pointe contre passant. F. R. (*Languedoc*). *Sup.* : 2 lions. *Dev.* : Dux fui, sum et ero.

Chemillé. D'or à 10 merlettes de gu. en orle au canton du même chargé d'une fleur de lis d'or. R. F.

Cheminée. *Nantais.* D'arg. au léopard d'azur couronné d'or, au chef d'azur chargé de 3 têtes de lions d'arg. couronnées d'or. F. (Malte). *Var. :* Chef de gu. R.

Chenin de Millescu. (xiiᵉ S.). D'azur à la croix engrelée d'or. R. F.

Chenu. *Anjou.* D'hermines, au chef de gu. chargé de 5 fusées d'or. F. (chef losangé d'or et de gu. R.).

Chenu. D'arg. à 2 fasces de sa. à la hure du même en abîme. F. H.

Cher ou **Chier (du).** *Berry.* D'arg. à 3 bandes de gu. R. F.

Cherade de Montbron. (COMTES). D'azur à 3 losanges d'or, 2 et 1. L. P. F.

Cherbée. *Maine, Aunis.* De gu. à 6 têtes de lion d'arg. couronnées d'or, 3, 2, 1. R. F.

Cherbon, Chebron. *Anjou.* De gu. à 3 coquilles d'or, et une molette d'arg. en abîme. F.

Cherbonneau. D'azur semé de fleurs de lis d'or à 3 écussons d'arg. 2 et 1. C. (*V. Charbonneau*).

Chérchemont (de). Pallé d'arg. et de sin. de 6 pièces à une bande losangée de gu. brochant sur le tout. R. C. F.

Chergé (de) de Marnac. D'azur à la fasce d'arg. chargé de 3 étoiles de gu. P. C. D. F. R.

Chergé (de) de la Maraie. D'arg. au chef de sin. chargé de 3 étoiles d'or. C. D.

Chergé (de) de la Martinière. D'arg. au chef d'azur. C. D. F.

Cherisey (de). *Lorraine.* (MARQUIS). D'azur au chef d'or chargé d'un lion naissant. de gu. couronné du même. F. R. L.

Cherité (de). *Anjou.* D'azur au sautoir d'or cantonné de 4 croix pattées d'arg. F.

Cherves (de). F.

Chesnaye (de La). (*V. La Chesnaye*).

Chesnaye (de la). D'arg. à 3 chevrons de sa. P. C. F. R.

Chesnaye du Gué (de la). De gu. à 3 fasces d'arg. au chêne de sin. brochant sur le tout. R.

Chesne (du). De gu. au chêne terrassé d'arg. englanté de sin., un chien de sable colleté d'or assis au pied de l'arbre et adextré d'un lis d'arg. R.

Chesne (du). D'or à 3 glands de sin. H.

Chesne, Chaigne (du). De gu. à 2 renards d'or l'un sur l'autre, celui de la pointe contourné. F. (Malte).

Chesne (du) de Vauvert et de St-Léger. D'azur à 3 glands d'or. R. H.

Chesneau (de). (MARQUIS). D'azur semé de besants d'arg. au chevron d'or brochant sur le tout. P. F. R.

Chesneau de La Haugrenière. D'azur à la mer ondée de sin., à 3 chiens passants de sa. 2 et 1 au chef d'or chargé d'une croix potencée de sa. C. D. F. (var.).

Chesneau (de la) Trapière. *Touraine.* D'arg. au lion de gu. couronné. F. (Malte).

Chesnel de Meux. *Saintonge.* D'arg. à trois troncs écotés de sin. en pal. R. F.

Chesnon. *Touraine.* D'azur au chevron d'arg., 2 étoiles en chef et un lion en pointe le tout d'or. R. F.

Chessé (de). D'arg. au chevron de gu. accomp. de 3 merlettes de sa. 2 et 1. H. G. F. P. C. (id. *Cheslé :* G.).

Chetardie (de la). *Angoumois.* D'azur à 2 chats d'arg. l'un sur l'autre. G. F. R.

Cheusse. G. — D'azur à 3 épis d'or feuillés du même posés sur une terrasse de sin. ? R.

Chevalier. D'azur au cheval échiqueté d'or et de sa. (H.). *Alias :* De gu. à la licorne d'arg. F.

Chevalier. D'azur au porc épic d'or. H. F.

Chevalier. (xiiᵉ S.). De gu. à 3 clefs d'or en pal. 2 et 1. R. H. G. C. P. F.

Chevalier. De gu. à 3 fleurs de lis d'or. G. C.

Chevalier. D'azur au chevron d'arg. accomp. de 2 roses en chef et d'un croissant en pointe aussi d'arg. F.

Chevalier. D'azur à 2 épées d'arg. en sautoir accomp. de 3 roses, 2 flanc, 1 en pointe. (F.). Armorial des Maires de Poitiers, D.

Chevalier du Bois. D'or à une meule de sa. P. (F. dit que ces armes sont erronées).

Chevalier de la Cour. D'arg. à la tige de sin. couronnée de gu. accostée à dextre d'une tête de chien, à senestre d'une tête de cerf de gu. F.

Chevalier des Prunes. *Paris.* D'azur au lac d'amour d'or. R. F.

Chevalier de Tessec. De gu. à 2 épées passées en sautoir d'arg. les gardes et les poignées d'or, les pointes en bas, accomp. en pointe d'un heaume d'arg. posé de profil. G. C. F. (var.).

Chevalier de Villemorin. De gu. au croissant d'arg. au chef cousu d'azur chargé de 3 étoiles rangées d'or. F.

` **Chevalleau.** D'arg au poulain effaré d'or sur un tertre de sin. G.

Chevalleau. D'arg. à la croix de gu. cantonnée de 4 griffons du même. F.

Chevalleau de Boisragon. D'azur à 3 roses d'argent. P. F. C., au chef cousu de gu. (G. K.). *Supports :* Deux salamandres, K..., les roses d'arg. bordées de gu. H. (*Chevallereau*) R. *Var.* : De sa. au léopard d'arg. au chef du même. H.

Chevallereau. D'or à 2 chevrons de gu. D. F.

Chevallerie (de la). De sin. à 3 pals d'or, et un cheval de gu. brochant sur le tout. H.

Chevallier. C. — D'azur à une fasce d'arg. chargée de 3 besants de sa. F.

Chevenon (de). *Nivernais.* D'arg. à la fasce de gu. et 3 quintefeuilles du même 2 et 1 avec un cœur d'azur en chef. R. (Mais. ét. en 1415. F.).

Chevery (de). Ecartelé au 1 et 4 d'or à l'oiseau de sa., au 2 et 3 d'azur au lévrier courant d'arg. accolé de gu. F.

Chevigné (de) ou **Chevigny.** *Bretagne.* De gu. à 4 fusées d'or en fasce, accompagnées de 8 besants du même. 4 en chef et 4 en pointe. P. G. C. D. F. R.

Chevigny (de). De sa. à la perle d'arg. accostée de 2 mâcles d'or. H.

Chevraut. D'arg. à 3 fasces de sa. G. C. F.

Chevreau. De gu. au chevron d'or, accomp. en chef de 2 étoiles d'arg. et d'un chevreau du même en pointe. F.

Chevreau. D'arg. au chevron de gu. accomp. de 2 cors de chasse de sa. en chef et d'un chevreau du même en pointe. F.

Chèvredents. D'azur à 2 fasces d'or. — G. — (2 denches d'or en fasce. C. F. D.).

Chevreuil. *Saintonge.* D'arg. au chevreuil de gu. F.

Chevreuil. *Angoumois.* D'azur au chevreuil d'arg. et 3 étoiles du même, 2 en chef, 1 en pointe. F.

Chevreuil de Romefort D'azur au chevreuil d'arg. L.

Chevreuse (de). *Ile de France.* D'or à la croix de gu. cantonné de 4 aiglettes d'azur. F.

Chevreuse (de). *Angoumois.* De gu. au sautoir d'arg. cantonné de 4 molettes du même. F.

Chevreuse (de). D'arg. à 2 chevrons de sin. P. G. var. C.

Chevrier. *Dauphiné.* D'azur à la bande d'or. chargée de 3 croissants d'azur. R. F.

Cheyrou (du). *Saintonge.* (BARON, 1810). D'azur à 3 rocs d'échiquier d'or. *Dev.* : Cœlum non solum.

Chezeau (de). P. (*V. Chazeau*).

Chezelles (de). D'arg. au lion de sa. couronné de gu. accomp. de 3 molettes du même. F. R. var

Chiché (de). G. C. — D'azur à 3 gerbes d'or. H. F.

Chièvres (de). D'arg. à l'aigle de sa. R. C. D. F. L.

Chilleau (du) d'Airvault. D'azur à 3 moutons paissants d'arg. 2 et 1. P. G. R. L., accornés et mouchetés de sable. G., sur une terrasse de sin. (H.). *Var.* : De sa. etc. C. F.

Chioche. De sa. à 5 coqs d'arg. 2, 2, 1. (H.). *Alias :* D'or à 5 roses de gu. F. (3 roses Lainé et R.).

Chiron (du). *Basse-Marche.* D'azur à 3 échelles d'or, surmontées chacune d'une étoile du même. R. F.

Chissé (de). De gu. au chevron d'or accomp. de 3 étoiles du même surmonté d'un croissant d'arg. F.

Chitton (de). *Niort.* G. C. D'azur à la colombe d'arg. volante la tête haute, au chef d'azur chargé de 3 étoiles d'or. H. F.

Chivré (de). *Maine.* (MARQUIS). D'argent au lion de sa. armé, lampassé et couronné de gu. R. F.

Chocquin de Sarzec. D'arg. au chevron d'azur accomp. de 3 roses de gu. F.

Choiseul Praslin (de). MARQUIS, 1722, DUCS, 1762, COMTES DE L'EMPIRE. *Champagne.* D'azur à la croix d'or cantonnée de 18 billettes du même, cinq en sautoir dans chaque canton du chef et 4 et 4 en pointe. C. D. R. ; au franc quartier d'azur chargé d'un portique ouvert à 2 colonnes surmontées d'un fronton, d'or, accomp. des lettres D. A. du même. P

Choisnin. D'arg. au chevron d'azur et 3 grappes de raisin de pourpre. F.

Choisy (de). D'azur à 3 coquilles d'or. G. C. H. F.

Chollet. G. C. Nous ne savons si cette famille se confond avec les Cholet en Anjou qui portent d'arg. au chevron d'azur chargé sur le chef d'une étoile d'or et accomp. de 3 hures de sanglier de sa., 2 en chc. et 1 en pointe ; au chef d'azur chargé d'une levrette d'arg. colletée de sa. D. Au XIIe s. les S^grs de Chollet portaient de... à 3 croissants de... F.

Chollet. D'arg. à la croix de gu. cantonnée de 4 clefs du même. R. F. (Malte).

Chollet. *Aunis.* Burelé d'arg. et d'azur à la croix alaisée de gu. ? F.

Chopin de la Bruyère. *Aunis.* D'azur au lion d'or accomp. de 3 moucheures d'hermines d'arg. ; coupé d'arg. à 2 rocs affrontés de gu. D.

Chotard. De... à 9 losanges de... F.

Chotardie (de la). (*V. La Chotardie*).

Choullie, Chouilly (de). *Limousin.* D'azur à la fasce d'arg. accompagnée de 3 lis feuillés et tigés du même, en chef, et une fleur de lis du même en pointe. G. C. F. R. var.

Chouppes (de). (Fam. ét.). D'azur à 3 croisettes d'arg. 2 et 1. P. C. H. (croisettes d'or, F.). R.

Chourses (de). *Maine.* Burelé d'arg. et de gu. de 10 pièces. R. F.

Chrestièn de Juyé. *Saintonge.* D'azur à 3 besants d'arg. F.

Cicoteau, Sicotteau. D'azur à la croix patée d'arg. cantonnée de 4 besants du même, à la bordure de gu. chargée de 6 étoiles d'arg. en orle. F.

Cigogne ou **Sigogne (de).** De... à l'aigle éployée de... F. Ne serait-ce pas une cigogne ?

Cissay (de). D'azur à 3 barres d'arg. et une étoile d'or posée au franc quartier. H. F.

Citoys. *Poitiers.* D'arg. au chevron de gu. accompagné de 3 pommes de sin. P. D. C. (3 pommes de pin de gu. tigées de sin. G.). (3 pommes de pin d'azur. F. B.). (3 mûres de pourpre tigées de sin. H.). *Dev. :* Coeli presaga ferens.

Clabat (de). D'arg. au loup rampant de sa. (G.), brisé d'une fasce de gu. chargée d'un croiss. d'arg. G. F. P. D. H. (var.), (la fasce en devise, G.). R. var.

Clabat. D'arg. à la fouine levée de sa. armée d'arg., embrassant de sa patte senestre une bande d'or chargée en cœur d'un écusson d'azur au croissant d'arg. G. (F... un loup...).

Clabat. De gu. au cormoran ou pluvier crété d'arg. membré d'or, à la bordure d'or chargée de 16 tourteaux de sa. G. C.

Clabat. De gu. à la bordure d'or chargée de tourteaux de sa., à l'aiglon d'arg. becqué et membré d'or. G.

Clairé (de). D'azur à la bordure de gu. à une main droite mise en pal. Armes données par Charles VI. G. C. (*V. Cléré*)

Claret de la Touche. D'azur au lion d'arg. armé, lampassé et couronné de gu. R.

Clarot. G. F. (Peut-être est-ce Claret ?).

Clau (de la). Ecartelé : au 1 et 4 fascé d'azur et d'or de 6 pièces ; au 2 et 3 d'azur à la colombe d'arg. et une clef d'arg. en pal brochant sur le tout. F.

Clau (du). D'arg. au phénix de sa. sur un bûcher de gu. F.

Claveau. D'azur au chevron d'or. R. F.

Claveau de Puyviault. Palé d'arg. et de gu., 3 pals chargés de besants. F.

Claveurier. D'azur à 4 clés d'or posées en croix, attachées d'un clavier d'or. G. C. H. (Clavier). F. R. D.

Clavier (Le). De gu. à 2 clefs d'arg. en sautoir. R.

Clémanson. D'azur à 3 coquilles d'or. B. H. (*V. Clémenson*).

Clémenceau. De gu. au léopard d'arg. H.

Clemenceau. D'azur à 2 clefs d'arg. passées en sautoir. F.

Clémenson. D'azur à 3 coquilles d'or. R. F. B.

Clément. D'arg. à l'orme de sin. sur un tertre de sa. H. F.

Clément de Blavette. De gu. à la fasce d'or, au soleil du même en chef, et un écu d'azur chargé d'une fleur de lis d'arg. sur le tout. F.

Clerc (Le) de Juigné. *Anjou, Maine.* D'arg. à la croix de gu. bordée et engreslée de sa. cantonnée de 4 aiglettes du même, becquées et onglées de gu. (R. P. F.). *Dev. :* Ad alta.

Cléreau. *Anjou.* D'arg. à la fasce d'azur accomp. de 7 merlettes de sa. 4 et 3. F.

Cléré ou Clairé. *Limousin.* D'azur à la main d'argent, bordé de gu. R. F.

Clérembaud. (xiie S.). F.

Clerembaud. *Bretagne.* De... à 3 fasces surmontées de 3 besants de... F. Ne serait-ce pas : burellé d'arg. et de sa. ? (R.).

Clérembault. *Anjou.* (Mais. ét.). Burelé d'arg. et de sa. de 10 pièces. R. F. (Anselme).

Cléret. (Fam. ét.). D'or à 2 fasces vivrées de sa. F.

Clermont Gallerande (de). *Anjou.* D'azur à 3 chevrons d'or, le 1er brisé. F.

Clermont (de) Nesle. (Vtes d'Aunay). *Beauvoisis.* De gu. semé de trèfles d'or à 2 bars adossés du même et un lambel à 3 pendants d'arg. R. F.

Clermont (de). (Bons de Surgères). *Dauphiné.* De gu. à 2 clefs d'arg. posées en sautoir. R. F.

Clert. G. B.

Clervault (de), Clervaux. (xiie S.). De gu. à la croix pattée et alaisée de vair. P. C. F. (la croix d'or. G.), (d'azur à la croix pattée d'or. H.), (de gu. à la croix de Malte d'arg. H.). croix échiquetée d'arg. et d'azur. R.

Clisson (de). *Bretagne.* De gu. au lion d'arg. couronné d'or. (R. F.). *Dev. :* Pour ce qu'il me plaist.

Clisson (de). *Niort.* C. — De gu. à 6 triangles d'arg. H.

Clock (de). *Hollande.* D'azur à 3 cloches d'arg. 2 et 1 surmontées de 3 flanchis du même rangés en chef. R. F.

Cloistre (de). (Fam. ét.). De sa. semé de croisettes d'or, et 2 poissons adossés du même. F.

Cloudis (des). (xiiie S.). De gu. à 3 oiseaux d'arg. F.

Clouer. G. Ne serait-ce pas Clouet ? Clouet en Normandie porte : d'arg. au sautoir de gu. cantonné de 4 fers de pique du même. R.

Clugny (de). *Bourgogne.* (Marquis). D'azur à 2 clefs d'or adossées en pal les anneaux entrelacés. (R. F.). *Sup. :* Deux cerfs d'hermine.

Cluys (de). *Berry.* D'arg. au lion d'azur armé et lampassé de gu. F.

Cochon de Lapparent. (Comtes, 1809, 1862). D'or au chevron de gu. accomp. de 3 hures de sanglier de sa. posées 2 et 1, défendues d'arg. D. F. R. B. L. — Plus tard : la croix de la légion d'honneur au sommet du chevron, et à dextre le franc quartier des Comtes sénateurs. C.

Cocq (Le). D'azur au coq hardi d'or membré, crêté et armé de gu. P. R.

Coedic (de). G. C. F. Sr de Richebourg et de Bois Tiffray. Sans doute du Couédic (*Bretagne*) : d'arg. à la branche de châtaigner d'azur chargée de 3 feuilles. (D.). Il y a aussi une famille van Coedyck en Flandre.

Coësme (de). *Maine.* D'or au lion d'azur armé et lampassé de gu. F. Ces armoiries sont celles d'une famille Brabançonne, nous croyons que les Coesme étaient issus de la famille bretonne qui porte : de gu. fretté d'hermines. R.

Coetivy (de). *Bretagne.* (Mais. ét. au xvie s.). D'or à 3 fasces de sa. (R. F.). *Dev. :* Bepret

Coeur. *Berry.* D'azur à la fasce d'or chargée de 3 coquilles de sa. et accomp. de 3 cœurs d'or. (F.). *Var. :* Fasce d'arg...., cœurs de gu. — R. *Dev. :* A cœur vaillant rien impossible.

Coeurs(de). *St-Jean-d'Angély.* C. H.

Cognac (de). C. C'est peut-être Coniac qui porte en Bretagne: d'arg. à l'aigle de sa. D. F. R. (F. indique comme probable : de sa. à la bande d'arg. chargée de 3 lions de sa. couronnés d'or. F.

Coigne, Cogne, Couaigne. D'hermines. F.

Coigneux de Bélabre. (Marquis, 1655 et 1660). (*V. Le Coigneux*). D'azur à 3 porcs épics d'or. R. F. L.

Coindre ou **Coinde.** De sin. à 3 coings d'or.(G. F. D.). *Var.:* 3 lions d'or.

Colaisseau du Hoult (de). D'arg. à la rose de gu. posée en cœur accomp. de 3 molettes de sa. H. F.

Colasseau (de). De sin. au coq d'arg. becqué d'or. H.

Colbert de Seignelay. (MARQUIS, 1668, 1677; BARONS DE L'ÉMPIRE). D'or à la couleuvre d'azur tortillée en pal. C. P. D. F. R.

Colincourt (de). *Picardie, Saintonge.* D'or à 2 lions affrontés de gu. accomp. de 3 trèfles de sin. 2 et 1 ; au chef de sa. chargé de 3 croissants montants d'arg. C. F. (*V. Caulincourt*).

Collardeau. G. C. F.

Collards (des). D'azur au sautoir d'argent accomp. de 3 pommes de pin d'or, 2 en flancs et 1 en pointe et d'une étoile d'or en chef. H. F. (F. indique aussi une variante avec des losanges d'arg. en place des pommes de pin. F.).

Collin. D'azur au chevron d'arg. accomp. en chef de 2 roses et en chef d'une coquille du même. F.

Collin. D'azur au chevron d'or accomp. en chef de 2 étoiles d'arg. et en pointe d'un coq du même. F.

Collin de la Brunerie. *Dauphiné.* De sa. à 3 merlettes d'arg. F.

Collin de l'Hortet. De gu. à la bande d'arg. chargée de 3 étoiles du 1er. F.

Collin de Laminière. *Bretagne.* D'arg. au chevron de gu. accomp. de 3 étoiles du même. F.

Coloigne, Couloigne, Culoigne (de). Burelé d'arg. et d'azur de 10 pièces, à la fleur de lis de gu. brochant. R. F.

Comacre (de). *Touraine.* De... à la croix ancrée de... F.

Combarel (de). *Bas-Limousin.* D'azur à 3 coquilles d'or rangées en pal. R. F.

Commines (de la Clytte de). *Flandre.* De gu. au chevron d'or accomp. de 3 coquilles d'arg. R. F.

Compagnon de Thézac. G. — D'or au chevron d'azur accomp. en chef de deux étoiles de gu. et en pointe d'un loup passant du même surmonté d'un tourteau aussi de gu. L.

Compain ou **Compaing.** D'azur à 3 fasces d'or, la 1re surmontée de 2 étoiles cantonnées d'or, la 2e d'un cœur de gu. navré d'une flèche de sa., la 3e d'une étoile d'or au centre. R. G. P. C. D. F.

Compain. D'azur à un massacre de cerf d'or en pointe surmonté d'une tête de léopard arrachée et d'une fleur de lis d'or. G. F. R. (*Orléanais*).

Comte (Le). D'azur au lion d'or armé et lampassé de gu. cantonné de 4 étoiles d'arg. R. P.

Conan (de). Coupé d'arg. sur gu. au lion du même de l'un en l'autre, armé, lampassé et couronné de gu. (R. P. C.). *Dev.:* Qui est sot a son dam.

Conan (de). *Périgord.* D'or à 3 roses de gu. F.

Conan du Roc. *Aunis.* D'azur à 10 billettes d'or ? F.

Condé (de). *Lorraine.* D'azur au chevron d'or accomp. de 3 casques d'arg. tarés de profil. R. F.

Condran. *Aunis.* D'arg. au chevron de gu. accomp. de 3 roues de Ste-Catherine de sa. R. F.

Conen de Prépéan. Coupé d'or et de gu. au lion de l'un en l'autre, couronné et lampassé de gu. R. F. (*V. Conan*).

Coniac. (*V. Cognac*).

Coningham *Ecosse.* (Mais. ét.). D'arg. au pairle de sa. (R. F.). *Supports:* 2 lapins (conils). *Dev.:* Over fork over.

Consay (de). D'azur au renard marchant d'or. C. D.

Constant (de). *Barrois.* D'azur au sautoir ondé d'or chargé en cœur d'un écu de sa. F. R. (var.).

Constant. D'arg. à la fasce de sa. chargée de 3 croissants d'arg. dans lesquels sont 3 étoiles d'or. F.

Constant de Manan. D'arg. au palmier de sin. sur une terrasse du même. (R. H. G. P. C. F. D.) *Dev.:* Hanc patriæ cura dabit.

Constantin. (XIIIe S.). D'arg. à 6 anneaux de... F.

Conte. *Saintonge.* De gu. à l'aigle d'or. (Malte). F.

Conte (le). *Forez.* D'arg. à 3 merlettes de sa. au chef d'azur chargé d'un lion passant d'or. R. F.

Contour (de). D'or à 3 fasces de gu. F.

Conty d'Argicourt. *Picardie.* D'or au lion de gu. (R. C.) et 3 bandes de vair sur le tout. F.

Conty de la Poitevinière. D'azur à la croix pattée d'arg. cantonnée de 4 roses d'or. H. P. F. R. L.

Conzay (de). D'azur au renard passant d'or. G. F.

Coq (Le). D'azur au coq d'or crêté et membré de gu. F.

Coq (Le). D'arg. au coq de gu. hardi, posé sur une terrasse de sin. R.

Coq (Le) de Torsac. D'azur au chevron d'or accomp. en chef d'un croissant d'arg. entre 2 feuilles de laurier d'or et en pointe d'un coq d'or soutenu d'une étoile d'arg. F.

Coral (de). *Limousin.* De gu. à la croix pattée d'or, brisée d'un bâton péri en bande d'azur et supportée par 2 lions rampants affrontés d'or. R. P. G. D. F..., affrontés d'azur. (C.). *Alias:* D'arg. à la croix pattée de gu. et en une bande du même brochant. F. P.

Coral (de). D'or à un griffon d'azur. H.

Coraze ou **Caraze (de).** P.

Corbière (de la). *Maine, Craonnais.* D'arg. au lion de sa. couronné de gu. F. R.

Corbier. D'arg. au cormier de sin. accosté de 2 cailles de sa. affrontées, et surmonté de 3 anneaux de gu. rangés. R. F.

Corbier. D'or au chevron de gu. et 3 corbeaux de sa. H. F.

Corderoy. De sa. à la bande câblée d'or. R.

Corderoy du Tiers. D'azur à la mître d'arg. accomp. de 3 fleurs de lis d'or, 2 en chef, 1 en pointe. F.

Cordon de la Bouère. *Nantais.* D'hermines à 2 fasces de gu. R. F.

Cordouan (de). *Maine.* D'or à la croix engreslée de sa. cantonnée de 4 lionceaux de gu. armés et lampassés de sa. (R. F.). *Var.: Angoumois.* D'or au léopard de sa. surmonté de 2 quintefeuilles du même. H.

Cordoue (de). *Espagne, Provence.* D'azur à l'ours d'arg. tenant en ses pattes un monde croisetté d'or. (R. P. D. F.). *Dev.:* Ferme en l'adversité.

Corgnol. D'or à 2 chevrons de gu. H.F.

Corguilleray (de). *Orléanais.* D'or à 3 fasces de gu. F.

Corliet de Coursac. *Angoumois* De gu. au courlis d'arg. sur un rocher de 3 coupeaux du même surmonté d'une étoile d'or entre 2 huchets d'arg. liés d'or. F.

Corlieu (de). *Angleterre, Angoumois.* De sin. au chevron d'arg. chargé de 3 quintefeuilles de gu. F.

Cormier. *Touraine.* D'arg. à la fasce d'azur surmontée d'un pélican du même, et soutenue d'un cœur de gu. R. F.

Corneille. Ecartelé 1 et 4 d'or au chevron de gu. accomp. de 2 molettes du même en chef et une corneille de sa. en pointe ; au 2 et 3 d'azur au sautoir engreslé d'or cantonné de 4 pigeons d'arg. F.

Cornelon (de). D'azur à la colombe d'arg. tenant en son bec un rameau d'olivier d'or, surmonté de 3 étoiles du même rangées en chef. H.

Cornillon. D'azur à la colombe d'arg. tenant en son bec un rameau d'or accomp. de 3 étoiles d'or rangées en chef. F.

Cornulier (de). *Nantais.* D'azur à la rencontre de cerf d'or surmonté d'une hermine d'arg. entre les cornes. (R. F.). *Dev. :* Firmus ut cornus.

Cortial. D'azur au sautoir d'or accomp. en chef d'une étoile et en pointe d'un croissant du même. F.

Cosnac (de). *Limousin* D'arg. semé de molettes de sa. au lion du même, armé, lampassé et couronné de gu. (R. F.). *Tenants :* Deux sauvages. *Dev. :* Neque aurum honora, neque argentum.

Cosne (de). *Normandie.* De sa. au chevron d'arg. surmonté d'une trangle du même. F. R., var.

Cossart. *Picardie ?* De gu. à la croix d'or chargée de 5 ancres de sa. F. R., var. (*Beauvoisis*).

Cossé Brissac (de). *Anjou.* (XIIe S.). Comtes, 1560 ; Ducs, 1611 ; Comtes, 1812. De sa. à 3 fasces danchées par le bas, d'or. (R. P. C. F. D.). 1o *Dev. :* Virtute, tempore. 2o *Dev. :* Æquabo si faveas.

Cossin. D'or à 3 têtes de Milan arrachées, de gu. R. P. C. F.

Cosson. D'azur au lion d'arg., au chef d'or à 3 molettes de sa. F.

Cosson de Guimps. De sa. à 3 éperviers d'arg. F.

Coste (de la). De gu. à la hache antique d'or. F. R.

Cotet, Cothet. *Limousin.* De gu. à 3 lions d'or. F.

Cothereau. D'azur au coq d'or posé sur un rocher de sin. dans des ondes d'arg. F.

Cottereau de Grandchamp. De gu. au lion naissant d'or, coupé d'azur. (C. P.). *Alias :* D'arg. à 3 lézards de sa. 2 et 1, au chef de gu. chargé d'un lion issant d'or. F. (Malte).

Cotheron. D'azur à 3 molettes d'or. F.

Couasnon, Couesnon. *Bretagne, Anjou.* D'arg. à 3 molettes de sa. R. F.

Coublanc (des), Coublant. D'azur à 2 aigles affrontés d'arg. G. C. F. H. (var.).

Coucy (de). *Lyonnais.* Fascé de vair et de gu. de 6 pièces. R. F.

Coucys (de). *Saintonge.* De... à la croix de... cantonnée de 4 griffons de... F.

Coudreau. F. — D'arg. au chevron de gu. accomp. en chef de 2 maillets de sa. et en pointe d'une grenade de guerre, de sa. enflammée de gu. C.

Coudun (de). *Picardie.* De gu. à la fasce d'arg. surmontée d'une merlette du même au canton dextre. F.

Coué (de). D'or semé de fleurs de lis d'azur à 3 écus de gu. F.

Couetus (de). *Bretagne.* D'arg. à la rencontre de cerf de gu. (R. F.). *Dev. :* Plutôt mourir que mentir

Cougny (de). *Berry.* D'azur à 3 aiglettes d'or membrées de gu. *Dev. :* Non inferiora sequuntur. F. R. (aigles d'arg.).

Couhé (de). *Anjou.* D'azur à 3 gerbes d'or. G. F.

Couhé de Lusignan (de). Ecartelé d'or et d'azur à 4 merlettes de l'un en l'autre. R. P. G. C. D. H. (var.), issus de l'antique maison de Lusignan. (F. le conteste). *Dev. :* « Pour loyauté maintenir »,

Coujard. D'azur à 3 têtes et cous de jars coupés d'arg. et une étoile d'or en abîme. H. F.

Coulard de Puyrenard. D'or au cœur de gu., au chef d'azur chargé d'un croissant d'arg. accosté de 2 molettes d'éperon d'or. P. H., ...de 2 étoiles d'or. C. H. F. (d'arg... 2 étoiles d'or. G. et D.). *Dev. :* Hoc amat hæc vigilant.

Coullaut, Coullaud. G. C. D'arg. au chevron de gu. accomp. de 3 branches de chêne, chacune garnie de 3 glands de sin. sans feuilles. H. F. R.

Couprie. D'azur à 2 léopards rampants et affrontés d'arg. tenant une épée du même perçant un cœur de gu. B. H. F.

Cour (de la). *Saintonge.* D'azur à l'épervier d'or becqué, membré et langué d'arg., grilleté d'or, perché sur un écot du même en bande. R. F. L.

Cour (de la). *Anjou.* D'arg. à 3 molettes de gu., au chef du même chargé de 3 molettes d'arg. F.

Cour (de la), Court. De sin. à la bande d'or chargée d'un porc épic de sa. G. F. H., ou de gu. G. C.

Couraud, Courault. D'azur à l'épervier perché d'or, au vol abaissé ; becqué et onglé de gu. P.

Couraud. De sable à la croix d'arg. et à la bordure de gu. C. F. R. (Mais. ét. 1782). *Ten. :* 2 sauvages.

Couraudin. G. — *Angoumois.* D'azur à l'arbre d'or sur une terrasse du même, accosté de 2 fleurs de lis aussi d'or. F. M. R.

Courbe D'azur au palmier d'or. F.

Courbon de la Roche, Courbon (de). Marquis, 1649. D'azur à 3 boucles d'or l'ardillon en pal. (P. C. F. R. L.). *Tenants :* 2 anges.

Courcillon (de). G. — *Anjou.* D'arg. à la bande fuselée de gu. Les Mis de Dangeau brisaient d'un lion d'azur en chef. F.

Courcy (de). D'arg. au chevron de gu. soutenu d'un lion de... F. K.

Courivaud, Courivault. D'arg. au chevron de gu. accomp. de 2 étoiles du même en chef et un porc épic de sa. en pointe. (F.). Autre branche anoblie en 1720 : d'or à 2 épées de gu. en sautoir, au chef d'azur chargé de 3 cannettes d'arg. R. F.

Courret (du). D'azur au chevron d'or accomp. de 3 coquilles du même. F.

Coursel. Echiqueté d'or et de gu. R.

Courseulles (de). *Normandie.* Ecartelé de gu. et d'arg. F.

Court (de). *Saintonge.* D'azur à la fasce d'or accomp. de 3 croissants d'argent. R.

Courtarvel (de). *Maine.* (MARQUIS). D'azur au sautoir d'or cantonné de 16 losanges du même, 4 en croix, 12 en orle. R. F. (var.). *Sup.* : 2 lions.

Courtin. D'azur à 3 croix d'or au pied fiché accomp. en chef d'un croissant d'arg. F.

Courtinier (de). De gu. à 6 annelets d'arg. posés 3, 2, 1, surmontés de 3 fers de lance du même rangés en fasce la pointe en bas. R. H. G. P. C. F. D. (6 boucles).

Courtinier. Ecartelé au 1 et 4 d'arg. au lambel haussé de gu., au 2 et 3 d'arg. au lion de gu. armé et lampassé de sa. G.

Courtis (des). (*V. Le François*).

Courtivron (Le Compasseur de). *Bourgogne.* Coupé mi parti 1ᵉʳ a) d'azur à 3 compas ouverts d'or ; b) d'or au créquier de gu. ; 2ᵉ d'azur à 3 bandes d'or. (R. F.). *Dev.* : Cuneta ad amussim.

Cousdun (de). *Picardie.* De gu. au sautoir d'arg. F.

Coussaye (de la). De gu. au lion d'or armé, lampassé et vilené de sa. ; au chef d'arg. chargé de 3 étoiles d'azur rangées. G. P. et D. (var.) C. R. F. *Dev.* : Patriæ subsident astra leonis.

Coussaye (de la). D'arg. à 3 roses de gu. G.

Cousseau. D'azur au cœur de carnation percé d'une flèche d'arg. et accompagné de 2 étoiles du même en chef. P. F.

Cousseau. De sin. semé d'étoiles d'or et de billettes d'arg. F. H.

Coustière (de la). (*V. La Coustière*).

Coustin de Bourzolles. *Limousin.* (MARQUIS). D'arg. au lion de sa. couronné, lampassé et armé de gu. — G. C. D. F. R. L. *Sup.* : 2 lions.

Couteau. *Niort.* De gu. à la badelaire d'or posée en pal. B. (1397).

Coutocheau. D'arg. au couteau de sa. emmanché de gu. et posé en pal. B. H. (F. dit que ces armoiries sont de fantaisie).

Coutocheau de St-Hilaire. D'arg. à un cerf de gu. sortant d'un bois de sin. et passant sur une terrasse du même. H. P. C. F. L.

Coutray (de) de Pradel, *Gascogne.* D'or au chevron d'azur accomp. de 3 faucons éployés de sa. armés de gu. posés 2 et 1. R. P. L.

Couture-Renon (de la). (XIIᵉ S.). De gu. à la fasce d'arg. fuselée de 5 pièces. (P. G. M. C.). *Alias:* Losangé d'or et de gu. R. P., d'or fretté de gu. G. H. F.

Couvidou (de). D'or à 3 trèfles de sin. (H. L.). *Var.* : D'azur à 3 trèfles d'or. F.

Coux (de la). D'azur au croissant d'arg. accomp. de 3 étoiles d'arg. en chef et d'un poisson du même en pointe. F.

Coyault. D'or au chef de gu. chargé d'une aigle d'arg. H. (F. dit que ces armes sont de fantaisie). (*V. Coyaut*).

Coyaut, Coyaud. G. — D'azur au chevron d'or accomp. de 2 étoiles du même en chef et d'une calebasse d'arg. en pointe. R. B. H. F.

Coyquet. *Niort, 1405.* B.

Coyreau. De sa. au bœuf d'arg. surmonté d'une étoile d'or. F.

Cramaud, Cramaux (de). D'azur à la bande d'or accomp. de 6 merlettes du même posées en orle. (F.). *Var.* Pas de merlettes mais une bordure de gu. chargée de 11 besants d'or. R.

Craon (de). *Anjou.* (Mais. éteinte en 1330). Losangé d'or et de gu. R. F.

Creagh (Bᵒⁿˢ DE KEATING). *Irlande.* C. — D'arg. à 3 branches de laurier de sin., au chef de gu. chargé de 3 besants d'or. F.

Creil (de). *Ile de France.* (MARQUIS). D'azur au chevron d'or accompagné de 3 chevilles du même. F. R.

Crémille (de). *Berry.* De sa. à la croix ancrée d'arg. R. F.

Crémoux (de). *Périgord.* (COMTES). D'azur à 3 grenades tigées, feuillées d'or, ouvertes de gu. F. R

Créqui (de), Créquy. *Artois.* D'or au créquier de gu. (P. C. D. F. R.). *Dev.* : Nul ne s'y frotte.

Crès (de) ou Crais de Vervent ou Decrès. P. C. L. (DUC DE L'EMPIRE, 1805). (Mais. ét.). D'azur à 3 croissants d'argent. (F.). Le duc, ministre de la marine avait, outre le chef des ducs, une ancre d'or brochant sur l'écu. (*V. Decrès.* R.).

.Cressac (de). *Périgord.* (BARONS, 1819 ; VICOMTES, 1826.). Coupé au 1ᵉʳ d'azur à l'étoile accostée de 2 croiss. d'arg. ; au 2ᵉ d'arg. à 3 roses de gu. rangées en fasce ; et sur le tout, d'or à un monde de gu. sommé d'une croix pattée de gu. et soutenu d'un fer de lance du même. P. C. D. F. (var.)

Cresson. (*V. La Cressonnière*).

Cressonnière (de la). D'arg. à l'aigle de sa. membrée et becquée de gu. G. R. C. (F. dit que ce sont des Cresson qui ont donné leur nom à la Cressonnière). Arm. modernes : d'arg. à 3 bandes d'azur. R.

Creuzé. D'arg à un chef de gu. P. C. (F. dit que ces armes sont de fantaisie et donne : d'azur au chevron d'or accomp. en pointe d'un dextrochère armé d'arg. Au chef cousu de gu. chargé de 2 « et » de forme antique, d'arg. ⟨F.⟩. Armes modernes : coupé d'azur à la tour d'arg. entre 2 branches de chêne. 2° de gu. au pégase d'or couché sur une terrasse de sinople. F.

Creuzé. *Niort.* De... à un bras issant de senestre et tenant une épée en pal soutenant un « et » antique accomp. à dextre d'une branche de laurier posée en demi cercle. F.

Crevant (de). (Ducs d'Humières, 1690). *Touraine.* Ecartelé d'arg. et d'azur. (R. F.). *Dev.* : L'honneur y gît.

Creys ou **Cries (de).** F. (*V. de Crès ?*)

Crochard (de) de la Crochardière. *Anjou.* D'arg. à 3 trèfles de sa. R. F.

Croisil (du). D'arg. à la croix de sa. chargée de 5 crouzilles (coquilles) d'or. F.

Croissant (de). D'azur à la croix d'arg. G. C.

Croix (de la). *Provence ?* De gu. au lion d'or ; au chef d'arg. chargé d'un croissant de.. entre 2 étoiles de... F.

Croix (de la) D'arg. à cinq fusées de gu. accolées en bande. R.

Croix (de la). *Angoumois ?* De gu. à 5 fusées d'arg chargées chacune d'une coquille de gu. P. C. F. (var.).

Croix (de la). *Anjou.* D'arg. à la croix de sa. F. (Malte)

Croix (de la). *Anjou, Normandie.* D'azur à la croix d'arg. cantonnée de 4 roses d'or. R. F.

Croix de Castries (de la). *Languedoc.* (Barons, 1495 ; Marquis, 1645 ; Ducs, 1784). D'azur à la croix d'or. (R. F.). *Sup.* : 2 licornes. *Dev.* : Fidèle à son roi et à l'honneur

Cropte (de la). *Périgord.* D'azur à une bande d'or accomp. de 2 fleurs de lis du même 1 en chef et 1 en pointe. (P. C. F. R.). *Ten.* : 2 femmes échevelées.

Crossard. (Bon autrichien). D'arg. au vautour au naturel essorant cantonné d'une fleur de lis et d'une étoile en chef et d'une étoile et d'une fleur de lis d'azur en pointe (F. R.). *Dev.* : Ad gloriam volando.

Crossonnière (de la). D'arg. à la bande d'azur, à la fasce de gu. brochant. F. (*V. Cressonnière*).

Crouail (de). D'arg. à 3 chabots de sa. à la bande de gu. chargée de 8 étoiles d'or en orle. F.

Crouzille de la Lande. 1533. Ecartelé au 1 et 4 d'arg. au lambel de gu. ; au 2 et 3 d'arg. au lion de gu. armé et lampassé de sa. C. D.

Croy-Chanel de Hongrie (de). (xive S.). Comte, 1809. Ecartelé au 1er de France, au 2 (de Sassenage) qui est burellé d'arg. et d'azur de 10 pièces, au lion de gu. armé, lampassé, couronné d'or, au 3 (de Voyer d'Argenson) d'azur à 2 léopards d'or couronnés, armés, lampassés de gu , au 4 (de Pons) d'arg. à la tasce bandée d'or et de gu. de 6 pièces. Sur le tout de Hongrie (de Croy) fascé d'arg. et de gu. de 8 pièces. Le tout timbré de la couronne de Saint-Etienne D. C. R. (F. var.).

Crozé de Clesmes. *Dauphiné.* D'azur à 2 chevrons d'arg accomp. de 2 étoiles du même en chef et d'un croissant aussi d'arg en pointe. C. F.

Crugy Marcillac (de). *Quercy.* (Marquis, 1765). D'azur à 3 roses d'arg. R. F. (*V. Cruzy*).

Crune ou **Crunes (de).** De sa. à 3 losanges d'or accomp. de 3 étoiles du même rangées en chef. F.

Crussol d'Uzès (de). *Vivarais,* xiie S. (Ducs, 1565). *Languedoc.* Fascé d'or et de sin. P. C. F. R. L. D.

Crux (de). *Normandie.* Ecartelé au 1 et 4 d'azur à 2 cotices d'arg. accomp. de 7 coquilles du même, 1 en chef, 3 en bande entre les 2 cotices et 3 en pointe (2 et 1) ; au 2 et 3 d'arg. à 3 chevrons de gu. H. F. R. (sans l'écartelé).

Cruzy-Marcillac (de). (Marquis). D'azur à 3 roses d'arg. P. G. D. (F. écrit *Crugy*).

Cubes (des). D'arg. à la croix alaisée de gu. surmontée de 3 étoiles de sa. C. F. (Descubes).

Cugnac (de). *Guyenne.* XIIᵉ S. (MARQUIS DU BOURDET, 1616). Gironné d'arg. et de gu. de 8 pièces. (R. P. C. F. D. L.). *Dev.:* « Comme il nous plaist ».

Cuirblanc. D'azur à un bœuf d'arg. ? F. H.

Cuissard (de). *Anjou.* D'or au chef de sa. chargé de 3 croisettes d'arg. C. F. (var.), R. (var.).

Culant (de). *Berry.* D'azur semé de molettes d'éperon d'or au lion du même brochant. P., semé d'étoiles, R. et F.

Culant (de). *Brie.* Ecartelé au 1 et 4 d'arg. au sautoir engrelé de gu. accomp. de 12 tourteaux de sa., 3, 3, 3, 3 ; au 2 et 3 d'azur semé d'étoiles d'or au lion du même. G. C. F. (var.).
Ils prirent plus tard les mêmes armes que les Culant du Berry. Peut-être ont-ils la même origine.

Cullon. De gu. au chef cousu d'azur chargé de targes (boucliers carrés) d'argent. C.

Cumont (de). *Périgord, Saintonge.* D'azur à la croix pattée et alaisée d'arg. R. P. G. C. L. D. F. (... à 3 croix pattées... G. C. (branche cadette en Anjou, D.) F.

Cumont (de). De sin. à une ancre renversée d'arg. H. R. (armes mal blasonnées dit F., les bonnes seraient les précédentes).

Curieux de Fontaine. De gu. au croissant d'or ouvert en forme de chevron et un croissant d'arg. en pointe. (D.). *Alias:* De gu. au compas d'or soutenu d'un croissant d'arg. F.

Curzay (de). VICOMTES DE CHATEAU-RENAULT. (XIᵉ S.). F. — Fascé d'arg. et d'azur de 8 pièces à la bande engrêlée de gu. brochant sur le tout. C. (ce blason serait celui des Ratault de Cursay, F.). R. donne comme armes : d'arg. au cœur enflammé de gu. surmonté d'un croissant du même.

Cuville (de). D'arg. au lion de gu. surmonté de 2 étoiles du même. H. F.

Cuvillier de Champoyau. D'azur à la gerbe d'or surmontée de 5 abeilles volant, accostée de 2 cygnes affrontés d'arg. et nageant sur une rivière du même. F.

Dabbaye. D'azur au chevron d'or, 2 étoiles en chef et une harpe du même en pointe. F.

Dabillon. *Niort.* D'azur à 3 papillons d'arg. posés 2 et 1. F. B. H. R. (d'Abillon).

Dadine. *Guercy.* D'azur à la tour d'arg. crénelée et maçonnée de sa., un lévrier d'arg. passant en pointe. F.

Daguesseau, Aguesseau. *Saintonge.* (COMTES, 1808 ; MARQUIS, 1817). (Mais. ét., 1819). D'azur à 2 fasces d'or accomp. de 6 coquilles d'arg., 3, 2, 1. H. F. R. (d'Aguesseau).

Daguin. De gu. à la fasce d'or, chargée de 3 croisettes de sa. B. H.

Daguin. De gu. au bourdon d'or pommeté, surchargé en haut de 2 flèches en sautoir, et accosté en pointe de 2 flèches aussi d'or. F.

Daguin. *Niort.* D'azur à 2 poignards d'arg. en sautoir, la pointe en bas, emmanchés d'or, un croissant d'arg. en pointe de l'écu. F.

Daillon (de). *Bretagne, Anjou.* D'azur à la croix engrelée d'arg. R. F.

Daix, Daitz. De gu. à la bande d'or, au lambel du même de 3 pendants. G. H.

Dalesme. C. — *Limousin.* D'azur au chevron d'or soutenu d'un croissant du même. Au chef cousu de gu. chargé de 3 molettes d'arg. (F.). De gu... etc... au chef de sa. etc. R. (Alesme). H. var. (étoiles d'or).

Dalest. D'arg. à 2 chevrons de gu. accomp. en chef de 2 étoiles et en pointe d'une étoile surmontée d'un D., le tout d'azur. F.

Damours. *Paris.* D'arg au sanglier de sa., et 3 fers de lance du même en pointe. R. F.

Dampierre (de). *Anjou.* De... à la bande accomp. de 2 lions rampants 1 en chef, 1 en pointe. F.

Dampierre (de) MARQUIS. D'arg. à 3 losanges de sa. L. R.

Dancel. Ecartelé au 1ᵉʳ d'or à la fasce d'azur accomp. en chef d'un lion naissant de gu. et en pointe de 3 trèfles de sin. 2 et 1 ; au 2ᵉ, de gu. à 3 mains d'arg. armées d'un coutelas du même ; au 3ᵉ, d'arg. à la fasce d'azur chargée d'un lion passant d'or ; au 4ᵉ, d'arg. au pal de sa. accosté de 2 demis vols de gu. et un chef d'azur. H. R. et F., sans les 2, 3 et 4 qui sont des quartiers d'alliances.

Daneys. *Aunis.* De... semé de trèfles au chef de... F.

Dangouart. D'arg. à l'aigle de sa. becquée et membrée d'or. H. F.

Daniau. De gu. à 3 croissants d'or. F.

Daniaud. D'arg. au chevron de gu. accomp. en pointe d'une coquille de sa. Au chef de gu. F.

Daniel. D'arg. à 3 chenets (petits chênes) rangées sur un tertre de sinople. G. F.

Daniel. D'arg. au lion de gu. surmonté d'une croisette du même. F.

Daniel Lacombe. *Limousin.* D'azur à 3 fasces ondées d'or. F.

Dansays. *Basse-Marche.* De... au chevron de... accomp. en pointe d'un croissant et en chef de 3 étoiles mal ordonnées. F.
Cette famille ne se confondrait-elle pas avec Dansaert en Flandre : d'azur au chevron d'arg. accomp. de 3 étoiles d'or ? R.

Daquin. *Paris.* Bandé d'or et de gu. au chef d'azur chargé d'un lion passant d'or. F.
C'est une branche cadette de la famille d'Aquin (*Languedoc*) qui porte de même sans le chef. R.

Darain. D'or à 6 tourteaux de gu. F.

Darclais. (*V. d'Arclais*).

Dardel. De... à 3 croissants de... à l'étoile en chef.

Dargies. *Beauvoisis.* C. — D'or à 8 merlettes de sa. rangées en orle. R.

Darot. *An. 1460.* De sa. à 2 cygnes affrontés d'arg. ayant les cols contournés, entrelacés l'un dans l'autre, membrés et becqués d'or, tenant un anneau du même dans leur bec. G. H. R. F. P. C. (membrés de gu. G.).

Darquistade. (*V. d'Arquistade*).

Dassier. *Angoumois.* D'or à 3 bandes de gu. R. F.

Datrel. C.

Daubenton. *Bourgogne.* R. (*V. d'Aubenton*).

Daudeteau, Dodeteau. D'arg. au chevron de gu. accomp. de 3 étoiles rangées en chef et d'un croissant en pointe aussi de gu. F.

Dauphin. De gu. à la bande d'or accomp. en chef d'un lion et en pointe d'un dauphin d'arg. couronné d'or. F.

Dauphin. *Dauphiné, Angoumois.* D'arg. à 2 fasces d'azur. R. F.

Dauray. (*V. d'Auray*).

Dausseur. D'azur au pélican d'or couronné de gu. (G.) avec sa piété du même R. (d'Ausserre). (*V. Ausseure*).

Dauveau. D'azur au pal gironné d'or et de sin. H.

Dauvergne. De... au vergne de... F.

Daux. D'or à 3 aulx de sin. posés en bande. H.

Daux. D'azur à un coq d'arg. cocqté, becqué, barbé et membré de sin. H.

Daux. D'or à la bande bretessée de gu. H.

Daux. D'or au lion de sa. lampassé et armé de gu. et un chef de gu. chargé de 3 couronnes d'arg. H. (*V. d'Aux*).
Var. : D'arg. au lion de gu. et un chef d'azur chargé de 3 roquets d'or.

Dauzy. (*V. d'Auzy*).

Daviaut. D'arg. au lion de gu. à la queue fourchée. G. (*V. d'Aviau*).

David. D'or à 3 aiglettes de sa. R. F.

David. De sa. à une harpe d'or. H. (F. de gu...).

David du Bois David. *Bretagne.* D'arg. au chêne de sin. accosté de 2 harpes de gu. (R. F.). *Dev. :* Memento Domine David.

David du Fief. G. C. De gu. à 3 épées d'arg. à la garde d'or posées en fasce l'une sur l'autre. F.

David de la Richardière. D'azur à la harpe d'or. R. F.

Dayron. D'arg. au chevron de gu. accomp. en chef de 2 roses du même, boutonnées d'or, et en pointe d'un tourteau de sa. chargé d'un soleil d'or. R.

Deaune ou **Dehaume.** D'or au chevron d'arg. à 3 hermines de sa. P.

Deaux. *Berry.* D'azur au chevron d'arg. accomp. de 3 besants du même rangés en chef. F.

Decazes. *Guyenne.* D'arg. à 3 têtes de corbeaux de sa. R. F.

Decemme. D'azur à 3 coquilles d'argent. F.

Decourt de Moubrun. *Saintonge.* D'azur au croissant contourné d'arg. accomp. de 3 étoiles d'or, un lambel d'arg. en chef. R.

Decrès. (*V. de Crès*). Duc, 1805. (Mais. ét., 1820). D'azur à 3 croissants d'arg. une ancre d'or brochant sur le croissant en pointe, au chef de gu. semé d'étoiles d'arg. R. (*V. Crès*).

Deferou. D'arg. à 2 chevrons d'azur. H.

Defleury. De gu. à la croix ancrée d'arg. H.

Degennes. D'azur au chevron d'arg. accomp. de 2 roses d'or et une étoile d'arg. en chef et d'une coquille d'or en pointe. *Dev.* : Roseo fulgent sub sidere gemmæ. D , arm. des maires de Poitiers. (*V. de Gennes*).

Degères ou **de Gères.** *Gascogne.* P. — De gu. à 3 besants d'arg. R. (Gères).

Degrange-Touzin. D'or à la bande d'azur chargée de 3 lis de jardin au naturel, en pal. F.

Deguilhot du Doussay. P. (*V. Dousset*).

Dehault de Pressensé. *La Rochelle.* Coupé au 1er d'azur au roitelet d'or volant vers un soleil du même mouvant de l'angle dextre de l'écu ; au 2, d'arg. à l'aigle essorante de sa. R. C. L.

Dehaune. D'or au chevron d'arg. à 3 mouchetures d'hermines de sa. C. (*V. de Hanne*).

Dejanoillac. D'azur à la fasce d'or accomp. de six étoiles du même. R.

Dejean. D'arg. au chevron d'azur. F.

Delaage. D'azur à la fasce d'arg. accomp. de 3 croissants du même 2 et 1. G.

Delaage. D'or à l'aigle éployée de gu. armée et becquée d'azur. (G.). *Alias :* D'arg. à l'aigle éployée de sa. au chef d'azur chargé de 3 étoiles d'or. F. H.

Delaage-Estiées. D'arg. à 3 merlettes de sa. G.

Delaforest. D'azur à 8 croisettes d'arg. posées en orle. H.

Delanet. (*V. de Lanet*).

Delange, Delauge. D'azur au chérubin d'or. F.

Delaporte. (*V. de la Porte*).

Delaporte. De gu. au croissant d'arg. chargé de 5 mouchetures d'hermines. H. (*V. de la Porte*).

Delastre ou **De Lastre.** *La Rochelle.* D'azur au chevron d'or accompagné d'un soleil d'or et de 2 étoiles d'arg. en chef et d'un croissant du même en pointe. G. H. (var.) — V. aussi F.

Delaunay. G. F. — Une famille Delaunay dont fit partie le célèbre gouverneur de la Bastille porte : d'arg. à la fasce de gu. accomp. en chef de 2 merlettes et en pointe d'une molette de sa. R.

Delavau. *Anjou.* D'arg. au chevron de gu. accomp. en chef de 2 étoiles et en pointe d'un chêne le tout de gu. F.

Delavau. D'azur à la fleur de lis d'or accomp. de 3 mouchetures d'hermines du même rangées en chef. F. (G. contre hermines). (*V. de Lavau*).

Delavau. D'azur à la foi d'arg. et 3 croissants du même 2 et 1. R. F.

Delavau de Treffort de La Massardière. D'azur au chevron d'or accomp. en chef de deux étoiles d'arg. et en pointe d'un cerf passant appuyé sur une étoile, le tout d'arg. (D. F.). *Dev.* : « Mon devoir et mon droit ».

Delavaud. D'arg. à la fasce accomp. de 3 losanges le tout de sin. F.

Delaville. De gu. à 2 tours d'arg. surmontées d'une étoile d'or et soutenues d'un lion passant d'or. F.

Delescorie. D'azur à l'épée d'arg. posée en fasce accomp. de 3 fleurs de lis du même 2 et 1. H.

Delhome. G., 1594. *La Rochelle.* Sr d'Angoulin.

Dellaine. D'arg. à 3 merlettes de sa. et un chef d'azur chargé d'un lion naissant d'or. H.

Deluzines ou **de Luzines.** *Lyonnais.* D'arg. au cerisier de sin. fruité de gu. au pied coupé issant d'un croissant d'azur. F.

Demagne. P. C. (*V. de Maigné ?*) Une famille de Magne en *Gascogne* porte : d'azur à une main dextre appaumée d'arg. R.

Demarçay. (Bon DE L'EMPIRE). Ecartelé au 1er d'arg. à la pyramide de sa. ; au 2, de gu. à l'épée haute d'arg. ; au 3, d'azur à la tour crénelée d'or ouverte et maçonnée de sa. ; au 4, d'or au bélier de siège posé de fasce et attaché de sa. F. D. R.

Demay. D'arg. à la fasce de gu. chargée de 2 roses d'arg. accomp. en chef d'un lambel de gu. et en pointe d'une rose du même. H.

Demayré. G. — D'arg. à la tortue de sa. posée en fasce et un chef d'azur chargé d'une étoile d'or. F.

Demerat. D'or au chevron d'azur accomp. de 3 têtes de paon du même. H.

Demery ou de **Maury.** P. S^{gr} de la Martinière.

Demeules. D'arg. à 7 croix pattées de gu. 3, 3 et 1. R.

Demontz. De gu. à 3 écussons d'or. G. C.

Denfert. Ecartelé au 1er et 4 d'azur à 3 fers de pique d'argent ; au 2, de sa. à la tour d'arg. ; **au** 3, parti denché d'arg. et de gu. F. D.

Deniau, Denyau. *Anjou, Bretagne.* (Comtes, 1680). De gu. au chevron d'or accomp. en chef de 2 croissants d'arg., et en pointe d'une tète de lion arrachée d'or. F. R.

Deniau. De gu. au lion d'or accomp. en chef de 2 croissants d'arg. surmontés de 2 étoiles d'or. F.

Denicou. D'azur à la fasce d'or accomp. en chef de 2 étoiles du même et en pointe d'un croissant d'arg. H. R.

Deniort ou de **Niort.** D'azur au lion d'or. F. (Fam. ét.).

Denis du Chiron. De gu. à 3 nids d'or accomp. en abîme d'un rocher à 6 coupeaux d'arg. F.

Denis de la Ronde et de Bonnaventure. De gu. à la grappe de raisin feuillée d'arg. F. L., raisin d'or.

Depéry de St-Auvant. (Comte). D'arg. à 2 lions léopardés de gu. l'un sur l'autre, au chef de sa. P. C.

Derazes, de Razes. Palé d'or et d'azur, au chef d'arg. chargé de 3 teuilles de fougère de sin. R. D.

Dercé (de). (Fam. ét.). D'arg. à 2 fasces de gu. accomp. de 9 merlettes en orle, 4, 2, 3. F.

Dervaux de Loubillé. D'or, à 5 pals de sa. H.

Desanges. D'azur à 3 chérubins de carnation ailés d'or 2 et 1 et une étoile du même posée en chef. F.

Desavigné, de Savigné. F.

Desbancs. *Touraine.* D'arg. à l'aigle de sa. F.

Desbordes. *Angoumois.* D'azur au chevron d'or accomp. de 3 arrètes de poisson d'arg. (2 et 1) en pal. P. D.

Descars ou **d'Escars.** (Fam. ét.). D'azur à 3 étoiles d'or de six rais. F. (Malte).

Descartes ou des **Cartes.** D'arg. au sautoir de sa. cantonné de 4 palmes de sin. R. F. (René Descartes appartenait à cette famille).

Deschamps. D'arg. au chevron de gu. accomp. de 3 feuilles de fougère de sin. F. (Malte).

Deschamps. D'arg. à la chèvre passante de sa. *Alias :* Au loup passant de gu. F.

Deschamps de la Voute. De gu. à l'aigle éployée d'arg. couronnée et membrée d'or. F.

Descolards, de Leffe, des Hommes. P. C. (*V. des Collards*).

Descoublan de la Hardière. (Mais. ét., 1867). *Anjou, Poitou.* D'arg. à 2 aigles accostées de sa. R.

Descubes. D'arg. à 5 tourteaux d'azur rangés en barré. R.

Descubes du Chatenet. D'arg. à la croix alésée de gu. surmontée de 3 étoiles de sa. P. F. (*V. des Cubes*).

Desforges. (*V. des Forges*).

Desgittans. D'azur à un casque de profil d'arg. H.

Desherbières. De gu. à 3 fasces d'or. H.

Designy. D'arg. à la fasce fuselée de gu. de 7 pièces. G.

Désiré. D'azur à 3 chevrons d'or accomp. de 2 étoiles du même en chef. R. (*Paris*). F.

Deslennes. D'azur à 3 cannettes d'or, 2 en chef et 1 en pointe et un chef du même chargé d'un lion de sa. H.

Desmarais. P. — Une famille du *Limousin* porte : de gu. à la croix ancrée d'arg. à la bande de sa. brochant sur le tout et chargée de 3 coquilles d'arg R.

Desmarquets ou des **Marquets.** D'azur à la bande d'arg. accomp. de 2 croissants d'or, 1 en chef l'autre en pointe. P.

Desmé. De gu. à la tour d'arg. F.

Desmé de Chavigny. D'azur à la croix d'or cantonnée au 1 et 4 d'une tête de maure de sa. bandée d'arg. ; au 2 et 3 d'une tête d'aigle d'or, les têtes des 1 et 3 contournées. F.

Desmé de la Chesnaye. *Anjou.* D'arg. au chevron de sa. accomp. de 3 merlettes du même. C F.

Desmées. D'azur à la fasce d'arg. chargée de 2 roses de gu. au lambel d'arg. de 3 pendants mouvant du chef, à la rose du même en pointe. G. P.

Desmeliers. (*V. Grelier*).

Desmier, d'Olbreuse,du Roc. Ecartelé d'azur et d'arg. à 4 fleurs de lis de l'un en l'autre. (K. L. P. C. D. F. R.) ; écart. d'arg. et d'azur à 4 fl. de l. de l'un dans l'autre. B. H.

Desmilattes. De sa. à 3 chevrons d'arg. accomp. de 9 mouchetures d'hermine du même. H.

Desmons. D'arg. à la bande de gu. chargée de 3 pattes de lion accomp. en chef d'une aigle à deux têtes d'azur et en pointe de 3 mouchetures d'hermine posées en bande. H. F. (*V. Des Mons*).

Desmontiers de Mérinville. Ecartelé au 1 et 4 d'azur à 2 lions d'or passant l'un sur l'autre ; au 2 et 3, d'arg. à 3 fasces de gu. P.

Desnoyers. Parti de gu. au chef échiqueté d'arg. et d'azur de 3 tires ; au 2, d'arg. à la croix engrelée de sa. F

Despousses. (*V. Des Pousses.* R.).

Després, Desprez. D'or à 3 bandes de gu., au chef d'azur chargé de 3 étoiles d'or. G. H. P. B. C. F.

Desprez. D'arg. au chevron de gu. accomp. de 2 coquilles du même en chef, et un chabot du même posé en pal, en pointe. G.

Desroches. D'azur à une lance boisée d'or. H.

Desvaux-Dumoutier. D'azur au chevron brisé d'arg. accomp. en chef d'une tête de bœuf d'or de profil et accomp. en pointe d'un croissant d'arg. F.

Devallée. G., d'ancienne noblesse. Sr de la Roche. (*V. de Vallée*)

Devestellier. D'azur à l'aigle éployée d'or, couronnée du même. H.

Devezeau, de Vezeaux de Rancogne. *Angoumois.* D'azur à la fasce d'arg. au chef denché d'arg. de 5 pointes et en pointe d'une étoile d'or. — F. — l'étoile en chef, R.

Dexandrieux. De gu. à l'épervier d'arg. posé sur une fasce en devise du même et 3 molettes d'or 2 et 1. F. (Malte).

Dexmier. (*V. Desmiers*).

Dholande. (*V. d'Holande*).

Didonne (de). *Saintonge.* (XIe S.). Gironné d'arg. et de gu. de 12 pieces. F.

Disave. De sa. à la fasce d'or accomp. de 3 aiglettes du même 2 et 1. F.

Dive (de la). D'azur au lion armé et lampassé d'or. G. C. F.

Divé de la Maisonneuve. D'azur au chevron brisé d'or chargé de 2 merlettes affrontées de sa. F. (2 grives de gu. C), (merlettes de gu. D. R.). *Dev. :* Rupta junget amice.

Dizimieu (de). *Dauphiné.* De gu. à 6 roses d'arg. 3, 2, 1. F.

Doet (du). L. — D'azur à 3 ranchiers d'arg. posés en fasce, 2 en chef 1 en pointe. H.

Doineau ou **Doyneau de Ste-Solline.** De gu. à 3 roses d'arg. boutonnées d'or. R. F. D.

Dolive. De sa. à 2 léopards d'arg. C.

Donat. D'or à l'émérillon de gu. G. C.

Donissan (de), Donnissan. *Bordelais, Saintonge.* (Fam. ét.). Ecartelé au 1 et 4 d'arg. à la bande d'azur ; au 2 et 3 de gu. au lion d'or. R. F. (Courcelles).

Doré de Nion. *Ile de France.* D'azur au chevron d'or accomp. en chef d'une étoile d'arg. et de 2 roses tigées et feuillées du même, en pointe d'un soleil et de 2 losanges d'or. D.

Doride. *1286.* D'or au chevron d'azur accomp. de 3 têtes de... de sa. D. (armor. des maires de Poitiers).

Dorin. D'arg. à 3 alouettes huppées de sa. F. (Malte : de sa. à 3 alouettes d'arg.).

Dorineau. D'azur au chevron d'or accomp. de 3 étoiles rangées en chef et en pointe d'un lion, le tout d'arg. R. F.

Douat. *Périgord.* (Fam. ét.). D'or à l'émérillon de gu. F.

Doublet de Persan. (MARQUIS, 1682). *Normandie.* D'azur à 3 doublets (insectes) d'or, volant en bande 2 et 1. (R. P. C. F.). *Sup. :* 2 lions.

Doué (de). *Anjou.* (XIe S.). De. . au lion de... F. *Alias :* d'or à 6 losanges d'azur 3, 2, 1. H.

Doué ou **Douet (de).** De... à 3 roues (?) de... F. (Se confond peut-être avec le précédent).

Douespe (de la). Deladouespe. *Normandie.* De gu à 4 clous d'or appointés en sautoir. H. (F. dit de fantaisie et donne : d'azur au croissant d'arg. surmonté d'une étoile d'or, accomp. de 5 besants du même, 3 et 2, en pointe. F.

Douézy d'Ollendon. *Normandie.* De gu. au chevron d'or accomp. de 3 besants d'arg. F.

Douhet (de). *Limousin.* Ecartelé au 1 et 4 d'azur à la tour d'arg. maçonnée de sa. ; au 2 et 3 de gu. à la licorne d'arg. R. F.

Doujat. *Berry.* D'azur au griffon couronné d'or. F. R.

Dousset. *Saint-Maixent.* De sin. au pain de sucre d'arg. D. F.

Dousset, Doucet. D'arg. à la grue de gu. dans un marais de sin., au chef d'azur chargé de 3 étoiles rangées d'or. F.

Dousset. D'arg. au mouton de sa. paissant sur un mont de sin., accosté de 2 arbres du même, surmonté en chef d'un croissant de gu. entre 2 étoiles d'azur. F.

Dousset-Guillot (du). De sa. à 3 besants d'or. G. H.

Doutreleau. (*V. d'Outreleau*). De gu. à 3 croissants montants d'arg. F.

Doyneau. De gu. à 3 roses d'arg. boutonnées d'or. H. C.

Drac (du). *Paris ?* D'or à un dragon ailé de sin. couronné, lampassé et armé de gu. la queue nouée et passée en sautoir. H. F. R.

Draud, Drault. D'azur au chevron d'arg. chargé de 7 mouchetures d'herm. et accomp. de 3 étoiles d'or. H. F. G. et C. (Drault) ne donnent pas les armoiries.

Dresnay (du). *Bretagne.* D'arg. à la croix ancrée de sa. accomp. de 3 coquilles de gu. R. F. D. *Dev. :* « Crux anchora salutis ».

Dreux. D'arg. au lion de gu., au chef d'azur chargé de 3 lis de jardin d'arg. F.

Dreux Bretagne (de). Echiqueté d'or et d'azur à la bordure de gu. au franc quartier d'hermines. F. R. (Mais. ét., 1345).

Dreux Brézé (de). (XIIᵉ S.). MARQUIS, 1615. D'azur au chevron d'or accomp. en chef de 2 roses d'arg. et en pointe d'un soleil d'or. P. H. R. G. C. D. F. (Descendant de Robert, comte de Dreux, 4ᵉ fils de Louis VI). *Dev. :* Habet sua sidera virtus.

Dreux du Radier. D'azur à l'aigle éployée d'arg. surmontée d'une trangle d'or et en chef de 3 molettes d'arg. F.

Drouault. D'azur à 3 flammes d'or. F.

Drouet. De gu. au lion d'arg. F.

Drouet de Montgermont. *Bretagne ?* De gu. à la rose d'arg. en abîme accomp. de 3 cœurs d'or. R. F.

Drouet de Surville. D'azur au lion d'or accomp. de 3 souris du même. F.

Drouhet. D'azur au chevron d'or accomp. en chef de 2 étoiles du même, et en pointe d'un dauphin d'arg. F.

Drouillet. *Aunis.* D'azur au cygne d'arg. au chef d'or chargé de 3 roses surmontées d'un lambel de gu. F. R.

Drouin. *Touraine.* D'arg. au chevron d'azur accomp. en chef de 2 larmes de gu. et en pointe d'une gerbe de sin. F.

Drouin de Briacé. *Anjou.* D'azur à 3 gerbes d'or liées de gu. R. F.

Drouineau. D'arg. à 3 étoiles de gu. et un croissant du même posé en abîme. H. F.

Dubois. *Champagne.* D'azur au chevron d'or accomp. de 3 glands feuillés du même. F. R.

Dubois. D'arg. au bois de cerf de gu. ; au chef d'azur chargé de 3 étoiles rangées d'arg. F.

Dubois. D'or à 3 arbres de sin. rangés sur une terrasse du même et un chef de gu. chargé de 3 besants d'or. H. F. (var.).

Dubois, du Bois. D'arg. au lion de gu. accomp. de 3 glands de sin. en devise (arm. des maires de Poitiers). F.

Dubois. P. C. Sᵍʳ du Bois, du Pont, St-Colombain, des Landes.

Dubois. D'or à la hure de sanglier arrachée de sa. H. C. G. F.

Dubois. *1814.* D'azur à l'ancre d'arg. accostée en chef de 2 étoiles du même, au chef d'or chargée de 3 couronnes de laurier, chêne, et olivier. F.

Dubois des Bordes. D'or au chêne arraché de sin. accomp. d'un croissant du même en pointe. F.

Dubois (de Fontaines Marans). D'or à 3 chevilles de sa. ; au chef d'azur chargé de 3 aiglettes d'arg. F.

Dubois de la Morinière. D'azur à 3 chevrons d'or. C.

Dubois de la Pastellière. *1817.* D'azur à 2 épées d'or en sautoir accomp. en chef d'une croisette d'arg. et en pointe d'une tige de lis du même ; au chef d'arg. chargé d'une charrette de sa. F.

Dubois de St-Mandé. (*V. Du Bois*).

Duboussay. D'azur au croissant montant d'arg. G.

Duboys. D'or à la hure de sanglier arrachée de sa. G. (*V. Dubois*).

Dubɔys. D'or à 3 tourteaux de sa. G. (*V. du Bois de St-Mandé*).

Duboys. C. Sg^r de St-Syre, La Villonnière, la Bretèche, etc.

Dubrac. De gu. à 2 bras de carnation tenant chacun une épée haute, mouvant des flancs de l'écu. F.

Dubreuil. D'arg. à la croix ancrée de gu. G.

Dubreuil. D'arg. au chevron brisé de gu. surmonté d'une aigle de sa. G.

Dubreuil Hélion. D'arg. au lion de sa. armé d'or. H. (*V. Breuil*).

Dubucq. *Aunis*. L. D'arg. à la bande d'azur. R.

Dubuisson. D'arg. au lion de gu. surmonté d'un soleil entre deux roses du même. F.

Duchassaing de Ratevoult. *Angoumois*. D'arg. au châtaigner de sin. fruité d'or. F.

Duchastelier. D'azur à 3 épées d'arg. à poignée d'or la pointe en haut, au croissant d'arg. en chef. F.

Duchatel de la Garnache. D'or à la croix engrêlée de gu. G.

Duchêne de Denant. D'azur à 3 glands d'or. (P. G. C. H F.). *Alias:* D'or à 3 glands de sin. F. R. (Cette dernière famille est normande, la famille poitevine nous semble être la première).

Duchier de Vancy. *Saintonge*. D'azur à une grue d'or avec sa vigilance d'arg. la tête contournée. Au chef d'or chargé de 3 roses de gu. R.

Duclou ou **du Clou.** D'azur au chevron d'or accomp. de 3 coquilles d'arg. F.

Ducornet. D'arg. à 3 cornets de chasse de sa. liés de gu. F.

Ducrocq. D'or au croc de batelier de sa. mis en pal. F.

Dufay. D'azur à 2 ranchiers passants d'or. G. H. (*V. Fay*).

Dufloet. D'or au chevron d'azur chargé de 3 trèfles d'or. H. F. (*V. Duflos*).

Duflos. D'or au chevron d'azur chargé de 3 trèfles d'or. G. C. H. F.

Dufresne. *Picardie*. D'arg. au frêne de sin. F.

Dugast. D'azur au croissant d'arg. accomp. de 3 étoiles d'or, 2 et 1. G.

Dugast. D'or au tourteau de sa. chargé d'une fleur de lis d'arg. F.

Dugué. *Lyonnais*. D'azur au chevron d'or et 3 étoiles 2 et 1, cette dernière surmontée d'une couronne, le tout d'or. R. F.

Duguet. D'azur à l'écu d'arg. en abîme accompagné de 3 têtes de brochet d'arg., 2 en chef 1 en pointe. G. F.

Duguie (de la). D'arg. à 3 chevrons de gu. ; au chef de sin. chargé de 3 étoiles rangées d'or. (G.). *Alias:* D'arg. au chevron de gu. au chef d'azur chargé de 3 étoiles rangées d'or. (F.). *Alias:* De gu. à 3 bandes d'or. R.

Duguillot. D'azur à la fontaine d'arg. d'où sort un lion d'azur armé et lampassé d'or. C. F. (var.).

Duhaux. D'or au chêne de sin. au lion de gu. passant devant le pied de l'arbre et une bordure d'arg. semée de tourteaux d'azur. H.

Dujau. D'arg. à 3 coqs de gu. F. (Malte).

Dujon. (B^on DE BEAUSSAI). D'azur au chevron d'or accomp. d'un cheval d'arg. en pointe. C. P.

Dulac. D'arg. à la fasce d'azur chargée d'une étoile d'arg. F.

Dulinet. De gu. à un ours d'or. H. F.

Dumarreau ou **Des Mareau.** P. Sg^r de Monplaisir, Sg^r de Plesseau.

Dumas. De gu. à 3 têtes de lion arrachées d'arg. G. C.

Dumas. *Aunis*. D'azur à 2 massues d'or en sautoir. F. — R. dit coupé au 1 de sa. au fer à cheval d'arg. cloué au champ ; au 2, comme ci-dessus.

Dumonard, du Monard. C. G. *Marche*. D'arg. à la fasce de gu. accomp. de 3 aigles d'azur. R.

Dumoulin. D'azur à 3 anilles d'or. F.

Dumoustier. D'arg. au chevron d'azur accomp. en chef d'un croissant de gu. entre 2 étoiles du même et en pointe d'une hure de sa. (F. R.). Sous l'empire, le comte Dumoustier reçut : coupé mi parti : au 1, d'or au bonnet de grenadier de sa. ; au 2, de gu. à l'épée d'arg. en pal ; au 3, comme ci-dessus. F. R. (var.).

Dunoyer. Parti d'arg. et de gu. au noyer de sin. brochant sur le parti. F.

Dupas. D'or au chevron de gu. accomp. de 3 trèfles de sin. F.

Dupas. (Mis DE LA GARNACHE, Bon de Beauvoir). D'azur à 3 chevrons d'or. C. P.

Duperré. (B^on DE L'EMPIRE). *Aunis.* D'azur semé d'étoiles d'arg. au lion d'or brochant sur le tout. R.

Dupin. D'arg. à 3 bourdons de gu. posés en pal. G. H.

Dupin. *Anjou.* D'arg. au pin de sin. terrassé du même, fruité d'or. R. F.

Dupin. (BARON). Parti : d'azur à l'étoile d'arg. et des barons préfets ; soit : de gu. à la muraille crénelée d'arg. surmontée d'une branche de chêne du même ; au 2, d'arg. à 2 pommes de pin de sa. rangées et surmontées d'un comble de gu. chargé du signe des chevaliers légionnaires. R. F.

Dupin de Francueil. D'azur à 3 coquilles d'or. R. F.

Duplais des Touches. *Saintonge.* De gu. à 2 lions affrontés d'arg. D.

Duplaisset. De... au chérubin de... en chef. Une croix de Malte en abîme et 3 étoiles de... 2 et 1. F.

Duplex. C. De sa. à 2 soles d'arg. l'une sur l'autre celle du dessous contournée, et un filet aussi d'arg. issant de la gu. de l'une à l'autre. H. F. Autre branche : *Bretagne.* D'azur au chevron d'or accomp. de 2 plies d'arg. en chef, affrontées, et en pointe une étoile du même. R. F.

Dupont. D'azur au chevron d'or accomp. en chef de 2 étoiles d'arg. et en pointe d'un oiseau huppé du même F.

Dupont. D'azur au pont de 3 arches d'or. F. (arm. des maires de Poitiers, 1330).

Dupont. D'azur au pont à 3 arches d'arg. accomp. de 3 étoiles d'or rangées en chef. F.

Dupont. De sa. à 2 flammes d'or et une étoile du même en pointe. F.

Dupont de Gault. *Aunis.* De gu. à la chaîne d'or. F.

Dupont de Jarsais. D'azur à 3 tours d'arg. 2 et 1. C. F. (*V. Pont*). D.

Dupré. *Saintonge.* D'azur au chevron d'or accomp. d'une coquille entre 2 étoiles d'or en chef et en pointe d'un lion d'arg. Au chef de sin. chargé de 2 moutons à dextre et d'un taureau d'or à senestre. F.

Dupré. D'azur au lion d'or lampassé de gu. armé de sa. F. G.

Dupré de Bourigan. P.

Dupuis. D'arg. au puits de sa. accosté de 2 serpents ailés de sin. affrontés et buvant dans le puits. F. (*V. Dupuy de la Brouardière*).

Dupuis. *Hainaut.* De gu. à la bande engrelée d'arg. chargée de 3 flammes de gu. F.

Dupuy. D'or au lion d'azur couronné, langué et armé de gu. G.

Dupuy. D'or à la bande d'azur chargée de 3 besants d'arg. F.

Dupuy. D'azur à la bande d'or chargée de 6 merlettes d'arg. en orle. F.

Dupuy de la Bardonnière. D'azur à 3 chevrons d'arg. G. P. (d'or), C. F.

Dupuy de la Brouardière. D'arg. au puits de sable accosté de 2 serpents de sin. affrontés buvant de l'eau. G. P. C. (*V. Dupuis*). F.

Dupuytren. (BARON). *Limousin.* D'azur à la bande d'or chargée d'une branche de laurier de sin. et accomp. d'un coq d'or en chef et d'une lampe allumée du même en pointe. R.

Duquerroy. (*V. Du Querroy*). De... au pantalpha de... accomp. de 6 étoiles de... en orle, au croissant de... en cœur. F.

Duquesne, du Quesne. *Normandie.* D'arg. au lion de sa. armé et lampassé de gu. F.

Durand. De sa. à la croix alaisée d'arg. H. F. (var.).

Durand. D'azur au rocher de 6 coupeaux d'arg. à l'étoile d'or en chef. F.

Durand de Challandray. An. 1667. D'or à 3 trèfles de sin. G. C. — (au chevron de gu. F.).

Durand de Coupé. (BARON). D'azur au lion d'arg. couché sur une terrasse de sin. la tête contournée. En chef 2 sâbres d'or passés en sautoir la pointe en bas. F.

Durand de Courcelles. De gu. au soleil rayonnant d'or accomp. de 3 étoiles de 6 rais du même. G. (...étoiles d'arg.), C. D. F. (étoiles de 5 rais).

Durand de Sallebeuf. D'or à 3 tourteaux de gu. (Malte).

Durant, Durand. D'or au chevron de gu. accomp. de 3 fleurs de lis de sin. H. F.

Durant de la Pastellière. D'arg. au chevron d'azur accomp. de 3 grenades de gu. tigées et feuillées de sin. F.

Duranteau. *Bordeaux.* (Baron de l'Empire). D'azur au chevron d'or accomp. de 3 besants d'arg. ; au quartier senestre de gu. l'épée haute d'arg. R. F.

Durcot. D'or à 3 pins de sin. G. P. C. F.

Dureau. D'arg. au chevron d'azur accomp. de 3 oiseaux de sa. F.

Durfort (de). *Languedoc ou Quercy.* D'azur à la bande d'or à la filière de gu. H. G. F. (sans filière), R. (filière d'or).

Durivault de Vieille-Roche. De gu. à 3 besants d'arg. P. C.

Durix de Montgarnaud. De gu. à 3 fasces d'arg. G. P. C.

Duroussay, de Champeaux. D'azur au chevron d'arg. accomp. en pointe d'une molette d'éperon d'or, parti d'azur à 3 fusées mises en pal 2 et 1. C.

Duruau. C. (*V. du Ruau*). De gu. à la licorne d'arg. sur une terrasse de sin. Au chef d'azur chargé de 3 étoiles d'or rangées. P. F. (*Dev. :* Fulgent bona sidera rectis.

Dury. De gu. à 3 chevrons d'or. H.

Dusault. De sa. à l'aigle éployée d'arg. (F.). *Var. :* D'azur... au vol abaissé, becquée et onglée d'or. L.

Dusoul. D'arg. à la fasce de gu. accomp. de 3 trèfles de sin. rangés en chef et d'une hure de sa. en pointe. F. (var.).

Dussault. *Angoumois, Saintonge.* (*V. d'Usseau, du Sault*). — D'arg. à 3 chabots d'azur 2 et 1. F.

Dusson. De sin. à la bande d'or chargée de 3 roses de gu. H. F.

Dutems. *Touraine.* De sin. à l'ancre d'arg. F.

Dutertre. *Anjou.* D'arg. au lion de sa. couronné de gu. F. (var.).

Dutheil de la Rochère. D'or au chef d'azur, au lion de gu. couronné, armé, lampassé de sa. brochant sur le tout. P. C.

Dutherde. G. — Dutertre ?

Dutiers, de Chary. D'azur à un chevron d'or accompagné de 3 triangles d'arg. 2 et 1. P. C. (la pointe en bas, F.). D.

Dutillet. D'or à une croix pattée d'azur. P.

Dutressé. P. C. Du Tressay en *Bretagne* porte : d'arg. à la fasce nouée de gu. chargée de 3 besants d'or. R.

Duval. D'azur à 3 têtes et cols de lévriers d'arg. G. C. F. D.

Duval. D'azur au chevron d'or accomp. de 3 fleurs de lis d'arg. G. F. R. (fers de lance).

Duval, de Chassenon. D'azur au sautoir d'or cantonnée aux 3 premiers cantons d'une genette et au 4e d'un cor de chasse du même. P. C. F.

Duvau de Chavagne. *Anjou.* D'azur à 2 aigles éployées d'or en chef et au dragon du même volant en pointe. P. C. (harpie en pointe, R.).

Duverger. De... au cœur de... d'où sortent 3 branches de rosiers. F.

Duverrier. G. (*V. Verrier*). Sr de Chambord.

Duverrier de . Boulsac. D'arg. à l'aigle de vair. P.

Duvignault. D'or à 3 grappes de raisin d'azur. F.

Easme de la Croix. *Aunis.* D'azur à 3 étoiles d'arg. G. F. L.

Ecorce Civetière (de l'). De gu. à la bande d'arg. chargée de 3 croisilles de sable. P. C.

Elbée (Gigot d'). *Beauce ?* D'arg. à 3 fasces de gu. R. F.

Elbène (d'). *Florence, Bretagne, 1377.* D'azur à 3 fleurs de lis des jardins, arrachés et passés en sautoir, d'arg G. C. (2 sceptres d'arg. fleurdelisés. R D. F.). *Dev. :* El piu fidele.

Ellenne ou **Eslenne (d').** *Savoie.* D'azur à 3 cannettes d'or au chef d'or chargé d'un lion naissant de sa. F. (var.).

Enfant ou **L'Enfant.** *Anjou.* De gu. à 3 fasces d'or. F. — *Alias :* D'or à 3 fasces de gu. R.

Engaigne. D'arg. à la main de gu. issant d'un nuage d'azur et tenant une épée haute du même dont la pointe est chargée de 2 flèches de gu. en sautoir et d'une anguille d'azur en fasce. F.

Epaule (d'). P. C. Probablement de la famille Aux-Epaules : de gu. à la fleur de lis d'or. R.

Epinay (de l'). R. (*V. de Lespinay*).

Epremenil (d'). P. C. Sgr de Pierrefitte Du Val d'Épremesnil, en *Normandie*, porte : écartelé au 1 d'azur à la bande écotée d'or accomp. en pointe d'un lion en chef d'un pot de fleurs le tout d'or ; au 2, de sin. à 3 lances d'arg. ferrées d'or surmontées de 3 têtes de Maures au naturel tortillées d'arg. ;

— 56 —

au 3, d'arg. à la fasce de gu. accomp. de 3 rocs d'échiquier de sa.; au 4, mi parti arg. et sa. au lion rampant de l'un en l'autre lampassé de gu. D.

Erard. D'or au trèfle d'or accomp. de 3 merlettes de sa. F. (3 feuilles de laurier de sin. R.).

Erreau. *Anjou.* D'azur à la bande d'arg. entre 2 étoiles d'or à pointe écimée, F., ou mieux : d'arg. à la bande d'azur accomp. de 2 molettes du même. R.

Escars (d'). D'azur à 3 étoiles d'arg. (H.). *Alias :* De gu. etc. F.

Eschallard. P. (Mⁱˢ DE LA BOULLAYE, Cᵗᵉ DE LA MARCHE). D'azur au chevron d'or. (G. C. F.). *Alias :* D'arg. à 3 pals de sa. R.

Eschallé. D'hermine à 3 têtes de lion arrachées d'arg. G. C. H. (arr. de gu. H. et F.).

Eschassériaux. (BARON DE L'EMPIRE). *Aunis.* Fascé d'or et d'azur. D. R.

Eschizadour (d'). *Limousin.* D'arg. écartelé de gu. F. R.

Escotais (des). *Maine.* D'arg. à 3 quintefeuilles de gu. R. F.

Escoubleau de Sourdis (d'). XIIᵉ S. (MARQUIS D'ALLUYE). Parti d'azur et de gu. à la bande d'or brochant. (H. P. C. R. F.). *Supp.* Un lion et une licorne ou deux lévriers colletés.

Escravayat (d') de la Barrière. *Périgord.* D'arg. à 5 flammes de gu. en sautoir 2, 1, 2. *Dev. :* Pro deo et virtute. R.

Escrone (d'). *Pays Chartrain.* De gu. à la bande de vair et 6 anneaux en orle. F.

Esgonnière du Thibeuf. De gu. à la mâcle d'or écotée en sautoir. F.

Esmoing de la Grillière. P. — *Limousin.* D'arg. à 3 chevrons de gu. ou d'azur. R. F.

Esnard. D'azur à 3 perles d'arg. 2 et 1. F.

Esnault. *Aunis.* Ecartelé : au 1 et 4 d'arg. à 2 fasces de gu.; aux 2 et 3 d'hermines à la fasce ondée d'arg. surmontée d'une fleur de lis d'or. F

Espagne (d'). D'arg. au lion de gu. à la bordure de sin. chargée de 8 écussons d'or bordés de gu. F.

Espagne, Espeigne (d') de Vénevelles. *Maine.* D'azur au peigne d'or accomp. de 3 étoiles du même. F. — peigne d'arg. R.

Esparbès (d'). *Armagnac.* D'arg. à la fasce de gu. accomp. de 3 éperviers de sa. R. F.

Esperon de Beauregard. D'arg. au chevron de gu. accomp. de 3 molettes d'éperon du même. C. P. R. (var.). *Alias :* Tiercé en chevron au 1ᵉʳ d'azur à 5 étoiles d'arg. 3 et 2 ; au 2ᵉ de gu. ; au 3ᵉ d'or à la croix alaisée de gu. F.

Esperonnière (de l'). *Anjou.* D'hermines fretté de gu. F. R.

Espinasseau. D'azur à 3 étoiles d'arg. G. C. H. F.

Espinay (d') ou d'Epinay. *Normandie.* D'azur à 3 croissants d'arg. C. P. F. — d'or, R.

Espinay (de l'). *Anjou.* D'arg. au lion de sa. brochant sur une fasce de gu. R. F.

Espinay (de l') ou Lespinay. *Bretagne.* (BARONS DE CHANTONNAY, BARONS DE L'EMPIRE). D'arg. à 3 buissons d'épines de sin. (C. R.) *Dev. :* Sequamur quo fata vocant.

Espinay St-Luc (d'). (MARQUIS). D'arg. au chevron d'azur chargé de 11 besants d'or. (D. F. R.). *Sup. :* 2 licornes.

Espine (de l') ou de Lespine. *Bourgogne.* D'or à l'ébaupin de sin. terrassé, accosté par un lion de gu. et surmonté par 3 étoiles d'azur rangées en chef. F.

Espivent de la Villesboisnet. *Bretagne.* D'azur à la molette d'or accomp. de 3 croissants du même 2 et 1. R. F. (COMTE ROMAIN, 1870).

Esprit. D'arg. à 3 merlettes de sa. H. F.

Espronnière (de l') ou Lesperonnière. *Aunis.* D'hermines fretté de gu. de 6 pièces. C. G. (var.), R. (*V. Esperonnière*).

Essarts (des). De gu. à 3 croissants d'or. F.

Esserteau de Chalusson. De gu. au cerf d'arg. passant à la nage une rivière du même. H. B. F. R.

Estampes (d'). *Berry.* (MARQUIS). D'azur à 2 girons d'or mis en chevron. Au chef d'arg. chargé de 3 couronnes ducales de gu. rangées. R. F.

Estève. *Saintonge.* Parti emmanché de gu. et d'arg. de 7 pièces. F.

Estienne-Montluc de la Rivière. (BARON DE L'EMPIRE). Parti au 1 de sa. au rocher de 5 coupeaux d'or surmonté de 3 épis d'arg. Au 2, d'azur à la fasce ondée d'arg. au canton senestre de gu.

à la toque de président de sa. rebrassée d'or. F. R. (var.).

Estissac d' (de Madaillan). *Périgord.* (Fam. ét.). Palé d'arg. et d'azur. F.

Estivalle, Estival. De gu. au sautoir d'arg. cantonné de 4 trèfles du même. G. C. F. R. D.

Estoile (de L'). *Anjou.* D'azur à la croix d'or cantonnée au 1er, 2e, 4e. canton d'une étoile, au 3e d'un croissant, le tout d'or. H. F. R. (var.).

Estoile (de l'). D'azur au croissant d'arg. d'où sortent 2 palmes d'or. accomp. en chef d'une étoile d'arg. F.

Estourbeillon (de l'). *Bretagne.* D'arg. au griffon de sa. langué et armé de gu. (R. F.). *Dev. :* « Crains le tourbillon ».

Estourneau. *Touraine.* D'azur à la fasce d'or chargée de 2 mâcles de gu. ; une champagne emmanchée d'arg. de 4 pièces. Au chef d'or chargé de 3 tourteaux d'azur. F.

Estourneau. *Limousin.* D'arg. à 3 chevrons de gu. accomp. de 3 étourneaux de sa. rangés en chef. F. R. (var.)., M. (var.)., L. d'or à etc. (*V. Etourneau*).

Estourneau de Pinateau. D'azur à 3 chevrons alésés d'or, au chef du même chargé de 3 étourneaux essorants de sa. R.

Estourneau de la Touche. *Saintonge.* D'azur au lion d'or. F

Estuer (d') (de Stuer). *Bretagne.* D'arg. au chevron de gu. F. — sautoir de gu. R — *Dev. :* Nec adversa recuso.

Esve. D'azur au chef d'arg. chargé d'un lion naissant de sa. F.

Etang (de l'). *Angoumois.* D'arg. à 7 fusées de gu. 4 et 3. G. C. P. H. R.

Etourneau. D'or à 3 chevrons de sa. accomp. de 3 étourneaux du même 2 et 1. P. (*V. Estourneau*).

Eusenou, (Marquis de Kersalaun, 1775). *Bretagne.* Ecartelé au 1 et 4 d'azur plein, au 2 et 3, d'arg. à une feuille de houx de sin. R. L.

Eveillard. *Anjou.* D'arg. à 3 trèfles de sin. 2 et 1. C. G. — *Var. :* D'azur à l'étoile d'or accomp. de 3 trèfles du même. R. F.

Eveillard de la Vergne. De sa. à une coquille d'or en cœur, accomp. de 3 molettes d'arg. H. F.

Eveillechien. D'azur au chevron d'arg. accomp. de 3 croisettes du même. R. F.

Evêque (L') de Puyberneau. De gu. à 3 roses d'arg. 2 en chef 1 en pointe. P. C. R. (grenades). *Dev. :* Fructus et flores.

Exéa de St-Clément (d'). *Aragon.* Anciennement : échiqueté d'arg. et de gu.

Actuellement : De sa. à la barrière de champ clos d'or en forme de fer à cheval, les pointes en bas ; à la bordure échiquetée d'arg. et de gu. de 2 tires. (R. F.). *Sup. :* 2 chevaux. *Dev. :* Exea Britannos clauso certamine vicit.

Fadate (de). *Italie, Touraine.* D'or au chevron de gu. accomp. de 3 tourteaux du même. Au chef d'azur chargé de 3 étoiles rangées d'or. — F. — *Var :* Chargé de 3 fleurs de lis d'or. R.

Fages (de). *Languedoc.* D'or au mont de gu. de 3 coupeaux surmonté d'une colombe d'arg. tenant en son bec un rameau de sin., au chef d'azur à 3 fleurs de lis d'or. (R. F.). *Dev. :* Regi fidelitatem lilia coronant.

Faideau (de). D'azur semé de fleurs de lys d'or. G. (*V. Feydeau*).

Faire (de la). *Bourbonnais.* De gu. à la bande d'arg. R. F. H. P.

Falaiseau (Marquis de). *Normandie.* D'azur à 3 lions d'or armés et lampassés de gu. ? F.

Falloux (de). (Comte, 1830). *Anjou.* D'arg. au chevron de gu. accomp. de 3 étoiles de sa. en chef et d'une rose de gu. en pointe. (R. P. C. F.). *Alias :* D'azur au chev. d'arg. accomp. en chef de 3 étoiles d'or et en pointe d'une rose d'arg. (G. F.). *Alias :* De sa. au chef d'or chargé d'une faux de gu. couchée en fasce. H. F.

Farcy (de). An. 1634. *Maine.* D'or fretté d'azur au chef de gu. R. F.

Fardeau. De gu. chargé de 3 têtes de Maures tortillées d'arg. et accomp. de 6 étoiles à 6 pointes rangées en orle ? F.

Fare (de la). (Marquis, 1646). *Languedoc.* D'azur à 3 flambeaux d'or allumés de gu. rangés en fasce. (R. F.). *Dev. :* Lux nostris hostibus ignis

Farges (de). *Limousin.* D'arg. au lion de gu. ? (F. R.). *Sup. :* Deux lions. *Dev. :* Vis et amor.

Fargès. D'or à l'if de sin. F.

Faron. D'or au sautoir alaisé de sin. F.

Farou (de). *Berry.* D'azur à 3 têtes de lions arrachées d'or, lampassées de gu. F. R.

Farouau. De... à la bande de... et un croissant en chef. F. (Malte).

Farouïl (de). De gu. à 3 étoiles d'arg. P. C. (F. dit que ces armes sont de fantaisie et donne : d'azur à la fasce d'arg. chargée de 3 coquilles de sa. ; accomp. de 3 pattes d'aigle d'or. F. R. (var.).

Fassetot. D'azur à 3 guidons d'arg. ferrés d'or, 2 et 1. H.

Fau (du). *Bretagne.* De gu. à 3 fasces d'arg. R. F ou : d'arg. à 3 fasces de gu. F.

Faubert. D'arg. à 3 fasces de gu. R. F.

Faucher de la Ligerie. *Périgord, Saintonge.* De gu. au faucheur (sauterelle) d'or posé en fasce. (R. F. L.). *Ten. :* Deux sauvages de carnation, tenant leurs massues.

Fauchère. De sa. au lion couronné d'or. H.

Faucille (de la). *Maine, Anjou.* D'azur à la bande d'arg. entre 2 cotices d'or et 6 losanges du même en orle. F. (var.).

Faucon, Faulcon. *Poitiers.* G. C. — D'arg. au faucon au naturel contourné, chaperonné et longé de gu. posé sur un rocher de 3 coupeaux de sin. F.

Faudry de la Bréaude. D'azur à 3 ranchers (fers de faux) d'arg. posés en fasce. G. H. F.

Faulcon. De gu. à la patte de lion d'or posée en bande. (Ou une patte de faucon) les ongles en haut. F. R. (Faucon).

Faulcon, Faucon. Ecartelé au 1 et 4 d'azur à la croix d'or. Au 2 et 3 d'azur à 3 tours 1 et 2 d'arg. accomp. de 3 fleurs de lis d'or 2 et 1. F.

Faulconnier, Fauconnier. *Basse-Marche.* D'azur au faucon contourné d'arg. posé sur un poing ganté du même issant du côté dextre de l'écu. F.

Faugère (de). (Fam. ét.). De... à 3 aigles de... à la cotice de... brochant sur le tout. F.

Faur (du). *Guyenne* D'azur à 2 fasces d'or accomp. de 6 besants figurés d'arg. 3, 2 1. — R. — F.

Faure (du). *Périgord.* De... à l'arbre terrassé de... accosté de 2 oiseaux affrontés et surmontés de 3 étoiles rangées en chef. F.

Faure du Chiron. *Poitou, Aunis.* De gu. au chevron d'or accomp. en chef d'un croissant d'arg. entre 2 étoiles d'or et en pointe d'une étoile du même. F.

Faure-Rencureau. *Aunis.* D'arg. à la bande de gu. R. F.

Fautereau (de), Fautreau. *Normandie.* D'azur à 3 croissants d'or. R. F.

Fauveau. *Marche.* D'arg. à la bande de gu. chargée de 3 chevrons d'or. R. F.

Fauveau. De gu. au lion couronné d'arg. Au chef d'or chargé de 3 larmes d'azur. F.

Fauveau. D'azur au chevron d'or accomp. en chef de 2 étoiles du même et en pointe d'un croissant d'arg. surmonté d'une rose. F.

Fauvelet. *Bourgogne.* D'azur à 3 levrettes d'arg. posées 2 et 1. R. F.

Faux (de la). *Saintonge.* D'azur à l'aigle éployée d'or, couronnée du même. F.

Favereau. *Saintonge.* D'arg. à 3 demi fleurs de lis de sa ? F.

Faverolles (de). *Touraine.* D'azur à 3 chevrons d'or. R. F.

Faverot ou Favrot. F. — D'azur au chevron d'or accomp. de 3 coquilles d'arg. R. (*V. Favreau*).

Favre d'Echallens. *Suisse.* D'azur à la fasce d'or accomp. en chef d'une rose d'arg. boutonnée d'or et en pointe d'un fer à cheval d'arg. les bouts en bas. R. F.

Favreau, Favereau. D'azur au chevron d'or accomp. de 3 coquilles d'arg. (G. F. R.), 5 coquilles d'arg. en devise. C. (3 D).

Fay (de). *Anjou.* D'arg. à 3 fouines de sa. F.

Fay (de). De... à 3 chevrons de... Au chef de... chargé d'une fouine. F.

Fay (de) de Peyraud. D'azur à 3 anneaux d'or aux chatons d'arg. posés 2 et 1. C. P. D.

Fay (du). (COMTES DE MAULÉVRIER, 1671). *Normandie.* De gu. à la croix d'arg. cantonnée de 4 molettes du même. R. F.

Fay de la Taillie (du). D'azur à 3 ranchiers d'or posés 2 et 1. L. P. C. (2 ranchiers, H. F.).

Fay (de). *Velay.* (Marquis, de la Tour Maubourg). De gu. à la bande d'or chargée d'une fouine d'azur. (R. P. C. F.). *Dev.:* Par toute voie chemine.

Faydeau (de). D'azur au chevron d'or accomp. de 3 coquilles du même. P., R. et F. (Feydeau).

Faydeau (de). De sin. à un faisceau d'armes d'or. H. R. (Feydeau).

Faye (de la). *Périgord.* De gu. à la croix ancrée d'arg. F. R. (var.) (Lafaye). L. (surmontée d'un lambel de 5 pendants d'arg.).

Faye (de). D'arg. à 3 cœurs de gu. G. (Malte var.) F. (var.).

Faye (de la). De sa. semé de flammes d'or. H.

Faye (de). *Touraine.* De... à 2 lions affrontés de... et un chef de... F.

Faye (de la) de Langle. *Touraine.* De sa. à la croix nillée d'arg. H. G. C. F.

Faye (de la) de Montorchon. (Fam. ét.). D'or à la croix ancrée de sa. F.

Faye (de la) de la Porte. D'arg. à la quintefeuille de gu. F.

Fayole (de la), Fayolle. De sa. à 3 callebasses d'arg G. F. (R dit 3 faux) (fioles. D.). (*V. La Fayolle*).

Fayolle (de). (Marquis, 1724). *Périgord.* D'azur au lion d'arg. armé, lampassé et couronné de gu. (F. R.). *Ten.:* Deux sauvages. *Dev.:* Non ibi, sed ubique.

Fayolles (Joubert de). D'arg. à 3 lions de gu. F. (St-Cyr). *Alias:* Ecartelé au 1 et 4 d'arg. au lambel de gu.; au 2 et 3 d'arg. à 3 lions de gu. F. (Malte).

Fé de Boisragon. *Angoumois.* D'azur à la croix d'arg. et 2 étoiles d'or en chef. F. M.

Febvre ou Fèvre (Le). D'azur au chevron d'or accomp. en chef d'une tour d'arg entre 2 étoiles d'or et en pointe d'une fleur de tournesol du même tigée et feuillée de sin. F.

Febvre (le). *Anjou.* D'azur au chevron d'or surmonté d'un croissant et accomp. de 3 roses du même. (var.). F.

Febvre (Le). *Touraine.* D'azur à 3 bandes d'or. F.

Febvre (le). De gu. à 5 dards d'arg. posés en étoile, au chef denché d'or, chargé d'une hure de sa. F.

Febvre (le) de Laubrière. (Marquis, 1725). *Anjou.* D'azur à la levrette rampante d'arg. avec un collier de gu. à la bande d'or. R. F.

Febvrier, Fevrier. *Touraine.* D'argent au chêne de sin. accosté de 2 cœurs de gu. et un chef d'azur chargé d'une perdrix d'or. F.

Febvrier, Fevrier. D'azur à la bande d'arg. au sanglier passant de sa. F.

Fédeau (de). Gironné de 12 pièces de... F.

Fédic, Feydit. *Angoumois.* De gu. au lion d'arg. F. (Malte).

Feinieux (du). De sin. à 4 flammes d'or 2 et 2. P. C.

Feletz (de). *Périgord.* D'arg. au lion couronné de gu. et une bordure d'azur chargée de 8 besants d'arg. F. R. (couronné d'or).

Félix (de) de Vinax. P. C. F. *Aunis.* L. Une famille de ce nom, du Comtat Venaissin porte : écartelé au 1 et 4 de gu. plein, au 2 et 3 de gu. au lion d'or, sur le tout une bande d'argent chargée de 3 F.   D. R.

Felton (de). *Angleterre.* De gu. à 2 lions léopardés d'hermines l'un sur l'autre, couronnés d'or. R. F.

Fenieux (de). *Marche.* D'azur au phénix essorant d'or membré de gu. soutenu d'un croissant d'arg. Au chef cousu de gu. chargé de 3 étoiles d'or rangées. F.

Feniou. *Italie.* D'azur au taureau d'or au-dessous d'un chevron du même. F.

Fenis. *Tulle.* D'azur au phénix d'or sur son bûcher enflammé de gu. regardant un soleil d'or mouvant du côté droit du chef. R. F.

Fénix (de). D'azur à 3 étoiles d'or. F.

Ferchault de Réaumur. *Saintonge.* D'azur au lion d'or. F. — Var.: D'arg. au lion de sin. lampassé de gu. R.

Fergon. D'or à la bande d'azur chargée de 3 gonds (ou anneaux) d'or. F. (Malte). R. (2 gonds).

Ferguson. *Irlande.* D'azur à 3 têtes de sanglier d'or, 2 et 1, au fermail d'arg. posé en abîme. (R. F.). *Dev.* : Dulcius ex asperis.

Fermé. D'arg. au lion de gu. au chef d'azur chargé de 3 besants d'or. F.

Féron (Le). (MARQUIS). De gu. au sautoir d'or, cantonné en chef et en pointe d'une molette, et à dextre et à senestre d'une aiglette le tout d'or. (R. F.). *Supp.* : Deux lions dragonnés. *Dev.* : Eques ad bovinam.

Ferou (de) ou **Féron.** D'azur à 2 chevrons brisés d'arg. C. R. (var.). (*V. Ferrou de Mondion*).

Ferrand. An. 1554. (COMTE, 1814). D'azur à 3 épées d'arg. rangées en pal celle du milieu la pointe en haut, à la fasce d'or brochant sur le tout. (R. P. C. F.). *Dev.* : pro fide, pro rege, pro me. D. *Alias* : D'azur à l'épée d'arg. en pal enlacée d'un rinceau d'olivier et d'un autre de laurier en sautoir d'or, F. *Alias* : D'azur au chevron d'or accomp. de 3 épées hautes d'arg. la garde d'or. F.

Ferré. De sin. à 8 fers de cheval d'arg. posés 3, 3, 2. H.

Ferré (de) de la Fond. (XIIᵉ S.). De gu. à la bande d'arg. accompagnée de 3 fleurs de lis d'or, 2 et 1. P. G. C. — F. et R. (bandé d'or).

Ferré de la Garais. *Bretagne.* D'arg. à la fasce d'azur accomp. de 3 molettes de gu. F. R. (molettes du même).

Ferret. *Aunis.* D'azur à une chaîne d'or mise en bande. R. F.

Ferrière (de la). *Vendôme.* D'arg. à 2 léopards de sa. l'un sur l'autre. (G. F. R.). *Alias* : De sa. à 2 léop. d'arg. C.

Ferrière (de). *Anjou ?* D'azur à 3 pommes de pin d'or la tige en haut, à la bordure de gu. P. C. F. R.

Ferrières (de). *Aunis.* D'or à 6 écussons de gu. (F. R.). *Var.* : Fers à cheval au lieu d'écussons.

Ferrières (de). *Normandie.* D'hermines à la bordure de gu. chargée de 8 fers à cheval d'or. F. R. (var.).

Ferrières (de). *Saintonge.* Ecartelé au 1 et 4 d'azur à la bande d'or ; au 2 et 3 d'arg. à 3 chevrons de gu. F. (var.).

Ferrières (de) de Sauvebœuf. (MARQUIS). *Auvergne.* De gu. au pal d'arg. et 10 billettes du même en orle. R. F.

Ferriol (de). *Bresse.* D'azur semé de roses d'or à la bordure d'or chargée de 3 lions de sa. F. R. (var.).

Ferron (Le). *Bretagne ?* D'azur à la fasce d'or chargée d'une boucle de gu. accomp. de 3 sonnettes d'or ? F.

Ferron de la Ferronays. *Bretagne.* (XIIᵉ S.). (MARQUIS). D'azur à 6 billettes d'arg. 3, 2, 1 ; au chef de gu. chargé de 3 annelets d'arg. (P. C. D. F. R.). *Sup.* : Deux léopards. *Dev.* : In hoc ferro vinces.

Ferrou (de) de Mondion. D'azur à 2 chevrons d'arg. (G.). D'arg. à 2 chevrons d'azur. H. F. (*V. Ferou*).

Ferruyau. D'azur à la tour d'arg. chargée de 3 roses de gu. et surmontée d'une colombe d'arg. tenant dans son bec un rameau. F.

Ferry (de). De gu. à 3 anneaux d'or. F.

Ferté (de la). *Touraine.* D'or à l'aigle de gu. becquée et membrée d'azur. R. F.

Ferté (de la). *Beauce.* D'hermines au sautoir de gu. accomp. en chef d'une étoile d'azur. R. F.

Ferté (de la). G. — De gu. à 3 gantelets d'or. H. F.

Ferté (de la) Sennectaire. (DUC). D'azur à 5 fusées d'arg. mises en pal. Cimier : une tête de taureau d'arg. G.

Feschal (de). *Maine.* De vair à la croix de gu. F.

Feslon (de). D'or à 3 têtes de veaux d'azur, 2 et 1. H.

Fesques (de). *Touraine.* D'or à l'aigle éployée de gu. R. F.

Fessard. Palé de 8 pièces de... à la fasce de... brochant sur le tout. F.

Feswal (de). (BARON). P. C.

Feudrix. *Normandie.* D'azur au chevron d'or accomp. de 3 gerbes de seigle du même liées de gu. R. C. F.

Fèvre de Caumartin (Le). D'azur à 5 trangles d'argent ou burelé d'azur et d'arg. de 10 pièces. R. F.

Fevret (de). P. C. — D'arg. à une hure de sanglier de sa. défendue et allumée d'arg. vomissant des flammes de gu. R. (*Bourgogne*).

Feydeau. De sin. à un faisceau d'armes d'or. R. H. (Faydeau).

Feydeau. D'azur semée de fleurs de lis d'or. C. F. (var.). (*V. Faideau*).

Feydeau. (Marquis de Brou). D'a-
zur au chevron d'or accomp. de 3 coquilles du même. R. F. P. (Faydeau).

Fiennes (de). *Artois.* D'arg. au lion
de sa. armé et lampassé de gu. R. F.

Fiesque (de) (Fieschi). *Gênes.* Bandé
d'arg. et d'azur. R. F.

Fieux (de). *Limousin.* D'azur au
chevron d'or accomp. de 3 trèfles du
même. R. F

Filleau. (An. 1661). *Orléans.* De gu.
à la fasce d'arg. accomp. de 3 coquilles
d'or 2 et 1. (G. P. H. F.),...de 3 étoiles
d'or. C.

Filleau. D'or au chevron de gu. accomp. de 3 gerbes de sin. 2 et 1, celle
de pointe surmontée d'un croissant d'a-
zur. Au chef de gu. chargé de 3 étoiles
d'or. F.

Filleul. *Saintonge.* D'azur à la lance
d'or posée en bande accomp. de 2 molettes du même l'une en chef l'autre en
pointe. F.

Fillioux. *Marche.* D'azur au lion
d'or, armé et lampassé de gu. F.

Fin (de la). *Bourbonnais.* D'arg. à
3 fasces de gu. à la bordure engrêlée du
même. R. F.

Finé de Brianville. *Dauphiné.* D'a-
zur au chevron d'or accomp. de 3 molettes à 6 pointes du même. Ecartelé de
gu. à la tour d'arg. F. (Vulson).

Fite (de la), Fitte. *Armagnac.*
D'hermine à la croix alaisée de gu. P.
C. F. L.

Fitte (de La). D'or à 3 bandes de
gu. G. (F. dit que c'est une erreur),
(*V. La Fitte*)

Flambart, Flambard. D'azur à 5
flammes d'or et 2 étoiles du même en
chef. F. L. (3 flammes).

Flament. *Périgord* De sa. au lion
d'or couronné de gu. F.

Flaveau (de). (Baron, 1710). D'azur
à 3 coquilles de pélerin d'or. R. C. F.

Flavigny (de). *Champagne.* Echiqueté d'or et d'azur. R. F.

Fleuriau (de). D'arg. à la fasce de
sin accomp. en chef d'une rose de gu.
D. F.

Fleuriot (de). *Bretagne.* D'arg. au
chevron de gu. surmonté d'une merlette de sa. et accomp. de 3 roses de
gu. D. F. R.

Fleury (de). D'arg. à l'aigle éployée
de gu. P. (de sa.), G. C. R. F. (membré
de gu.). — Les armes anciennes étaient
une aigle à une seule tète.

Fleury. D'azur au rosier d'arg. chargé
de 3 roses de gu. H. R.

Fleury. Ecarteié d'azur au croissant
d'arg. surmonté d'une étoile d'or. Au 2
et 3, d'azur à la fasce d'arg. soutenue
d'une flamme d'or. F.

Fleury (de), Flory. Losangé d'or
et de gu. au chef de gu. chargé de 3
losanges d'or rangés. F.

Fleury (de). De gu. à la croix d'arg.
vivrée de 8 têtes de serpents de sin.
couronnées d'or. F.

Fleury de la Caillère. D'azur à l'é
toile d'arg. posée en abîme, accomp.
de 3 croix du même, 2 et 1. (C. F.).
Var.: Etoile d'or, et les croix fleuronnées au pied fiché d'or. F.

Fleury de la Gorgendière. D'arg.
à l'arbre de sin. issant d'un croissant
de gu. Au chef d'azur chargé de 3 étoiles
d'or. F.

Flory. D'arg. à la rose épanouie avec
son bouton de gu. tigée de sin. G. D.

Folet, Follet. D'azur au lion d'arg.
Au chef d'or chargé d'un cœur de gu.
F. H.

Folzers (de). P. C. — *Alsace.* F.

Fond (de la). D'or au chevron de
sa. accomp. en pointe d'un arbre de
sin. F.

Fonfrège. D'azur à 2 chevrons d'or
accomp. en chef de 2 étoiles du même. F.

Fonlebon (de). (*V. Fontlebon*).

**Fonsèque (de) de la Rochefou-
caud.** (Mis de Surgères). *Espagne,
Saintonge.* Ecartelé au 1 et 4 d'or à 5
étoiles de gu. 2, 2 et 1 ; au 2 et 3 de
gu. à la fasce vairée. G. ...fusée vairée.
C. F. (comme au 1er quartier). R. var.
au 2 et 3.

Fontaine (de la). *Bretagne.* D'azur
à 3 aiguières d'or, à la fleur de lis du
même en abîme. F.

Fontaine (de). Ecartelé au 1 et 4
d'arg. au lion de sa. lampassé de gu. ;
au 2 et 3 de gu. à la fontaine en château de sa. versant de l'eau d'arg. C.

Fontaine (de la) de l'Epinay. D'a-
zur à 3 cygnes d'arg. becqués, onglés de
sa. H. G. F. (*V. de La Fontaine*). *Dev.:*
Vententur in astra.

Fontaine (de). D'azur à une fontaine d'or. F. R.

Fontaine (de la). *Normandie.* D'arg. au chevron de sa. accomp. de 3 mouchetures d'hermine. F.

Fontaine (de la). *Anjou, Maine.* D'azur à la cotice engrelée d'arg. accomp. de 3 étoiles d'or. F.

Fontaine (de la). *Anjou.* D'azur au chevron d'or accomp. en chef de 2 trèfles et en pointe d'une gerbe d'or. R. F.

Fontaines (de) de Neuville. *Picardie.* D'or à 3 écussons de vair bordés de gu. D. F. R.

Fontanes (de). (Comte, 1809 ; Marquis, 1818). *Languedoc.* De sa. au jet d'eau d'arg. dans un bassin, au chef d'or chargé de 3 pommes de pin d'azur rangées. R. F.

Fontanieu. *Languedoc.* D'azur au chevron d'or accomp. de 2 étoiles d'arg. en chef et d'un rocher d'arg. en pointe. F. R.

Fontbrenier (de). D'arg. à 3 fleurs de lis d'azur, au pal d'arg. brochant sur celle de pointe. F.

Fontenay (de). Losangé d'or et d'azur au franc canton d'hermines. F. R., échiqueté... etc.

Fonteneau. Echiqueté d'arg. et de gu. F.

Fontenelle (de la). D'azur à 4 étoiles d'or cantonnées ; au croissant montant d'arg. en abîme surmonté d'une étoile d'arg. — P. — d'une étoile d'or, G. F. R. (H. croissant d'or). (*V. La Fontenelle*).

Fontenette. D'azur au dragon ailé d'arg. F.

Fontlebon (de). *Bretagne.* D'arg. à 3 aigles de sa. G. C. F. R

Fontréaux (de). D'arg. au soleil de gu. soutenu d'une trangle de gu. abaissée. F.

Fonts. D'azur au jet d'eau d'arg. dans un bassin d'or sur une terrasse de sin. F.

Forain, Forin. De... à la tour de... Au chef danché de... chargé d'un lion passant de... F.

Forateau. *Touraine.* D'or à l'aigle éployée de gu., becquée et membrée d'azur. F.

Forbin (de). *Provence.* D'or au chevron d'azur accomp. de 3 têtes de léopards de sa. languées de gu. R. F.

Forcadel. D'arg. au pin de sin. et un lévrier de gu. passant devant le tronc accomp. de 2 losanges d'azur en chef. F.

Forest (de la), La Forest. D'azur à 6 coquilles (crousilles) d'argent, 3, 2, 1. G. P. C. F. R.

Forest (de la). De gu. à la croix pommetée d'hermines. F. (Malte).

Forest (de la). D'arg. à la bande de gu. engrêlée. F.

Forest d'Armaillé (de la). *Anjou.* D'arg. au chef de sa. (R. F.). *Sup.:* A dextre un lion, à senestre un lévrier colleté.

Forest (de la) de Bulhon. *Auvergne.* Fascé d'arg. et de sa. de 4 pièces. R. F.

Forestz. *Paris.* D'arg. à 3 croissants de sa. Au chef d'azur chargé de 3 têtes de cerf d'or posés de profil. F.

Forestier, Fourestier. D'azur au chevron d'or, accomp. d'un losange du même en chef et d'un gland d'or en pointe. F. (*V. Fourestier*).

Forestier. *Bretagne.* D'arg. à un lion de gu. accomp. de 6 étoiles d'azur posées en orle. H. F.

Forestier (Le). *Berry.* D'arg. à 3 cornets de chasse de sa. liés de gu. F.

Forestier (Le) de la Mettrie. *Saintonge.* D'arg. au lion de gu. lampassé et couronné du même. F. — *Var.:* Armé, lampassé et couronné d'or. R.

Forges (de). De... à 10 anneaux de... 3, 3, 3, 1. F.

Forges (de). D'azur bordé de gu. à la bande d'or. G. C. F.

Forges (de). De... à la quinteteuille de... F.

Forges (des). D'arg. à 3 enclumes de sa. F.

Forges (des) Barreneuve. *Berry.* Echiqueté d'arg. et de gu. C. F. R.

Forget. *Touraine.* D'azur au chevron d'or chargé sur sa pointe d'un écusson d'azur à la fleur de lis d'or ; accomp. de 3 coquilles, 2 en chef, 1 en pointe. R. F.

Forien (de). D'azur à 3 fleurs de lis d'or 2 et 1, une pointe d'arg. en cœur, au chef burelé de... et de... de 6 pièces. C. P. F. (coupé). D. (des Touches).

Fornel (de). *Angoumois.* D'azur au vol d'or. F. — D'arg. (R.). *Sup.* : Deux lions.

Fors. (MARQUIS DE). (*V. Poussart*).

Fors (de). D'azur à la croix engrêlée d'or. — R. — *Var.* : De... à la croix fleuronnée de... accomp. en chef de 2 besants. F.

Fort. D'azur à un fort d'arg. crénelé et ouvert de sa. G. D.

Fort. De... à 3 coquilles de... F.

Fortilesse (de la). D'arg. à un fort de 5 bastions de gu. H.

Fortin. D'arg. au chevron d'azur accomp. de 3 étoiles de sa. F.

Fortin de la Hoguette. *Normandie, Saintonge.* D'azur au chevron d'or accomp. de 3 molettes du même. R. F.

Fos (de). De gu. au lion couronné d'or. (R. F.). *Sup.* : Deux lions. Cette famille donna anciennement des Comtes Souverains d'Arles et de Provence, Vicomtes de Marseille et Marquis de Fos

Fóssa (de). *Italie.* Ecartelé d'azur et d'or. F. R.

Fou (du). *Bretagne.* D'azur à la fleur de lis d'or surmontée de 2 éperviers d'arg. affrontés, posés sur les branches, becqués et membrés d'or. R. F.

Fouasseau. D'azur à la fasce d'or ondée, surmontée d'un croissant d'argent. F.

Foucaud, Foucauld. *Périgord.* De gu. au lion d'or. (F.). *Var.* : D'or au lion de gu. R., lion morné de sa. L.

Foucault. De sa. au lion d'arg. armé et lampassé de gu. couronné d'or. F.

Fouchardière (de la). D'or à une fourche de sa. emmanchée de gu. F. H.

Foucher ou **Fouchier.** (XIIᵉ S.). (BARONS, 1624 ; MARQUIS DE CIRÉE, 1663). De sa. au lion d'arg. H. P. C. D. F. R. couronné, lampassé et armé de gu. (G. R.). *Var.* : D'or. G. (Foucher de Brandois, D. *Dev.* : In sanguine virtus). Foucher de Careil. *Dev.* : Virtutem a stirpe traho.

Foucher. D'arg. à une montagne de sin. sommée de 3 foudres empoignés de gu. G.

Foucher (de la Tellière). De sa. à 4 fasces d'or, au lion brochant sur le tout. F.

Fouchier (de). D'arg. au lion de sa. armé, lampassé et couronné de gu. à l'antique. (C. D F. R.). *Sup.* : Deux lévriers. (*V. Foucher, Fouscher*).

Fouchier (de Salles). *Nivernais.* D'azur à la fasce d'or engrelée, accomp. de 3 étoiles aussi d'or. R. F.

Foucraud de la Nouhe. D'arg. à 3 porcs épics de sa. R.

Foudras (de). (MARQUIS). *Lyonnais.* D'azur à 3 fasces d'arg. (F. R.). *Ten.* : Deux anges. *Dev.* : Sunt mihi custodiam.

Fougeard. D'azur au calice d'or. G.

Fougère (de). D'arg. à 3 tourteaux de gu. H. F.

Fougère (de). De... à 3 aiglettes de... à une cotice brochant sur le tout. F.

Fougières (de). D'azur à la fasce d'arg. accomp. de 4 molettes d'éperon d'or, 1 en chef, 3 en pointe. P.

Fougères. *Berry.* D'or au chef emmanché de gu. de 3 pièces. C. F. R.

Fouilloux (du). Palé d'arg. et de sa. de 6 pièces, à la fasce d'azur brochant sur le tout. C. F.

Foulé. D'hermines à la fasce de gu. et 3 pals d'azur brochants. F.

Foulon, Foullon. De gu. à la croix d'arg. plantée sur un tertre de sin. et soutenue de 2 lions d'or affrontés, langués et armés de sa. F.

Fouquerand, Foucrand. (Fam. ét.). D'arg. à 3 hérissons de sa. (Malte). F. dit que primitivement c'étaient des écureuils (nommés fauquets).

Fouquet. *Anjou.* De gu. à 2 chevrons d'arg. accompagnés de 3 coquilles du même. G. C. D. F. R.

Fouquet. De gu. à 5 merlettes d'or posées en barre. H.

Fouquet (de la Barre). D'azur à l'étoile d'or accomp. de 3 flammes du même. G. C. F. D.

Fouquet (de la Buissière). (MARQUIS DE BELLE-ISLE, VICOMTE DE VAUX ET DE MELUN) D'arg. à l'écureuil rampant de gu. (R. F.). *Dev.* : « Quo non ascendam ».

Fouquet (de la Varenne). *Bretagne.* De gu. au lévrier rampant d'arg. colleté d'azur fleurdelisé d'or. R. F. (lévrier passant).

Fouqueteau de Mortiers. De sin. à 9 glands d'or, 4, 3, 2. F.

Fourestier. D'arg. au franc canton d'azur senestré d'une coquille de gu. et 2 autres coquilles du même posées en fasce. H. F.

Fourestier. D'azur au chevron d'or surmonté d'un losange du même en chef, accompagné en pointe d'un gland d'or avec sa coupelle. G. C. F. (Forestier).

Fourny porte de même.

Fournel (de). *Guyenne, Saintonge.* De sa. à la licorne d'arg. passant. Au chef de gu. chargé de 3 étoiles rangées d'or. F.

Fournier. D'azur au lion ailé et lampassé d'or. G. (Griffon d'or, C. H. F. D.).

Fournier de Boismarmin. C. *Berry.* De sa. au chevron d'arg. F. R. (de Bellevue, de la Noue).

Fournier de Faron. *Bretagne.* (Baron, 1818). De gu. à la bande dentelée d'or accomp. de 2 molettes du même, 1 en chef, l'autre en pointe. R. C. (2 étoiles d'arg. F.).

Fournoux (de), Fournoulx. *Limousin.* Echiqueté d'arg. et de gu. F. R.

Fourny (de) du Jon D'azur au chevron d'or surmonté d'un losange du même en chef, et en pointe un gland d'or avec sa coupelle. C. (F. dit que ce blason est celui des Fourestier et donne : d'azur à 10 losanges d'or, 3, 3, 3, 1.

Fourré. (Marquis de Dampierre). D'azur au sicot (tronc écoté) brisé d'or mis en chevron. G. C. F.

Fouscher de Thénies. (Mais. ét.). D'arg. au lion de sa. armé, lampassé et couronné à l'antique d'or. R. (*V. Fouchier*).

Foy (de). P. C. *Normandie.* F

Foye (de la). D'or à la tour crénelée de sa. H.

Foyer. *Anjou.* D'azur au chevron d'or accomp. de 3 croissants d'arg. F.

Fracard des Houlières. De gu. à 3 fleurs de lis d'or. G. C. F.

Fradet. D'azur à 3 besants d'or. B. F.

Fradet de Chappes. *Berry.* D'or à 3 fers de pique de sa. 2 et 1. R. F.

Fradin de Bellabre. *St-Jean-d'Angélv.* D'or au chevron de gu. accomp. de 3 raisins de sa. tigés et feuillés de sin. R. F. D.

Fraigneau. D'arg. au frêne de sin. à la terrasse ondée d'azur. F.

Franc (Le). D'azur à 5 larmes d'or en sautoir. H. F.

France. D'azur à une tête échevelée d'or accomp. de 3 trèfles du même. H. F. (var.).

Franchard. *Aunis.* D'arg. au chêne de sin. H. F.

François. D'azur à la fasce d'or, accomp. de 3 étoiles du même en chef et d'un croissant montant d'arg. en pointe. G. P. F.

François. (*V. Le François des Courtils*). *Piémont.* D'azur à la tour d'arg. chargée de 3 mouchetures d'hermine accostée de 2 fleurs de lis d'argent et soutenue d'une croisette d'arg. F.

François de Besnay. De gu. à 2 pals componés d'arg. et de sin. F. H.

François de la Garenne. D'or à 3 fasces de gu. accomp. de 3 étoiles du même rangées en chef. F.

François du Temps. 1656. D'azur à la croix pattée et alaisée d'or, cantonnée de 4 fleurs de lis du même. D. C. F.

Francs (des). D'arg. à 2 fasces de sa. P. G. C. H. F. (R., fasces d'azur).

Frappier. D'arg. parti d'azur au heurtoir de porte de sa. brochant sur le tout. H. F.

Frappier. De gu. au pal gironné d'or et de sa. R.

Frémond (de) de la Merveillère. D'arg. au chevron surmonté d'une étoile et accomp. de 3 épis de blé le tout d'azur. D. F. H. (var.) (St-Allais) R.

Frenel d'Auzon. P. Sgr de la Boullaie, St-Benoit.

Frère. D'arg. au chevron de sa. accomp. de 3 roses de gu. F. (var.).

Freslon de la Freslonnière. *Bretagne.* D'arg. à la fasce de gu. accomp. de 6 ancolies d'azur, tigées de gu. posées 3 en chef et 3 en pointe. R. F. (Chérin).

Fresne (du). *Saumurois.* D'arg. à la fasce de gu. accomp. de 3 feuilles de frêne de sin. F. — R. fasce de sin.

Fresne de la Tour de Chevillon (de). *Piémont, Artois.* D'arg. au lion de sa. et une bordure componée d'arg. et de sa. F. (Preuves de St-Cyr). — R. bordure crénelée de sa.

Fresneau. D'arg. au chevron de gu. accomp. de 3 trèfles de sin. F. (Malte).

Fresneau de la Galaudière. D'azur à l'aigle au vol abaissé d'arg. L.

Frétard. (xiiᵉ S.). De gu. fretté d'argent. F. R. L.

Frette (de la). D'or à deux lions léopardés de sa. couronnés d'arg. l'un sur l'autre. R.

Frezeau de la Frezelière. (Marquis). *Anjou.* Burelé d'arg. et de gu. à la cotice d'or brochant. (R. F.). *Sup. :* Deux lions.

Fricard. D'azur au lion d'or ? F.

Fricon (de). *Marche.* (xiiᵉ S.). D'or à une bande de gu. bordée, ondée de sa. (R. P. D. F.). *Alias :* D'or à la bande ondée de sa. G. C. F. (var.).

Friconneau. D'azur au chevron d'or accomp. en chef de 2 étoiles et en pointe d'un croissant aussi d'or. F.

Froger, Frogier. *Saintonge.* D'arg. au chevron de gu. accomp. en chef de 2 merlettes de sa. affrontées et en pointe de 3 couleuvres de sin. tortillées en pal. L. F.

Froger. *Aunis.* D'azur au chevron d'or surmonté d'une étoile du même et accomp. de 3 dards de gu. R.

Frogier. D'azur au cerf passant d'or, surmonté de 3 étoiles du même, rangées en chef. H.

Frogier de Pontlevay. *Anjou.* D'azur à 2 gerbes d'or en chef et un poinçon levé, aussi d'or, en pointe. F. R. (var.).

Fromaget de Belair. D'azur au chevron d'arg. accomp. de 3 besants du même, en chef, rangés. F.

Froment. D'arg. au chevron de gu. accomp. de 3 épis de froment du même, et un chef aussi de gu. chargé de 3 étoiles d'or. H. F.

Fromenteau. D'or à la fasce de gu. chargée de 3 têtes de lévrier d'arg. colletées d'or. Surmontée d'une rose de gu. et soutenue de 3 chevrons d'azur. F. (Preuves de St-Cyr).

Fromentin. D'azur à 3 épis de froment d'or, au chef cousu de gu. chargé de 3 besants d'arg. G. F.

Fromentin. *Saintonge.* (xiiiᵉ S.). De... à 3 croissants de... F.

Frondebœuf (de). D'arg. à 3 rencontres de bœuf de gu. F.

Fronsac (de). P. C. Le nom de Fronsac a été porté par les maisons de

Maillé, du Plessis Richelieu et de Lustrac avec les titres de duc et de marquis. Le de Fronsac qui fit partie des électeurs de la noblesse pour les Etats généraux de 1789 était sgʳ de Saint-Gatien.

Frotier de la Messelière et de Bagneux, de la Coste. (xᵉ S.). Vicomtes de Montbas, Bᶜⁿˢ de Preuilly. D'arg. au pal de gu. accosté de 10 losanges du même, 5 à dextre et 5 à senestre. P. C. D. H. F. R. G. (var.).

Frougeard. *Anjou.* D'azur au calice d'or. F.

Froulay (Marquis de). Comtes de Tessé. *Maine.* D'arg. au sautoir de gu. endenté et bordé de sa. (R. F.). *Dev. :* Pro rege et pro fide.

Fruchard. De gu. à la fasce d'hermines accomp. de 7 besants d'or, 4 et 3. D. F. (4, 2 et 1).

Fulcher. G. D'or à la montagne de sin. chargée d'un foudre de gu. D.

Fumée. *Anjou.* D'arg. à 6 losanges ou fusées de sa. posées 3, 2 et 1. (G. P. C. H. F. D. R.). *Var. :* 3 fusées de sa. H.

Fumée des Roches St-Quentin. *Touraine.* (Mais. ét.). D'azur à 2 fasces d'or accomp. de 6 besants du même, 3, 2 et 1. R. F.

Fureau. *Angoumois.* D'arg. au chevron de gu. accomp. de 3 canards de sa. 2 et 1. F.

Furgon. *Aunis.* D'arg. à 3 têtes de renard de sa. (*fur* = renard en latin). F.

Fussey. *Bourgogne.* D'arg. à la fasce de gu. accomp. de 6 merlettes de sa. rangées, 3 en chef, 3 en pointe. F. R.

Fuye (de La). D'arg. au chevron de gu. accomp. de 3 têtes de more de sa. P. C. F. (var.).

Fuzeau. D'azur au chevron d'or accomp. de 3 roses d'arg. F.

Fuzée de Charmont. D'azur à 3 fusées d'or, posées en fasce. H. — R. accolées en fasce.

Gaalon (de). *Normandie, Saintonge, Aunis.* De gu. à 3 rocs d'échiquier d'or. R. F. (St-Allais). L.

Gabard de la Maillardière. *Bretagne.* (Mais. ét., an. 1543). De gu. au croissant d'arg. et en chef 2 étoiles d'or. R. F.

Gabaret. *Aunis.* D'azur à l'étoile d'or accomp. en chef d'une gerbe du même et en pointe d'un croissant d'argent. F.

Gaboirau, Gaboreau. De gu. au chevron d'or accomp. de 3 croissants d'arg. G. F. R. D.

Gaborin. D'azur à 3 trèfles d'or. P. G. C. F.

Gaborin. De gu. au gabion d'arg. H.

Gaborit de la Brosse de Montjou. D'azur à 3 têtes de lion d'or posées 2 et 1, au croiss. d'arg, en cœur et à l'étoile d'or en chef. R. P. C. D. F. (étoile d'arg.). *Dev.* : « Amator urbis ».

Gaborit du Pineau. *Anjou.* D'azur à l'épée d'arg. posée en pal accomp. de 3 étoiles du même. F.

Gabory (de). De sa. à une croix d'or cantonnée de 4 poignards du même. H. F.

Gabriaut. D'azur au cerf élancé d'or. H. G. C. F. D.

Gadouin. G. C. — *Saintonge.* D'azur au chevron d'arg. accomp. de 3 étoiles du même, 2 et 1, celle de pointe soutenue d'un croissant de gu. F.

Gagnoleau. De gu. à une rivière ondée d'arg. chargée de 3 cannettes de sa. R. D.

Gaigneron (de). *Touraine.* D'arg. au chevron d'azur accomp. de 3 têtes de coq du même, arrachées, barbées, crêtées de gu. R. F.

Gaignon (de) de Vilaines. *Flandre, Maine.* D'hermines à la croix de gu. R. F.

Gaillard. Parti au 1 d'azur à 4 chevrons d'or le dernier brisé ; au 2, d'arg. au lion de gu. couronné de sa. R. L.

Gaillard. *Saintonge.* D'arg. au coq de sa. becqué, crêté et onglé de gu. posé sur un cœur du même soutenu de flammes aussi de gu. F. (Preuves de St-Cyr).

Gaillard de la Dionnerie. D'arg. à 3 roses de gu. au chef du même. F.

Gaillard de St-Dizant, La Leu. *Saintonge.* D'azur au chevron d'or surmonté de 3 fasces en devise du même. C. P. F. (var.).

Gain (de). (Mⁱˢ DE LINARS ET DE MONTAIGNAC). *Limousin.* D'azur à 3 bandes d'or. G. C. F. (Preuves de St-Cyr). R. L.

Galard de Béarn. Ecartelé au 1 et 4 d'or à 3 corneilles de sa. pattées et piquetées de gu. ; au 2 et 3, d'or à 2 vaches passantes de gu. accolées, accornées et clarinées d'azur. *Supports* Deux griffons. L. M. R. F.

Galardon (de). *Bretagne.* De gu. à 2 fasces d'arg. surmontées d'un lambel du même. R. F.

Galbaud du Fort. *Bourgogne.* D'azur à 3 noix de galle d'or. F.

Galliffet (MARQUIS DE). *Comtat Venaisin, Aunis.* De gu. au chevron d'arg. accomp. de 3 trèfles d'or. (R. F. D.). *Dev.* : Bien faire et laisser dire.

Galisson (de). D'azur au lion d'or. C.

Gallard de la Touche. De sa. à une fleur de lis d'arg. R.

Gallet. De sa. au chevron d'or accomp. de 3 besants d'arg. G. F. Paraît se confondre avec :

Gallet, Gallays. D'or au coq de sa. couronné et membré de gu. B. H. F.

Gallet de Thézac. *Saintonge.* (Fam. ét.). D'or au chevron de gu. accomp. de 3 coqs de sa. pattés, becqués et crêtés de gu. F.

Galletier. (Fam. bourg. ét.). De sin. à 3 glands d'arg. F. H.

Gallier. (Fam. ét.). D'azur au sautoir d'or ; ou de sa. au sautoir d'arg. F.

Gallinart. D'azur à la poule d'arg. H.

Galliot (de). *Aunis, Saintonge.* De gu. à 3 bandes d'or, au chef du même chargée de 3 fleurs de lis du premier. R. F. M.

Galliot. *Saintonge.* D'azur à la tête de licorne d'arg. soutenue par une croisette du même. F.

Gallois (des). (*V. Legrand*).

Gallois de la Tour (des). *Forez.* De sa. au sautoir d'or. R. F.

Gallouin. P. C. Sᵍʳ de l'Ile d'Olonne.

Gamache (MARQUIS DE). *Normandie, Picardie.* D'arg. au chef d'azur. R. F.

Gandillaud. *Angoumois.* D'azur à la tour d'arg. maçonnée et crénelée de sa. F. R.

Gannes (de). *Beauvoisis.* D'arg. à 8 mouchetures d'hermines, 4, 3 et 1. H. G. C. F.

Garat de Nedde et de St-Priest. *Limousin.* D'azur aux lacs d'amour d'or accomp. de 3 étoiles du même. Au chef d'arg. chargé d'un croissant d'azur. F.

Garat. (B^{ens} DE VILLENEUVE). D'azur au chevron d'arg. accomp. de 3 étoiles du même. P. C.

Garde (de la). (*V. La Garde*).

Garde (de la). De gu. à 3 croix ancrées d'arg., au chef cousu de sa. chargé d'un croissant d'arg. (R. F.). *Sup.* : Deux lions. *Dev.* : Fide sed cui vide.

Garde (de la). *Angoumois.* D'arg. à l'étoile de gu. F.

Garde de St-Angel (de la). *Limousin.* D'azur à l'épée d'arg. la pointe en bas, posée en bande. F.

Gardeur de Tilly (Le). *Normandie, Saintonge.* De gu. au lion d'arg. lampassé d'or tenant des 2 pattes de devant une croix pattée. haussée d'or. (L. F.). *Alias :* De gu. à 3 cloches d'or bataillées d'azur. Au chef du même chargé d'un lion d'or armé et lampassé de gu. R.

Gargouilleau. De gu. à la rivière ondée d'arg. en fasce, chargée de 3 cannes de sa. F. G. (cygnes).

Garineau. D'arg. à l'île de sin. plantée ; et 2 canards d'or nageant sur une rivière d'azur. G. F. var. : d'arg. à une garenne de sin. R. (Arm. des Mairès).

Garipeault. D'azur au chevron d'or accomp. de 3 étoiles du même 2 et 1. R. H. F.

Garnier. De gu. à 5 fusées rangées en fasce d'arg., les 3 du milieu chargées d'une coquille de sa. G. C. D.

Garnier. D'arg. au chevron d'azur accomp. de 3 roses de gu. G.

Garnier. D'azur à la gerbe d'or liée de sin. accostée de 2 roses d'arg. et accomp. en pointe d'un croissant du même ; au chef de gu. chargé d'une fleur de lis d'or entre 2 étoiles du même. R.

Garnier de Boisgrollier, de la Boissière, de la Guérinière, etc. (COMTE DE L'EMPIRE). Gironné d'or et de gu. de 12 pièces. H. G. P. C. F. R. D.

Garnier de Montereau. D'azur à 3 roses d'arg. tigées et pointées de sin. G. C. D. F. (Fam. ét.). R.

Garnier de la Mortière. D'arg. à 3 roses de gu. G.

Garnier de Pouignes. D'or au chapeau de sa. garni d'un plumet d'arg. H. R.

Garran de Balzan. *Bordelais.* Porte comme Garran de Coulon. D.

Garran de Coulon. (COMTES, 1808). De sa. à la couronne d'or, accomp. à dextre en chef d'un F. et d'un fer de lance d'arg. en pointe ; à senestre d'un chien dressé en pal ; au chef d'arg. chargé du franc quartier des comtes sénateurs. C.

Garreau. De sin. à la rivière en fasce d'arg. où nage une loutre de sa. poursuivant un cygne de sin. ; au chef d'or. G. F. D. (var.).

Garreau (du). *Limousin.* D'azur au chevron d'or soutenu d'un cœur du même d'où sort une croix d'or. F. R.

Garrusseau. C. (*V. Gayrousseau*).

Gaschet. D'arg. à la fasce d'azur accomp. de 3 raisins de pourpre tigés et feuillés de sin. F. H.

Gaschet. De gu. à 9 besants d'or, 3, 3, 3. F.

Gaschignard. D'azur à 3 besants d'or. F.

Gascoing (Le). *Bretagne.* D'or à 3 croissants de sa. accomp. en cœur d'une étoile du même. F. H.

Gascoing de la Musse (Le). *Bretagne.* D'or au chevron de gu. accomp. de 3 quintefeuilles du même. R. F.

Gascougnolle (de). (Fam. ét.). De gu. à la fasce d'or chargée de 3 étoiles rangées d'azur. F.

Gaspard. D'azur à 3 coquilles d'argent. H.

Gassion (de). *Béarn, Bretagne.* Ecartelé au 1 et 4 d'azur à la tour d'or, au 2, d'or à 3 pals de gu., au 3, d'arg. à l'arbre de sin. traversé par un lévrier de gu. courant en pointe et accolé d'or. (R. F.). *Dev.* : Nec frustra curret.

Gast (du). D'azur au croissant d'arg. accomp. de 3 étoiles d'or 2 et 1. C. F.

Gasteau. D'or à 5 tourteaux de gu. mis en sautoir. F.

Gasteuil. *Angoumois.* De gu. à la bande d'arg. chargée de 3 merlettes de sa. et accomp. de 2 croissants d'arg. 1 et 1. F.

Gastinaire (de) (ARBORIO). *Piémont.* D'azur à 2 os de mort passés en sautoir, cantonné de 4 fleurs de lys d'or. (G. C. H. F. R.). *Ten.* : Deux sauvages. *Dev* : Vicendum ant moriendum.

Gastineau. De... au sautoir denché de... cantonné de 4 alérions de... F.

Gastineau. *Bretagne*. D'azur au chevron d'or accomp. de 3 cygnes d'arg. F. — Chevron d'or. R.

Gaubert. De gu. à la main d'arg. chargée dans la paume d'un œil de sa. et tenant un rameau de sin. sur lequel est perché un pélican à vol d'arg. F.

Gaubertière (de la). (Fam. ét.). D'arg. au poignard de gu.

Gaubertière (de la). *Anjou*. De gu. à 2 léopards d'arg. F.

Gaucher de Ste-Marthe. D'arg. à 5 fusées de sa. en pal, la première et la dernière percées dans un orle de sa. D.

Gaucourt (MARQUIS DE). *Lorraine*. Semé d'hermines, à 2 barbeaux adossés de gu. R. F.

Gaudé. B. — Gaudais dans *le Maine* porte : d'arg. à 4 bandes de gu. R.

Gaudin. D'azur au daim saillant d'arg. F.

Gaudin. D'or à la croix pattée de gu. F.

Gaudin du Cluzeau, de La Peyre. *Aunis*. D'arg. à 3 chevrons de sa. G. C. (F. dit que c'est une erreur et donne : d'azur à 10 billettes ou losanges d'or, 4, 3, 2, 1. F. L. R. (en orle).

Gaudouin. De sa. au cygne d'arg. courant posé en bande. F.

Gaugaing. D'azur à 3 chevrons d'or accomp. de 3 geais d'arg., 2 en chef, 1 en pointe. H. B. F. M. R.

Gaullier, Gaulier (de). De gu. à 3 fleurs de lis d'arg. à la fasce d'or brochant sur le tout. H. F.

Gaullier des Bordes, de Senar-mont, etc. *Orléanais*. (BARON, 1825). D'azur au chevron d'or accomp. de 3 croissants du même. C. R.

Gaultier, Gauthier. D'azur au croissant d'arg. surmonté de 3 étoiles d'or rangées en chef. F.

Gaultier de Rigny. (COMTE DE L'EM-PIRE). D'azur au chevron d'or accomp. en chef de 2 étoiles du même et en pointe d'une colombe d'arg. C. F. M.

Gaultron de la Bâte. *Suisse ?* De sa. au lion passant d'or, armé et lam-passé de gu., accomp. de 2 merlettes d'or, l'une en chef à dextre et l'autre en pointe à senestre. F. (R. dit cette famille originaire du Poitou et indique qu'elle porte : d'arg. au pal d'azur ac-comp. en chef de 2 étoiles du même et en pointe d'une étoile d'arg.).

Gaultron, Gauteron de la Gau-tronnière. D'azur à 10 billettes d'or, 4, 3, 2, 1. F. — 6 billettes, R.

Gauly. De gu. au lion d'arg. soute-nant une épée d'or en pal surmontée d'une étoile d'arg. F.

Gaut. (*V. Le Gaut*).

Gauthier. D'arg. au chevron d'azur accomp. de 3 étoiles du même. H. F.

Gauthier ou Gaultier du Breuil. D'or à la fasce de gu. accomp. de 2 merlettes du même en chef, et à l'étoile du même en pointe. G. P. C. (var.). F.

Gautreau. D'azur à 3 coquilles d'arg. G. C. H. (coquilles d'or). F.

Gautron, Gaultron. De sa. au lion d'arg. armé, lampassé et couronné de gu. F. (*V. Gaultron de la Bâte*).

Gautron du Coudray. Ecartelé au 1 et 4 d'azur à 6 coquilles d'arg. posées 3, 2, 1 ; au 2 et 3, de gu. au panier d'or. D. F. Seraient issus des Gaultron de la Gautronnière et auraient changé leurs armes pour celle des Dollo. F.

Gauvin, Gauvain. P. C. Seigneur de Guinge, Sgr de la Roche Danois et du Fouilloux, du Margat.

Gay. D'azur à un chevron d'or ac-comp. de 3 chaussetrappes d'arg. 2 et 1. P. C.

Gayrousseau. G. Sr du Maigron, Sr de l'Aubray.

Gazeau de la Bouère. (COMTES). 1 et 4 comme le suivant, 2 et 3 de gu. au lion d'arg. armé, lampassé et couronné d'or (de la Bouère), R.

Gazeau de la Brandasnière, de la Boissière. D'azur au chevron d'or accomp. de 3 trèfles du même. H. G. P. R. C... 3 trèfles d'arg. D. — F. D'arg. au chevron de gu. accomp. de 3 tierces feuilles de sin. G. C.

Geay. C. Sgrs des Fontenelles et de la Manollière. (Gray, P.).

Geay de Montenon. *Marche*. D'or au chevron de gu. accomp. en chef de 2 molettes d'éperon de sa., et en pointe d'un geai du même. D.

Gébert (de). Ecartelé au 1 et 4 d'a-zur à la fleur de lis d'or, au 2 et 3 d'arg. à 3 roses de gu. 2 et 1. C. P. — R. var.

Genays du Chail de Souvré. P. C. Sgr de Carbonnières.

Gennes (de). D'arg. au chevron de gu. accomp. en chef de 2 roses et d'une étoile du même, et en pointe d'une coquille de sa. P. C. D. D'azur au chev. d'arg. accomp. en chef d'une étoile d'arg. entre 2 roses d'or boutonnées de gu. et en pointe d'une coquille oreillée d'or. G. H. F. (var.). R. (*V. Degennes*).

Genouillé. G. (*V. Goret*, Sgr de).

Gentet, de la Chenellière. P. C. D'arg. à 3 merlettes de sa. H.

Gentil, des Touches. *Gênes.* (Gentile). Cinq points équipollents à 4, échiqueté d'or et d'azur. G. C. R.

Geoffroy. D'azur à 2 chevrons d'or. G. C.

Geoffroy de Grandmaison. *Saintonge, Angoumois.* D'azur à la fasce d'or chargée d'une rose de gu. accomp. de 3 tours d'or. (D.). *Dev.:* « L'honneur nous garde et nous gardons l'honneur ».

Geolleau. D'azur au chevron d'arg. accomp. en chef de 2 étoiles du même et en pointe d'un croissant surmonté d'une rose d'arg. H.

Géon (de). Sr de Boisimbert. G.

Gérbier de Crezelles. D'azur à la gerbe d'or surmontée d'une étoile du même. (B. H.). *Var. :* 5 épis d'or 3 et 2. R.

Gères (de). C. (*V. Degères*). De gu. à 3 besants d'arg. R. (*Guyenne*).

Gergeau. D'azur au chevron d'or accomp. en chef de 2 étoiles du même, et en pointe d'un croissant d'arg. H.

Gervain. D'azur au chevron d'or surmonté de roses d'arg. soutenu d'une étoile d'or de 6 rais, au chef d'arg. chargé d'un papegai de sinople, membré et becqué de gu. G. C. (Geay de sin.). D. (var.). R.

Gervier. De sa. à la fleur de lis d'arg. G. (*Bretagne*). R.

Gervier. De gu. à une fusée d'arg. posée en fasce et chargée de 3 étoiles de sa. R.

Gibot (de). D'arg. au léopard de sa. P. C. R.

Gibouin de la Heronnière. *Bretagne, Poitou, Saintonge.* Ecartelé au 1 et 4 d'azur à un héron d'or à la patte dextre levée ; au 2 et 3 d'azur à 3 croix tréflées d'or. R.

Giboureau, Giboreau. De gu. à 3 croix pattées d'arg. G. C. H. De gu. à la croix pattée d'or. G.

Giboust. *Angoumois.* C. — D'azur à la croix d'or chargée d'une molette de gu. et cantonnée de 4 molettes d'or. R.

Gigou. D'or à 3 cygnes de sa. G.

Gigou de la Croix. An. 1583. D'or au chevron de gu. accomp. de 3 cigognes de sa. C. P. D. F. R. (champ d'argent). *Var.:* D'azur au chevron d'or accomp. de 3 cigognes du même. H.

Gilbert. D'arg. au chevron de gu. accomp. en chef de 2 étoiles du même, et en pointe d'une tortue aussi de gu. C.

Gilbert, de Chateauneuf. D'arg. à l'aigle à 2 têtes de sa. G. P. C. R.

Gilbert des Voisins. *Franche-Comté.* (Comtes, 1815). D'azur à la croix engrêlée d'arg. cantonnée de 4 croissants d'or. R.

Gillet Ranfrais. C. Sgrs de la Bajonnière.

Gillier. *Dauphiné.* D'or au chev. d'azur accomp. de 3 mâcles de gu. G. C. F. R. (Le chev. brisé, D.).

Girard. D'azur à un écusson gironné d'or et de gu. H.

Girard. D'arg. à 3 chevrons de gu. H.

Girard. De gu. à 3 pals de vair, au chef d'or chargé d'une fleur de lys de sa. G.

Girard de Charnacé. Ecartelé au 1 et 4 d'azur à 3 chev. d'or, au 2 et 3 d'azur à 3 croisettes pattées d'or (de Charnacé). R.

Girard de Pindray et de Champignelles. D'arg. à 3 fleurs de lis d'azur, au bâton d'or posé en bande brochant sur la 1re fleur, à la bordure d'or gorgée de 3 cœurs de gu., 2 et 1. H. P. (6 cœurs G.). R. (1 cœur en chef 1 à chaque flanc. C.).

Girard, de la Roussière, de Soubeyran. D'azur à 3 chevrons d'or. (H. G. C. R.). *Var. :* D'arg. G.

Giraud. D'azur au cygne d'arg. becqué et membré de sa. H.

Giraud, Giraut. De sa. au croissant montant d'arg. ; au chef coupé taillé d'or et d'azur de 8 pièces. P. G. C. (Gironné de 8 pièces, G. D.).

Giraud. An. 1653. C.

Giraud de Crézol. *Aunis.* An. 1667. D'azur au chevron d'or surmonté d'une trangle du même et de 3 étoiles aussi d'or rangées en chef, à 3 croissants d'arg. 2 et 1 en pointe de l'écu. R.

Giraudeau. D'arg. à 3 têtes de corbeaux de sa. 2 et 1. H. B.

Girault. D'azur au cygne d'arg. becqué et membré de sa. B. H.

Giron. De sa. à 4 fusées d'arg. posées en bande. H

Gironde (de). *Auvergne.* (C^tes DE BURON). D'or à 3 hirondelles de sa., 2 en fasce affrontées et 1 déployée en pointe. C. D. R.

Girré (de). C. S^grs de Barbezieux. Ne serait-ce pas Girié en Languedoc : de gu. au sautoir d'arg. chargé de 5 mouchetures d'hermines, à la bordure d'azur chargée de 8 otelles d'arg. R.

Gittons (des). D'azur à 3 besants d'or. G. C.

Glenetz (des). Ecartelé de 14 hermines 4 en chef, 3 en pointe. (G. C.). *Var. :* D'arg. à 4 flèches empennées de sa. 2 et 2, écartelé du même à 3 flèches empennées de sa. L. d'après H.

Gobert. D'arg. à la bande de gu. R.

Godet de La Ribouillerie. Parti , au 1, d'azur au chevron d'or, accomp. en chef de 2 croisettes et en pointe d'une coupe d'or. Au 2, d'azur à la tour d'or crénelée, ouverte et ajourée de sa. accomp. en chef de 2 étoiles surmontées d'une croisette d'or, et en pointe d'un croissant d'arg. Franc canton des membres du collège électoral qui est de gu. à la branche de chêne d'arg. en bande.

Goguet de La Salmonière. *Bretagne.* D'azur au croissant d'arg. accomp. de 3 coquilles d'or. G. (le croissant en pointe C.). D. — Croissant d'or, R. *Dev. :* De lumine vultus tui accipiam.

Goilard, d'Amboise. D'azur à 3 têtes et cols de lions d'or arrachés et lampassés de gu. G. (...lampassées d'or et de flammes de gu.). C. et D.

Goisy. G. S^gr d'Issay.

Gojon. D'azur à la tête de léopard d'or et 3 quintefeuilles d'arg. ; au chef du même. C.

Gollier (de) ou **Gaulier de Beaulieu.** De gu. à 3 fleurs de lis d'arg. à 1ne fasce d'or brochant sur le tout. 3. C.

Gombaut. *Saintonge.* D'azur à 6 pals d'or. G. C. — 4 pals d'arg. R.

Goret. D'arg. à 3 hures de sanglier arrachées, mirées et languées de sa. G. R.

Gorret (de) ou **Goret.** D'arg. au chevron de gu. accomp. de 3 hures de sanglier de sa. P. C. défendues d'arg. H.

Gorrin. P. B. S^gr de Poncé et de Longère. S^gr de Chèvredent.

Gorron (de). D'or à 3 fasces de gu. G. C.

Gorry de Villars. C. S^grs de Vareilles.

Goudon de la Lande. An. 1703. (C^tes DE L'HÉRAUDIÈRE, confirmation 1861). De gu. au cœur d'or sommé d'une fleur de lis d'arg. et accomp. de 5 étoiles d'or en orle en chef. C. D. F.

Goué (de). *Bas Maine.* D'or au lion de gu. surmonté d'une fleur de lis d'azur. P. G. C. D. R.

Gouffier. DUCS DE ROANNAIS, 1519-66 ; COMTES DE MAULÉVRIER, 1562 ; MARQUIS DE BOISY, 1564). (Mais. ét. en 1789). D'or à 3 jumelles de sa. (C. F. R.). *Sup. :* Deux griffons.

Goujon. D'azur à la tête de léopard d'or accomp. de 3 quintefeuilles d'arg. posées en chef. G.

Goulaine (de). *Bretagne.* (MARQUIS, 1621). Parti d'azur à la fleur de lis et demie d'or, et de gu. à 3 demi léopards d'or. H. G. P. C. R. D. (Parti de France et d'Angleterre). *Dev. :* A cettuy-ci à cettuy-là, j'accorde les couronnes.

Goulaine (de). De sa. au lion naissant d'arg. H.

Goulaine (de). De gu. à la tête de lion arrachée d'arg. contournée, lampassée et accolée de sa. H.

Goullard (de) d'Arsay. (XIIe S.). D'azur au lion d'or, couronné, lampassé et armé de gu. G. P. C. H. F. (var.). R. L. *Sup. :* Deux griffons.

Gourde, Gourdeau de la Groizardière. D'arg. à l'aigle de sa. becquée et membrée de gu. (P. C. H. R.). *Var..* de la branche du *Maine :* becquée et onglée d'or, H. R.

Gourdeaux. D'hermines à 3 fasces de gu. H.

Gourdon. D'arg. à la bande de gu. chargée de 3 besants d'or ; accomp. en chef de 2 étoiles de gu. et en pointe d'une moucheture d'hermine. P. C.

Gourjault (de), Gourgeault. (XIIe S.) De gu. au croiss. d'arg. P. G. C. D. H. F. R.

Gousset, Goussé. De gu. losangé d'arg. G. C. (9 losanges, H. R.).

Goyon. De gu. à l'oie d'arg. H.

Gracien. De gu. à 3 cœurs d'arg. G. B.

Graham (de). *Ecosse.* Ecartelé aux 1 et 4 d'or à 3 roses simples de gu. (Montrose) ; aux 2 et 3 d'or au chef de sa. chargé de 3 crousilles d'or (Graham). C. R. *Var.:* les quartiers sont dans l'ordre inverse, et d'arg. au lieu d'or à 3 roses de gu.

Grailly (de). *Pays de Gex.* (Mais. ét.). D'or à la croix fichée de sa. chargée de 5 coquilles d'arg. C. D. R. L.

Graime (de) (pour Graham). Ecartelé aux 1 et 4 d'or à 3 roses simples de gu. ; au 2 et 3 d'or au chef de sa. chargé de 3 croisilles d'or. G. (*V. Graham*).

Grain de St-Marsault. G.(*V. Green*).

Grand (de). D'arg. à la fasce de gu. chargée de 3 étoiles d'or et accomp. de 3 têtes de maures. C.

Grand de Luxolière de Bellussière (BARONS). *Saintonge.* D'azur à 3 amphistères (serpents volants) d'or en fasces l'un sur l'autre. *Sup.:* Deux lions. *Dev. :* Serpent unquam.

Grandsaigne (de). D'azur à 5 besants d'arg. 2, 2, 1. H. P. G. C. R. (Grandseigne).

Grange (de la). D'or à la bande de sa. chargée d'une tête de lion arrachée d'arg. H.

Granges de Surgères (de). (xiᵉ S.). *Aunis.* (MARQUIS). De gu. fretté de vair de 6 pièces, au chef d'or chargé d'un lambel de 3 pendants de sa. C. P. G. D. R. (sans le chef). (Certains auteurs disent de la Grange). *Dev.:* Post tenebras spero lucem.

Gras (Le). D'arg. à 3 colonnes de sa. accomp. de 3 merlettes du même rangées en chef. R.

Grassin. D'arg. au chevron de gu. accomp. de 3 cochets de sa. becqués, crétés, barbés et membrés de gu. G. D.

Gravelas de Montlebeau. P. C. Sgʳ de Chausseau.

Gray de Fontenelles. P.

Gréaulme. De gu. à une grue d'argent. H.

Gréaulme (de). *Ecosse.* (Graham). (xᵉ S.). De sa. à 3 coquilles d'or. C. P. F. (branche aînée) ; branche cadette : d'azur à 3 cigales d'arg. P. (branche de la Cliette), C. F.

Green de St-Marsault. (Bᵒⁿˢ DE CHATÉLAILLON). *Aunis.* D'azur à 3 demi vols d'or. G. K. M. L. — R. var. (2 demis vols, D.). *Sup.:* Deux griffons. *Dev. :* Ready ta fly for my God, for my King, for my Lady. (Peut-être d'origine anglaise).

Greffreys. D'azur à 9 mâcles d'or. H.

Grein. D'arg. à 10 tourteaux de sa. 4, 3, 2, 1. G.

Grelier. D'arg. à 2 roses de gu. en chef et une fleur de lis de sa. en pointe. H. R.

Grellet (de). *Berry.* (Branche ét. MARQUIS). De sin. au lion d'arg. armé, couronné et lampassé d'or. H. R.

Grellet, de Prades, de Fleurettes. *Touraine.* P. C. — De sin. semé de fleurettes d'arg., au lion du même. D.

Grellier. D'arg. à 2 roses de gu. en chef et une fleur de lis de sa. en pointe. G. P. C. H. et R. (Grelier).

Greslet. G. — (*V. Grellet*). Sʳ de la Touchelay.

Gresseau. D'azur à 3 chevrons d'or. B. H.

Gresseau. D'arg. à l'aigle de sa. H.

Griffon (de). *Saintonge, Poitou,* *1443.* D'azur au griffon d'arg. R. D.

Grignon (de). *Maine.* De gu. à 3 clefs d'or posées 2 et 1 en pal. (H. P. R.), à la bordure d'azur. C.

Grimaud. De gu. à 3 besants d'arg. au chef du même chargé d'une hure de sanglier de sa. mirée d'arg. et languée de gu. G. C.

Grimault. De gu. à 3 fleurs de lis d'arg. H.

Grimouard (de). D'arg. fretté de gu. de 6 pièces ; au franc quartier d'azur. G. P. C. D. H. F. R. L.

Gripon. De gu. au griffon d'arg. becqué et membré de sa. accomp. en pointe d'une étoile d'or. G.

Groistin (de). Losangé d'or et d'azur, au chef d'azur à l'aigle éployée d'or. G.

Groleau. D'arg. à 3 grolles (corbeaux) rangées en fasᵥe de sa., à un tertre de sin. en pointe. G.

Grosbois de Soulaine. *Touraine.* D'azur à la coquille d'arg. accomp. de 3 besants du même, rangés en chef, et soutenue en pointe d'un triangle vidé de sa. enfermant un croissant d'arg. (C. R.). *Sup. :* Deux lions.

Grousseau. *Saintonge*. Taillé d'arg. et de sa. à un lévrier courant de l'un en l'autre. R. L.

Gruel (de) de la Motte-Gruel. *Bretagne*. D'arg. à 3 fasces de sa. H. R.

Gruget. De gu. à la fasce d'arg. chargée d'un vol de sa. accomp. en chef d'un soleil d'or et d'une rose d'arg. en pointe. (G. C.). *Var. :* 2 demis vols... la rose d'arg. pointée de sin. G. *Dev. :* Volat florens ad sidera virtus.

Guagnoleau. De gu. à la rivière en fasce d'arg. chargée de 3 cygnes de sin. G.

Guarin. D'azur à 3 étoiles de 6 rais d'arg. G.

Guast (du). (*V. Gast*).

Gueffault d'Argenson. D'arg. à la fasce de sa. C. R.

Guéménée (de) (Rohan). De gu. à 9 mâcles d'or posées 3, 3, 3. P. R.

Guénand (de) Guénant. *Touraine*. D'or à la fasce de 3 fusées et 2 demies de gu. H. R.

Guérin. D'azur à une feuille de scie périe en bande d'arg. accomp. de 3 étoiles d'or de 6 rais. G. R. (fasce ondée).

Guérin. D'azur à 4 losanges d'or, 2 en fasce et 2 en pointe. G.

Guérin. D'arg. au chevron de gu. accomp. de 3 roses du même 2 et 1. G. C. R. (var.). *Var. :* D'azur au chevron d'arg. accomp. de 3 roses du même bordées de sa. H.

Guerinière (de La). De gu. au lion couronné d'arg. et un chef d'or chargé de 3 larmes d'azur. H.

Guérinière (de la). D'azur au chevron d'or accomp. de 3 croissants montants d'arg. 2 et 1. G. C. R. (3 croissants d'or, H.).

Guérinière (de la). Coupé au 1 d'arg. à 2 loups passants de gu. l'un sur l'autre, au 2, comme dessus. D.

Guerry (de) de Beauregard. D'azur à 3 besants d'or. H. P. C. D. R.

Guette (de la). *Saintonge*. D'azur à la fasce d'or accomp. de 3 étoiles du même. R.

Guichard d'Orfeuille. D'arg. à 3 têtes de léopards de sa. lampassées et couronnées de gu. P. G. F. D. (arrachées de sa. lampassées de gu. couronnées d'or. H.).

Guidon. *Saintonge*. De sa. à la bande d'arg. chargée d'un lévrier de gu. R.

Guignard (de). De sa. à 3 chevrons d'arg. chargés chacun de 3 mouchetures d'hermine. H. G. P. C.

Guignardeau. G. Sr de Puymay, Sr de Vannes. (Guignaudeau, C.).

Guignot de Lonzay. *Saintonge*. D'arg. à 4 pals d'azur, au chef du même chargé de 3 étoiles d'or. R.

Guilbaud. C. Sgrs de la Grollière. D'azur à 3 roses d'arg. H.

Guilhon. D'or à la fasce de gu. accomp. de 3 trèfles de sin. posés 2 et 1. (Anselme, Lachenaye des Bois). B. R.

Guillard. De sa. à un lion d'or. P. C.

Guillart de Fresnay. *Ile de France*. De gu. à 2 bourdons de pèlerin d'or, posés en chevron accomp. de 3 rochers de 6 coupeaux d'arg. D.

Guillaumet (de). D'arg. à 3 hures de sanglier arrachées de sa., au chef de gu. G. C. R.

Guillemin. D'or à 2 bandes de sa. chargées de 3 étoiles d'arg., au chef de gu. chargé d'une étoile d'arg. G. C.

Guillemin. D'or à 3 grenades de sin. fendues de gu. G. C.

Guillemot. D'or à 3 éperons de sa. G.

Guillemot de Lespinasse. De gu. à 3 molettes d'arg. 2 et 1. H. P.

Guillerville (de). D'azur à 3 fasces ondées d'arg. et de sa. G. C.

Guillier. D'azur à 9 besants d'or mis en pal 4, 4 et 1. G. C.

Guillin. Ecartelé au 1 et 4 d'azur au coq d'arg. membré et crêté de gu., au 2, d'or à 3 losanges de sa., au 3, coupé d'or et de gu. au lion de l'un en l'autre, armé et lampassé de sa. G. D. C. (var.).

Guillon. Coupé au 1er d'arg. au geai de sa. patté et becqué d'or ; au 2e, d'or au croiss. d'azur en pointe et en chef, 3 roses de gu. (G. H. P. C.). *Var. :* d'arg. au faisan... C.

Guillon de Rochecot. (Marquis, 1767). D'azur à l'agneau pascal passant d'or avec sa croix du même orné d'une banderolle de gu. accomp. de 2 étoiles d'or en chef. C.

Guillot (du). G. Srs de Permecey, du Chêne, de Puy Chelle.

Guillot de la Bardouillère. P.

Guilloteau. Annobli en 1651. De sa. à 3 besants d'or. C. G.

Guillotin. G. C. Sr du Bouschet, Sr du Gresleau.

Guinebauld (de). De gu. à 3 roses d'arg. P. G. C. R.

Guinguan (de). COMTES DE SAINT-MATHIEU. D'azur au lion d'or et au chef d'arg. chargé de 3 mouchetures d'hermine. P. C.

Guinot. *Aunis et Saintonge.* D'arg. à 4 pals d'azur, au chef du même chargé de 3 étoiles d'or. R. L. (var.).

Guion de Vatre. D'arg. au cerf de sa. passant dans un bois de sin. Au chef d'azur chargé de 3 étoiles d'or. C. *Dev.* : Erigitur, cœlo auspice, pressus. (Arm. des Maires de Poitiers).

Guiot. (XIIe S.). (*V. Guyot d'Asnières*).

Guitard, Guittard. G. C. *Angoumois.* D'azur à un mouton d'arg. R. L.

Guiton. D'arg. à l'aigle de sa. becquée, membrée et ailée de gu. R.

Guivreau des Marchais. De sa. au chevron d'or accomp. de 3 têtes de dragons arrachées du même, lampassées de gu. G. C.

Guron. (*V. Rechignevoisin*).

Guy de Ferrières. D'azur à 3 fermaux d'arg. (G. C.). *Var.* : D'arg. au chef d'azur chargé de 3 boucles d'or. H. ou plutôt d'arg. à 3 fermaux de gu. ; au chef d'azur. L.

Guyon de la Chevalerie et de la Roche-Guyon. D'arg. au cerf élancé de sa. dans un bois de sin., au chef d'azur chargé de 3 étoiles d'or. G. R.

Guyonnet. *Saintonge.* D'or à 3 perdrix au naturel, becquées et membrées de gu. R. D.

Guyonnière (de la). D'azur à 3 têtes d'aigle arrachées d'or, couronnées et lampassées du même. G. P. De Ruais de la Guyonnière (id.), G.

Guyot. De gu. à un flambeau allumé d'or, mis en pal. H.

Guyot d'Asnières, de La Rochère, de Doignon. MARQUIS. (XIIe S.). D'or à 3 perroquets de sin., becqués, membrés et colletés de gu. H. P. G. B. C, D. F. R.

Guyvordeau. De gu. au lion d'or accomp. de 3 roses du même 2 et 1. H.

Guyvreau. De sa. au chevron d'or accompagné de 3 têtes d'homme du même. R.

Gyore (de). G. S^{gr} de Barbezières.

Habert de Montmort. *Artois.* D'azur au chevron d'or, accomp. de 3 fers de meule de moulin d'arg. H. R.

Hacqueton. D'arg. semé de fleurs de lis d'azur, et un franc canton de gu. H.

Hallouin de la Penissière, de la Morinière. (An. 1667). D'or au cœur ailé de gu. surmonté d'une ancre de sa. au chef d'azur chargé de 3 étoiles d'arg. P. C. R.

Hanne (de). D'or au chevron d'azur chargé de 3 mouchetures d'hermine. H. G. C.

Harcourt-Beuvron (d'). (IXe S.). *Normandie.* COMTES, 1338 ; MARQUIS DE BEUVRON, 1593 ; DUC, 1700 et 1784. De gu. à 2 fasces d'or. (P. R. C. D.). *Dev.* : Gesta verbis præveniant. *Sup.* : Deux lions.

Harembure (d'). *Basse-Navarre.* D'or à l'arbre de sin. sur le fut duquel s'appuie un ours en pied, de sa. ; à la bordure de gu. chargée de 8 flanchis d'or. C.

Harouard de St-Sornin. D'or au pin de sin. sur une terrasse du même, au chef de gu. chargé de 3 étoiles d'argent. L.

Harpedane de Belleville. *Angleterre.* Gironné de vair et de gu. de 10 pièces. C. R. F. L.

Hautefoye (de). D'arg. au lion de gu. G. (Peut être d'Hautefaye en *Périgord*) ?

Hautier (du). BARONS D'AURIAC. C. D'azur au chef denché d'or chargé d'un léopard de sa. armé et lampassé de gu. R. (*Auvergne*).

Haye (de la). De sa. au lion léopardé d'or, armé, lampassé et couronné de gu. F. (de Vertot).

Haye (de la). De sa. au lion rampant d'or, à la bordure du même. F.

Haye (de la). D'or à l'orle de 6 merlettes de sa. ; au croissant d'azur au cœur de l'écu. G. C. R. (Ces armoiries nous semblent avoir une communauté d'origine avec celles de la Haye Montbault, ou être une brisure de ces armes).

Haye (de la) de la Dubrye. Bandé d'arg. et de sa. G. (*V. La Haye*).

Haye Montbault (de la). D'or au croissant de gu. accomp. de 6 étoiles du même 3, 2, 1. P. — 3 et 3, G. C. F. D. ; et une bordure d'azur chargée de 8 besants d'arg. H. — R. de gu. à un croissant d'or, etc.

Haye Passavant (de la). *Bourgogne.* D'or à 2 fasces de gu. à l'orle de 9 merlettes du même. La Chesnaye. F. R.

Hector. *Bretagne, Anjou.* D'azur à 3 tours d'or. C. F. R.

Hélie. D'azur à la fasce fuselée d'or. G. C.

Hélion du Breuil. De gu. au chevron fuselé d'arg. et de sa. H.

Helyes de la Rocheaynard. Burelé d'arg. et de gu. ; à 5 fusées de sa. accolées en fasce brochant sur le tout. R.

Hemery (d'). *Champagne.* De gu. à 3 coquilles d'or 2 et 1, surmontées d'une trangle d'or. H. C. D. F. R.

Henry. D'azur à 3 épis de blé d'or. G. C. R. (var.).

Herberge (de l'). D'arg. au pré de sin. émaillé de fleurs, au chef d'azur chargé de 3 croissants d'arg. (Arm. des maires de Poitiers).

Herberie. (*V. L'Herberie*).

Herbert. De gu. à 3 besants d'arg. 2 et 1, au chef du même chargé de 3 hures de sanglier arrachées de sa. ; défendues et mirées d'arg. et languées de gu. H. G. C. R. D.

Herbert. D'or à 3 laitues pommées de sin. H.

Herbiers (des). (xii⁰ S.). De gu. à 3 fasces d'or. G. C. (Vertot) F.

Herbiers (des). De gu. à 3 fusées d'arg., 2 et 1. G.

Hérisson. *Saintonge.* D'azur à 3 roses d'arg. (R. L.). *Supp. :* Deux hérissons.

Hermite (de l'). *Limousin.* D'arg. à 3 chevrons de gu. à la bordure denchée d'azur. P. R.

Hermite (l'). De... à 3 pals de... accomp. en chef de 4 losanges de.. alternant avec les pals. R.

Heu (de la). G.

Hilaire. D'arg. à la fasce de sin. surmontée de 3 tours de gu. et accomp. en pointe d'un croissant du même. H.

Hilairet. L. De gu. au lion d'or, couronné, lampassé et armé du même. G. C.

Hillaire de Moissac. D'azur à 3 tours d'arg. 2 et 1 portinées de sa. G. P. C. D. F.

Hillerin (de). Marquis de Boistissandeau. De gu. à 3 roses d'arg. 2 et 1. H. P. C. D. F. R. L.

Une branche porte ces armoiries en y joignant par un parti : d'arg. à la fasce de gu. accomp. de 3 roses du même. (D.). *Dev. :* Armis protegam.

Himène de Fontevaux. D'arg. à la merlette de sa. accomp. de 3 pommes de pin au naturel, les queues en bas. D. R.

Hiouque. D'arg. à 3 cerfs naissants de sa. H.

Hoguet. D'azur au croissant d'arg. accomp. de 3 coquilles d'or, 2 en chef, 1 en pointe. H. R.

Holande (d'). D'arg. au lion paré et vilené de gu. G. C.

Hommereau (de). P. C. Sᵍʳ d'Aunay.

Hommes (des). De sa. à 3 pals d'arg. accompagnés de 6 étoiles du même, 4 en chef, 2 en pointe G. C.

Horric. *Angoumois.* D'azur à 3 fermaux d'or. (L. P. C. R.). *Sup. :* Deux sauvages.

Houllier de Villedieu. D'azur au pot à 2 anses d'arg., garni de 3 lis du même, tigés et feuillés de sin. au chef cousu de gu. chargé de 3 croiss. d'arg. P. C.

Huet. D'or à la fasce de gu. (G.), chargée d'un croissant d'arg. accomp. de 3 roses de gu. 2 et 1. C. R. (var.) L. fasce d'azur.

Hugonneau du Chatenet. D'arg. à 3 feuilles de houx de sin. P. C. R.

La branche du *Limousin* porte : d'or au chevron de gu. accomp. de 2 feuilles de houx de sin. en chef, et en pointe d'un lion léopardé de sa. armé et lampassé de gu. D.

Hugueteau. *St-Jean-d'Angély.* D'azur au chevron d'or accomp. de 3 cigognes du même ayant des vigilances de sa. P. B. F. C.

Huillier de la Chapelle (L'). D'azur à 2 lions affrontés d'or, lampassés de gu., tenant une épée d'arg. en pal. P.

Huillier de la Mardelle (L'). D'azur au lion d'or armé et lampassé de gu. accomp. au canton dextre au chef d'un croissant tourné d'arg. R.

Hurtebize. D'or au chardon tigé de sin., au chef de sa. B. H

Huylard. C. S^{grs} de la Papaudière et de Lavau.

Igonain du Mazet. *Limousin.* D'azur à la croix fleurdelisée d'or, cantonnée de 4 épées d'arg. R.

Iles des Loges (des). D'azur à 3 étoiles d'or. H.

Imbert de la Choletière. P. C. S^{gr} de la Vaux Martin. S^{gr} des Bretilhères.
Une famille Imbert, en *Auvergne*, porte : d'azur au chevron d'arg. accomp. en chef de 2 têtes de lions arrachées d'or, et d'une gerbe de blé du même en pointe ; au chef cousu de gu. chargé de 3 étoiles d'or. D.

Inglard. D'azur à la fasce d'arg. accomp. de 6 étoiles d'or, 3 et 3. C.

Inglard. *Aunis.* D'arg. à la fasce de gu. chargée d'une croisette ancrée de sa. et accomp. de 2 lions léopardés du même, 1 en chef et 1 en pointe. R.

Irland. *Irlande, Ecosse.* COMTE DE BAZOGES. (Fam. ét.). D'arg. à 2 fasces de gu. surmontées de 3 étoiles d'azur rangées en chef. (K. P. G. C. H. F. R. D.). *Dev.* : Cœlum rubor iste serenat.

Isle (d') de Beauchaine. *Saintonge, Aunis.* D'arg. à 3 roses de gu. 2 et 1. G. C. F. ...boutonnées et feuillées de sin. D. R. R. *Tenants :* Deux sauvages de carnation.

Isle de Bonlieu (de l'). De gu. à 2 chevrons d'or accomp. de 3 croissants d'arg., 2 en chef, 1 en pointe. L.

Izoré d'Hervault. (Mis DE PLUMARTIN, 1652). *Anjou.* D'arg. à 2 fasces d'azur. P. C. R. (Yzoré).

Jacobsen. *Hollande.* D'azur à la fasce ondée d'or, au compas du même en chef et au cimeterre aussi d'or en pointe posé en pal. P. C. D. F. R.

Jacquelin. D'arg. à 7 coquilles Saint-Jacques d'azur mises en orle. B. H.

Jacques. D'azur à 3 coquilles de St-Jacques d'or, 2 et 1. G. C. H.

Jaillard de la Maronnière. D'azur à trois tours d'or 2 et 1. G. P. C. R.

Jaille (de la). (XIIe S.). D'arg. à la bande fuselée de gu. sans nombre. (C. R.). *Var. :* A la bordure de sa. chargée de 8 besants d'or. R.

James (de). De gu. au dauphin couché d'or. H. R.

Jamin. D'arg. à 3 lapins blottis de sa. G. R.

Janailhac (de). D'azur à la fasce accompagnée de 6 étoiles, 3 et 3, le tout d'or. C. (Arm. des maires de Poitiers).
Paraît être issu de la famille de Janilhac en *Bourgogne.* (Voy. R.).

Jannet de Lépinay. De gu. au chevron d'or accomp. en chef de deux étoiles et en pointe d'un croissant du même. D.

Janoillac (de). D'azur à un chevron d'arg. accomp. en chef d'une étoile d'arg. entre 2 roses d'or boutonnées de gu., et en pointe d'une coquille oreillée d'or. G.

Janvre, (Xe S.). D'azur à 3 têtes de lion arrachées d'or, couronnées et lampassées de gu., 2 et 1. G. P. (var.), C. H. (var.), F. R. *Dev. :* Se peu rien d'autruy. *Cimier :* Un Janus (allusion au nom Januarius, Janvre). F.

Janvré. De gu. à la cigogne d'or. H.

Jarie (Mis de la). De sin. à l'aigle de sa. H.

Jarno du Pontjarno. (BARON, 1820). D'azur à 3 têtes et cous de jars arrachées d'arg. et becquées de sa. G. C. F. (Thibaudeau), R. D.

Jarousseau ou Jarousso. P. C.

Jarrière (de la). D'azur à 3 coquilles d'or. H.

Jasme. D'arg. au dauphin d'azur. G. C.

Jau. D'azur au coq (peut être un Jars ?) d'or couronné, becqué et membré de sa. B.

Jau de la Coussaye. Fascé, ondé d'or et d'azur. P. B. C. R.

Jaucourt (de). *Champagne.* (BARONS DE VILLARNOUL). De sa. à 2 léopards d'or. G. R.

Jaucourt. D'arg. fretté de gu. C.

Jaudoin, Jaudouin. G. C. D'arg. au lion de sa. armé et lampassé de sin. H.

Jaudonnet (de). D'azur à 3 têtes de coq arrachées d'or, becquées et crêtées de gu. (G. P.). *Alias :* D'azur au chevron d'or accomp. de 3 têtes d'aigle arrachées d'arg. (H. P.). *Alias :* D'azur à 3 coqs d'or armés, crêtés et becqués de gu. C.

Jaumier. D'azur à 2 pals d'or, accomp. d'un soleil du même au cœur de l'écu. G. C. H. (var.).

Jausselin de Brassay. Parti : au 1, de gu. au chevron d'arg. accomp. de 2 étoiles d'or, 1 en chef, 1 en pointe ; au 2, d'azur au lion d'or surmonté d'une étoile du même. R.

Jeuilly. De sin. à 10 épis de froment d'or. G.

Jeutet. D'arg. à 3 merlettes de sa. H.

Joly d'Aussy. *Saintonge.* D'azur au chevron d'or accomp. de 3 trèfles d'arg. L. R.

Joly de Bammeville. Parti : au 1, d'azur à 2 gerbes d'or posées l'une sur l'autre ; au chef cousu de gu. chargé de deux larmes d'arg. ; au 2, coupé de sin. au chef d'arg. chargé d'une épée de pourpre posée en fasce ; et d'or à la bande d'azur chargée de 2 coquilles d'or. R. — coquilles d'arg. D.

Jorré (de). D'arg. au griffon de gu. armé d'or. H.

Josnet. C.

Joubert. (IXᵉ S.). De gu. à 3 tours d'or maçonnées de sa. ouvertes de même ; (G. P. C. H. F.) et anciennement : d'or à la croix de sa. chargée de 5 coquilles d'arg. F.

Joubert. D'azur à 3 molettes d'éperon d'or. H. G. (*V. Joussebert*).

Joubert. D'azur à 2 fers de lance d'arg. et un franc quartier de gu. chargé d'un aigle d'or. H.

Joubert. D'azur à une fasce d'arg. crénelée de sa. et accomp. de 3 tours d'or. H.

Jourdain. D'arg. à une croix de Saint-Antoine (T) de gu. G. P. H. F. C. — R. (les émaux dans l'ordre inverse).

Jourdain de Villiers. D'azur au lion d'or lampassé de gu. (B , d'après les cachets de cette famille). R. (*Normandie*).

Jourdain. D'azur au cor de chasse d'argent accomp. de 3 molettes du même. H.

Jouslain. G. *Niort.* De sa. au chevron componé de 6 pièces d'or et de sin. B. H.

Jouslard de Fontmort. D'azur à 2 coquilles d'or en chef et un croissant d'arg. en pointe. P. (3 coquilles, G.). C. B. H. R. (Arm. des maires de Poitiers).

Jousseaume. D'arg. fretté de gu. G. P. C. H. F.

Jousseaume. *Bretagne.* (XIIᵉ siècle). Mˡˢ DE LA BRETESCHE, 1657 ; Vᵗᵉ DE TIFFAUGES, Bᵒⁿ DE Sᵗᵉ-HERMINE. De gu. à 3 croix alaisées, pattées et écartelées d'arg. G. D., croix pattées d'hermines. R.

Joussebert. (BARONS DE LANDREAU). D'azur à 3 molettes d'éperon d'or, 2 et 1. P. C. F.

Jousselin. D'arg. à 3 jumelles de sa. B. H.

Jousserand (de). Coupé, cousu de gu. et d'azur à l'aigle au vol abaissé d'arg., becquée et membrée d'or brochant (H. P. C. L.). *Var. :* Fascé d'arg. et d'azur de 6 pièces à l'aigle de gu. brochant sur le tout. G. — Aigle d'or. R.

Joyeux. D'or au chevron de gu. accomp. d'un coq de sa. en pointe. B. H.

Joyrie (de la). D'azur à la tour d'arg. maçonnée de sa., bretéchée et contre-bretéchée, castellée de 3 pièces, à 2 étoiles du même en chef. C.

Juge de la Carrelière. D'azur au chevron d'or accompagné en chef d'une belette d'or et d'un croissant d'arg., et en pointe d'une coquille d'arg. ; à la bordure d'arg. chargée de 16 tourteaux de sa. G. — D'azur au chevron d'or accomp. d'une étoile du même et d'un croissant d'arg. en pointe ; à l'orle d'arg. chargé de 16 cailloux de sa. C. R. D.

Juigné (de). *Bretagne.* D'arg. au lion couronné de gu. — P. — à la tête d'or, armé du même. R.

Jullien (de). D'azur à 2 lions d'or. G.

Julliot. G. — *Bretagne.* D'azur au sautoir denché d'or cantonné de 4 besants du même. R.

Juon. D'azur au chevron échiqueté de 2 traits d'arg. et de gu. accomp. de 3 étoiles d'or. H.

Juon. D'azur au besant d'arg. accomp. de 3 billettes d'or. H.

Justeau. G.

Juyon de Villarmois. P. — *Bretagne.* D'arg. au lion de gu. accomp. de 5 tourteaux de sa. rangés en orle. R. (Villarmois).

Keating (de). *Irlande.* (BARONS).
(Fam. ét. en France). D'arg. au sautoir
de gu. cantonné de 4 feuilles de laurier
de sin. P. C. F.

Kemar. P. C. S^{gr} de Callonges.

Kervéno. *Bretagne.* (MARQUIS, 1624).
D'azur à 9 molettes d'éperon d'arg. posées 4, 3. 2. — H. — *Var.* : D'azur à
10 étoiles d'arg. R.

Laage (de). L. (*V. Delaage*).

La Bachellerie. C. (*V. Bachellerie*).

Labadye (de). *Angoumois.* D'azur
à une tierce d'arg. accomp. en chef de
2 étoiles du même, et en pointe d'un
croissant du même. (H.), à la cotice du
même brochant sur le tout. R.

La Barlottière. (*V. Barlottière*).

La Barre (de). (*V. Barre*). De gu.
à la croix alaisée d'arg. ; une barre du
même sur le tout, et une bordure aussi
d'arg. H.

La Barre (de). D'azur à 3 fasces
d'arg. H.

La Bassetière (Morisson de). De
sa. à 3 roquets d'or, 2 et 1. D.

Labat de Savignac. *Bordelais,
Saintonge.* D'arg. à la bande de gu.
chargée de 3 étoiles d'or (ou d'un cœur
d'arg. et de 2 étoiles d'or) et accomp.
de 2 étoiles d'azur. R.

La Bazinière (de). D'arg. au lion
d'azur. H.

La Berruyère (de). C. S^{grs} du Carroi
et des Sicaults. D'azur à trois coupes
d'or couvertes. D.

La Blanchère (de). C. S^{grs} de l'Ile.

La Blatonnière (de). De gu. à la
barre gironnée d'arg. et d'azur. H.

La Boire (de). De gu. au lion d'arg.
couronné, lampassé et armé d'or. H.

La Boissière (de). De gu. à la croix
pattée et alaisée d'or. H.

La Bonnetière (de). D'azur à 2 tours
d'arg. maçonnées de sa. ; au chef cousu
du même chargé d'un lion d'or. C.

La Boucherie. (C.). (*V. Boucherie*).
D'azur au cerf passant d'or. H.

La Bourdonnaye de Blossac (de).
Bretagne. De gu. à 3 bourdons de pélerin d'arg. (P. C. D. R.). *Dev.* : « Pro
aris et focis ».

Labourt. Ecartelé ; au 1 et 4 d'arg. à
3 étoiles d'azur, au 2 et 3 d'arg. à 3
roses de gu. R.

La Bretèche (de). Mis, B^{ons} DE S^{te}
HERMINE, V^{tes} DE TIFFAUGES. C. (*V.
Jousseaume*).

La Brossardière (de). De gu. à 3
brosses d'arg. H.

La Broue (de). (*V. Broue*).

La Bussière (de). (*V. Bussière*).

La Cantinière. (*V. Cantinière*).
D'arg. à 3 molettes de sa. H.

La Cave. (*V. Cave*).

La Chassaigne (de). *Berri.* D'azur
à 3 fasces d'or accomp. de 3 étoiles du
même, 2 en chef, 1 en pointe. D.

La Châtre (de). *Berri.* COMTES DE
NANÇAY, 1609 ; DUCS, 1817. De gu. à la
croix ancrée de vair. C. P. H.

La Chaussée (de). *Loudun.* (*V. de
la Chaussée*).

La Chauvinière (de). (C.). (*V.
Chauvinière*).

La Chavollière (de). De gu. à la
barre gironnée d'arg. et de sin. H.

La Chesnaye (de). *Anjou.* D'arg.
à 3 chevrons de sa. H. C. P.

La Chopinière (de). (*V. Plouer*).

La Clau. De sa. à 2 clefs d'or, l'une
sur l'autre. H.

Laclau (de). D'azur à la clef d'arg.
posée en pal, adextrée de 3 fasces alaisées d'or, soutenues d'une colombe
d'arg., et senestrée d'une colombe d'arg.
soutenue de 3 fasces alaisées d'or. H.

Lacombe. *Limousin, Saintonge.*
D'azur à 3 tours d'or. R.

Lacoste de La Reymondie (de).

La Cour de la Craipelle (de). D'or
à un crapaud d'arg. H.

La Cour de Letorière. G.

La Court (de). De sin. à la bande
d'or chargée d'un porc épic de gu.
C. H.

La Coussaye (de). De gu. au lion
d'or ; au chef d'arg. chargé de 3 étoiles
d'azur. C. D.

La Coustière (de). D'or fretté de
gu. C.

La Couture. (*V. Couture*).

La Cressonnière. (*V. Cressonnière*).

La Croix. (*V. Croix*). De gu. à 5 fusées d'arg. chargées chacune d'une coquille de gu. H.

La Cropte de St-Abre (de). D'azur à la bande d'or accomp. de 2 fleurs de lis du même, 1 en chef, 1 en pointe. C. P.

La Dive. (*V. Dive*).

La Douespe (de). D'azur au croissant d'arg. surmonté d'une étoile d'or en chef et accomp. de 5 besants d'or rangés en pointe 3 et 2. D.

Ladvocat. G. C. S^r de St-Pardoux.

Lafaire (de). *Bourbonnais*. De gu. à la bande d'arg. C. D. F. (*V. La Faire*).

La Faye (de). (*V. de la Faye*).

Lafaye (de). D'or à la croix niellée de sa. au croissant raccourci et ancré au bout, au vol de gu. en chef. C. (*V. Faye*).

La Fayolle (de). De sa. à 3 fioles d'arg. en devise. C. (*V. La Fayole*).

La Ferrière (de). (*V. la Ferrière*).

La Fitte (de). D'or à 3 bandes de gu. G. C.

Lafitte. D'hermines à la croix de gu. H.

La Fontaine. D'azur au chevron de sa. accomp. de 3 croix de Malte du même. H.

La Fontaine de l'Epinay. D'azur à 3 cygnes d'arg. becqués et membrés de sa. C.

La Fontenelle (de). D'azur au croissant d'arg. surmonté d'une étoile d'or et accomp. de 4 haches du même, cantonnées. C. H.

La Forest (de). (C.). (*V. Forest*).

La Fortinière Mesnard (de). D'arg. à une hure de sanglier de sa. H.

La Fuye (de). (*V. Fuye*).

La Fuye (de) (Allotte). De gu. au croissant d'or. D.

La Garlière (de). De sin. à la barre gironnée d'arg. et d'azur. H.

Lage. *Angoumois*. D'arg. à un épervier essorant d'azur, armé et couronné d'or, tenant dans sa serre dextre un poisson du même. R. L.

Lageard. C. — *Agenais*. D'azur au lion d'arg. armé et lampassé de gu. accomp. d'un croissant d'arg. au canton senestre du chef. R.

La Grange (de). (C.). (*V. Grange*).

La Grange O'tard. *Ecosse*. Parti : au 1, d'azur à 4 alérions 2, 1, 1, d'or; au 2, de gu. au chevron d'arg. accomp. de 3 étoiles rangées en chef et d'un croissant en pointe le tout d'or. Sur le tout un écusson d'arg. au chef palé de gu. et d'or. D.

La Grillière (de). C. — *Languedoc*. De gu. à 6 cotices d'or. R.

La Guérinière (de). (C.). (*V. Guerrinière*). D'azur au chevron d'or accomp. de 3 croissants d'arg. H.

La Guivarday (de). De sin. à la barre gironnée d'arg. et de gu. H.

Lahaye (de). (*V. la Haye*). Bandé d'or et de sa. P.

Lahaye (de). De sin. à une haie d'or. H.

La Haye (de). De sa. au lion léopardé d'or, armé, lampassé et couronné de gu. C.

La Haye (de). De sa. au lion d'or à la bordure du même. C.

La Haye. D'or à 6 merlettes de sa. 3. 2, 1. H.

La Haye Bournan (de). C.

La Haye de Lauderie. C.

La Haye Monbault (de). D'or au croissant de gu. accomp. de 6 étoiles du même, 3 en chef et en pointe 2 et 1. H.

La Hette d'Artaguette (de). (*V. Artaguette*).

Laheu (de). (C.).

Laigneau. De sa. à l'agneau passant d'arg. G.

Laiguillier. D'or à 2 aigles éployées et affrontées de sa. G. C.

Laîné. D'azur à la fasce d'or chargée de 3 croix alaisées de sa. et accomp. de 3 cloches bataillées vers le chef, d'arg. (G.). *Var :* ...croix pattées de sa. accomp. de 3 fleurs de lys d'arg. garnies à côté d'un bâton d'arg. G. C.

Laines (des). G. Sr de la Vergne et de la Faye. Peut être de la Laigne ?

Laisné, Lesné. *Angoumois*. (COMTES). D'azur. à la fasce de sa. accomp. de 3 molettes du même. R.

Laistre (de). *Bourgogne*. Confirmation du titre de comte 1724. D'azur au chevron d'or accomp. de 3 cygnes d'arg. 2 et 1. (P. C. D. F.). *Dev.:* « Comme eux, sans tâche ».

La Joyrie (de). (C.). (*V. Joyrie*).

La Lande (de). (*V. Lande*).

La Laurencie (de). *Limousin*. D'a-ur à l'aigle éployée d'arg. au vol abaissé, membrée et becquée d'or. (G. C. D. P. H.). *Dev. :* « Va où tu peux, meurs où tu dois ».

Lalluyau d'Ormay ou d'Arnay. P. Sᵍʳ de Vieillevigne.

La Maintais (de). D'arg. au loup de sin. H.

La Marche (de). D'or à la fasce d'arg. chargée de 3 hermines. (C.).

La Marque (de). *Béarn*. D'azur à la palme d'or en pal, accomp. de 3 montagnes à 6 coupeaux d'arg., 2 en chef, 1 en pointe. D. R.

Lamarque. (Baron de l'Empire). Coupé : au 1, d'or au lion de sa. armé et lampassé de gu. ; au 2, d'azur à une pyramide d'arg. maçonnée de sa. posée sur une terrasse d'or et accomp. en chef de 2 croissants d'arg. R.

La Marthonie (de). (*V. Marthonie*).

La Mazière (de). C. G.

Lambert (de). P. C. — D'arg. au vol d'azur accosté de 2 étoiles du même. H.

Lambert de la Grange. D'or à un cœur de gu. (G. C. D.). *Dev. :* Aureo de pectore surgit.

Lambertie (de). *Périgord*. (Comtes, 1644). D'azur à 2 chevrons d'or. G. P. C. D. R.

Lami. D'arg. à la foi de gu. G.

Lamoignon de Malesherbes. Marquis, 1700. (Mais. ét., 1845). *Nivernais*. Losangé d'arg et de sa. au franc quartier d'hermine (C.) et sur le tout un écusson d'azur à la fleur de lis d'arg. (P. R.). *Sup. :* Deux cerfs ailés.

La Morlière (de). De gu. au lion d'arg. (D.). *Dev. :* « Toujours ».

La Motte (de). Bᵒⁿˢ de Mareuil. C.

La Mothe le Roux (de). (C.).

Lamoureux. C.

Lande (de la). (An. 1594). D'arg. au chêne sur un tertre de sin., au chef d'azur chargé d'un croissant d'arg. G. C. — H. (d'or...). (Arm. des maires de Poitiers).

Lande (de La) de Lavau. Ecartelé d'azur et d'or. (D. R.). Ecartelé d'or et d'azur. (P. L.). Ecartelé d'arg. et d'azur. G. C.

Landerneau (de). D'arg. à 3 mouchetures d'hermines de sa. G. C. H.

Landin. De gu. à 2 fasces d'or, coupé d'azur à 3 pals d'arg. et une bordure d'or brochant sur tout l'écu. H.

Lanet (de). De gu. au bœuf passant d'arg. accorné et onglé d'or. G. C. D. R. (taureau). *Dev. :* « Ne devie, ne faillit ».

Langes (des). De gu. à 6 losanges d'arg. 3, 2, 1. G. C.

Langlois. De gu. à 3 cygnes d'arg. becqués et membrés de sa. G.

L'Anglois. *Niort, 1400*. D'azur à 3 pommes de pin d'or et une rose du même en cœur. B.

Lanjon (de). D'or à une bande de gu. P.

La Noue (de). D'arg. fretté de sa. au chef de gu. chargé de 3 têtes de loup d'or posées en pal gueules béantes. C. G.

La Nouhette (de). C.

Lansac. *Saintonge*. — D'or au lion de gu. R.

La Pastelière (de). (*V. Pastelière*). D'arg. au cheval naissant de gu. H.

La Pierre (de). C. Peut être Lapeyre ?

Lapisse (de). (C.). *Guyenne*. D'azur au chevron d'or accomp. de 3 roses du même. R.

La Porte (de). (*V. Porte*).

La Porte (de). De gu. au croissant d'arg. chargé de 5 mouchetures d'hermines. H.

La Porte (de). Ducs de la Meilleraye et de Mazarin, 1663. D'azur à la hache d'armes dans un faisceau d'or lié d'arg. posé en pal, et une fasce de gu. brochant sur le tout chargée de 3 étoiles d'or. C.

La Porte du Theil (de). D'or au chevron de gu. D.

La Primaudaye (de). (*V. Primaudaye*). D'azur semé de fleurs de lis d'or à un écusson du même en abîme chargé d'un tourteau de sa. et brochant sur une patte de griffon d'or percé en barre. H.

L'Arc. *1258*. D'azur à un arc d'or bandé d'arg. et une flèche d'or ferrée d'arg. (Arm. des maires de Poitiers).

Larchier. D'azur à 3 arcs d'or bandés d'arg. G. C. R. (Arm. des maires de Poitiers).

La **Resnière** (de). C.

La **Revelière** (de). *Anjou.* D'azur à la bande d'arg. (D.). *Dev. :* « Pensez-y ce que vous voudrez ».

La **Rivière** (de). D'azur à 3 fasces ondées d'or. H.

La **Roche.** Les noms qui commencent par La Roche et qui ne sont pas ci-après se trouvent au mot *Roche.*

La **Roche** (de). Burelé d'arg. et de gu. de 10 pièces C. G.

La **Rochebeaucourt** (de). (*V. Rochebeaucourt*).

La **Roche-Céry** (de). D'arg. au lion d'or accosté de 3 fleurs de lis du même 2 et 1. C.

La **Rochefoucauld** (de). (xe S.). *Angoumois.* Burelé d'arg. et d'azur de 10 pièces, à 3 chevrons de gu. brochant sur le tout, celui du chef écimé. (P. G. C. D. H). *Dev. :* « C'est mon plaisir ».

La **Rochejacquelin.** (*V. du Vergier*).

La **Rochère** (de). Voyez : 1º Guyot, 2º du Theil.

La **Roche Saint - André** (de). MARQUIS. De gu. à 3 rocs d'échiquier d'or 2 et 1. — G. P. C. D. (3 fers de lance rompus (roquets).

La **Roche-Thulon** (Thibaud de). MARQUIS. D'arg. au chevron d'azur et au chef du même. P. C. D.

La **Roche-Vernay** (de). D'arg. à 3 fasces ondées de gu. C.

La **Romagère** (de). G. C. (*V. Le Groïng*).

La **Roulière** (de). (*V. Chebrou*).

La **Roullière.** D'or à la roue de sa. soutenue d'une merlette du même. H.

Larquo. D'azur à l'arc bandé avec son dard encoché d'or. G.

La **Ruelle** (de). D'azur à l'aigle éployée d'arg. C.

La **Saire** (de). *Bordeaux.* D'azur au chef de gu. chargé d'un croissant montant d'arg. accomp. de 2 étoiles, 1 en chef, l'autre en pointe. C.

La **Salmonière** (de). (*V. Goguet*).

La **Sayette** (de). (*V. Sayette*). (C.).

La **Seigne** (de). (*V. Seigne*). (C.).

Laspaye (de). P. C. D'azur à la bande d'or accomp. de 6 annelets du même posés en orle. H. R.

Laspoix (de). D'or au lion de sa. à la bordure componée d'arg. et de sin. H.

Lastic (de) **St-Jal.** *Auvergne.* (MARQUIS, COMTES). De gu. à la fasce d'arg. (C. D. F.). *Cri :* « Rochegonde ! » *Sup. :* 2 lions.

Lastre (de). D'azur au chevron d'or accomp. d'un soleil d'or en chef et 2 étoiles d'arg. et un croissant du même en pointe. C. H. (var.).

Lastre (de). *Aunis, Saintonge.* D'azur à 3 tours d'arg. maçonnées de sa. L. R.

La **Taupanne.** (*V. Taupanne*).

La **Touche.** (*V. Tousche*).

La **Tour.** (*V. Tour*).

La **Tour** (de) (du **Breuil**). D'arg. à l'aigle éployée de gu. C.

La **Tour** (de) (de la **Combe**). D'arg. à l'aigle de gu. membrée d'or ; à la bordure d'azur chargée de 6 besants 3 et 3. C. (Conf. avec la Tour (de la Gorge).

La **Tour-Girard** (de). (*V. Compaing*).

La **Trémoïlle** (de). PRINCES DE TALMONT, 1469 ; PRINCES DE TARENTE, 1521 ; DUCS DE THOUARS, 1563 ; DUCS DE NOIRMOUTIERS, 1707. D'or au chevron de gu. accomp. de 3 aiglettes d'azur becquées et membrées de gu. C. P. D.

La **Tribouillo** (de). (*V. Tribouille*). D'azur à 3 roquets d'arg. H.

La **Tullaye** (de). (*V. Tullaye*).

Lau (de). C. *Béarn.* D'or au laurier à 3 branches de sin. au lion léopardé de gu. brochant sur le fut de l'arbre ; à la bordure d'azur chargée de 15 besants d'or. D. R.

Laubier. De gu. à l'étoile de 8 rais d'or, posée au canton dextre au chef. D.

Laubier. *Saintonge.* D'arg. à un aubier terrassé de sinople. R.

Lauge (de). D'arg. à l'aigle éployée de sa. couronnée de gu. H.

Launay (de). G.

Laurenceau. D'or à un laurier de sin. terrassé de sa. R.

Laurencie (de la). *Angoumois, Saintonge.* D'azur à l'aigle éployée d'argent. (R.), au vol abaissé, becquée et membrée d'or. R.

Laurens. De sa. au gril d'arg. H.

Laurens (de **Beaulieu**). D'azur à 3 feuilles de laurier d'or, 2 et 1. (G.), ...en pal, G. C. (*V. Laurent*).

81

Laurens de La Besge. D'arg. au chev. de gu. accomp. de 2 étoiles d'azur en chef et d'un crois. du même en pointe. B. H. D. F. R. (*Limousin*).

Laurens (de Sélignac). D'arg. à 2 aigles de sa. G., id. 3 aigles de sa. C.

Laurens (de la Tour). D'or à 3 têtes de sanglier arrachées de sa. 2 et 1. G. C.

Laurent. D'azur à 3 feuilles de chêne rangées en pal d'or. G. (*V. Laurens*).

Laurent. De gu. au gril d'or. H.

Laurière (de). D'azur à 3 chevrons d'arg. au lion passant d'or. G.

Laurière ou Lauriers (de). D'azur à 3 fasces d'arg. ; au croissant montant du même sur le canton dextre, au lion passant d'or lampassé de gu. sous la 1re face. G. C. H. (var.).

Lausier. D'azur à 3 arbalètes d'or posées en fasce la corde en haut. G. R.

Lautefois (de). D'arg. au lion passant de sa. lampassé et armé de gu. H.

Lauvergnat. D'azur à l'épervier longé et grelleté d'or. G. P. C. R. (oiseau de gu.).

Lauzon (de). BARONS DE LA POUPARDIÈRE, 1652. D'azur à 3 serpents d'arg. mordant leur queue, bigarés de sa. 2 et 1, à la bordure de gu. chargée de 6 besants d'or. G. P. C. F. R. D. Sans bordure : G. D. H. R.

Lauzon (de). D'azur à la cloche d'arg. bataillée d'or et au chef d'or chargé de 3 croisettes de gu. H. R.

Laval (de). *Bretagne.* De gu. au léopard d'or. (R. P.). *Dev. :* Eadem mensura.

Laval (de) Montmorency. COMTES, 1427 ; MARQUIS, 1642 ; DUC, 1758. (Fam. ét., 1851). *Ile de France.* D'or à la croix de gu. chargée de 5 coquilles d'arg. et cantonnée de 16 alérions d'azur. R. H. M.

La Vallée. De gu. au léopard d'or. C. Confusion avec Laval ?

La Varenne (de). De gu. à un flacon d'or et un chef du même. H.

La Varenne (de). D'azur au lion d'or accomp. en chef de 3 étoiles du même et en pointe d'une onde d'arg. H. (var.).

Lavau (de). D'arg. à 14 mouchetures d'hermines de sa., une fleur de lis d'or en pointe ; au chef d'or. C. D.

Lavault. C. D'or au chev. de gu. accomp. de 2 étoiles du même en chef et d'un lion de sa. en pointe. M.

La Vernède. (C.). (*V. Vernède*).

Lavigerie (de). (*V. Taveau*).

La Ville de Férolles (de). *Bretagne.* D'arg. à la bande de gu. C. P. G.

La Voyrie (de). De gu. à 3 coquilles d'arg. C. P. G.

Laydet. De gu. à 3 chevrons d'argent. G.

Laydet. *Niort, 1461.* De gu. à la tour pavillonnée d'or. (B.). Ces armoiries sont celles d'une famille de Provence, nous ne savons si la famille de Niort a la même origine.

Layzé. D'arg. à 3 cloches de sa. H.

Layre (de). (*V. Bourgnon*).

Le Bailleul. D'arg. à 3 têtes de loup de sa. M.

Le Bascle. De sa. à 3 billettes d'or. (G.). De gu. à 3 mâcles d'arg. 2 et 1. C.

Lebaud, Le Baut. COMTE DU PAPE, 1872. D'arg. au cerf passant au naturel. *Sup. :* 2 aigles de sa. H. G. C.

Lebault. D'arg. à 2 aigles de sa. en chef et un cerf passant au naturel en pointe. H. F. (var.).

Lebeau. D'azur à la fasce d'arg. accomp. de 3 coquilles d'arg. en chef et d'une étoile d'or en pointe. M.

Lebel. De sin. à la fasce d'arg. G. C.

Le Bel. De gu. au chef barré d'or et de sin. de 8 pieces. H.

Le Bel. D'azur au lion d'arg. H.

Le Berger. D'arg. au berger d'or sabotté de sa. debout dans une bruyère de sin. sous un hêtre du même, tenant en sa dextre un rameau de gu. et appuyé de l'aisselle senestre sur une houlette du même ; regardant à dextre de l'écu un soleil levant d'or dans un nuage d'azur. Le berger est accompagné de 2 mâtins accolés l'un d'arg. et l'autre de sa. G.

Lebeuf. De gu. au bœuf d'or. H.

Le Bittier. De gu. au sautoir d'or cantonné de 4 croissants d'arg. G.

Leblanc. D'azur au cygne d'arg. becqué et membré de sa. G. C. H. (Arm. des Maires de Poitiers).

Le Bœuf. D'arg. à l'aigle éployée de sa., onglée et becquée de gu. H. C.

Le Bossu. D'or à 3 têtes de maures liées d'arg. H. G. C.

Le Breton. D'azur au rocher escarpé d'or, accomp. en chef de 2 étoiles du même et en pointe d'un lévrier d'arg. sur un tertre de sa. G. C. (Arm. des Maires de Poitiers).

Le Breton de Vonne. D'azur au chevron d'or accomp. en chef de 2 étoiles d'arg. et en pointe d'un croissant du même. C.

Lebrun. D'arg. à 2 chevrons de sa. G. C.

Le Brun. D'arg. au chevron de gu. accomp. de 3 merlettes de sa. H. C.

Le Clerc de Juigné. *Anjou.* (Barons, 1826). D'arg. à la croix de gu. bordée et engrêlée de sa. ; cantonnée de 4 aiglettes du même becquées et onglées de gu. C.

L'Ecluse (de). (*V. Bouhier*).

L'Ecluse. *Saintonge.* Parti d'azur et d'arg. D.

Lecoigneux. (Mⁱˢ de Bellabre, 1650, Mⁱˢ de Montmélian, 1655). D'azur à 3 porcs épics d'or. C. P.

Le Comte. D'azur au lion d'or armé et lampassé de gu. cantonné de 4 étoiles d'arg. C. H. F.

Lecoq, Le Coq. D'azur au coq hardi d'or, membré, crêté, barbilloné, armé de gu. M. G. C. D. *Dev. :* Semper vigil.

Leduc. D'or au chevron d'azur accomp. de 3 étoiles de gu. rangées en chef et d'un chêne arraché de sin. en pointe. B. H.

Le Fèvre. C.

Lefranc. G. C. — De gu. à 5 larmes d'or posées en sautoir. H.

Le François des Courtis. *Piémont.* D'azur à la fasce d'or accomp. de 3 étoiles du même en chef et d'un croissant d'argent en pointe. P. (*V. François*). D'azur à la tour d'arg. chargée de 3 mouchetures d'hermines de sa. 2 et 1 ; accostée de 2 fleurs de lis d'arg. et soutenue d'une croisette du même. C. D.

Legacoingu. H. (*V. Gascoing*).

Le Gant. D'azur à 3 baguettes d'or, une étoile du même en chef et un croissant d'arg. en pointe. (Arm. des Maires de Poitiers).

Le Geay. D'or au pin de sin. rehaussé d'un croissant à dextre et d'un aiglon à senestre (n'est-ce pas plutôt un geay ?) de sa. G. C. *Var. :* avec un chev. d'azur, M. (Le Jay) ou de gu. H. (Le Gay).

Legier de Lagarde. D'arg. à 3 roses de gu., boutonnées d'or, tigées de sin. H. G. C. F. R. (Arm. des Maires de Poitiers).

Le Grand des Gallois. D'azur au lion d'arg. G. C. M. K.

Le Groing de La Romagère. *Berri.* D'arg. à 3 têtes de lion arrachées de gu. couronnées et lampassées d'or. D.

Leguyot. D'arg. à l'épée d'azur, la garde et la poignée de sa., mise en pal. H.

Lejunier. D'arg. au huchet lié de gu., virolé, enguiché de sa.

Le Large. P. C. De gu. au pal d'arg. et un chef de vair. H.

Le Large. *Touraine.* D'azur à 2 fasces d'arg. chargées de 3 annelets de gu. 2 et 1. *Sup. :* Deux lions. R.

Lelièvre de Vernal. D'azur à 3 tierces feuilles d'arg. G. — (3 trèfles d'or, H.).

Le Long de la Groizardière. D'azur au chevron d'or accomp. en chef de 2 roses d'arg. boutonnées d'or et en pointe d'un cœur d'arg. enflammé de gu. R. M.

Le Maignan (de l'Escorse). *Bretagne.* De gu. à la bande d'arg. chargée de 3 coquilles de sa. dans le sens de la bande. P. C. D. R.

Le Maréchal. (*V. Maréchal*). D'azur au chevron d'arg. accomp. de 3 étoiles du même. H.

Le Mastin. D'arg. à la cotice de gu. fleurdelisée d'or. G. (de 6 fleurs). C. F.

Le Maye. D'azur à 3 feuilles de chêne glantées d'or. G. C.

Lemercier. *Saintonge.* De gu. à la croix ancrée d'arg. accomp. au 1 d'une épée et au 4 d'une ancre du même. R.

Lemoine. P. C. Sᵍʳ de Beaumarchais, la Chaise Girau, les Halliers, la Jabaudière.

Le Musnier. D'azur au chevron d'argent accomp. de 3 poissons appelés *Musniers*, du même. H.

Lennerie (de). D'or à 3 arbres de sin. G. P. (Lémerie, M.).

Lenoir. D'arg. à 3 écussons d'azur, 2 et 1, accomp. de 7 mouchetures d'hermines, 3, 1, 2, 1. G. P. C.

Lenormand. (An. 1605.). D'azur au lion léopardé d'or, au chef de gu. soutenu d'arg. chargé d'un léopard d'or. C.

Léon (de). D'or au lion léopardé de sa. armé et lampassé de gu. G. R. (var.).

Lepauvre. D'arg. à la bande de sin. au chef emmanché d'azur. G. C.

Le Pelletier. De sa. au lion d'or. G.

Le Petit de Verno. De sa. à la bande d'arg. chargée d'un lion de gu. C. G. (Ailleurs on les appelle Petit).

Lepeustre. D'azur à la licorne d'arg. G. C.

Le Picard. (*V. Picard*),

Le Picard de Phelippeaux. (C.). (*V. Picard*).

Lépinay (de). (*V. Jannet*). (*V. Mercier*).

Leplaisant du Bouchiat. D'azur au chevron d'or accomp. de 3 coquilles du même. H.

Le Ragois de Bretonvilliers. C.

Le Ret d'Aubigny. De gu. à 3 fasces ondées d'arg. D.

Leriche. G. De gu. au coq d'arg. posé sur une chaîne d'or mise en fasce, ayant la patte dextre levée et regardant une étoile d'or posée à l'angle dextre du chef. D.

Lérix (de). De gu. à 3 piques ferrées d'arg. G. C.

Le Roi. C. (*V. Leroy ?*).

Lerou de la Chenaie. De sa. à 3 merlettes d'arg. 2 et 1. C.

Leroux. D'azur au lion d'or couronné, lampassé et armé de gu. G. P. C. H.

Le Roy. D'azur à la fasce d'arg. accomp. de 3 étoiles d'or. G. C. (Arm. des Maires de Poitiers).

Leroy des Arnolières. D'azur à 3 étoiles d'or 2 et 1, et une fleur de lis du second en abîme. G. C.

Le Roy de La Boissière. De sa. au lion d'arg. couronné, lampassé, armé et vilené de gu. ; au chef d'arg. chargé de 3 roses de gu. boutonnées d'or. H. G. B. C. — Armé, lampassé, couronné d'or. (Arm. des Maires de Poitiers).

Lescorce. *Bretagne.* D'azur à l'épée d'arg. en fasce ; accomp. de 3 fleurs de lis du même, 2 en chef, 1 en pointe. G. R. ...l'épée en barre. H. C.

Lescourt (de). Coticé d'or et d'azur de 10 pièces. P. G. C. L.

Lescure (de). (*V. Salgues*).

Lescure (de). D'azur au chef cousu de gu. chargé d'un croissant d'arg. accomp. de 3 étoiles de sa. G. P.

Lescure (de). D'arg. à 3 fasces d'azur accomp. de 4 étoiles de gu. posées en pal. H.

Les Fées. G. Peut être Fé.

Lesmery de Choisy. D'arg. à 3 feuilles de chêne de sin. 2 et 1. C. M.

Lesné. (*V. Laîné*).

Lesperonnière (de). De sa. fretté de 6 pièces de gu. et un canton d'arg. chargé de 9 hermines. (G). *Var. :* D'hermine fretté de gu. D. (*Anjou*). H. M.

Lespinay (de). D'arg. à 3 buissons d'épine de sin. K. P. C. D. H. (var.). R. (L'Espinay).

Lespine (de). D'or au lion de gu. appuyé à un aubépin de sin. et ac comp. de 3 étoiles d'azur en chef. G. C.

Lestang (de). *Angoumois.* D'arg. à 7 fusées de gu. 4, 2, 1. C. (4 et 3, R. D. M. F.).

Lestoile (de). G. C. De gu. à l'étoile à 6 rais d'or. H.

Lestrange (de). De gu. à 2 lions adossés d'or, surmontés d'un lion léopardé d'arg. L. R.

Letard de La Houralière. An. 1815. *Bretagne.* D'azur à la bande d'or chargée d'une tortue de sa. accomp. de 6 étoiles d'or posées 3 en chef et 3 en pointe. D. R.

Le Tillier. Ecartelé : aux 1 et 4, d'azur au lion d'or armé et lampassé de sa. ; au 2 et 3, d'arg. à la croix engrelée de sa. cantonnée de 4 merlettes du même. G.

Letorière. (La Cour de). G.

Le Tourneur. G. — D'azur à 3 tours d'arg. maçonnées de sa. H.

Le Tourneur. D'or à la roue com ponée d'or et d'azur. H.

Leulier de La Faverie du Ché. D'arg. au chevron de gu. accomp. de 3 étoiles d'azur. D.

Le Vacher. D'azur au vase d'or rempli de fleurs du même. C.

Le Vassault. D'or à la croix de gu. engrêlée de sa. H.

Levasseur. D'arg. au lion de gu. armé, couronné et lampassé d'or. G. ...armé et lampassé d'azur. C.

L'Evesque. D'azur à 3 grenades d'or les tiges en haut. H.

Levesque. De gu. à 3 roses d'arg. H.

Levesque de Marconnay. D'or à 3 bandes de gu. G. C. R. M.

Le Vestelier. D'azur à l'aigle éployée d'or. M.

Leviel de la Marsonnière. D'arg. à un chêne de sin. (P. C.). D'azur à 3 mouchetures de contre hermine. D.

Levrault, Levraut. D'arg. à une bande d'azur. G. P. C. H.

Lezardière (de). D'arg. à 3 quintaines de gu. H.

L'Herberie (de). D'arg. au tertre émaillé de fleurs de sin. ; au chef d'azur chargé de 3 croissants d'arg. G. (L'Herberge, C.).

Lhermite. D'azur à 3 chevrons d'arg. ; au chef cousu de gu. chargé d'une croix potencée d'or cantonnée de 4 croisettes du même. C.

L'Hommée (de). C. S^{grs} d'Angoulin.

L'Huillier de la Chapelle. D'azur à 2 lions affrontés d'or, lampassés de gu. tenant une épée d'arg. en pal. C.

Lhuislior. Luillier. D'arg. à 3 ondes d'azur surmontées d'un trèfle de sa. et d'un tourteau de gu. G. C. R. (Annelet en place de tourteau).

Liège d'Aunis (du). *Marche.* D'or au chêne de sin. ; au chef de gu. chargé d'une fasce ondée d'or, surmontée de 3 étoiles rangées d'arg. D.

Liège (du Puichomeix) (de). De gu. à une épée d'arg. posée en bande. R. M.

Lignaud de Lussac. *Maine.* (Marquis). D'arg. à 3 merlettes de sa. (P. C. F. R.). *Dev. :* Vaincre et surmonter.

Lignières (de). De sa. à 3 jumelles d'or. H.

Ligniville (de). *Lorraine.* Losangé d'or et de sa. *Ten. :* Deux sauvages. *Dev. :* Justitia et armis.

Limeur (de). De gu. à la coquille St-Jacques d'arg. ; au chef cousu d'azur chargé de 3 besants d'or. G. C. R. (Arm. des Maires de Poitiers).

Linax (de). De gu. à 3 fers de lance à l'antique, mornés d'arg. G. C. — R. et H. : 3 lances. *Var. :* De gu. à 3 roquets d'arg. 2 et 1. H.

Linax (de). D'azur à un amphistère d'arg. H.

Lingier, Linger. D'arg. à la fasce fuselée de gu. de 5 pièces, accomp. de 8 mouchetures d'hermines 4 et 4. H. P. C. R. — G. dit fuselé de 7 pièces.

Linières (de). G. D'arg. à une aigle de gu. ; à la filière du même. H.

Liniers (de). (xiᵉ S.). Comte, 1817 ; Marquis. D'arg. à la fasce de gu. ; à la bordure de sa. chargée de 8 besants d'or. M. G. P. C. D. H. F. R. L. Comtes de Buenos-Ayres, 1809 ; C^{tes} de Lealtad, 1819.

Liris (de). D'arg. à 3 lames de gu. mises en pal, surmontées d'un arc en ciel d'azur, et un chef de gu. chargé d'un chevron d'or. H.

Livaine (de), Livenne. *Angoumois, Poitou, Aunis.* D'arg. à la fasce de sa. frettée d'or en losange, accomp. de 3 étoiles de sa. 2 et 1. (G. M. L.). D'arg. à la fasce d'azur losangée d'arg. etc... (C.). R. id. accomp. de 3 étoiles de gu.

Livet. D'azur à l'ancre d'arg. H. R.

Lodre. P.

Lohéac (de). Comtes, B^{ons} d'Augé. De vair plein. P.

Lomeron (de). D'or à 3 fourmis de sa. 2 et 1. C.

Londeys. De sin. au chevron d'or mouvant d'une mer d'arg. accomp. en chef de 2 mains appaumées du second et en pointe une étoile aussi d'or. R.

Londres (de). D'or à 2 léopards de sa., armés, lampassés de gu. G. (Arm. des Maires de Poitiers).

Longis. De sa. au chevalier armé de toutes pièces tenant en la main senestre une enseigne ployée d'arg. sur un cheval d'arg. emmuselé de sa. G.

Loriou. De gu. à la fasce d'arg. chargée d'un loriot plié de sin. G.

Lorin. *Bretagne.* D'or, parti d'azur à 2 branches de laurier de l'un en l'autre, posées en pal. D.

Lostanges (de). *Limousin.* (Marquis). D'or au lion de gu. ; à l'orle de 5 étoiles du même, 1, 2 et 2. *Sup. :* Deux anges. G. — R. et D. (d'arg...). *Dev. :* « Fortitudine et sapientia ascendam ».

Loubeau. D'arg. à la bande de gu. G. C.

Louer. G. C. — Gironné d'arg. et de gu. de 12 pièces. R.

Louer de la Caffinière. D'azur à la croix potencée d'or accomp. en pointe de 3 coquilles d'arg. 2 et 1. R.

Louvart de Pontlevoye. D'or à 3 têtes de maures de sa., tortillées d'arg. (C. F. R.). *Dev. :* Fortis fortiori cedit.

Louveau de Larègle. D'azur au chevron d'or accomp. en chef de 3 étoiles d'arg. et d'une rose du même en pointe. (P. G.). ...2 étoiles d'argent en chef... B. F. C. D. H.

Loynes (de). *Orléanais.* D'azur à 7 besants d'or posés 4 et 3 ; au chef de gu. chargé de 2 sautoirs d'arg. et sur le tout une fasce gironnée et contre gironnée d'or et d'azur. P. H. *Var.:* Coupé : au 1er, de gu. à la fasce d'or et d'azur gironnée de 6 pièces, accostée de 2 vivres d'arg. posées en fasce ; au 2e, d'azur à 7 besants d'or 4 et 3. C. D. R.

Lucas de la Brousse. P. Sgr de Meizreux. (*V. Mezieux ?*).

Lucas de Chauvigny. *Maine.* D'or au taureau passant de gu. accomp. de 3 roses du même rangées en chef. (G. C. D. H. R.). Même famille que Lucas de Montigny, branche cadette.

Lucas de Montigny. D'arg. au chevron d'azur accomp. en chef de 2 roses de gu. boutonnées d'or et en pointe d'un taureau passant de gu. G. C. D. (Arm. des Maires de Poitiers). *Var. :* De gu. à 3 chevrons d'arg. R. *Dev. :* « In labore suavitas ».

Luchet (de). D'arg. au lion couronné de gu. L. P. C.

Luillier. (*V. Lhuislier*).

Lusignan (de). Burelé d'arg. et d'azur. R.

Lusignan (de). Comtes de la Marche et d'Angoulême, Rois de Chypre et de Jérusalem. Burelé d'arg. et d'azur, au lion de gu., armé, lampassé et couronné d'or brochant sur le tout. C. H. (var.). (*V. Saint-Gelais*).

Lusignan, Cte d'Eu (de). Burelé d'argent et d'azur, la 1re burelle chargée d'un lambel de gu. R.

Lusignan (de Lezay) (de). Burelé d'arg. et d'azur à l'orle de 8 merlettes de gu., au franc quartier du même. P. F. R.

Lusignan de St-Gelais (de). Marquis. (Mais. ét.). Ecartelé : aux 1 et 4, d'azur à la croix alaisée d'arg. (St-Gelais) ; aux 2 et 3, burelé d'arg. et d'azur, au lion de gu. brochant sur le burelle. (Lusignan). R.

Lymeur. (*V. Limeur*).

Maboul. D'azur au chevron d'or accomp. de trois besants d'or, 2 en chef et un en pointe soutenu d'un croissant du

même. (B.). Couronne de marquis. *Var. :* D'azur à 3 besants d'or. H. R.

Macaire. De gu. à la croix ancrée d'arg. R.

Macé (de). D'arg. à la croix alaisée de sin. G. C.

Macé. D'azur à 3 fasces d'or chargées de 10 croix pattées d'arg. 4, 3, 2 et 1, écartelé au 1er de Bretagne, au 2e de France. (? Incompréhensible). (G. C.). *Var. :* D'azur à 5 mouchetures d'hermines, 3 et 2, parti d'azur etc. H.

Macé. D'azur au chevron d'or accomp. en chef de 2 roses du même et en pointe d'un oiseau d'arg. becqué et onglé de gu. la patte dextre levée. P. B. H. C.

Macé de la Barbelais. *Bretagne.* D'azur à 3 massues empoignées d'or, écotées ou flambantes de gu. (G. D.) 2 passées en sautoir, la 3e en pal brochant. R.

Machon. D'arg. à 3 moutons passants de sa. G.

Magne (de). *Périgord.* De gu. à la croix ancrée d'arg. C. F. M.

Mahé. G. — D'azur à 3 roses d'or ? R.

Maichin. D'azur à 2 fasces d'or chargées de 5 roses de gu. 3 et 2, feuillées, de sin., accomp. de 5 coquilles d'arg., 3 en chef, 2 en pointe. P. C. D.

Maignan. (*V. Le Maignan de l'Ecorse*).

Maignane (Ctes de la). (Sansay, vicomtes de Poitou). *Bretagne.* D'or à 3 bandes d'azur, à la bordure de gu. (Poitou), à un écusson en abîme échiqueté d'or et de gu. (Sansay). *Dev. :* Sansay sans ayde. R.

Maigne (de). G. C. (*V. Magne*).

Maigné (de). De gu. à 3 huchets d'hermines R.

Maignon. De sa. au phénix sur son immortalité d'or, au chef d'arg. chargé de 3 roses de gu. G.

Maigret de Villiers. D'azur au bâton péri en bande, accomp. de 3 fleurs de lis d'arg. G. P. C. H. (var.). M.

Maillé (de). *Touraine.* (Comtes de Chateauroux, 1575 ; Marquis de Brézé, 1615 ; Ducs, 1639 et 1784). D'or à 3 fasces ondées de gu. *Dev. :* Tant que le monde sera monde à Maillé il y aura des ondes. G. R. C. M. *Dev. :* Stetit unda fluens. D. De gu. à 3 fasces ondées d'or. H. P.

Maingarinau. D'azur au gant de la main senestre appaumée d'arg. accomp. de 3 croissants du même, 2 en chef, 1 en pointe. H.

Maingot de Surgères. De gu. fretté de vair. R.

Mairé. D'or au franc quartier de gu., l'or chargé de 3 annelets de gu. posés en orle et le franc quartier d'un lion d'or. H.

Maisonnier. De sa. à la maison d'arg. maçonnée de sa. couverte d'azur, sommée de 2 girouettes de sa. (G.). D'or à la maison d'arg. C. (armes fausses).

Maisons (des). De gu. à 3 tours d'arg. 2 et 1, au chef d'arg. chargé de 2 molettes d'éperon de gu. (P. C.). Molettes de sa. R.

Maistre. G. D'or au sautoir de gu. dentelé de sa. cantonné de 4 crousilles du même. M.

Maizières (de). *Saintonge.* De gu. à la fasce d'hermines. R.

Majou de La Débutrie et de La Rousselière. D'azur à la tête de lion arrachée d'arg. lampassée de gu. accomp. de 3 trèfles d'or. D.

Malartic (de). (*V. Maurès*). L.

Malaunay (de). De gu. à une fasce d'arg. accomp. de 6 merlettes du même. H. R. C. (Mallonay).

Malledame. Echiqueté d'argent et de sa. de 4 traits. G.

Malleray, Malleroy. De gu. à la bande d'or chargée de 3 molettes d'éperon de sa. G. C. H. (bande d'arg.). R. (id.). (Malleroy).

Mallet de Maisonpré. P. C. D'azur à 3 trèfles d'or. B.

Mallevaud (de) ou Malvaux de Marigny. D'arg. à 3 vires d'azur et un bâton du même péri en pal en abîme. P. G. C. D. L. R.

Mallier du Houssay. *Champagne.* D'arg. à la fasce de gu. accomp. de 3 roses du même 2, 1. C. R. : fasce d'azur.

Mallineau. D'arg. au lion de sa. la queue fourchée, armé et couronné d'or. C. G.

Mallonnay (de). De gu. à la fasce d'arg. accomp. de 6 molettes du même. C. — Erreur, mis pour Malaunay.

Malmouche (de). *Maine.* D'arg. à 3 fasces de sa. (G.). *Var.* : D'arg. à 5 fusées en fasce de sa. C. R.

Malvaut. G. (*V. Mallevaud*). D'arg. à un huchet d'azur. H.

Mancau. De gu. à la cloche d'arg. et une bordure dentelée du même. H.

Manceau. D'arg. au chevron de gu. accomp. en pointe d'un chêne de sin. ; au chef d'azur chargé de 3 étoiles d'or. P. G. B. H. C. R.

Mancier. D'azur à 3 mains d'arg. P. *Sup.* : Deux léopards. G. C.

Mandot. D'or à un chevron de gu. accomp. en pointe d'un rocher de sa. H.

Mandron. D'arg. à 2 fasces d'azur. G. C. l'appelle Maudron.

Manes (de), Mannes. Tiercé en fasce d'azur, d'arg. et de gu., l'azur chargé de 3 étoiles, l'arg. d'une branche de laurier de sin., le gu. de 3 barres d'arg. L.

Mangin. *Loraine.* (BARONS DE L'EMPIRE). D'azur à 2 croissants d'arg. posés en fasce. H. P. C. D. F.

Mangot d'Orgères, de Villarceaux. D'azur à 3 éperviers d'or chaperonnés et longés de gu. R.

Mangou. (Fam. ét.). D'arg. au buisson de sin. chargé de 9 merlettes de sa. B. H.

Mannes (de). G. — D'azur à une fasce d'or accomp. de 3 coquilles du même, 2 en chef, 1 en pointe. H.

Maquenon des Forges. D'arg. au chevron de gu. accomp. de 3 fleurons de sin. 2 et 1. G. C. (Arm. des Maires de Poitiers).

Marans (de). (XIᵉ S.). Fascé d'or et d'azur de 6 pièces ; contre parti du même ; au chef tiercé en pal, le 1ᵉʳ et le 3ᵉ gironné ; le 2ᵉ palé de 4 pièces, le tout d'or et d'azur, et un écusson d'arg. en abîme. M. C. R. *Var.* erronée : Fascé d'or et d'azur de 6 pièces ; au chef de 2 pals d'azur et d'or, coupés aux deux cantons. G. P.

Ces armes sont communes aux Garnault, Mortimer et Pressigny.

Marbeuf. (Mⁱˢ). G. R. M. (*V. Marbœuf*).

Marbœuf (de). D'azur à 2 épées d'arg. passées en sautoir les pointes en bas, aux gardes et poignées d'or. G. C. H. R.

Marchand. D'arg. à 3 mouches de sa. 2 et 1. G. C. H. (3 moules).

Marchant. De gu. à 3 roses d'arg. 2 et 1. (H.). *Var.* : D'azur à 3 roses d'or. H. R.

Marche (de la). D'or à la fasce d'arg. chargée de 3 hermines. G. C.

Marconnay (de). (xie S.). De gu. à 3 pals de vair ; au chef d'or. [Anciennement : brisé d'un lambel de 5 pendants d'azur. G. P.]. C. H. F. R. M. (*V. Mauclerc*, S^{grs} de Marconnay).

Marcoul de Montmagner de Loute. (Barons de la Prevostière). *Marche*. D'arg. au lion passant de gu. ; au chêne déraciné, feuillé et glanté de sin. (D.). *Dev.* : « J'atteindrai ».

Mareau (de). D'azur à la bande d'or. C.

Maréchal, Mareschal. D'azur au chevron d'arg. accomp. de 3 étoiles du même, 2 et 1. G. P. C.

Maréchal. D'or au lion de sa. G. C.

Mareuil de Villebois. *Angoumois* De gu. au chef d'arg. ; au lion d'azur brochant sur le tout. R.

Marin. D'or au sanglier de sa. accomp. de 3 étoiles d'azur. G.

Marin. D'azur au pal gironné d'arg. et de sin. H.

Marin ou Marni (de). De gu. au lion d'arg. armé et lampassé de sa. H. P. C. L. (le lion contourné). *Sup.* : Deux griffons. G.

Marois (Le). *Aunis*. De gu. à la croix d'arg. cantonnée de 4 lions d'or ; à la bordure du même chargée de 6 lances de sa. posées en sautoir aux bouts de la croix. (G. C. H.). *Var.* : Sans bordure, les lions léopardés, armés et lampassés de gu. R.

Marolles (de). (xiie S.). *Touraine*. D'azur à l'épée d'arg. à la garde d'or posée en pal entre 2 pennes adossées d'arg., la pointe en bas. G. P. C. R.

Maron, Marou de Serzé. D'azur à la colonne d'arg. P. C. H. (Maron).

Marot. D'arg. à 3 fusées rangées en fasce d'azur, au chef de gu. chargé d'une gerbe d'or. B. H. G.

Marquet. D'azur au sautoir d'or cantonné de 4 besants du même. R.

Marquets de Ceré (des). D'azur à la bande d'arg. accomp. de 2 croissants d'or, un en chef, l'autre en pointe. C.

Mars (de). Barons de Coulombiers. De gu. freté d'or ; au chef échiqueté d'or et de gu. de 3 traits. G. C.

Marsac (de). G. 1655. C. — Sans doute Carbonnier de Marsac. (*Périgord*) : de gu. à la croix de Lorraine accomp. en chef de 2 croissants et en pointe de 2 étoiles, le tout d'arg. R.

Marsanges (de). *Limousin*. D'arg. à 3 merlettes de sa. (G. P. C. R.). *Var.* : De gu. à 3 merlettes d'arg. H.

Marsault de Parsay. (An. 1654). D'arg. à 3 lions de sa., lampassés et armés de gu. H. P. R. *Var.* : D'azur à l'aigle au vol abaissé de sa., tenant en son bec une petite croix d'or. (B. F. C.), D'azur à l'aigle éployée d'arg. D. F. (var.).

Martel (de). *Bretagne, Normandie*. D'or à 3 martels de gu. 2 et 1. H. G. P. C. D. F. (Vertot), L. R. (Martel de Bacqueville). *Dev.* : « Martel en tête ».

Martel. De gu. au marteau d'or posé en bande. H.

Marthonie (de la). *Saintonge*. De gu. au lion d'or., armé et lampassé de sa. L. R.

Marthonnie (de la). D'arg. à 3 fasces de gu. G. C.

Martin. 1461. D'azur à l'épée et un poignard d'arg. mis en pals, accomp. d'une étoile du même en chef et d'un croissant aussi d'arg. en pointe. G. B. H. C.

Martin (de). D'arg. à la fasce ondée d'azur. P.

Martin du Courtiou. De sa. au chandelier de 8 branches et 8 bassins, les 2 derniers aux pointes renversées, le pied coupé et bourdonné d'or. G. C. D.

Martin de la Mortière. Dé gu. à l'ancre d'arg. cotoyée de 2 bras aux mains coupées de carnation, et en pointe un boulet de canon d'arg. chargé d'une fleur de lys de gu. G. ajoute anobli pour des services considérables. H. (var.).

Martineau. *Aunis*. Ecartelé : aux 1 et 4, d'arg. à l'aigle éployée de sa. ; aux 2 et 3, de gu. au croissant d'arg. R.

Martineau. *Aunis*. (Bon de Thuré). D'azur à 2 demi vols d'arg., au chef d'or chargé d'un croissant de sa. G. C.

Martineau des Chesney. Coupé mi parti. Au 1, d'arg. à 3 annelets de sa. rangés en fasce ; au 2, échiqueté de gu. et d'or de 5 tires de six points chacune ; au 3, d'azur au croissant d'arg. surmonté d'un vol du même. R.

Marvillaut, Marvilleau. D'azur à 3 molettes d'éperon d'arg. G. *Var.* : D'azur à la fasce d'or accomp. de 3 molettes d'éperon d'arg. C. M.

Marzac (de), Marsac. (*V. Carbonnier*).

Mascureau (de) **de St-Tère.** *Limousin.* Fascé d'arg. et de gu. de 6 pièces, coupé d'arg. à 3 étoiles de gu. 2 et 1. (P. C. D. R.). Coupé d'arg. sur azur, au premier fascé de gu. et 3 étoiles, mises 2 au 1er et 1 au 2e. G.

Maslier. D'arg. à la fasce d'azur accomp. de 3 roses de gu. 2 et 1. G.

Masougne, Massougne (de). D'or à une maison de sa. (H.). D'azur à une tour d'arg. ajourée et maçonnée d'azur. H. (*V. Massougnes*).

Masparault (de). *Ile de France.* D'arg. au lion de gu. ; à la bordure d'or chargée de 8 tourteaux de gu. G. — Ces tourteaux chargés eux-mêmes, chacun d'une étoile d'arg. — C. — d'or, R.

Massard. D'azur à 2 massues passées en sautoir d'or, allumées de flammes de gu. G. C. (Arm. des Maires de Poitiers).

Massé (de). D'azur à 2 coquilles renversées d'or, posées en chef, et une étoile du même en pointe. H.

Masson de la Perray, de la Guyonnière. G. C. D'argent à 6 carreaux de gu., 3, 2, 1. P. — ...5 carreaux posés 3 et 2, (R. C.). *Var.:* D'arg. à 5 losanges de gu. posés 3 et 2. M. H. (*Var.:* lozanges d'azur).

Massonneau. D'arg. à 5 truelles de sa., 2, 1, 2. R.

Massonnay (de). De gu. à la fasce d'arg. accomp. de 6 merlettes du même. (G.). Ce doit être Malaunay. (*V. ce nom*).

Massougnes (de). D'arg. à 3 têtes de couleuvres couronnées d'azur ; au chef de gu. chargé de 2 croissants d'argent. P. H. (var.). L. D'arg. à 3 têtes de couleuvres languées, couronnées et arrachées d'azur, et 3 coquilles de sa., 2 et 1. (G. C.). D'or à la fasce de gu. chargée de 3 coquilles d'arg. accomp. de 3 têtes de couleuvres arrachées, lampassées et couronnées d'azur. (D.). — 3 têtes de côuleuvres de sa. languées et couronnées de gu. posées chacune en fasce. (R.). *Sup.:* Deux lions. *Dev.:* In utroque fidelis.

Mastier. D'arg. à la fasce d'azur accomp. de 3 roses de gu. C.

Mastin (Le). (COMTE). *Poitou, Aunis.* D'arg. à la bande de gu. contre-fleurdelisée de 6 fleurs de lis d'azur. R. F.

Masurier. De sa. à une masure d'arg. maçonnée de sa., mouvant de la partie dextre de l'écu. G.

Mathieu de Molé. P. De gu. à 3 colombes d'arg. M. ?

Matz (du). G. — S^{grs} du Puy Papin. C. — *Bretagne.* (MARQUIS DU BROSSAIS). D'arg. fretté de gu. ; au chef échiqueté d'or et de gu. R. (*V. aussi Dumas*).

Maubué. D'azur à 3 roses d'arg., 2 et 1. (G.). D'azur à 3 vases d'arg., 2 et 1. C.

Mauclerc (de). D'arg. à la croix ancrée de gu. G. P. C. H. L. R.

Maudron. D'arg, à 2 fasces d'azur. C. (*V. Mandron*).

Maulay (de). De gu. à 2 merlans adossés d'arg. accomp. de 4 étoiles d'or, 1 en chef, 2 en flancs, 1 en pointe, et une bordure cousue de sa. H.

Mauléon (de). *Gascogne.* De gu. au lion passant d'arg., lampassé et armé de sa. H. — lion d'or, R. — *Sup* · Deux lions.

Maumillon (de). D'azur à 3 étoiles d'or et 2 canons du même joints ensemble par le bout en abîme. G.

Maumont (de), **Maulmon.** D'azur à la croix d'or. G. C. R. (var.).

Maupéou (de). *Ile de France.* (An. 1586). COMTES, 1691 ; MARQUIS. D'arg. au porc épic de sa. (C. D. R. P.). *Dev.:* « Eminus et cominus ». *Sup.:* Deux lions.

Maurais (de), **Maurays.** D'or à 6 annelets de sa., 3, 2, 1. — H. — D'arg. etc. G.

Mauraise (de). De sa. au lion d'arg., armé et lampassé de gu. G. C.

Maures (de). D'azur à 3 bandes ondées d'arg. P. C.

Mauras. D'azur au chevron d'or accomp. de 3 étoiles du même. (G. C.). *Var.:* Mauras de Chassenon. D'arg. au chev. (de sa. M.) d'azur accomp. de 3 étoiles de sa. H. R.

Maurat. D'arg. à 3 rats de sa. G.

Maure. P. C. — Maure en *Angoumois* porte : de sa. à l'aigle éployée d'arg., becquée et membrée de gu. R. Armoiries semblables à Maurès de Malartic.

Maurès de Malartic *Guyenne.* Ecartelé : au 1, d'or au chef d'azur chargé de 3 étoiles d'or ; aux 2 et 3, de sa. à l'aigle d'arg. becquée de gu. (Maurès) ; au 4, de gu. plein (du Vivier). Sur le tout : d'arg. à la croix pommetée de gu. accomp. au 2⁰ et 3⁹ canton d'une molette de sa. (Malartic). L. R. K.

Maurier. C.

Maurivet. G.

Mauroy (de). *Cambrésis.* D'azur au chevron d'or accomp. de 3 couronnes du même. R. P. (couronnes ducales); (couronnes royales, D.). *Sup.* : Deux griffons. *Dev.* : Dampné n'es pas sy ne le crois.

Maussabré (de) (Marquis). *Touraine.* D'azur au lambel de 3 pendants d'or en chef. C. R. D. L.

Maussier (Le). D'azur à 3 mains senestres d'arg. R.

Maussion ou **Mossion (de).** De gu. à la fasce d'arg. accomp. de 6 merlettes du même. (G.). ...6 billettes... C. (*V. Mosson*).

Mauvise (de). *Bourgogne, Bourbonnais.* D'arg. à la croix ancrée de sa. accompagnée en chef de 2 croissants de gu. H. P. G. D. R. F.

Mauvoisin. D'arg. à 3 empoignées de foudres, les pointes en bas, liées et tortillées de gu. G.

Mauzerant (de). D'or à un chef d'azur flanqué d'arg. H.

Mavereau. D'arg. au chevron de gu. accomp. en pointe d'un chêne de sin., et un chef d'azur chargé de 3 étoiles d'or. H.

May (de) ou **Demay.** D'azur à la fasce d'or accomp. de 3 roses d'arg. (P. F. R.). Pour les cadets : d'azur à la fasce d'arg. chargée de 2 roses de gu. et accomp. en chef d'un lambel d'arg. de 3 pendants et en pointe d'une rose du même. P. C. F.

May de Moizeau (Le). D'azur à 3 feuilles de chêne avec leurs glands d'or. P. (Arm. des Maires de Poitiers).

Mayaud de Boislambert et **du Poiron.** D'arg. à un mai de sinople en pal sortant d'un croissant d'azur. P. C. H. (accosté de 2 autres croissants). R. F. G. (*Mayard*). Arm. des Maires de Poitiers. *Dev.* : Crescit in augmentum patriæ.

Maynard. G. (*V. Mesnard*).

Maynard de la Claye, du Langon. (Comtes de la Barrottière, 1766). D'arg. fretté d'azur. G. P. C. D. F. L. R. H. (Mesnard). *Dev.* : Pro Deo et Rege.

Maynard de Crespelle. D'arg. à la hure de sanglier de sa. G. C.

Maynier. D'azur à 2 chevrons rompus d'arg., l'un à dextre, l'autre à senestre. R. B. (*Provence*, barons d'Oppède).

Mayré. *Aunis.* C. D'or à l'orle de 8 annelets de gu. et au franc canton du même chargé d'un lion d'arg. armé de sa. M. (*V. Mairé ?*).

Mazières (de). De sa. à 3 glands d'or. (C. G.). *Var.* : D'azur à 3 glands d'arg. L.

Mazurier. (*V. Masurier*). M.

Meaussé (de) **Meaucé.** D'azur à 3 chevrons d'or. (C.). *Var* : D'arg. à 3 chevrons de sa. R. (*Orléanais*).

Meché. D'or à 3 licornes emmuselées de sa. G.

Meigné. D'azur au cœur ailé d'or, au chef du même chargé de 3 lions issants de gu., armés et lampassés de sin. R.

Mellangé (de). D'arg. à 2 léopards de gu. C. (de Meslange M.).

Mellony. D'azur à la fasce d'arg. accomp. en chef de 2 fleurs de lis d'or, et en pointe d'un melon du même. R.

Ménage. De gu. au rouet à filer d'or. *Ou* : D'arg. au sautoir d'azur chargé d'un soleil d'or. R.

Menagier. D'azur au chevron d'or accomp. de 3 vanneaux d'arg. C. (Arm. des Maires de Poitiers).

Ménard. De gu. coupé d'or, à une botte de sa. brochant sur le tout. H.

Manchère. P. Sᵍʳ de St-Christophe du Ligeron.

Menou (de). *Perche.* (Marquis de Neuveignes, 1697 ; Marquis de Membre). De gu. à la bande d'or. (H. P. C. D. R.), (bande d'arg. M.). *Dev.* : « Magna sustinuer magnis ».

Mercier (de). D'arg. à 3 mouchetures d'hermines de sa. H. P. C.

Mercier de Lépinay. *Marche.* D'argent au navire de sa. sur une mer d'azur ; au chef d'azur chargé de 3 étoiles rangées d'arg. D.

Mercier de Marigny. D'azur à la croix d'or cantonnée de 4 coquilles du même. F. K.

Mériget. De gu. à l'aigle d'arg. H.

Mérinville (de). (*V. Des Montiers*).

Merveillaud. D'or au soleil d'azur, parti d'azur au croissant d'arg. H.

Merveillaut. D'azur à la fasce d'or accomp. de 3 molettes d'éperon d'arg. G. H.

Merveilleux du Vignaux. D'azur à la sirène d'arg. posée de fasce tenant de ses deux mains ses queues à la hauteur des épaules. D.

Meschain. D'azur à 2 fasces d'or, accomp. de 5 coquilles d'arg., 3 en chef, 2 en pointe, les fasces chargées de 5 roses de gu., pointées de sin. 3 et 2. H. R.

Meschinet. Ecartelé : aux 1 et 4, d'azur au lion d'or ; aux 2 et 3, d'arg. à la croix de sa: chargée d'une autre croix vivrée d'arg. et cantonnée de 4 merlettes de sa. H.

Meschinet de Richemond. (An. 1593). D'or au pin de sin. accomp. de 3 étoiles d'azur à dextre, et d'un lion gravissant à senestre. C. G. D. F. L.

Mesgrigny (de). *Champagne, Aunis, Poitou.* D'arg. au lion de sa., lampassé et armé de gu. ; écartelé, fascé, ondé, enté d'arg. et de gu. de 6 pièces. (H.). *Var. :* Sans écartelure. Le lion de sa. couronné et lampassé d'or. R. *Dev. :* Deus fortitudo mea.

Mesle (du). G. Peut être : *Melay :* De gu. à 3 besants d'arg. rangés en chef. M.

Mesmin. G. — D'arg. à 3 merlettes de sa. ? R.

Mesnage. D'azur au franc quartier d'arg. chargé d'une hure de sanglier de sa. allumée d'arg., à 13 fusées d'or mises en pal, 3, 5 et 5. G. C.

Mesnager. D'azur au chevron d'or accomp. de 3 vannaux d'arg. G. R. (allouettes).

Mesnard. H. R. (*V. Maynard*).

Mesnard du Gué. D'or à la barre gironnée d'arg. et de sa. H. R. (Gironnée d'or et de sa.).

Mesnard (de). (Barons et Marquis de Pouzauges). D'arg. à 3 porcs épics de sa. miraillés d'or, posés 2 et 1. P. C. H. G. (Maynard). *Dev. :* Nul ne s'y frotte. *Sup. :* Deux lions.

Mesnard des Bourelières. *Bretagne.* D'or à un dextrochère d'azur. (H.). *Var. :* D'azur à... ...d'or. — R.

Messange (de). D'arg. à 2 léopards passants de gu. G.

Messemé (de). *Picardie.* De gu. à 6 palmes d'or, les tiges ajoutées en cœur. H. P. C. R. M.

Mestairie (de la). D'azur à la rivière d'or mise en barre. H.

Mestange. G. (*V. Messange*).

Meulle (de). D'arg. à 3 tourteaux de sa. accomp. de 7 croix ancrées de gu., 3 en chef, 1 en cœur et 2 en pointe. G. C.

Mézieux, Mesyeux (de). D'arg. à 3 chevrons d'or. G. C. H. (chev. d'arg.).

Michel. P. C. Sgr des Essarts de Corbin.

Michel de St-Dizant et de la Morinerie. *Saintonge.* D'or à la fasce d'azur chargée de 3 besants d'arg. accomp. de 3 merlettes de sa., 2 en chef, 1 en pointe. L. R. (var.). *Sup.:* Deux lions.

Michelet. De gu. à 12 coquilles de St-Michel d'arg. oreillées de sa., 4, 4, 4. G.

Micou. G.

Migault. G. — D'or à la fasce d'azur engrelée de sa. B. H.

Miget. D'azur au chevron d'or accomp. en chef de 2 étoiles du même et en pointe d'une tête de lion aussi d'or. B. H.

Mignoneau. *Aunis.* D'azur au chevron d'or surmonté de 3 étoiles du même et accomp. en pointe d'un agneau passant d'arg. R.

Mignot (de). P. C. D'azur à 2 mâcles d'arg. en chef et une rose d'or en pointe. M.

Milleville (de). *Anjou.* De gu. au sautoir d'arg. cantonné de 4 glands d'or la tête en bas. (D. R.). *Dev.:* « Sicut quercus incorruptibile ».

Millon ou **Milou.** D'azur à la fasce d'or accomp. de 3 roses d'arg. 2 et 1, et un soleil d'or en chef. G. P. C. M.

Minbielle (de). D'azur au château d'arg. flanqué de deux tours pavillonnées du même et girouettées d'or. H.

Mingarnaut. De gu. au gâteau d'argent posé en cœur, accomp. de 3 croissants du même 2 et 1. G. C.

Mirabeau (de). D'azur au chevron d'or accomp. en chef de 2 roses d'arg., et en pointe d'une coquille du même. P.

Mirambel (de). *Limousin.* G. D'azur à 3 miroirs arrondis d'arg. R.

Mocet (de). *Saumur.* D'azur au chevron d'or accomp. de 3 tourterelles d'argent. C.

Modon (de). G. Sgr de la Roche-Biraut. (*V. Mondion ?*).

Moisant (de). D'azur à 3 croissants d'arg. 2 et 1, et une rose d'or en abîme. H.

Moissac (de). (*V. d'Hilaire*).

Molen de la Vernède. *Bretagne, Auvergne.* D'azur à 3 sautoirs alaisés d'or, 2 en chef, 1 en pointe. P. C. D. H. (Molin). L. R.

Momillon. D'azur à 2 cœurs accolés d'or accomp. de 3 étoiles du même, 2 en chef, 1 en pointe. H.

Momillon. De sin. semé d'étoiles d'arg. et un chef d'azur. H.

Monard (de). G

Moncrif (de) (Moncreiffe). *Ecosse, Champagne.* D'arg. au lion de gu., armé et lampassé d'azur, et un chef d'hermines. H. R.

Mondain. P. (*V. Mondion ?*).

Mondetour (de). D'or au monde d'azur accomp. en chef de 2 tours de gu. H.

Mondion (de). D'arg. à 2 fasces de sa. accomp. en chef de 3 roses de gu. P. C. D. F. *Var.:* D'or à 3 fasces d'azur; au chef de gu. chargé de 3 roses d'arg. (M. preuves de Malte). *Dev.:* « Deo regique semper fidelis ».

Moneys (de). G. R. (*V. Monneix*).

Monfrebœuf. (*V. Montfrabœuf*).

Monjon (de). D'or à la montagne de sin. surmontée de plusieurs jougs du même, accostée de 2 lions affrontés de gu. H.

Monneix d'Ordières. (P.).

Monnins (de). (C.). Ecartelé : aux 1 et 4, d'or au lion de gu. ; aux 2 et 3, d'azur à 2 chev. d'or. P. C. G. D. et R. (aux 2 et 3. d'azur à 3 bandes d'arg.). *Sup.:* Deux lions.

Monnereau. *Aunis, Saintonge.* D'argent à une merlette de sa. R.

Monnet. G. D'azur au moulin à vent d'or posé sur une terrasse d'arg., au chef d'or chargé de 2 & de sa. K.

Monnory (de). G.

Mons. D'arg. à la bande de gu. chargée de 3 pattes de lion d'or et accomp. en chef d'une aigle éployée d'azur, et en pointe de 3 mouchetures d'hermines de sa. posées dans le sens de la bande. R.

Monsière (de). D'or à une montagne de sin. surmontée d'un roc d'échiquier de gu. H.

Monsorbier (de). D'azur à 3 pattes de lion d'or, 2 et 1, en pal. P. H.

Monstiers (des), Montiers. (MAR-QUIS DE MÉRINVILLE). Ecartelé : aux 1 et 4, d'arg. à 3 fasces de gu. ; aux 2 et 3, d'azur au lion d'or, armé et lampassé de gu. G. C. R. (d'or etc.). (*V. Des-montiers*). D. *Var.:* 1 et 4, d'azur à 2 lions passants d'arg. l'un sur l'autre ; aux 2 et 3, d'arg. à 3 fasces de gu. *Dev.*. « Quod opto est immortale ».

Monstils (des), Montils. D'arg. à 3 roses de gu., au rasoir d'or emmanché de sa. posé en cœur. G. C.

Montaigu (de), Montagu. *Auvergne, Bretagne.* D'azur à 2 lions d'or, couronnés, armés et lamp. d'arg. M. P. D. G. (var.). H. R. (*Montagu*). — C. 2 lions affrontés d'arg... (*Montaigu*)

Montalembert (de) (Mis, C^{tes}), D'arg. à la croix ancrée de sa. G. P. C. D. F. L. (cotoyée en chef de 2 losanges du même. M.). *Sup.:* Deux autruches. *Dev.:* Ferrum fero, ferro feror.

Mont-Aquay-d'Azay (du). De sa. à 3 seaux d'or posés 2 et 1, surmontés en chef d'une croix d'arg. P.

Montaudouin (de). *Orléanais.* D'azur à une montagne de 6 coupeaux d'arg. (P. C. D. R.). *Dev. :* « Auxilium à montibus ».

Montault de Radefeu. P. C. Losangé d'arg. et d'azur. D. (*Armagnac*). R. *Dev. :* « Atavis et integra fide ».

Montausier (de). D'or à 3 losanges d'azur 2 et 1. H. P. C. (fusées d'azur, mises en fasce, M.).

Montauzier (de). De sin. à la montagne d'arg. H.

Montbel (de). (XIe S.). *Languedoc.* (C^{tes}, 1457, 1770). D'or au lion de sa. armé et lamp. de gu., à la bande componnée d'hermines et de gu. de 6 pièces, brochant sur le tout. C. P. D. L. R. (bande de gu. chargée de 3 coquilles d'or. M.).

Montberon (de). *Angoumois.* (XIIe S.). Fascé d'arg. et d'azur de 8 pièces. C. G. R. (Montbron, M.).

Montendre. (MARQUIS). *Bretagne, Saintonge.* D'or à l'aigle de sa. R. *Sup. :* Deux lions.

Montenond (Cte de). P. (*V. Geay*).

Montfaucon de St-Mesmin. De sin. au lion d'or. R.

Montferrand (de). Ec. : aux 1 et 4, d'azur au chev. d'or chargé de 3 roses de gu. ; aux 2 et 3, de gu. au lion d'or couronné, lampassé et armé de gu. G.

Monfrabeuf (de). D'or au lion de gu. G. F. (C. Montfrebœuf), R. *Var.* : D'azur au lion couronné d'or.

Monti de Rezé (de). (C^tes, 1672 ; Mis). *Florence, Bretagne.* (XIe S.). D. R. *Dev.* : « Inébranlable ». (*V. de Monty*).

Montier (du). D'azur à 3 tours d'argent maçonnées de sa. C.

Montiers. D'azur à 2 lions léopardés d'or, l'un sur l'autre. R.

Montiers (des). (C^tes DE MÉRINVILLE, 1740). De gu. à 2 lions léopardés d'or, l'un sur l'autre. R. (*V. Des Monstiers*).

Montjon (de). D'or à la montagne de sin., au chef d'azur chargé de 3 étoiles d'or. (C. G.). D'or à 2 lions de gu. rampants sur une montagne jonchée de sin. G. (Montion). Arm. des M. de P.

Montjou (de). (*V. Gaborit*).

Montlouis (de). D'azur à 3 chevrons d'or chargés de 3 fleurs de lys du même en chef. G. C. R.

Montmillon (de). D'azur à 2 cœurs accolés d'or accomp. de 3 étoiles du même 2 et 1. (P.). ...les cœurs joints par le bout... C.

Montmorency (de). *Luxembourg.* (Ducs, 1551, 1662, 1688, 1765, 1783, 1822, 1824). D'or à la croix de gu. cantonnée de 4 alérions d'azur et chargée en cœur d'un écusson d'arg. au lion de gu. couronné d'or. P. C.

Monts (Des). D'arg. à la bande de gu. chargée de 3 griffes de lion d'or, accomp. d'une aigle éployée d'azur, en chef, et de 3 mouchetures d'hermines en pointe. G. C.

Montserault (de). Écartelé : aux 1 et 4, d'azur au chevron d'or chargé de 3 roses de gu. ; aux 2 et 3, de gu. au lion d'or couronné, lampassé et armé du même. C. (Monserant, M.).

Montsorbier (de). Vergeté d'azur et d'arg. de 11 pièces, à la bordure componée de même. G. C.

Monty de la Rivière. D'azur à la bande d'or accomp. de 2 montagnes à 6 coupeaux du même, une en chef et une en pointe. P. C. (*V. Monti de Rezé*). R.

Montz (de). De gu. à 3 écussons d'or. G.

Morain. D'azur au pal d'arg. chargé de 2 têtes de maures de sa. H.

Morais (de) de la Florellière, etc. D'or à 6 annelets de sa. P. C. R.

Moreau. De gu. à l'épée d'arg. garnie d'or la pointe en bas. G. P. C. H. R.

Moreau. D'or au bœuf de gu. G.

Moreau. D'azur au mûrier d'arg. G. P. C.

Moreau. De sin. au besant d'arg. chargé d'une tête de maure de sa. H.

Moreau. Écartelé : aux 1 et 4, d'arg. à la tête de maure de sa. tortillée d'or ; aux 2 et 3, de gu. à 3 fasces ondées d'arg. R. D.

Moreau du Fourneau. D'or au mûrier de sin. sur une motte du même, surmonté de deux têtes de maures de sa. tortillées d'arg. D.

Moreau de Montchenil. *Périgord.* D'or au chevron de gu. accomp. de 3 étoiles du même. R.

Moreillon (de). B. 1341. (*V. : Morelon*).

Morel de Fromental. *Limousin.* D'azur au chev. d'or accomp. de 3 étoiles d'arg., celle de la pointe soutenue d'un crois. du même. P. C. R. (le tout d'or).

Morelon. D'azur au chev. d'or accomp. de 3 pommes de pin d'arg., (3 grappes de raisin d'or, M.), au chef d'or. G.

Morennes (de). D'arg. à 3 têtes de maures de sa. tortillées d'or. G. C. (Arm. des Maires de Poitiers).

Moriceau. *Niort.* D'azur à la fasce d'or chargée de 3 ifs de sin., accomp. en chef d'une tête de maure et en pointe d'un seau d'arg. K.

Morienne (de). (An. 1667). C. De gu. au lion d'or à la cotice d'azur brochant sur le tout. H. R.

Morin. Parti, contre fascé d'arg. et d'azur de 8 pièces. P. F.

Morin. D'arg. à 3 grenades de gu. tigées et feuillées de sin. posées 2 et 1. B. H.

Morin. De gu. au lion d'arg. lampassé et armé de sa. H.

Morineau (de). De gu. à la bande d'arg. chargée de 3 têtes de maures de sa., accomp. de 4 croissants d'arg., 2 en chef, 2 en pointe. C. F.

Morisson. De sa. à 3 épées mises en sautoir d'arg. (P.) et une merlette de sa. en pointe. G.

Morisson de la Bassetière. De sa. à 3 roquets d'or. H. R.

Mortal. De sa. à 3 têtes de maures d'arg. ajourées de l'écu. G.

Moussy (de). (xiiᵉ S.). *Beauvoisis.*
D'or au chef de gu. chargé d'un lion
léopardé d'arg. G. C. D. F. (Chérin) R.
Var. : De sa. au lion d'arg. passant sur
une terrasse d'or. (H.). *Ten. :* Deux anges.

Moussy-Bariot (de). G. (*V. Moussy*).

Moyne (Le) de Beaumarchais.
Normandie. D'azur à 3 roses d'arg. Au
chef de gu. chargé d'un croissant d'argent entre deux étoiles d'or. R.

Moyne (Le) de Sérigny. (Marquis
de Loiré, 1699). *Normandie.* D'azur
à 3 roses d'or ; au chef de gu. chargé
d'un croissant d'arg. entre deux étoiles
du même. (R.). *Ten. :* Deux sauvages.

Moysan (de). D'azur à 3 croissants
montants d'argent 2 et 1, et une rose
d'or au cœur de l'écu. G. P. C. M.

Musard. D'azur au lion d'or surmonté de 2 étoiles du même. H.

Musset ou Mullet. D'azur à la jumelle cotoyée de 6 étoiles à 6 rais d'arg.
(Mullet) G. (Musset) C. M.

Nagle (de). (Baron de l'Empire).
Coupé : au 1ᵉʳ parti, a) de contre hermine
à 2 losanges d'arg. posés en fasce, b)
des barons militaires. Au 2, d'azur au
dextrochère tenant une épée en pal,
mouvant du flanc senestre et sortant
d'une nuée, le tout d'arg. D. R.

Narbonne (de). De gu. à l'écusson
d'arg. ; au chef de sa. P.

Nau. D'azur à 3 angelots d'arg. ; au
chef d'or chargé en la partie dextre
d'une étoile à 8 rais d'azur. G.

Naulet. D'azur au bâton d'arg. péri
en bande accomp. de 3 fleurs de lis du
même, 2 et 1. G. C. (Nollet, M.).

Nauseac (de) ? P. Sᵍʳ de la Brunière.
(*V. Nossay ?*)

Négrier. D'arg. au chevron de gu.
accomp. de 3 têtes de maures de sa.,
au bandeau d'arg. H. G. C. D.

Nesmond (de). *Irlande.* D'or à 3
cornets de sa. liés d'azur, virolés de
gu. et enguichés d'or. G. C. D. H. R.

Neucheze, Neufchaize (de). De
gu. à 9 molettes d'arg. posées 3, 3, 3.
(R. H.). *Sup :* Deux lions regardant,
tenant chacun une bannière aux armes
de l'écu.

Neufville (de). De gu. à la ville
d'arg. maçonnée de sa. G. (Arm. des
Maires de Poitiers).

Nicou. (An. 1656). C. — D'azur à une fasce accomp. en chef de 2 étoiles, et en pointe d'un crois., le tout d'or. H. L. M.

Niveles. G.

Nollet. (*V. Naulet*).

Nossay (de), Nocé. D'arg. à 3 fasces de sa. accomp. de 10 merlettes du même, 4, 3, 2, 1. G. P. H. L. R. M. (*Nocé*). 4, 4, 2. C. *Dev.* : Multa Nocent.

Noue (de la). *Bretagne.* D'arg. fretté de sa. au chef de gu. chargé de 3 têtes de loup d'or posées en pal, gueules béantes. G. C. R. (treillissé).

Nouelette (de La). G. C.

Nouhes (des) ou **Noues.** De gu. à la fleur de lis d'arg. (P. C. D. H. F.). Fleur de lis d'or, R. H. M. G. *Dev.* : « Armis protegam ».

Noueet (des). H. (*V. des Nouhes*).

Noyers (des). P. C. Sgr du Plessis.

Nuchèze (de). (COMTES, 1697). De gu. à 9 molettes d'éperon de 5 pointes d'arg., l'écu en bannière. P. (G. Neufchaize). M. C. D. R. F. (*V. Neuchèze*).

Odart, Oudars. D'or à la croix de gu. chargée de 5 coquilles d'arg. R. C. — D. champ d'arg. F. (Lainé).

Ogard. De sin. au lion d'arg. H.

Ogeron de Villiers. (An. 1643). D'azur au cor versé d'or, enguiché et lié de gu., accomp. de 3 mâcles d'arg. G. P. C. H. (3 besants d'or). F. (Arm. des Maires de Poitiers).

Ogeron. D'azur à un panier d'arg. surmonté d'un croissant du même. H.

Oiron (d'). D'arg. à 3 roses de gu. tigées et feuillées de sin. P. G. R. C. (Oyron).

Olbreuse (d'). (*V. Dexmier*).

Olivet (d'). G. (*V. Olivier ?*).

Ollivier, Olivier de la Chaussée. D'azur à 6 besants d'or, 3, 2, 1 ; au chef d'arg. chargé d'un lion issant de sa., lampassé, armé de gu. G. C. H. M. R.

Ollivier, Olivier. (Bons DE LA RIVIÈRE, Mis DE LEUVILLE, 1650). (Mais. ét., 1684). *Aunis.* Ecartelé 1 et 4 comme ci-dessus ; 2 et 3, d'or à 3 bandes de gu., celle du milieu chargée de 3 molettes d'arg. R.

Oradour (d'). D'azur à la fasce d'arg. (d'or, M.), accomp. de 6 fleurs de lis du même, 3 en chef et 3 en pointe. (G.). D'azur à 3 fasces d'or accomp de fleurs de lis d'arg. C.

Orbel (d') ou **Datrel.** P

Orfeuille (d'). (COMTES). D'azur à 3 feuilles de chêne d'or. R. C. F. D. — Feuilles de laurier. H. P.

Orillaud. D'or à 2 oreilles d'âne, de gu. rangées en fasce. H.

Orré. D'azur au lion d'or rampant : au chef de gu. chargé de 3 mâcles d'arg. C. G. (Arm. des Maires de Poitiers).

Ouches (des). G.

Oudard Feudrix ? P. (*V. Odart ?*) D'or à la croix de gu. ? R. (*Anjou*).

Outreleau (d'). De gu. à 3 croissants montants d'arg. H. G. C.

Ovalle de Preugny. M.

Oyron (d'). D'arg. à 3 roses de gu. tigées et feuillées de sin. R. *Marche*). C. (*V. Oiron*).

Paen. D'azur à un pin d'or fruité du même. B. H.

Pager. (An. 1652). D'arg. à 3 étoiles en chef et en pointe un lion léopardé de gu. ; au chef ondé de sa. C. G.

Pain. D'azur à 3 besants d'or. H. R.

Pallet. *Artois, Saintonge.* D'azur à la fasce d'arg. accomp. de 2 palets du même, l'un en chef et l'autre en pointe, chaque palet marqué d'un point de sa. R. L.

Palustre. De gu. à la rivière en fasce, ondée d'argent, chargée d'un cygne becqué de sa. (G.). Au chef d'or chargé d'une étoile d'azur. G. B. C. F.

Pallu de la Barrière. D'or à 2 palmes de sin. *Dev.* : Monent avorum palmæ.

Pallu du Bellay, Pallu du Parc. (An. 1774). D'arg au palmier de sin. sur une terrasse du même, mouvante de la pointe de l'écu accosté de 2 mouchetures d'hermines. (K. P. C. F. R.). *Sup.* : Deux licornes.

Pandin. (XIVe S.). Mis DE LUSSAUDIÈRE; DE NARCILLAC. (Ctes, 1830), DE SAINT-HIPPOLYTE. D'azur à 3 pals d'arg. ; au chef cousu de gu. chargé de 2 fasces d'or ; à la bande d'or brochant sur le tout. (P. C. D. H F. L. R.). D'azur etc., au chef d'or. G. R. (Pour Pandin de Jarriges, des Loges, de la Polardière, etc., *Angoumois*). *Sup.* : Deux licornes.

Panneverre, Panneveyre. *Auvergne.* D'or au lion d'azur, armé, lampassé et couronné de gu. R.

Pastureau. De sin. à 3 béliers d'arg. R. B. H. (paissants).

Pastureau. D'azur à une houlette d'or posée en fasce, accomp. de 3 moutons paissants d'arg. H.

Patras (de). D'azur à 2 bourdons d'or passés en sautoir cantonnés de 4 roses d'or. G. C. R. (les meubles d'argent, de la Roche-Patras).

Pavin. D'arg. au trèfle de sin. soutenu d'un croissant de gu. H.

Pavin (de la Farge, de Beaumont). D'azur à 3 étoiles d'or accomp. en pointe d'un croissant montant d'arg. (G. C. D. H. R. Arm. des Maires de Poitiers). *Sup. :* Deux paons à tête de femme.

Payraud. G. (*V. Peyraud*).

Payré de Lablevye (du). D'or au poirier de sin. ; au lion passant d'arg. brochant sur le tout. H.

Pays-Mellier. (An. 1729). *Anjou.* D'arg. à l'arbre de sin. chargé d'une merlette de sa. C. F. R.

Pelard. D'arg. à l'aigle éployée de sa. membrée de gu. C. G. P. H.

Pelaud de Mautête. De gu. semé de billettes d'or, au lion d'arg. sur le tout. P. C.

Pelisson de Marit. D'arg. à 3 hures de sanglier arrachées de sa. (G.). D'arg. à la hure de sanglier de sa. défendue d'arg. C. H. (Arm. des Maires de Poitiers).

Pelletier. D'arg. à une peau étendue en pal de sa. G. B.

Pelletier (Le). (*V. Le Pelletier*).

Pepin. D'arg. à 9 sautoirs de sa. mis 3 par 3, séparés par un triangle du même. G. C.

Percechausse. D'azur au chevron d'or accomp. de 3 roses d'arg., boutonnées d'or. G.

Percechausse. 1344. D'azur à 3 houssettes ou chausses d'or, 2 et 1. B.

Perefixe. *Naples ?* D'azur au chevron d'or accomp. de 2 étoiles d'or en chef et d'une rose du même en pointe. G. C. F. — R. indique: d'azur à 9 étoiles d'arg., 3, 3, 2, 1.

Peret (du), (Duperré), Perray. De gu. à 5 burelles d'or. G. C.

Périgord. P. C. (*V. Talleyrand*). S^{gr} de Beaulieu et Villechuon.

Périnet. (*V. Perrinet*).

Perle (de la). De gu. à une perle d'arg. H.

Pérot. D'azur au chevron d'or accomp. de 3 canettes d'arg. B. H.

Perpigna (de). *Béarn, Saintonge.* D'azur à 5 molettes d'éperon d'or posées en croix. D. K. M. R.

Perrat (du). D'azur à une tour d'arg. maçonnée de sa. (G. C.). *Var.:* Château à 3 tours, pignoné, girouetté, crenelé d'or, coulissé de sa. G.

Perray (du). (*V. Peret*).

Perret. B. (*V. Peret ?*).

Perrière (de la). *Saintonge.* D'arg. à la fasce de gu. abaissée sous trois têtes de léopard du même, lampassées et couronnées d'or. R.

Perrin. D'azur au lièvre d'arg. au pied d'un arbre de sin. B.

Perron (du). De sin. au héron marchant avec une vigilance d'arg. accomp. de 3 étoiles d'arg. rangées en chef. C.

Perry, Péry. *Irlande, Limousin.* D'arg. à 2 lions de gu. léopardés, l'un sur l'autre ; au chef de sa. P. C.

Perthuis de la Salle. De gu. à une licorne passant d'arg. (R.). *Ten.:* Deux sauvages.

Pertseschausses.(*V.Percechausse*).

Pérusse des Cars (de). (XIᵉ S.). *Marche.*(COMTES DE LA VAUGUYON, 1586, DUCS DES CARS, 1815, 1825). De gu. au pal de vair appointé et renversé. P. C. F. R. (var.). *Légende :* Sic per usum tulsit. *Dev.:* Fais ce que dois, advienne que pourra.

Pervinquière. *Bretagne.* (BARON, 1811). D'arg. à la plante de pervenche au naturel, surmontée à senestre d'une balance d'azur ; au franc quartier des barons membres des collèges électoraux, de gu. à la branche de laurier d'arg. C. F.

Pesseu. D'argent. H.

Pestalozzi (de)(Cᵗᵉ). P. C. — Parti : au 1, d'or à 2 demi-vols adossés de sa.; au 2, d'azur au lion léopardé d'or placé entre 2 fasces d'or. R.

Petiet.*Bourgogne.*(BARONS DE L'EMPIRE). D'azur à la bande d'or chargée d'une épée de gu. la pointe en haut dans le sens de la bande ; accomp. en chef d'une étoile d'or et en pointe d'un triangle d'arg. — Armes de l'Empire : coupé mi-parti : au 1, d'azur à l'étoile d'or ; au 2, de gu. à l'épée d'ar-

gent et une palme d'or passées en sautoir ; au 3, d'hermines plein. — R. M., nouveau d'H. K. D. — *Var. :* Écartelé : au 1, d'azur à une étoile d'or ; au 2, d'hermines plein ; au 3, de sin. au lièvre d'or courant en barre ; au 4, de gu. à l'épée d'arg. et une palme d'or passées en sautoir. D. (Le Révérend).

Petit. (*V. Le Petit*).

Petit. (XIIᵉ S.). De sa. fretté d'arg. C. F.

Petit de Boissouchart. (BARON DE SAINT-MESMIN). De sa. à la bande d'arg. chargée d'un lion de gu., armé et lampassé d'or. H. G. C. R. M.

Petit de Salvert. D'or à 3 croix pattées d'azur, au cœur de gu. en abîme. F. (Vertot).

Petit (Le). Fuselé d'or et de gu. C. F. (Sgʳˢ de la Vauguyon, la Hacquinière, Chausseraye).

Petitpied. D'azur à la tortue d'arg. accomp. de 5 fusées du même, 3 en chef et 2 en pointe. G. C.

Peuguion. D'or à 3 chevrons de gu. et un tourteau du même en pointe. H.

Peyraud. D'azur à 3 anneaux d'or avec leurs chatons garnis de leur pierre précieuse d'arg. G. C. H. R. (chatonnés du même).

Phelypes. D'arg. à la tête de lion arrachée de gu. accomp. de 3 roses du même. H.

Philippes. D'azur à un chevron d'or accomp. de 3 roses du même 2 et 1.(P. C. H.). D'azur etc. accomp. de 3 étoiles d'or. G. M. C. R. (molettes).

Picard. D'azur à 3 étoiles d'or en chef et une croix pattée de gu. en pointe. H. G. C.

Picard de Phelippeaux. *Champagne.* D'azur au lion d'or armé et lampassé de gu. P. C. F. R.

Pichard. *Marche.* D'azur au chevron d'or, chargé de 2 lions affrontés de sin., accomp. en chef de 2 croisettes d'arg. et en pointe d'une aigle d'or. C. D. F. R.

Picot. D'arg. au pin de sin. et un chef de sa. chargé de 3 étoiles d'or. H.

Picot de Vaulogé. *Bretagne, Normandie.* (VICOMTES, 1827). D'or au chevron d'azur accompagné de 3 falots d'arg. allumés de gu., au chef de gu. (D. R). *Sup. :* Deux lévriers. *Dev.:* Nullus extinguitur.

Pidoux. D'arg. à 3 chev. de gu. et une rose d'azur en pointe. Malte.

Pidoux. D'arg. à 3 frettes de sa. alésées, posées 2 et 1. (G. P. C. H. R.). *Var. :* De sa. à 3 frettes d'or en losanges, 2 et 1. M.

Pidoux. De gu. au pied d'ours d'argent. H.

Piégu (de). *Berri.* D'arg. semé de fleurs de lis d'azur, au lion de gu., lampassé et couronné d'or, brochant sur le tout. C.

Pierrefiche. D'azur au chevron accomp. en chef de 2 étoiles et en pointe d'une rose, le tout d'or. R. (*V. Perefixe*).

Pierres (de). Barons d'Espinay. (xii⁰ S.). *Bretagne.* (Vicomte, 1820). D'or à la croix pattée de gu. G. C. R. (raccourcie, M.). *Dev. :* Pour loyaulté soutenir.

Piet de Pied-de-Fonds. D'azur au lion léopardé d'or. B. H. C. F. R.

Pignon. 1420. B. — Une famille bretonne de ce nom porte : d'azur au lion d'arg. R.

Pignonneau. *Touraine.* D'arg. à 5 fusées de gu. en fasce (C.), surmontées d'un lambel du même. (P.). D'arg. à la fasce fuselée de 3 pièces et 2 demies. (G.). D'arg. à 5 fusées d'azur en fasce. D.

Pigniot. D'or à un pigeon d'azur, coupé d'azur à une tour d'arg. H.

Pin de la Guérivière (du). (xii⁰ S.). *Normandie.* D'arg. à 3 bourdons de gu. posés en pal et rangés en fasce. H. P. C. F. R. G.

Pindray (de). Comtes. D'arg. au sautoir de gu. G. P. C. D. L. R. *Ten. :* Deux sauvages. *Dev. :* « In his signis vinces ».

Pinault de Bonnefonds. D'arg. au chevron de gu. accomp. de 3 tourteaux du même, 2 en chef, 1 en pointe. H. P. C. *Var. :* 3 pommes de pin de sin. H.

Pineau de Viennay. D'arg. à 3 pommes de pin de sin. la pointe en bas. H. R. M.

Piniot. D'arg. au chev. de sa. accomp. en chef de 3 étoiles rangées (3 molettes 2 et 1, M.) et en pointe d'un lion léopardé de gu., lampas. et armé de sa. H. G. C. R. (lion naissant).

Pintieu. Ecartelé d'or et de gu. H.

Pinyot. D'arg. coupé de sa. à la pomme de pin d'or brochant sur le tout. H.

Piouneau. D'arg. à 3 fusées et 2 demies accostées, accolées en fasce abaissée de gu., sommées de 3 lambels de sa. G. (*V. Pignonneau*).

Plaisis (du). D'azur à un chevron d'or. H.

Planche (de la). D'arg. au lion de sa. couronné de sin. P. C.

Plantis. D'or fretté de sa. M. R.

Plantys (du). De sa. à 2 léopards d'or. G. H. (var.).

Plard (de). D'arg. à l'aigle éployée de sa. H.

Plessis (du). (xii⁰ S.). Duc, 1621, 1634, de Richelieu et de Fronsac. D'arg. à 3 chevrons de gu. C. F. (La Chenaye). (Anselme). R. D.

Plessis-Platé (du). D'hermines à 3 chevrons de gu. R.

Plouer (de La Chopinière de). D'azur au lion d'arg., couronné, armé et lampassé d'or, et 3 étoiles du second en chef. G. C. H.

Pocquières. D'arg. à 5 fusées et deux demies d'azur, accolées en fasce. R.

Poictevin. D'azur à l'aigle d'arg. (G.), armée et becquée de gu. M. C.

Poignand, Poignant. *Angoulême, Poitou.* D'arg. au lion armé et lampassé de gu. G. P. C. D. (Poignand de l'Orgère). Arm. des Maires de Poitiers. *Dev. :* Ad nullius pavebit occursum.

Poirel de Grandval. D'arg. au chev. d'azur accomp. de 3 cœurs de gu. P. C.

Poirier de la Franchère. D'arg. au chevron de sa. accomp. en chef de 2 étoiles d'azur et en pointe d'un poirier de sin. P. C.

Poisblanc de Neufville. Ec. : aux 1 et 4, d'azur à 3 besants d'arg. accomp. en chef d'un lambel du même ; aux 2 et 3, d'azur au lion naissant d'or. M.

Poispaille. D'azur à la fusée d'arg. accomp. de 3 fleurs de lis du même. C.

Poissier. D'or à un pin de sin. H.

Poitevin. De gu. à 3 haches d'armes d'arg. emmanchées de sa. ; 2 et 1, aboutées d'arg. G. P. C. H. M.

Poitevin, de la Bidollière. D'azur à l'aigle éployée d'arg. (C. G.), armée et becquée de gu. M.

Poitiers. D'azur à 6 besants d'or, 3, 2 et 1, au chef du même. M.

Poix de St-Romain. D'or (d'arg. M.) à un vol de gu. (Poix); (R. écartelé, var.).

Poixpaisse. D'azur à la fasce d'arg. à 3 fleurs de lis du même 2 et 1. G. Ne serait-ce pas Poispaille ?

Poize (de La). De sa. à 3 bandes d'arg. M.

Polignac d'Escoyeux et des Fontaines (de). *Auvergne, Saintonge.* (Fam. ét.). Mᶦˢ D'ESCOYEUX. Ec. : aux 1 et 4, d'arg. à 3 fasces de gu. ; aux 2 et 3, de sa. au lion d'or couronné, lampassé et armé d'arg. M. K. (Clérambault, La Chesnaye). R. — Dans certains documents anciens ce nom est écrit Poulignac. (M. fascé de 8 pièces).

Ponpaille. De sin. à un pont de 3 arches d'arg. surmonté de 3 gerbes d'or rangées en chef. H. (Peut être Poispaille).

Pons. (SIRES ET VICOMTES DE). Mais. ét. (COMTES DE CLERMONT, DE ROQUEFORT, DE MARSAN). D'arg. à une fasce bandée d'or et de gu. de 6 pièces. (P. M. G. C. H. R.). De 5 pièces. G. *Sup. :* Deux sphinx.

Pons (de). (*V. du Pont*).

Pont (du) (Dupont). *Aunis.* D'azur au pont de 3 arches d'arg. maçonné de sa. G. D. R. (2 arches d'or). (*V. Dupont*).

Pont (du). D'azur à 3 tours crénelées, ajourées, castillées d'arg., maçonnées de sa. G. C. R. (4 tours).

Pont (du). D'azur au chef de gu. chargé de 7 billettes d'or, 4 et 3. C.

Pontenier. De gu. à 3 ponts de 3 arcades chacun, d'arg. G.

Ponthieux (de). *Aunis, Saintonge.* Ecartelé d'or et de gu. P. C. L. R. M.

Pont-Jarno (de). D'azur à 3 têtes de cygnes arrachées d'arg. becquées de sa. P. C. (*V. Jarno*).

Ponts (de). Parti d'or et de sa. au pont d'arg. brochant sur le tout. H.

Porcheron de St-James. D'or au chevron d'azur, accomp. en chef de 2 hures de sanglier affrontées de sa. défendues et allumées d'arg., et en pointe d'un porc épic de sa. G. C. M.

Port (du). G. C. Sʳ de Boismasson.

Portail (du). G. C. — Une famille normande de ce nom porte : d'azur à 3 têtes de léopard d'arg. R.

Porte-aux-Loups (de La) et de Lubignac. (MARQUIS, COMTES D'HUST).

Périgord, Saintonge, Angoumois. D'azur à la fasce componée d'or et de gu. de 4 pièces, accomp. de 2 loups d'or passants, un en chef, l'autre en pointe. (L. D. R.). *Ten. :* Deux sauvages.

Porte (de la) de la Meilleraye. (DUCS, 1663). De gu. au crois. montant d'arg. chargé de 5 mouchetures d'hermines de sa. M. H. G. R. C. F. Descendait des de la Porte Vezin. Par testament du cardinal Mazarin cette mais. adopta pour armes : d'azur à la hache d'armes d'arg. dans un faisceau d'or lié d'arg. en pal, et une fasce de gu. sur le tout chargée de 3 étoiles d'or. (*V. La Porte*).

Porte (de la). D'or au chevron de gu. P. C. H. (brisé G.). F. L. R. (*V. La Porte*).

La Branche du *Theil* porte : d'azur au chevron d'arg. R.

Pot de Piégu. D'or à la fasce d'azur (M.) au lambel de gu. de 3 pièces P. R. (VICOMTES DE BRIDIERS, MARQUIS DE RHODES. Mais. ét.). *Berry ?*

Pothier. P. C. Sᵍʳ de la Vallée.

Potier. D'azur au chevron d'arg. accomp. de 3 vases d'or. B. H.

Pouge (de La). D'azur au cheval passant d'arg. ayant dans le côté 3 flèches du même. Malte.

Poulhaut ou **Poylohaut.** Echiqueté ou losangé d'or et de gu. R.

Poulignac (de). Ec. : aux 1 et 4, d'or ; aux 2 et 3, de sa. chargé d'un lion d'or. M. (*V. Polignac*).

Poupet. D'azur à 3 forets d'or la pointe en bas. G.

Pourquery de la Bigotie. *Périgord.* D'azur à un porc épic d'arg. armé et défendu du même, au chef d'arg. semé de trèfles de sa. et une aigle du même brochant sur les trèfles. R.

Poussard. (XIVᵉ S.). MARQUIS DE FORS, 1639. D'azur à 3 soleils d'or. C. R.

Pousses (des). G. C. Sʳ de la Bonnetrie, Sʳ du Fouilloux. — En *Limousin* une famille des Pousses porte : d'azur à une fleur de lis d'or accomp. de 6 besants en orle, du même. R.

Poussineau de la Mothe. D'azur à la fasce d'arg. accomp. en pointe d'un lion d'or, armé et lampassé de gu., et en chef d'un poussin crêté d'or, becqué et armé de gu. (Arm. des Maires de Poitiers). P. C. H. F. *Var. : Poussineau.*

D'azur etc. à la fasce haussée et endevisée d'arg. surmontée etc. G. (Fam. ét.).

Poute. (MARQUIS DE NIEUL). *Marche.* D'arg. à 3 pals de sa., au chev. du même brochant sur le tout. P. F. (Chérin). L. — R. d'arg. à 3 chevrons de sa. M.

Pouvereau. D'arg. à l'écu d'azur. M.

Pouvreau. De sa. au moulin d'arg. sur un tertre de sin. G.

Pouzauges. (*V. Mesnard*). Mⁱˢ DE.

Pré (du). D'azur au lion éviré d'or, lampassé de gu., armé de sa. G. (*V. Dupré*).

Préaux (des). *Touraine.* De gu. au lion d'arg. (P.), armé, lampassé et couronné d'or, chargé d'une vivre. D. et M. *Var. :* D'azur au lion d'or, lamp., armé et couronné de gu. H.

Préaux (des). D'arg. à l'aigle de gu. G. C. R. (membrée d'azur).

Pressac (de) **de Repaire.** D'azur au lion d'arg., armé, lampassé, couronné d'or. G. C. R. *Var.:* D'arg. au lion de sa. H. — *Var.:* Accosté de 8 losanges du même. L.

Pressigny (Marans de). Fascé contre fascé d'arg. et d'azur, au chef palé et contre palé des mêmes, flanqué d'azur à 2 girons d'arg., et sur le tout un écusson de gu. G. R. (var.). (*V. Marans*).

Preuille (de). C. Sᵍʳˢ de St-Laurent. (*V. de Préville ?*) de *Preuilly* porte : de sa. à 3 triangles remplis d'arg. M.

Préville (de). *Touraine.* D'arg. à la bande d'azur chargée de 3 annelets d'or (R.) surmontée d'un lambel de sa. H.

Prévost de la Bussière, de la Boutetière, de St-Mars, de la Croix, de la Gainolière de Teuil. D'arg. à 3 hures de sanglier arrachées de sa. posées 2 et 1, défendues et allumées d'arg. M. G. P. C. H. L. R. (défendues d'or). *Ten. :* Deux sauvages. *Sup. :* Défense.

Prévost de la Choigne. D'azur à 3 demi vols d'or. G.

Prévot, Prévost du Plessis, d'Olbreuse, de Gagemon. D'or au lion de sin., couronné, lampassé et armé de gu. G. P. C. L. R. *Dev. :* Spes usque, metus unquam.

Prévost de St-Vincent. C. Sᵍʳˢ des Bordes.

Prévost de Sansac. (XIIᵉ S.). MARQUIS DE LA VAUZELLE ET DE TRAVERSAY, DE TOUCHIMBERT, DE PUYBOTIER. D'arg.

à 2 fasces de sa. accomp. de 6 merlettes du même 3, 2 et 1. G. P. C. H. (Chérin) F. (La Chenaye) R. *Ten.:* Deux sauvages.

Prévost de la Saulaye. *Anjou.* D'arg. au sautoir de gu. dentelé de sa., cantonné de 4 têtes de maures de sa. au turban d'arg. R.

Prez de Montpezat (des). MARQUIS DE VILLARS. C. (*V. Dezprez*). *Quercy.* D'or à 3 bandes de gu., au chef d'azur chargé de 3 étoiles d'or. R. M. *Var. :* 3 molettes. K.

Prieur. F.

Primaudaye (de la). Ec. : aux 1 et 4, de France à l'écu en abîme d'or au tourteau de sa. accomp. d'un pied de griffon d'or ; aux 2 et 3, de Goulaine qui est moitié d'Angleterre, moitié de France. G. C. (*V. La Primaudaye*).

Prioleau. D'azur à 3 pals d'or, au chef de gu. B. (*Livre d'or de Venise*).

Proust, Proux. — De gu. au lion d'or, au chef cousu d'azur chargé d'un crois. d'arg. accosté de 2 étoiles d'or. L.

Prudhomme. De gu. à 3 tours d'arg. maçonnées de sa. 2 et 1. G. C.

Pugnet de Boisvert. G. De gu. à la fasce d'arg. accomp. de 2 fers de javelot d'arg. en chef, et d'un croissant du même en pointe. R. B. (H. d'or à une fasce d'azur).

Puillouer (du). De sa. au lion d'arg. armé et lamp. de gu., accomp. de 3 trèfles d'arg. Malte.

Puis-Vaillant (du). De gu. à la bande engrelée d'arg. chargée de 3 flammes du champ posées dans le sens de la bande. R. F.

Puy (du). D'azur à une bande d'or accomp. de 6 merlettes du même po sées en orle. H. (*V. Dupuy*).

Puy (du) **de la Badonnière.** D'or au puits de sa. accosté de 2 serpents ailés de sin. affrontés et buvant dans le puits. R. (*V. Dupuis*).

Puy (du) **de la Bravaudière.** D'azur à 3 chevrons d'arg. R. (*V. Dupuy*).

Puy-du-Fou (du). De gu. à 3 mâcles d'arg. M.

Puyguyon (de). *Aunis.* D'or à une tête de cheval effarouché contournée de sa. G. F. R. M.

Puyguyon. De sa. à un puits d'or accosté de 2 cœurs d'arg. H.

Puy (du) Montbrun, Dupuy. *Dauphiné.* D'or au lion d'azur couronné et armé de gu. C. G. *Var.:* D'or au lion de gu. lampas. armé et patté d'azur. L. R.

Puyrousset. 1615. G. C. D'azur au lion d'or. H.

Puytesson. De sa. à la croix ancrée d'or. R.

Puyvert (de). De gu. au lion d'arg. armé, lamp., couronné d'or, à la fleur de lis du même au canton dextre. M.

Quatrebarbes (de). (xiie S.). *Maine.* (MARQUIS DE LA RONGÈRE, COMTES DE ST-DENIS DU MAINE). De sa. à la bande d'arg. accostée de 2 cotices du même. M. C. D. F. R. *Sup.* : Deux panthères.

Quenoy ou **Queroy (du).** D'arg. à la fasce ondée d'azur. G. C.

Querqui. D'arg. à 3 coqs de gu. la patte levée posés 2 et 1. D.

Querrye. D'azur à 3 besants d'or, 2 en chef 1 en pointe. H.

Quessart (de). D'or à 3 fourmis volantes de sa. L.

Queux (de). *Aunis, Saintonge.* D'or à 3 hures de sanglier arrachées de sa. défendues d'arg. L. R.

Rabaine (de). *Saintonge.* D'arg. à la fasce de gu. accomp. de 6 coquilles de St-Michel 3, 2, 1 du même. R. P. C.

Rabasteau. (xive S.). F. Peut-être Rabasté (*Anjou*). D'azur à 3 chauve-souris de sa. R.

Rabault, Rabaut. D'azur au chevron d'arg. accomp. de 2 étoiles d'or en chef et d'une rose du même en pointe. G. C. (Arm. des Maires de Poitiers).

Rabault. De gu. à 3 fasces d'arg. chargées chacune d'une bande ondée de sa. (H. P.). Fascé d'arg. et de gu. de 6 pièces les 2 premières d'arg. chargées chacune d'un filet vivré de sa. C. *Var.* : Fascé de 6 pièces de gu. et d'arg. chargé aux 2 premières fasces d'un triangle de sa. G. (Rabaut.)

Rabreuil (de). D'azur au chevron d'or accomp. de 3 étoiles du même 2 et 1. C. G. H. (Arm. des Maires de Poitiers).

Racodet (de). De sa. à 3 roses d'arg. G. P. C. (de gu. H.). F. M.

Ragot, Ragaut. G. — De gu. au chef d'or chargé de 3 étoiles de sa., au

pal cannelé d'arg. accosté de 2 porcs-épics d'or hérissés de sa. et soutenus d'une étoile du second en pointe. C. (*V. Rayveau*).

Raity de Vitré. De gu. au cygne d'arg. nageant sur une rivière au naturel mouvant de la pointe de l'écu, accosté, adextré en chef d'une comète d'or de 8 rais. P. C. H. F. (St-Allais). R. M.

Ramberge (de). P. — D'azur à 3 chevrons d'arg. accomp. de 15 étoiles du même, 5 au-dessus de chaque chevron, et posées en chevron. H.

Rameru (de). D'azur à la croix de deux rameaux d'arg. P. (4 rameaux R.). D'azur à la croix d'arg. C. ˉ

Rampillon. G. — D'azur au cerf passant d'or. C.

Rampsay, Ramsay. *Ecosse.* G. C. D'arg. à l'aigle éployée et couronnée de sa. H. (Ramezay) chargée sur la poitrine d'un crois. du champ. R. (Ramsay).

Ranfrais. D'arg. à 2 clefs en sautoir de sa., à la fleur de lis d'azur en chef. P. C.

Randon de Massane. Echiqueté d'or et d'azur de 12 pièces à une tige de 3 lis de jardin au naturel brochant sur le tout. R.

Rangot (de). *Normandie.* D'azur à une croix engrelée d'or. H. P. C. R. *Var.* : H. (et une bordure de gu.).

Rangues (de). D'azur au chevron abaissé d'arg. accomp. de 3 larmes du même, surmonté de 3 étoiles d'or en chef. G. C.

Ranon de Lavergne. D'azur à un cygne d'arg. au chef de gu. chargé de 3 quintefeuilles d'arg. R.

Raoult, Raoul. De gu. à 4 fasces d'arg. P. G. C. — D'arg. à 4 barres de gu. H. F.

Rapin. F.

Raquet (du). De sin. à une raquette d'or. (H.). D'azur à un croissant d'or accomp. de 3 pattes d'aigle du même les serres en bas. R.

Rasclet. G. (*V. Raquet ?*)

Rasseteau. D'arg. au chevron de sa. accomp. de 3... enlevé en croissant, de gu. et soutenant 3 merlettes de sa. G.

Rat de Salvert. D'arg. à la licorne d'or au repos sur une terrasse de sin. plantée de palmiers du même, au chef de gu. G. C. — F. — R.

Rataut. Burelé d'arg. et d'azur au bâton (bande M.) engrelé de gu. brochant sur le tout. R.

Raugot. De sa. au rat d'or. H.

Raugues. D'azur à 3 armets d'or, 2 en chef, 1 en pointe accomp. de 3 étoiles du même. H.

Ravalet. *Aunis, Saintonge.*

Ravault. P. Sgr de St-Ravant.

Ravenel (de). D'arg. à une quintefeuille de gu. H. P. C. R. *Var.:* D'or à la croix de sa. chargée de 5 coquilles d'arg. Malte.

Ray, Rays (du). P. — De gu. à un cygne d'arg. becqué et onglé de sa. R.

Raymollard. De sa. à 3 fasces d'or et une bordure du même. H.

Raymond du Breuil. De gu. à la bande losangée d'or et d'azur de 3 traits. G. C. (M. Losangé d'or et d'azur).

Raynier. D'arg. au lion de gu. armé, lampassé et couronné d'or. R.(*V.Regnier*).

Rayveau. D... au pal cometé d'arg. accosté de 2 porcs-épics d'or hérissés de sa. et soutenu d'une étoile de sa. en pointe, au chef d'or chargé de 3 étoiles de sa. G. (*V. Ragot*).

Razay. D'arg. à 3 pals de gu. Malte.

Razay de Voune. D'arg. au chevron de gu. accomp. de 3 tourterelles de sa., 2 en chef affrontées, et une en pointe. C. (Arm. des Maires de Poitiers).

Razes de Ché (de), Derazes. D'azur à 3 pals d'or; au chef d'arg. chargé de 3 feuilles de fougère de sin. (Arm. des Maires de Poitiers). G. P. H. (Palé, C.). (R. var.). (*V. Derazes*).

Razilly (de). (XIIe S.). *Touraine.* D'azur à 3 fleurs de lis d'arg. P. De gu. à 3 fleurs de lis d'or. C. M. D'arg. à 3 fleurs de lis de gu. R.

Razin. D'arg. à 3 hures de sanglier de sa. Malte.

Rebutterie (de la). *Saintonge.* D'or à 3 merlettes de sa. Malte.

Rechignevoisin (de). *Berry.* De gu. à la fleur de lis d'arg. (M. G. P. C. D. F. R. H.). D'arg. à la fleur de lis de gu. en abîme. G. (*V. Rimbon*).

Reclus (du) de Gageac. D'azur à 3 chabots d'arg. posés en pal 2 et 1. — (G. R.). *Var.:* rangés en pal. C. F.

Redon de Beaupréau. *Bretagne.* (COMTES, 1808). Ec.: au 1, échiqueté d'arg. et d'azur de 6 tires; au 2, d'arg. à

l'ancre de sa. ; au 3, d'arg. à l'olivier de sin. ; au 4, d'azur à l'étoile d'arg. *Dev.* : Fais ce que dois. D. R. (var.).

Regnauld. D'arg. à 2 fasces de gu. accomp. de six merlettes de sa. posées 3 en chef, 2 en fasce, 1 en pointe. H. M. R. : 3 fasces de pourpre. (*Angoumois*).

Regnault. D'azur à une tête de lion arrachée d'or, lamp. de gu., accomp. de 3 trèfles d'or. H. Malte.

Regnault, Regnaud. D'azur à 3 pommes de pin d'or. G. B. H. F. C.

Regnault de St-Jean d'Angély. (COMTES). D'azur au coq d'arg., la patte dextre posée sur un 4 de sa. et accomp. en chef d'une étoile d'arg. ; à la bordure componée d'or et de sa. R.

Regnault de Travazay. D'arg. au chevron d'azur accomp. de 3 étoiles de gu. à la bordure dentelée du même. G. C. (var.) R.

Regnier (de), Reignier de la Planche. D'arg. au lion rampant de gu., armé, lampassé et couronné d'or. G. P. C. F. L. R.

Reigner (de), Regnier. *Aunis, Saintonge.* D'azur à 3 coquilles d'arg. G. P. C. H. F. R.

Reignier. D'arg. à 4 lions de gu. R.

Reignière (de la). P.

Reignon (de). MARQUIS DE CHALIGNY. D'azur à 3 mouches à miel d'or. (H. P. C. R.). *Sup.:* Deux lions. *Dev.:* Mel regi. (G. Roygnon).

Reims (de). D'arg. à 12 fleurs de lys d'azur posées 4, 4, 3 et 1. G.

Remigeou (de), Remigioux. D'azur à 3 couleuvres d'arg. ondoyantes posées en pal. (C.). D'azur à 3 colonnes d'arg. 2 et 1. H. P.

Renault. D'azur à 3 pommes de pin d'or. H.

Renault. D'azur à une tête de lion d'or, arrachée et lampassée de gu., accomp. de 3 trèfles d'or 2 et 1. H.

Renaut. Losangé d'or et de gu. H.

René. D'arg. à une bande de gu. H.

Renom, Renon. (*V. de la Couture*).

Renouard. (COMTES). *Aunis, Saintonge.* D'arg. à une quintefeuille de gu. M. R. *Dev.:* Spectat ad astra.

Réorteau. De gu. au lion d'arg. couronné, armé et lampassé d'or. (G.). *Var.:* Couronné et armé de gu. C.

Repin. D'or au rameau d'olivier dé
sin. posé en pal, penchant à dextre.
G. C. H.

Resty. De gu. à la rivière d'arg. ondée
de sa., etc. G. (*V. Raity*).

Retail (du). D'azur à la fasce d'arg.
G. C.

Retolaud de Colombier. P. C. S^gr
de la Cousse et de Pérusson.

Rety. G. (*V. Raity*).

Reveau. De sa. à l'ancre avec sa
trabe d'arg. accomp. de 2 clefs du même ;
au chef d'arg. chargé de 3 têtes de
maures de sa. tortillées de gu. (G.).
Var. : Sans clefs. G. C. (Arm. des Maires
de Poitiers). Reveau de Cirières. (*V. Riveau*).

Reynier. D'or mantelé d'azur à 2
étoiles d'or vers le chef. Malte.

Reys. D'arg. au chevron de gu. accomp. de 3 cannettes de sa. G.

Rezé (C^tes de). (*V. de Monti*).

Ribeyrex (de), Ribereys. D'azur à
3 lions.d'or, 2 et 1. P. C.

Ribier. D'azur au croissant d'arg. ;
au chef cousu de gu., chargé de 3 étoiles d'or. C.

Richard. De sin. au chevron d'or à
3 pigeons d'arg., becqués et membrés
de sa. G. P. (3 cannettes, C.). (H., 3
merlettes).

Richard. De sa. au chef cousu de
gu., chargé d'un lambel d'or à 5 pendants. H.

Richard. D'or au lion d'azur, lampassé et armé de gu. ; parti d'arg. à l'aigle éployée, au vol abaissé de sin. H.

Richard. D'azur semé de billettes
d'arg. à une étoile à 6 rais du même. H.

Richard, Richart. D'arg. à la fasce
haussée d'azur, chargée d'une étoile
d'or entre deux croissants d'arg. accomp. en pointe de 3 roses de gu. boutonnées d'or et pointées de sin. G. C.
— R. (fasce de gu.). *Var.:* D'arg. à 3
roses de gu. et un chef d'azur chargé
d'une étoile d'or, accosté de 2 croissants
d'arg. H.

Richardière. *Bretagne.* C. S^grs de
Pousson. D'arg. au pin de sin. sommé
d'un geai au naturel. R.

Riche et Le Riche. F. — D'azur à
une ancre d'arg. accomp. de 3 étoiles
du même, 1 en chef, 2 en flancs. R.

Riche (Le). D'azur à la fasce d'or
accomp. de 2 têtes de cheval d'arg. à
dextre et 2 mollettes d'or à senestre M.

**Riche (Le) de Cheveigné, de la
Popelinière.** De gu. à un coq d'arg.
crêté, barbé, onglé du même, posé sur
une chaîne d'or en fasce, la patte dextre levée, et regardant une étoile d'or
posée au canton dextre du chef. R. D.

Richelot. D'azur semé de clochettes
d'arg. sans nombre. C. G.

Richelot. D'or à l'aigle à 2 têtes de
sa. et une barre de gu. brochant sur le
tout. H.

Richemont (de). C. S^grs de l'Epinay. — Sont-ce les Richemont, en *Bretagne*, qui portent d'arg. à la croix pattée de gu. cantonnée de 4 mâcles d'a-
zur. R. ?

Richeteau (de). (Mis d'AIRVAULT, DE
LA COUDRE, DE L'A COINDRIE, DE VILLE-
JAMES). *Anjou.* D'or au mûrier de sin.
chargé de mûres sur une terrasse du
même, au chef d'azur chargé de 3 étoiles d'or. G. P. C. D. F. R. (un aubier).
Var. : D'arg. au palmier de sin., sur un
tertre ombré de sa., au chef d'azur
chargé de 3 étoiles d'or. G.

Richier. D'azur à 3 trèfles d'or, 2
et 1. G. C.

Rideau de Pons. D'azur au chevron
d'or accomp. de 3 besants du même.
(G.), en devise (C.), (chevron accomp.
de 3 écussons du même, R.).

Rigal de Vieille-Lune. G.

Rimbon de Rechigne-Voisin. De
gu. à la fleur de lis d'arg. H. R.

Rinaudeau. De sa. à la croix pattée
et raccourcie d'arg. Malte. (*V.Rivaudeau*).

Riollet de Morteuil (de). *Bourgogne.* De gu. au chevron d'or accomp.
de 3 étoiles du même 2 et 1. D. R.
Dev. : « Plus de sang que d'or ».

Riom, Ryon (de). De gu. à la croix
d'arg. cantonnée de 4 roses d'or. G. C.

Rioul, Rioult. *Normandie.* (An.
1596). MARQUIS. D'argent à l'aigle de
sa. G. C. R. (à la bordure engrelée du
même pour la branche normande).

Rivau (du). D'or à 3 fusées et deux
1/2 de gu. rangées en fasce. M.

Rivaud, Rivaux. (Cte DE LA RAFFI-
NIÈRE, 1811-14). Coupé mi-parti : le 1er
d'azur à une épée d'or en pal ; le 2^e
d'arg. à 2 jumelles ondées posées en
bande de sa. ; au 3e d'azur au lion ailé

d'or la tête semée de 3 étoiles du même 2 et 1. C. D. (var.) F. R. (sans le 1er canton).

Rivaudeau. D'arg. à la croix pattée de gu. G. C. F. (H. Riveaudeau... croix pattée alaisée).

Rivaut. De gu. à 3 besants d'arg. G.

Riveau. De sa. à l'ancre d'arg. et un chef du même chargé de 3 têtes de maures de sa. bandés d'arg. H. R. (*V. Reveau*).

Rivet. F. D'azur à une rivière d'arg. posée en bande ondée. R.

Rix (du). (*V. Durix*). De gu. à 3 fasces d'arg. C.

Roatin. 1498. D'azur au chevron d'or accomp. de 3 fers de lance mornés d'arg. 2 et 1. G. C. H. (Rovatin). — R. accomp. de 3 coquilles d'arg.

Roault. (Mis DE GAMACHES, 1640). De sa. à 2 léopards d'or l'un sur l'autre. R. — (*V. Rouault*).

Robert. D'azur à 3 croissants d'or. G.

Robert. D'or à six rocs d'échiquier d'azur posés 1, 2, 3. H.

Robert. D'azur au cygne éployé d'argent, membré et lampassé de gu. F.

Robert de Beauchamp. *Bourgogne.* Parti : au 1er, d'azur à 3 bombes enflammées d'or ; au 2e, d'azur au chevron d'arg. accomp. en chef de 2 étoiles d'or et en pointe d'un buste de chevalier revêtu de son armure d'arg. D.

Robert de Beauregard. D'arg. à 3 alouettes de sa., au chef d'azur chargé de 3 étoiles d'or. R.

Robert du Botneau. D'arg. à 3 merlettes d'azur 2 et 1, surmontées de 3 étoiles du même rangées en chef. D.

Robert de Chaon. D'azur au lion d'or. C. H. M.

Robert du Fief-Gouvert, de Chaon. D'azur au lion d'arg. G. C. F.

Robert de la Gennerie. D'or à 6 pals de gu. G. C. P. H. (de gu. à 6 jumelles d'or, M.).

Robert de Lézardière. D'arg. à 3 quintaines de gu. G. P. C. F. R. M. H.

Robin de Lourselière. De gu. à 3 fers de pique d'arg. les pointes en bas. R.

Robin de la Tremblaye. *Angleterre.* (Vtes DE COULOGNE. Mis). De gu. à 2 clefs d'arg. passées en sautoir accomp. en chef d'une coquille d'arg. et d'une coquille d'or dans chacun des autres cantons. P. G. — et d'un trèfle d'or dans chacun des autres cantons. C. R. (en place des 3 autres coquilles). *Var.* : De gu. au griffon d'arg. armé et becqué d'or accomp. de 3 crois. du même. M. *Dev.* : Esse quam dici.

Robineau. De gu. à la croix potencée d'arg. surmontée de 5 besants du même rangés en chef. M.

Robineau de la Revalière. De gu. à la croix ancrée d'arg., au chef d'arg. chargé de 5 tourteaux de gu. R. P. H. rangés en fasce. D. De gu. à la croix pattée d'arg. à 5 besants d'or mis en bande. G. C. M.

Robion de la Narbonnière. D'azur à 3 croissants entrelacés d'arg. G. C. (Arm. des Maires de Poitiers).

Rocas. G. C. Sgrs de la Julinière. *Bretagne.* (An. 1445). D'azur à un croissant d'arg. accomp. à 3 étoiles d'or. R.

Rochambault (de). D'or à un pal d'azur chargé de 3 rocs d'échiquier d'arg. H.

Rochard. P. C. Sgr de Landebergère. — *Maine.* D'arg. à 2 fasces de gu. et une épée du même brochant sur le tout accomp. en chef d'une étoile aussi de gu., entre les fasces de 2 roses du même et en pointe de 2 mouchetures d'hermines. R.

Roche (de la). Voyez à La Roche, les noms commençant par de la Roche qui ne se trouvent pas ci-après.

Roche (de la). D'arg. et de gu. de 10 pièces. G. C. — Ces armes sont incomplètes, nous pensons que c'est un burelé d'arg. et de gu. (*V. La Roche*).

Roche (de La). D'hermines à 3 fasces ondées de gu. M. (*V. Laroche Vernay*).

Roche (de la). De sa. à 2 léopards d'arg. armés de gu. M.

Roche (de la). De gu. à 3 tours d'arg. maçonnées de sa. posées en fasce. M.

Roche (de La). D'azur à 3 tours d'arg. et 3 crois. du même, 2 en chef, 1 en cœur. M.

Roche (de la). (Mis DE LA GROIZE). P. *Touraine.* D'azur au lion accomp. en chef de 2 fleurs de lis et en pointe d'une étoile le tout d'or R.

Rocheandry (de la). Losangé de gu. et d'arg., les losanges d'arg. chargés chacun de 2 burelles d'azur. M.

Roche-Beaucourt (de la). D'arg. à l'aigle de sa. en chef, au lion de gu. en pointe. G. C. *Var. :* D'arg. à 9 losanges de gu., 3, 3, 2, 1. M.

Roche-Brochard(Brochard de la). D'arg. au pal de gu. cotoyé de 2 pals d'azur. P. G. K. H. B.

Rochechouart (de). DUC DE MORTE-MORT, 1663; PRINCES DE TONNAY-CHA-RENTE. Fascé, ondé d'arg. et de gu. de 6 pièces. P. G. C. D., fascé, nébulé, R. L. (3 fasces nébulées, M.). *Dev. :* « Ante mare undæ ». *Sup. :* Deux griffons.

Rochefaton (de). De gu. à 3 fleurs de lis d'or 2 et 1. C. F. R.

Rochefort (de). Vairé d'or et d'azur. Malte.

Rochefoucauld (de la). (*V. La Rochefoucauld*). L. R.

Rochejacquelin (de la). (*V. Du Vergier*).

Roche-Pichier (de la). D'arg. à 3 pichets de gu. R.

Rochereuil. B. De sa. à 8 coquilles d'arg. 4, 3, 1 ; au chef de gu. chargé de 3 épées d'arg. mises en pal la pointe en haut. M.

Roche St-André (de la). 1470. *Niort*. De gu. à 3 roquets (rocs d'échiquier) d'arg. G. R. B. (d'or, L.).

Roches (des) de Chassay, de Marit. (XIIᵉ S.). D'azur à la lance brisée d'or posée en bande. P. C. G. D. F. H. (var.). (R. dit : An. 1663). *Dev. :* « Lancea rupta pro rege et patria ».

Roches de St-Picq (des). D'arg. à un ours de sin. H.

Rochette (de la). P. Une famille de La Rochette, en *Bretagne*, porte : de gu. à 3 haches d'arg. D.

Rochevernay (de la). P. (*V. La Rochevernay*).

Rocquart (de). G. P. C. Sgʳˢ de Maine, Jois, St-Laurent, Lambertière.

Rocquet (de). C. G. Sgʳˢ de la Pascaudière.

Rogemont (de). D'arg. à une montagne de gu. flambant d'or. G. (*V. Rougemont*).

Roger. G. (*V. Rogier ?*).

Rogier. D'azur à 3 roses d'or 2 et 1. P. F. C. H. (roses naturelles, D.).

Rogier. D'arg. au chevron d'azur accomp. de 3 roses de gu. boutonnées d'or et pointées de sin. G. (*V. Rougier*).

Rogier. D'arg. semé de roses de gu. H.

Rogier. De sa. à 5 rocs d'échiquier d'or posés en sautoir. H.

Rogier. D'arg. à la ville d'azur sur un rocher du même surmonté de 3 étoiles de gu. rangées en chef. H.

Rogier. De gu. au rosier d'or portant une rose d'arg. H.

Rogier de Marigny. D'arg. au lion passant de sa. la queue nouée, armé et lampassé de gu., surmonté d'un cha bot posé en pal entre 2 roses de gu. et soutenu d'une rose du même. M. G. (R. sans le chabot).

Rogier de Mars. (Bᵒⁿ DU COLOM-BIER). De gu. fretté d'or ; au chef échiqueté d'or de 3 traits. C.

Rogier-le-Roy. De sa. au lion d'arg. armé, lampassé et couronné d'or, au chef d'arg. chargé de 3 roses de gu. boutonnées d'or. R.

Rogres. (Mⁱˢ DE LUSIGNAN DE CHAM-PIGNELLE). Gironné d'arg. et de gu. de 12 pièces. R.

Rohan (de). COMTES DE PORRHOËT ET DE RENNES, 1008 ; VICOMTES DE ROHAN, 1128 ; BARONS DE LANVAUX, 1485 ; PRIN-CES DE LÉON, 1572 ; DUCS DE MONT-BAZON, 1581 ; DUCS DE ROHAN, 1603 ; PRINCES DE MONTAUBAN ET DE SOUBISE, 1667 ; DUCS DE BOUILLON, 1816. Les Rohan Guéménée furent faits princes de *Rochefort* en 1728. De gu. à 9 mâcles d'or, 3, 3, 3. P. C. M.

Rohan-Chabot (de). Ecartelé : au 1, de gu. aux chaînes d'or en croix, en sautoir et en orle (Navarre) ; au 2, d'or au lion de gu. enclos dans un double trécheur fleurdelisé et contrefleurdelisé du même (Ecosse); au 3, d'hermines plein (Bretagne) ; au 4, d'or au lion de sa. (Flandre) ; sur le tout : écartelé aux 1 et 4 de Rohan, aux 2 et 3 de Chabot. (R.). *Dev. :* Concussus resurgo.

Rohel (du). D'or à 8 losanges d'azur posés 3, 3, 2. H.

Roigné de Boisvert. D'arg. au chêne arraché de sa. rogné du chef, en pal, à 2 branches de sin. en chef. G. C. R. (M. D'arg. à un olivier de sin.).

Romagère (de la). D'azur au chev. potencé et contre potencé d'or, rempli d'azur accomp. en chef de 2 losanges d'or et en pointe d'un lion d'arg. L.

Romanet (de). D'arg. au chevron d'azur chargé d'une étoile d'arg. surmonté d'un lambel de gu. P. C.

Rondeau. De gu. à 3 besants d'arg. M.

Roquart (de). De sa. à 5 rocs d'échiquier d'or, 3 et 2. H.

Rorteau, de la Roche de la Crestinière. De gu. au lion d'arg. couronné d'or. M.

Rorthais (de). (XIIe S.). D'arg. à 3 fleurs de lis de gu. à la bordure de sa. besantée d'or. G. P. C. D. et R. (10 besants d'or). — H. (11 besants).

Rosiers (des). D'arg. au crois. de gu. accomp. de 3 tourteaux du même. M.

Rossi (de). P. C. Sgr de Rorteau, la Taillaudrie et Fraigneau. — Peut-être est-ce Rossi de Rivarol originaire d'Italie et qui eut des terres en Bretagne : d'azur au lion d'or couronné du même tenant une rose d'arg. tigée et feuillée de sin. L'écu posé sur l'estomac d'une aigle éployée de sa. R.

Rossignol de la Courbe. P. C. Sgr de Sceaux. — De gu. à la croix d'argent ? R.

Rostaing (de). D'azur à la roue d'or surmontée d'une fasce en devise du même. M.

Rouault. (An. 1317). DE CAYEUX ET MARQUIS DE GAMACHES, 1620. De sa. à 2 léopards d'or l'un sur l'autre. P. C. H. (G. M. Rouhault). — Armés, lampassés et couronnés de gu. R.

Rougemont (de). D'arg. à la montagne de gu. flambante d'or. P. G.

Rouget. D'arg. à l'aigle de gu. couronnée, becquée et membrée d'or. B. H. C. F.

Rougier. P. — D'arg. au chevron d'azur accomp. de 3 roses de gu. boutonnées d'or et pointées de sin. G. C. (chevron de gu., H.). L. var.

Rougier. P. — D'argent au lévrier d'azur accomp. de 3 roses de gu. en devise. C.

Rougnac (de). D'azur au sautoir d'or accomp. de 4 étoiles du même. H.

Rouhault. De sa. à 2 léopards d'or. M. G. (V. Rouault).

Rouillé. De sa. à 3 chèvres d'arg. G.

Roulière (de la). (V. Chebrou). D'or à une roue de sa. soutenue d'une molette du même. P. (V. La Roullière).

Roullin, Roulin de Boisseuil, de

la **Mortmartin, etc.** D'azur à 2 chevrons d'arg. accompagnés de 3 quintefeuilles du même 2 en chef, 1 en pointe. P. C. H. K. M. L. R.

Roussardière (de la). D'arg. à 3 pals de gu. accomp. de 4 roses du même rangées en fasce. M.

Roussay (du). P. G. (V. Duroussay).

Rousseau. D'arg. à la bande de gu. (G.) accomp. de 6 roseaux de sa. H. M. (de la Guillotière).

Rousseau. D'arg. à 3 roses de gu. tigées de sin. sur un tertre du même. G.

Rousseau (du). (Mis DE FAYOLLES, DE MARANDA, DE FERRIÈRES). Angoumois. De gu. au chevron d'arg. accomp. de 3 besants du même, au chef d'arg. chargé de 3 losanges de gu. (P.), rangés en fasce, G. C. (de sin. au chevron, etc., H.). R.

Rousseau de Chamoy. Bourgogne. D'azur à 3 bandes d'or. R. Sup. : Deux chamois.

Rousseau de la Ferandière. P. C. F. Sgr de la Boissière.

Rousseau ou Rouseau de la Parisière. D'azur à 3 roseaux empoignés d'arg. G. Alias : D'azur à 2 roseaux passés en sautoir d'or. (H. M. G. B. C.). D'azur à 2 matrats (dards anciens) d'or posés en sautoir. G. C.

Rousselière. D'azur à 3 roues d'or, à la bordure du même. H.

Roux (de). D'azur à 3 fasces d'arg. G. P. — Au chef d'azur chargé de 3 fleurs de lis d'or. C. H. (d'arg.).

Roux. De gu. à 2 faisceaux consulaires passés en sautoir d'arg. G.

Roux. D'arg. à la bande fuselée de gu. M.

Roux (Le). D'azur au lion d'or. M.

Roux. Gironné d'arg. et de sa. de 8 pièces. M.

Rouziers (des). D'arg. au chev. d'azur accomp. de 3 boutons de roses de sin. fleuris de gu. M.

Roy (Le). C. — D'azur à un sceptre d'or mis en pal. H. R.

Roy (Le). D'azur à 3 étoiles d'or (H.), et une fleur de lis du même en abîme. R. (V. Le Roy des Arnolières).

Roygnon. D'azur à 3 abeilles d'or. G. (V. Reignon).

Royrand (de). D'azur à une rencontre de taureau d'or, surmontée de 3 étoiles du même rangées en chef. (G. P. C.). *Var.* :- Accomp. de 3 étoiles d'or, 2 en chef, 1 en pointe. G. H. R.

Rozel (du). *Dauphiné.* D'arg. à 3 roseaux au naturel rangés ; au chef denté de gu. chargé de 3 besants d'or rangés. C. — P.

Ruais de La Guyonnière (de). D'azur à 3 têtes d'aigle arrachées d'or, lampassées et couronnées du même. G. — C.

Ruau (du). De gu. à la licorne d'arg. passant sur un tertre de sin., au chef cousu d'azur chargé de 3 étoiles d'or. G. C.

Ruaux (des). 1607. G. *Angoumois.* De sa. semé d'étoiles d'or, à un cheval cabré d'arg. brochant sur le tout. R.

Ruffray (de). *Normandie.* D'azur à 2 aiglettes d'or, abaissées sous six étoiles rangées du même. D. R.

Rullier. D'arg. à un chêne de sin. englanté d'or ; au chef d'azur chargé d'un croissant d'or. R.

Ruys (de). C. (*V. Ruais*).

Sabourault. D'azur à 3 épées d'arg. (en fasce, C.), au sautoir de gu. cantonné de 4 quintefeuilles du même. (G.).

Sacher. 1590. G. D'arg. à la croix écotée de gu., cantonnée de 4 merlettes de sa. B. H.

Sachet. D'arg. à 3 merlettes de sa. 2 et 1. H.

Sageot. Echiqueté d'arg. et de gu. C.

Sain de Boislecomte. *Touraine.* D'azur à la fasce d'arg. chargée d'une tête de maure au naturel, tortillée d'arg. accomp. de 3 coquilles de gu. R. C.

Saincthorent (Mis). *Saintonge.*

St-Amand. Losangé d'or et de sa. M.

St-André (de). *Aunis, Saintonge.* De gu. au chev. d'arg. accomp. en chef à dextre d'un crois. du même, à senestre d'une étoile aussi d'arg. et en pointe d'un lion d'or. R.

St-Benoist (de). De gu. à un château d'or. H.

St-Cirgue (Mis de). *Guyenne, Saintonge.* D'azur au chevron d'arg. chargé de 3 étoiles de gu. et accomp. en chef d'une étoile d'or accostée de 2 roses du même et en pointe d'une épée d'or brochant sur le chevron. R.

St-Fief (de). *Limousin.* D'azur au chevron d'arg. accomp. de 3 croix pattées d'arg. 2 en chef, 1 en pointe. (P. H. R.). D'arg. au chevron de gu. accomp. de 3 croix du même 2 en chef, 1 en pointe. G. C.

St-Gareau (de). D'arg. à 3 hures de sanglier arrachées de sa. 2 et 1. G. C. F.

St-Gelais Lusignan (de), (Mis). (Mais. ét.). D'azur à la croix alaisée d'arg. (C. R.). Ecartelé 1 et 4 comme ci-dessus, 2 et 3 de Lusignan.

St-George (de). *Marche.* (XIIe S.). Mis, 1662, 1818. B^{on}, 1820. D'arg. à la croix de gu. M. P. C. H. (var.) F. L. R. Ecartelé d'arg. à la croix alaisée de gu. aux 1 et 4, aux 2 et 3 d'arg. à 3 fasces ondées de gu. G.

St-Georges (de). D'or au chevron d'azur accomp. de 3 mâcles de gu. 2 et 1. G.

St-Germain (de). G. C. S^{grs} des Coutures. Une famille de ce nom, en *Normandie*, porte : de gu. à 3 besants d'argent. D.

St-Jouin (de). D'azur au lion de sa. armé et lampassé de gu. G. C. R. (var.).

St-Léger. *Aunis.* De gu. à la croix d'arg. cantonnée de 4 fleurs de lis d'or. R.

St-Légier d'Orignac. *Saintonge.* De gu. à la croix d'arg. remplie d'un filet d'azur chargée d'un sautoir du même en abîme et cantonnée de 4 fleurs de lis d'or. R.

St-Mars-Marin (de). Barré et contre-barré d'or et d'azur de 6 pièces et un franc canton d'arg. H.

St-Marsault (de). *Irlande.* (BARONS DE CHATELAILLON). (*V. Green*).

St-Marsault (de). *Aunis, Saintonge.* De gu. à la barre d'arg. chargée de 3 quintefeuilles de sin. R.

St-Martin (de). De sa. à 5 marteaux d'or posés 2, 2, 1. H.

St-Martin (de). D'or à une bande nouée d'azur. H.

St-Martin. *Aunis.* D'arg. à 3 tiges de chardons de sin. R.

St-Martin (de). G. — D'or semé de billettes d'azur. B. H.

St-Martin (de). D'azur à 3 gerbes d'or. C.

St-Martin (de). D'azur à la croix d'arg. chargée d'un lambel de 4 pendants du même, brochant. L. D.

St-Martin. De gu. à une tour d'arg. maçonnée de sa., ouverte et ajourée d'azur. R.

St-Mathurin (de). D'azur à la croix d'arg. chargée d'un lambel à 4 pendants du même. D. Confusion avec St-Martin.

St-Maury (de). D'azur à une bande d'or entre 2 cotices d'arg. accomp. de 6 étoiles d'or posées en orle. H. R. (*V. St-Vaury*).

St-Maury (de). D'or à 5 têtes de maures de sa. posées en sautoir. H.

St-Michel Dunézat. *Saintonge.* De gu. au St-Michel ailé revêtu de son armure, la tête nue, couvert de son bouclier et armé de sa lance terrassant un dragon, le tout d'or. R.

St-Orens. (*V. Saincthorent*).

St-Quentin du Doignon. D'arg. à 9 mouchetures d'hermines. R.

St-Quintin (de). *Bourgogne.* D'or à la fleur de lis de gu. H. R. (fleur de lis d'azur).

St-Savin (de). D'azur à une fasce ondée d'arg. accomp. de 5 fleurs de lis du même, 3 en chef, 2 en pointe. G. P. C. H.

St-Tère. Coupé : au 1, fascé d'arg. et de gu. ; au 2, d'arg. à 3 étoiles de gu. R.

St-Thomas (de). (An. 1650). C. Sgrs du Treuil Chartier.

St-Vaury (de). D'azur à la bande d'arg. cotoyée de chaque côté d'une cotice du même, et accomp. de 6 étoiles aussi d'arg. G. (*V. St-Maury*).

Ste-Hermine (de). *Angoumois, Aunis, Saintonge, Poitou.* (XIe S.). Marquis. D'hermines sans nombre. (K. M. G. L. H. F. C. D.). Au XIIIe siècle var. : d'hermines à 6 merlettes de sa. 3, 2, 1. (M. K.). *Tenants :* 2 sauvages de carnation. *Dev. :* « Nihil Metuo ».

Ste-Marthe (de). *Ile de France.* D'arg. à 3 fusées et deux 1/2 accolées en fasce, de sa., au chef du même. G. (var. C.). F. R.

Ste-Maure (de). (Duc de Montausier. Marquis, 1644. Duc, 1664). (Mais. ét.. 1690). *Touraine.* D'arg. à la fasce de gu. *Ten. :* Deux anges. R.

Salbert de Forges. *Aunis. Saintonge.* D'arg. à 3 hures de sanglier arrachées de sa. R. G. C. — Accomp. d'un croissant d'azur posé en abîme. L. R. pour une branche cadette.

Salgues. *Languedoc.* (Marquis de Lescure ; Barons de Ste-Flave). D'or au lion d'azur. C. F.

Salignac-Fenelon (de). *Périgord.* D'or à 3 bandes de sin. P. G. R. C. H. D. L. dit que la communauté d'origine avec les Salignac Fenelon a été contestée. L'autre famille Salignac d'Esseyx en *Angoumois* portait d'arg. à 3 fusées de gu. en fasce (L.) et avait la même origine que Salignac de l'Oliverie. *Var. :* D'azur à 3 bandes d'or. M.

Salignac (de) de l'Oliverie. *Angoumois.* D'azur à 3 fusées d'or rangées en fasce. G. C. R.

Saligny. De gu. à 3 pals au pied fiché d'or, à la bordure (M.) dentelée du même. G. ...5 pals... C.

Salle (de la). D'arg. à 3 tourteaux d'azur rangés en bande. R.

Sallot (de), Sallo. De gu. à 3 rocs ou fers de lance émoussés d'arg. 2 et 1. G. P. C. (Vertot) F. H. R. M.

Saluces (de). C. D'arg. au chef d'azur ? R.

Salvert (de). *Touraine.* D'azur au chevron d'or accomp. de 3 étoiles du même. G. C.

Salvert (de). D'or à la fasce vivrée d'azur. R.

Sanglier (de). (XIe S.). D'or à un sanglier de sa. denté d'arg. au chef d'azur chargé d'un croissant d'arg. accosté de deux étoiles d'or. P. C. R. (le champ d'argent).

Sanzay (de). Comtes. D'arg. à la tour maçonnée de sa. crenelée de 5 pièces porte béante et hersée d'une herse sarazine élevée sur une terrasse de sin. 3 étoiles du second en chef. C. Ne serait-ce pas une confusion avec Sauzay.

Sanzay (de). Echiqueté d'or et de gu. M.

Sapinaud (Ctes). D'arg. à 3 merlettes de sa. G. P. C. D. H. R.

Sapincourt (de). D'arg. au lion de gu. H.

Saragand. D'azur au chevron d'or accomp. de 3 croisettes d'arg. 2 et 1. G.

Sardain. D'azur à 3 sardines d'arg. posées en fasce l'une sur l'autre. H.

Sarode (de). (An. 1495). D'azur à la demi roue d'or, au chef d'arg. chargé de 3 étoiles de gu. C. F.

Sarrazin. De sa. à 3 pals d'arg. chargés chacun d'un épi de blé sarrazin de gu. B. H.

Sarrazin (de). *Auvergne.* (xı⁸ S.). Comtes, 1785, 1816. D'arg. à la bande de gu. chargée de 3 coquilles d'or posées dans le sens de la bande. (C. D. R.). *Dev. :* « Honos ante honores ».

Sassay (de). D'arg. à 3 chevrons de gu. C.

Saudelet. G. C. — D'argent à un arbre sec de sa. contre lequel rampe un lion au naturel. H.

Sault (du). *Saintonge.* De sa. à l'aigle d'arg. becquée et onglée d'or. R.

Saumier de St-Gonard. Ec. : aux 1 et 4, d'hermines à un chef de gu. ; aux 2 et 3, de gu. à 5 fleurs de lis d'or posées en croix. Sur le tout, d'azur à 2 pals d'or et un soleil du même en abîme. H.

Sauvestre. (Comte de Clisson). *Auvergne.* Palé d'arg. et de sa. de 6 pièces chargé, l'arg. de trèfles de gu. sans nombre. G. P. C. R. M.

Sauzay (de). *Berry.* D'azur à une tour ronde d'arg. maçonnée de sa., crénelée de 5 pièces la porte garnie de sa herse sarrasine de sa. flanquée de 2 arcs-boutants aussi d'arg. élevée sur une terrasse de sin. et accomp. en chef de 2 étoiles d'arg. (G. M. H. R. P.). *Var. :* D'arg. à la tour maçonnée de sa. bretessée de 5 pièces la porte béante hersée d'une herse sarazine, élevée sur une terrasse de sin. à 2 étoiles du même en chef. G. P. (var. Sanzay).

Savary. De sin. à la fasce d'arg. chargée d'une croix d'azur. H.

Savary de Beauregard. D'azur à 3 pommes de pin d'or 2 et 1, soutenues d'un croissant d'arg. *Supports:* Deux lions. *Dev. :* « Spes et Virtus. » D.

Savary de la Bedoutière. D'arg. à la croix engrelée de gu. à l'orle de pourpre chargé de 9 tourteaux de gu. G. H. (9 besants d'arg., M.).

Savatte. *Angleterre.* D'azur à une savatte d'or en pal. G. P. H. (en fasce) d'or à une semelle de soulier de gu. mise en pal. C. R.

Savignac (de). *Limousin.* Coupé : au 1er, d'azur à 3 étoiles d'arg. ; au 2e, d'arg. à une rose de gu. P. C. R.

Savignac. 1602. G. — D'azur à la fasce d'arg. accomp. de 3 étoiles d'or. B. H.

Sayette (de la). D'azur à 3 fers de lance d'arg. à l'antique. G. P. C. F. M.

Sazilly (de). De sa. à 2 léopards d'arg. G.

Scourions (de) de Boismorand. D'azur à 3 gerbes d'or. P. C. R.

Secherre. C. Sgrs des Coires.

Segny (de). D'azur à 5 fusées d'argent. H.

Seguin-Gentils. Cinq points d'or équipolants à 4 d'azur. C.

Seiches. *Aunis, Saintonge.* D'arg. à un corbeau de sa. becqué et membré de gu. R.

Seigne (de la). D'arg. au lion de sa. couronné, lampassé et muselé de gu. G. C.

Senigon de Roumefort. *Périgord, Saintonge.* Ecartelé : aux 1 et 4, d'or à 2 lions affrontés d'azur ; aux 3 et 4, d'or à 3 bandes de sin. ; sur le tout (Senigon) d'azur à 3 cigognes d'arg. becquées et membrées d'or, allumées de gu. D. R.

Senné. 1367. De gu. au lion d'arg., à la fasce d'azur brochant sur le tout. B. H.

Sennectaire (de) (de St-Nectaire). D'azur à 5 fusées d'arg. mises en pal. C. R. (var.). *Cimier :* Une tête de taureau d'arg. G.

Séré de Valsergues. De gu. à une sirène d'arg. R.

Sérigny. *Aunis, Saintonge.* D'azur à 3 roses d'or, au chef de gu. chargé d'un croissant d'arg. entre 2 étoiles du même. R.

Serillac (de). D'arg. à une fasce crénelée de sin. H.

Serin. (xıv⁸ S.). D'arg. au sautoir de gu. P. C. H. F. M

Serisier. D'arg. au cerisier de sin. fruité de gu., sur un tertre de sin. G. (V. *Cerizier*).

Sermanton (de). D'azur au chevron d'or accomp. de 3 coquilles du même, 2 en chef et 1 en pointe. H.

Serpillon. C. Gironné d'arg. et de sa. de 8 pièces. M.

Servanteau de l'Echasserie. P. C. Sgr des Essarts, Sgr de la Brunière, Plessis-Gâtineau.

Sesmaisons (de). *Nantais.* De gu. à 3 tours (ou maisons) couvertes d'or. M.

Seudée (de). D'azur à la tête d'aigle arrachée d'or, et un chef de gu. chargé d'une branche de laurier d'or. H. R.

Sicard de la Brunière. D'azur à 3 étoiles d'or, 2 et 1. H. P. C.

Simon, Symon. D'azur au chevron d'or accomp. en chef de 2 roses d'arg. et en pointe d'une flamme du même. P. H. B. C.

Simon. De sa. à 3 fouines contournées d'arg. G.

Simon. De gu. à 6 montagnes d'argent. H.

Simon. *Saintonge.* D'or à une rose de gu. percée d'or. M.

Simoneau. D'arg. à 3 mouchetures d'hermines de sa. G. P. C. H. (var. Simonneau, G.). M.

Simonneau. D'azur au cordonnet posé en lacs d'amour accomp. de 3 étoiles du même. G. C. H. (Simouneault).

Simonneau, Simonot. D'arg. à un cor de chasse de sa. lié de gu., virolé, enguiché et pavillonné d'or accomp. de 3 trèfles de sin. R.

Simonneault, Symonneault. De sin. au lion d'or. H. B.

Sinson. D'or à la montagne de sin. H. B.

Sochet, Souchet. D'arg. à 3 merlettes de sa. P. G. C. R.

Soisy (de). D'or à 3 bandes de gu. G. C. (bandes d'azur et un chef du même, H.).

Sonnet d'Auzon. C. — D'azur à 3 grelots d'or, 2 et 1. H.

Sorgon. G.

Soubeyran (de). D'or à la croix ancrée de gu. cantonnée de 4 annelets de sa. D. R.

Souhault (Vᵗᵉ de). P. Sᵍʳ de Brignon.

Soulars. D'arg. à un soulier de sin. H. P. C.

Souliers (de). P. — D'azur au soulier d'or. H.

Souvigny (De). De gu. à la bande fuselée d'arg. de 5 pièces et 2 demies. M.

Stinville. D'azur au chevron d'arg. chargé d'une fleur de lis de gu.; accomp. de 3 palmiers d'or, 2 et 1, et une étoile d'arg. en surchef. C.

Stracan. D'azur au cerf passant d'or sommé de 8 cors de gu. et onglé du même. H.

Stuart. COMTE DE LA VAUGUYON. D'arg. au vautour de gu. cantonné de 4 quintefeuilles du même. (C. G.). Le vrai nom est Quelen de Stuer.

Suirot. Parti, coupé, tranché, taillé de gu. et d'arg. (H. R.). *Var. :* le 1ᵉʳ et 4ᵉ giron chargé de 3 pals de gu. ; le 2ᵉ et 3ᵉ de 3 fasces du même. (*V. Suyrot*).

Suirot. D'arg. à une croix pattée de gu. H.

Suirot Reigner. D'azur à 3 coquilles d'arg. H.

Surgères (de) (Maingot). *Aunis.* (xiᵉ S.). MARQUIS DE LA FLOCELLIÈRE, 1706. De gu. fretté de vair de 6 pièces. C. F. M.

Surineau. D'or à 3 cœurs de gu. P. C. M. (Surimeau, G.).

Suyrot. Gironné d'arg. et de gu. de 8 pièces, les girons d'arg. chargés chacun de 3 fasces de gu. M. F. P. G. C. D. (var.). Gironné de gu. et d'arg., le 1ᵉʳ et 4ᵉ, giron d'arg. chargé de 3 pals de gu. ; le 2ᵉ et 3ᵉ de 3 fasces du même. D. (*V. Suirot*).

Suzannet (de). (An. 1477). D'azur à 3 cannettes d'arg. posées 2 et 1. G. P C. H. L. R.

Taille du Fay (de La). D'azur à 2 ranchiers d'or. H. (*V. Dufay*).

Taillée (de la). Tiercé en bande, d'or de sin. et d'arg. au chef de gu. H.

Taillefert de Montausier. D'or à 3 losanges d'azur. (G. C.). *Var. :* D'arg. fretté de 6 pièces d'azur. H.

Talhouët (de). *Bretagne.* (xiᵉ S.). MARQUIS, COMTES DE L'EMPIRE. Barons pairs de France, puis Comtes. D'arg. à 3 pommes de pin de gu. la queue en bas. (M. D. R.). La branche du Lude écartele aux 2 et 3 d'arg. à 3 têtes de loups arrachées d'azur. R. (*Maine*).

Talleyrand (de). (xiiᵉ S.). *Périgord.* PRINCES DE CHALAIS, 1744 ; DUC DE BENÉVENT, 1806 ; DUC DE DINO, 1815 ; DUC DE TALLEYRAND, 1817 ; DUC DE VALENÇAIS, 1817 ; DUC DE MONTMORENCY, 1864 ; PRINCE DE SAGAN, DUC DE PÉRIGORD. De gu. à 3 lions d'or armés, lampassés et couronnés d'azur. D. L. R. *Dev. :* Re que Diou.

Talourd. D'or à la bande de gu. accomp. de 6 merlettes du même posées en orle. H.

Tanvre. D'azur à 3 têtes de lions d'or, lampassées et couronnées de gu. R. (*V. Janvre*).

Taride. De sa. ondé d'arg. en pointe et surmonté d'un lion d'arg. G.

Tarit. De sa. ondé d'arg. en pointe surmonté d'un lion d'or armé et lampassé de gu. C.

Tarquex. 1490. B.

Taunay. De sa. au cor d'arg. lié de gu. C.

Taupane (de la). De gu. à 3 molettes d'arg. C. G.

Taveau. BARONS DE MORTEMER. D'or au chef de gu. chargé de 2 pals de vair. G. (1415-B). C. D. F. R. M. *Var.* : Coupé d'or et de gu. à 2 pals de vair sur le tout. P. (M. var.). *Var.* : D'or au chef de gu. chargé de 2 billettes d'arg. surmontées chacune d'une ruche d'azur. H. *Dev.* : Semper altiora spiro.

Tazay (de). P. Sᵍʳ de Vousne.

Teil (du). BARON, 1820. D'or au chevron de gu. accomp. en pointe d'un tilleul de sin. ; au chef de gu. chargé d'une fleur de lis d'arg. entre 2 étoiles du même. *Sup.* : Deux lions. R. (*V. Theil*).

Teille, Teillé. C. G. — D'arg. à l'arbre de sin. (tilleul, teil) soutenu par 2 lions affrontés de sa. H. B.

Teinteau. De gu. au bourdon d'or posé en pal, accomp. de 5 coquilles d'or en sautoir. G. (*V. Tinteau*).

Tellier (Le). MARQUIS DE MONTMIRAIL ET DE LOUVOIS. P. D'azur à 3 lézards d'arg. posés en pal, rangés en fasce au chef cousu de gu. chargé de 3 étoiles d'or. L. R.

Ternes (de). D'hermines à la croix de gu. M.

Terrant de Verdons. De gu. au lion d'arg. armé, lamp., couronné d'or. M.

Terronneau. D'arg. à la fasce de gu. accomp. de 3 tourteaux du même. (H.). *Var.* : De gu. à la fasce d'arg. accomp. de 3 besants du même. H. R. (Théronneau).

Terocs (de) (Cᵗᵉˢ). D'arg. à la croix de gu. cantonnée de 4 mouchetures d'hermines. C. D. F. R.

Texier. (MARQUIS D'HAUTEFEUILLE, 1689). *Maine.* De gu. à un lévrier passant d'arg. colleté de gu., cloué et bandé d'or ; accomp. en chef d'un croissant aussi d'or. (R.). *Dev.* : Splindor honoris, virtutis fidelitas.

Texier de la Baraudière. D'arg. à la fasce d'azur chargée de 3 étoiles d'or ; accomp. de 3 losanges de sa., 2 en chef et 1 en pointe. C.

Texier de Saint-Germain. *Ile de France.* De gu. à 3 navettes d'or, 2 et 1, en pal. P. G. C. R.

Thanchet. D'arg. à 3 merlettes de sa. G.

Tharning ? ou **Marning.** P. C. Sᵍʳ de Laurière.

Thebault. De gu. à 3 tours d'or. F.

Theil (du) de La Rochère. D'or au chef d'azur au lion de gu. armé, lampassé et couronné d'arg. brochant sur le tout. D. G. (du Teil). H. (du Teil).

Thérenneau, Terronneau. D'arg. au sautoir de gu. cantonné de 4 aigles étêtées d'azur. R.

Théronneau (de). De gu. à la fasce d'arg. accomp. de 3 besants du même, 2 et 1. G. P. C. F. R. (*V. Terronneau*).

Thévenin. De gu. au léopard d'arg. H. G. C. R. M.

Thibaud de Noblet de la Rochethulon (Mᶦˢ). *Beaujolais.* D'arg. au chevron d'azur au chef du même. C. D. R. *Sup.* : Deux licornes.

Thibaudeau. (COMTES DE L'EMPIRE). De gu. à la colonne d'or accolée à senestre d'un lion d'arg. armé et lampassé de sa. ; franc quartier de comte conseiller d'Etat. C. R.

Thibault. De gu. à une fleur de lis d'or accomp. en chef de 2 molettes d'arg. et en pointe d'une croisette du même. R.

Thibault, de la Roche d'Allerit, de Neuchaize, de la Carte. D'azur à la tour d'arg. (M.) maçonnée de sa., au chef d'arg. chargé d'un croissant d'azur accosté de 2 sautoirs alésés de gu. R. P. G. C. L. ...2 croisettes de gu. B. — H. — F. (var.).

Thibaut. De sa. à 3 mâcles d'arg. G.

Thibaut. (*V. Thibault* et *Thibaud*).

Thibert. G. M.

Thitton. D'azur à une colombe d'arg. au vol ouvert et le bec haut ; au chef d'azur soutenu d'une devise d'or et chargé de 3 étoiles du même. R.

Thomas. D'azur à l'aigle d'or becquée, membrée de gu., à la bordure d'hermines. G. C. H. (au vol abaissé).

Thomas. D'arg. à la bande d'azur périe en abîme affrontée d'une tête de maure de sa. au tortil d'arg. G., d'or... etc...; au chef de gu. chargé d'une croix tréflée d'arg. C.

Thomasset. Tiercé en fasce : au 1er, d'azur au griffon d'or becqué et onglé de gu. ; au 2, de sa. ; au 3, d'arg. à 3 mouchetures d'hermines. G.

Thomasset de la Trevilière. D'arg. à 5 mouchetures d'hermines de sa. 2 et 3 ; au chef d'azur [soutenu d'une fasce en devise de sa.] et chargé d'un griffon passant d'or ; armé de gu. C. M. H. F. R. (griffon d'or armé de sa.).

Thomé. D'azur à 3 chevrons d'arg. accomp. de 3 étoiles d'or, 2 en chef, 1 en pointe. G. C.

Thoreau. Branche des Roches : D'azur au taureau furieux d'or. (P. C. H.). Branche de la Grimaudière : la tête contournée regardant 2 étoiles du même en chef. G. C. R.

Thoreau. D'azur au taureau marchant d'arg. C.

Thorigny (de). D'arg. à 7 merlettes de gu. posées 2, 3, 2 et un franc canton du même. G. C. (chargé d'une fleur de lis d'arg. M.).

Thoru. D'azur à un taureau furieux d'arg. G. R.

Thory. D'arg. au lion de gu. R

Thouars (Vtes de). (xiie S.). Maison princière éteinte au xve siècle. D'or semé de fleurs de lis d'azur, au franc quartier de gu. C. F. Anselme. — R. Plus anciennement cette maison portait de... à 8 merlettes de... la 1re couverte par un franc quartier. F.

Thubert. 1616. G. De sin. au chevron d'or accomp. de 3 tierces feuilles d'arg. (G. C.). Var. : D'arg. au chevron de gu. accomp. de 3 trèfles de sa. H.

Thubin. G.

Tiercelin d'Appellevoisin. G. (V. Appellevoisin). H. L.

Tiercelin de Saveuse. D'arg. à 2 tierces d'azur passées en sautoir cantonnées de 4 merlettes de sa. R. M.

Tigernere de Marchais (de la). De sa. à la croix pattée et raccourcie d'or, accomp. de 2 losanges en chef et d'un crois. du même en pointe. M.

Tillet (du). (V. de la Lande). G.

Tillet (du) de Villars (Mis). Angoumois. (An. 1484). D'or à la croix pattée et alaisée de gu. (C. R.). Sup. : Deux lions. Dev. : Nihil parum, nihil nimis.

Tinguy (de). D'azur à 4 fleurs de lis d'or cantonnées. H. G. P. C. D. R. M.

Tinteau. De gu. au bourdon en pal d'arg. à 5 coquilles d'or.C.(V.Teinteau).

Tiraqueau. 1615. D'arg. à la fasce ondée d'azur, surmontée de 3 merlettes de sa. rangées en chef. G. M. (canettes, R. F. C.). Var. : D'arg. à 3 cannettes de sa. soutenues d'une rivière ondée d'or et d'azur. G.

Tison. D'or au tronc écoté de sa., ardent de gu. posé en bande. H.

Tison, Tizon. D'azur à la fasce d'argent accomp. de 4 fleurs de lys du même. G. C.

Tison d'Argence. Angoumois. D'or à deux lions léopardés de gu. l'un sur l'autre, au lambel de gu. en chef. R. (var. : de gu. à 2 lions léop. d'or, M.).

Tizon (de). Saintonge. D'arg. fretté d'azur de 3 pièces. L. Var. : D'azur fretté d'or, M.

Tongrelon. D'argent au léopard de sa. G.

Torcé (de). De gu. à l'aigle éployée de sa. G. C.

Torsay (de). D'arg. à l'écusson de gu. en abîme, à la bordure d'azur. R.

Toulard. D'arg. au cœur de gu., au chef d'azur, chargé d'un croissant d'argent entre 2 molettes d'or. R.

Tour (de la). BARON DE GEAY, DE LA GORYE. D'arg. à l'aigle éployée de gu., becquée et membrée d'or et une bordure d'azur chargée de 6 besants d'or, 3 et 3. H. G. C. L. R. (M. d'or... etc , 11 besants...). (V. La Tour).

Tour (de la). D'arg. à 5 fleurs de lis d'azur, 3 en chef, 2 en pointe. C. (Taveau de la Tour, G.).

Tour-Beaulieu (de la). Saintonge. De gu. à 2 lions affrontés d'arg., armés, lampassés et couronnés d'or. R.

Tour (de la) (de la Vialle). D'azur semé de fleurs de lis d'or à la tour d'arg. maçonnée de sa. crénelée de 2 pièces et de deux demies, surmontée d'un lambel de gu. G. C. R. Ces armoiries semblent être une brisure de celles des La Tour d'Auvergne ou de la Tour Landorthe au comté de Comminges.

Tourlon de Fleury. C. — De gu. à une tour d'or entourée d'une muraille basse et crénelée du même le tout maçonné de sa. R. (*Languedoc*).

Tourtereau. *Nantais.* De gu. à 3 tourterelles d'or. M.

Tousche (de La) Marigny. D'or au lion de sa. armé, couronné, lampassé et armé de gu. H. G. P. F. C. D. M. R. (var.). *Dev. :* « Deo Juvante ».

Tousche (de la) Limousinière. D'or à 3 tourteaux de gu. G. H. R. (Touche).

Touzalin (de). De sa. à la fasce ondée d'arg. soutenant en chef un lion passant armé et lampassé du même, et accomp. en pointe d'un chevron renversé d'arg. à la croisette du même en abîme. P. G. C. F.

Tranchant. De gu. à la fasce d'arg. accomp. de 3 carreaux du second posés 2 et 1. G.

Tranchelion (de) De gu. au lion d'arg. traversé d'une épée du même mise en barre, montée d'or. M.

Tranchet de la Rajasse. D'arg. à 3 ageaces (pies) de sa. 2 et 1. C.

Tréhan (du), Tréhant. Gironné d'arg. et de gu. de 12 pièces. (P.). Gironné d'arg. et de sa. G. C. (R. sa. et arg.).

Trémoille (de La). (XIᵉ S.). Vi-COMTES DE THOUARS, PRINCES DE TAL-MONT, 1469 ; DUCS DE THOUARS, 1563.; PRINCES DE TARENTE. D'or au chevron de gu. accomp. de 3 aiglettes d'azur becquées et membrées de gu., 2 et 1. (M. P. C. F. L. R.). *Dev. :* Sans sortir de l'ornière. L'écu timbré d'une couronne royale fermée.

Treslard (de). G.

Trezin de Cangey. *Blois.* D'or à l'arbre de sin. sur une terrasse du même au chef de sin. chargé de 3 quintefeuilles d'or. C. R.

Tribouille (de la). D'azur à 3 roquets d'arg. G. C. R.

Trochard (de). G. De gu. à 2 épées d'arg. passées en sautoir la pointe en bas. R.

Trochet (du). D'azur à 5 pals d'or. G. P. C. D. H R.

Trudaine de la Sablière. D'or à 3 daims de sa. P. C. L. R. (*Picardie*).

Trye. D'or à la bande d'azur chargée de 3 annelets d'arg. H.

Tryon. *Périgord.* D'or à 2 bandes de gu. Les Marquis de *Montalembert* écartellent ces armes avec aux 2 et 3 d'arg. à la croix ancrée de sa. (R.). *Dev. :* Ni espoir, ni peur.

Tudart (de). (XIIIᵉ S.). D'or à 2 losanges d'azur, au chef d'azur chargé de 3 besants d'or. H. P. C. D. F. L. R. (*Ile de France*). (M. Tudert).

Tudert. Ecartelé : aux 1 et 4, au coq d'or accomp. de 2 losanges d'azur, au chef du même ; aux 2 et 3, d'arg. au chef enguisé de gu. G.

Tuffeau. D'arg. à 3 crois. de gu. R. (*V. Tusseau*).

Tullaye (de la). *Bretagne.* D'or au lion rampant de gu. P. C. D. R.

Turpain (de), Turpin de Jouhé. D'azur à 3 besants d'or 2 et 1. G. P. C. L. R.

Turpault. D'azur à 2 aulnes d'or marquées de sa. posées en sautoir. H. B.

Turpin. (COMTE DE CRISSÉ). Losangé de gu. et d'arg. (G. H. R.). *Var. :* Losangé d'or et de gu. M. *Dev. :* Vici victurus vivo.

Tussac (de). P. Sᵍʳ de Pouzioux.

Tusseau de Maisontiers. D'arg. à 3 croissants de gu. 2 et 1. G. P. H. F. (Vertot). R. M.

Tutaut, Tutault. D'or à la fasce ondée d'azur. G. C. (var.). H. (3 fasces ondées...). R. d'arg. à 3 fasces ondées d'azur. D'or à 2 losanges d'azur en fasce au chef du même chargé de 3 besants d'or. M.

Tyndo. D'or à la fasce d'azur crenelée, accomp. de 6 fleurs de lys de gu. M.

Umeau. D'azur à 3 flammes d'or en devise. C. F.

Urcot (d'). D'azur à 3 pommes de pin renversées d'or. M.

Urnoix. D'azur à une urne d'or. H.

Ursins (de). Bandé d'arg. et de gu. au chef d'arg. à la rose de gu. soutenue d'or. M.

Uteau (d') ? D'arg. à 3 fasces ondées d'azur. P.

C'est *Tuteault* qu'il faut lire.

Vacher. G. C. D'or à 3 têtes de vaches de gu. M. ?

Valet ou **Walsch ?** P. D'arg. au chevron de gu. accomp. de 3 phéons de sa. P.

Valet. (*V. Vaslet*).

Vallance (de). G.

Vallant. D'or à la croix endentée de sa., chargée de 5 coquilles d'arg. G. (*V. Vassaut*).

Vallée (de). G. C. — D'azur au chevron d'or, accompagné de 3 étoiles du même. H.

Vallée (de). De sa. au lion d'or couronné d'arg. L.

Vallensienne (de). D'azur à la fasce d'or, accomp. de 3 têtes de licornes coupées d'arg. H.

Vallet de Salignac. C. L.

Valleteau de Chabrefy. *Touraine.* Parti : au 1er, d'arg. à l'aigle au vol abaissé de sa. ; au 2e, d'arg. à un mont de 3 copeaux de sa., le plus haut sommé d'un coq du même. (P.). *Var. :* (Valleau). C. R. Au 2, d'arg. à 3 monts mal ordonnés chacun de 3 coupeaux posés en pyramide, le 1er sommé d'un coq au naturel. D.

Vallois de Vilette (Le) de Mursay. *Normandie.* D'azur au chevron d'or accomp. de 3 croissants d'arg., au chef d'or chargé de 3 roses de gu. G. C. M. R. (le Valois).

Vanbecq (de). D'arg. fretté de gu. au chef de sa. H.

Vandel (de). De gu. à 3 gantelets d'arg. G. P. C. F. M.

Varanne (de la). D'arg. à une bande de vair. H.

Vareges. *Aunis, Saintonge.* D'or à 2 vaches de gu. accornées, colletées et clarinées d'azur, l'une sur l'autre. R.

Vareilles (de). Burelé d'or et d'azur. P. C. G. R. (Labrouste, La Broue). *Var. :* D'or à 3 fleurs de lis au pied nourri de gu. mal ordonnées. H.

Varin. G. D'arg. à 3 fasces de gu. accomp. de 6 merlettes écornées de sa. C. D'Hozier blasonne : d'or au croissant de gu. et un chef d'azur parti comme ci-dessus.

Vaselot. D'or à un vase de sin. H.

Vaslet. D'azur au chevron d'or accomp. de 2 étoiles du même en chef, et en pointe d'un lévrier d'arg. la tête contournée tenant en sa gu. un flambeau d'or allumé de gu. H. B.

Vaslin. C. Sgr de Larbrie.

Vasline (de la). D'azur au chevron d'arg. accomp. de feuilles de chêne d'or, chargé de 3 merlettes de sa. G. P. (de Vaslin).

Vassan (de). (xiie S.). *Soissonnais.* D'azur au chevron d'or accomp. en chef de 2 roses d'arg. et en pointe d'une coquille du même. (C. R.). *Dev. :* Virtus vulnere virescit.

Vassaut. D'or à la croix de gu. endentée de sa. chargée de 5 coquilles d'arg. C. R.

Vassé (de). D'or à 3 fasces d'azur. P. G. C. H. M.

Vasselot de Regné (de). *Maine.* D'azur à 3 guidons d'arg. futés d'or et la pointe d'argent, posés en bande. G. P. R. F. — en pal. C. D. H. L. *Sup. :* Deux lions. *Dev. :* Hoc Signo Vinces.

Vassoigne (de). D'or au lion armé, lampassé et couronné de sa., accomp. de 3 souches d'arbre du même 2 et 1. L.

Vastelier (de). D'azur à l'aigle éployée d'or. (G.). *Var. :* Vestelier.

Vatable. G.

Vau (de la). D'azur à la fleur de lis d'or, sommée de 3 mouchetures de contre-hermine d'or rangées en chef. G.

Vau (de) Chavagne. *Maine.* D'azur à 2 aigles d'or en chef, au dragon du même en pointe. G. (Vaux, C.). H. R. (serpent en pointe). (3 aigles, M.).

Vaucelles (de). *Touraine.* D'arg. au chef de gu. chargé de 7 billettes d'or, 4 et 3. P. G. (Vauxelle). C. D. M. F. R. *Dev. :* Semper Deo fidelis honori regis et virtute valens.

Vauconcourt (de). De gu. au soleil d'or. G.

Vaugirard (de). D'azur à l'aigle à deux têtes d'arg. P. (H. et M.) armée et becquée de gu. M. (Vaugirault).

Vaugiraut (de). D'arg. fretté d'azur. G. C.

Vauguyon. *Niort.* 1437. B.

Vauguyon (Cte de la). (*V. Stuart*).

Vaux (de). De sa. à la montagne d'or. G.

Vaz de Mello. P. Sgr de Barot.

Veau (de Cocsmé). C. P. — D'or au chevron d'azur accomp. de 3 têtes de veaux de gu. posées de profil. C.

Veillechèze (de). D'azur à 4 barres d'or enflammées de gu. C. (*V. Vieille-chèze*).

Veillon. Armes anc. D'arg. au bâton écoté de sin., accosté de 2 losanges de gu. R.

Veillon de Beauregard et de Bois-martin. D'azur à une grue d'arg. couronnée d'or, tenant sa vigilance du même sur un bassin aussi d'or, le tout soutenu d'une terrasse de sin. R.

Veillon de la Garoullaye. D'arg. à un bâton de sin. posé en pal, accomp. de 2 losanges de gu., 1 au canton dextre du chef et 1 au canton senestre de la pointe. R.

Venoix. D'azur à 2 lions léopardés d'or, l'un sur l'autre. G.

Venours(de), de la Maison Neuve. P. C.

Vérac (de) St-Georges. (*V. Saint-Georges*). G. Ecartelé : aux 1 et 4, d'arg. à la croix alaisée de gu. ; aux 2 et 3, d'arg. à 3 fasces alaisées de gu. G.

Verdilhac (de). De gu. au vol d'argent. D.

Verger (du) de Monroy. D'azur à 3 croissants d'or. R.

Vergier (du) de la Rochejacquelin. (xiᵉ S.). MARQUIS, 1818. De sin. à la croix d'arg. chargée en cœur d'une coquille de gu., cantonnée de 4 coquilles d'arg. M. C. P. D. F. R. H. *Var.* : De sin. à la croix de gu. chargée d'une croisille d'arg. cantonnée de 4 croisilles du même. G. *Dev. :* Si j'avance suivez-moi, si je recule tuez-moi, si je meurs vengez-moi !...

Vergnaie (de la). (*V. Maroix*). G.

Vergnaud (de la Morinière). D'azur au vergne (aulne) de sin. posé en pal. G. C. H.

Vergne (de la). D'azur au crois. d'arg. surmonté de 3 besants d'or rangés en chef. M.

Verinaut. De sa. à 3 croissants montants d'arg. 2 et 1. (R.), à la bordure de gu. G. H. (var.) (Vesrinaut) . .à la bordure double de gu. C.

Vérine (de). D'arg. à 3 bandes de gu. celle du milieu chargée de 3 coquilles d'or. P. G (Verinne, C.). R. (3 besants d'arg.).

Vernay D'arg. a 10 trèfles d'azur, 3, 2, 3, 2. R. M.

Vernède (de la). D'azur à 3 sautoirs d'or, 2 en chef, 1 en pointe. G. C.

Vernon. *Ecosse.* D'arg. à 3 têtes d'ours de sa. emmuselés d'or. C. (Anselme). F. *Dev. :* Vernon viret.

Vernon. De gu. à la croix d'or chargée de 5 tourteaux de sa. M.

Vernou (de). (An. 1482). D'or au chevron de gu. accompagné de 3 croissants d'azur, 2 en chef, 1 en pointe. G. P. H. (Vernon). F. *Alias :* D'azur au croissant d'arg. P. C. H. (de Melzéard) — R. (Mⁱˢ de Bonneuil).

Véronneau. D'arg. à la rivière d'azur chargée de 10 bars (vérons plutôt ?) contournés d'arg. G.

Verré (de). De sa. à 3 créneaux d'arg. embâtis et embêchés de gu. (G.). De sa. à 3 croissants d'arg. C.

Verré. Vairé d'or et de gu. H.

Verrier (du). D'arg. à 2 léopards de gu. l'un sur l'autre. C.(Duverrier, G.).

Verrières (de)(Bᴼⁿ). P. Sᵍʳ du Plain. — Une famille champenoise de ce nom porte : de gu. au chef d'arg. chargé de 3 annelets de gu. entre 4 mouchetures d'hermines de sa. R.

Verteuil (de). D'arg. à 3 losanges de gu. G. P. C. (en bande, D.).

Verthamont (de), Vertamon. *Limousin.* (MARQUIS, 1653). De gu. au lion d'or léopardé. (Verthamon) écartelé de 5 points d'azur équipolants à 4 d'or. R. et D. (var). H. (var.) ...5 points de gu... C. L. : 5 points d'or, 4 d'azur ; au 4, de gu. plein.

Veslon. D'arg. à 3 têtes de veaux au naturel posées 2 et 1. G. (*V. Feslon*).

Vessac (de) G.

Vetellier. D'azur à l'aigle éployée d'or. C. (G. Vastelier).

Veuvier (Le). De gu. au chev. d'or accomp. de 2 mâcles d'arg. en chef et d'un crois. en pointe, du même. M.

Vezeau de la Vergne. P. C. Sᵍʳ de la Colinière.

Vezien. Vesien de la Roche. D'azur à 3 flèches d'or, ferrées d'arg., posées en fasce l'une sur l'autre la 1ʳᵉ et 3ᵉ contournées, accomp. en chef d'un coq d'or et en pointe d'une rose du même. H. R.

Vezien de Champagne. De gu. au loup d'or. P. C.

Viallière (de la). D'arg. à la bande
de sa. remplie d'arg. et chargée de 3
créneaux de gu. H.

Viard, Viart de Villebazin. (An.
1388). D'or au phénix de sa. sur un bûcher de gu., au chef d'azur chargé de
3 coquilles d'arg. P. C. D. R. M.

Viau. D'azur à 3 losanges d'or 2 et
1, et une rose d'arg. en cœur, et un
chef d'arg. chargé de 3 molettes de sa. H.

Viault. D'arg. au chef de gu. à 3 coquilles de sa. 2 et 1. G. P. *Var :* D'arg.
au chevron de gu. accomp. de 3 coquil.
de sa. 2 et 1. (B. d'après dom Mazet). M.

Viault. D'arg. à 3 bandes de gu. au
chef du même. C.

Viault de la Cléraudière. De sa.
au lion d'or. H.

Vibrais (de). De gu. au chev. d'or
accomp. de 3 besants du même. M.

Vidard. De gu. à 6 dards d'arg.
empennés de sa., 3 en chef passés en
sautoir et 3 en pointe rangés en fasce
posés en pal. G. P. C. H. R. M.

Vidaut des Loubières. D'azur au
sautoir d'or. R.

Vieillechèze (de). D'azur à 3 barres d'or enflammées de gu. F.

Vieilleseigle (de). De gu. au sautoir d'or. B.

Viel (de). D'azur à 3 mouchetures
de contre-hermine. H.

Viète, Viette. L. D'arg. au chev. d'a-
zur accosté de 6 étoiles de... accomp. en
chef d'un soleil de... et en pointe d'un lis
de jardin arrosé par une main dextre
issant d'une nuée à senestre du chev. F.

Vieur (de). Palé d'arg. et de gu. à
l'épée d'arg. garnie d'or brochant en
bande la pointe en bas. C. P.

Vieux (de). D'or au lion de sin.
G. C.

Vigier. D'azur à la croix ancrée
d'arg. (M.) à 5 bandes du même. G. (3
bandes, C.).

Vigier. *Guyenne, Saintonge.* D'arg.
à 3 fasces de gu. B. D. R.

Vigier. D'azur à 3 heaumes d'arg. P.

Vigier. D'or à 3 étoiles d'azur. M.

Vigier de la Lardière. D'azur à la
croix ancrée d'arg. M.

Vignaut, Vignaux (du). L. D'arg.
à la vigne de sin. chargée de 7 grappes
de raisins d'or. G.

Vignerot. (Fam. ét. 1800). Substitué
au xviie siècle au nom titre et armes de
la maison du Plessis-Richelieu. (Ducs
de Richelieu et de Fronsac, 1631 ;
Duc d'Aiguillon, 1724). D'or à 3 hures
de sangliers de sa. C. F. (Courcelles).
R. (écartelé avec du Plessis-Richelieu).

Vignier. *Champagne.* D'or au chef
de gu. à la bande componée d'arg. et.
de sa. de 6 pièces. (P. C.) brochant sur
le tout. R.

Vigoureux. D'arg. à 5 losanges de
gu. en sautoir. P. G. C. L.

Vihiers (Cte de). (*V. Turpin*). G.

Vilain. 1318. De gu. à la cigogne
d'or tenant en son bec un serpent d'a-
zur. H. B.

Villaines (de). Ecart.: aux 1 et4, d'a-
zur au lion passant d'or ; aux 2 et 3, de
gu. à 9 losanges d'or. P. C. D. (*Berri*).

Villates (des). G. C. *Limousin.* D'a-
zur à la barre de sa. chargée de 3 étoiles d'arg. R.

Villautray (de). *Angoulême, Poitou.* G. (*V. Villoutreys ?*)

Ville (de la) de Baugé (Mis). *Bretagne.* D'arg. à la bande de gu. F. R.
Sup. : Deux lions. *Dev :* Tiens ta foy.

Villebon (de). De gu. à une ville
d'arg. H.

Villebresme. D'or à une amphistère
de gu. R. M.

Villedon (de) (Cte). (xiie S.). D'arg.
à 3 fasces ondées de gu. (M. G. P. C D.
F. L. R.). *Var. :* De gu. à 3 fasces ondées d'arg. G. — De sa. à une fasce
d'or chargée d'un croissant de sin H.

Ville Fayard (de). D'arg. à la ville
de gu. accomp. de 3 aigles d'azur 2 et
1. P. C. (Ville-Favard).

Ville de Férolles (de la). D'arg. à
la bande de gu. G. P. C. R. (*V. Ville
de Baugé*).

Villemont (de). D'azur au chevron
d'or accomp. en chef d'un aigle de
même et en pointe d'un lion d'arg. H.

Villeneuve (de). G. — De gu. à 3
chevrons d'hermines. (C. M R.). *Var. :*
D'hermines à 3 chevrons de gu. H

Villiers (de). P. D'az. au lion d'or. M.

Villiers (de). De gu. au griffon
d'or. H.

Villiers (de). De gu. à la croix d'argent cantonnée de 16 croisettes. G.

Villiers de Lauberdière (de). D'arg. à la bande de gu. accomp. en chef d'une rose du même. M.

Villiers (de) (de Prinçay). D'azur à 3 losanges d'or et une coquille d'arg. en abîme. (G.). D'azur à 3 besants d'or, etc. H. B. C. F. (Barentin).

Villoutreys (de). C. *Anjou.* D'azur au chevron d'or accomp. en chef d'un croissant entre 2 étoiles d'arg. et en pointe d'une rose du même. D. R.

Vincent. G. C. S^{grs} de l'Etang.

Vineau. *Niort, 1591.* D'azur à 3 flammes d'or en devise. G. C.

Viron. D'arg. à la bande d'azur. M.

Vivonne (de). (xie S.). D'hermine, au chef de gu. C. H. F. R. M.

Vivosne (de). D'azur à 3 fasces ondées d'arg. H.

Voisin. *Niort, 1349.* B.

Voluire (de). (xie S.). Mis DE RUFFEC, 1588. *Limousin.* Burelé d'or et de gu. de 10 pièces. C. F. R. (8 pièc. M.).

Vonnes (de) D'or à la fasce d'azur accomp. de 6 billettes du même. M.

Voulons (de) Voullon. D'azur à la fasce d'or accomp. de 3 étoiles d'or, 2 en chef et 1 en pointe. G. C. F. (H. et R. sans la fasce).

Vouzy. D'arg. au chevron d'azur accomp. de 3 têtes de maures de sa. tortillées d'or. G.

Voyer. D'arg. à l'aigle éployée de sa. C.

Voyer d'Argenson (de). (xiie S.). *Touraine.* (VICOMTES DE LA ROCHE DE GENNES, 1569; COMTES DE ROUFFIAC, 1654; VICOMTES DE MOUZAY, 1680; MARQUIS D'ARGENSON, 1700). Écartelé : aux 1 et 4, d'azur à 2 léopards d'or, couronnés du même, (M.) armés et lampassés de gu. (*Voyer*). Aux 2 et 3, d'arg. à la fasce de sa. (*Argenson*), sur le tout un lion de St-Marc ailé, d'or, tenant l'épée nue et le livre ouvert d'arg. sur lequel se lit : *Pax tibi marie.* P. F. C. — R. dit que le lion de St-Marc est en cimier. *Tenants :* Deux anges vêtus de dalmatiques armoriées. *Dev. :* Vis et Prudentia Vincunt.

Voyneau. D'arg. au massacre de cerf de sa. surmonté d'une étoile du même. P. C. R.

Voyon (de). De sa. au chevron d'argent accomp. de 3 cerfs passants du même. H.

Voyrie (de la). De gu. à 3 coquilles d'arg. 2 et 1. G. H. P. C. R.

Voysin (du). De la Popelinière. F.

Yoncques du Sevret. D'arg. à 3 cerfs naissants de sa. G. (Yongues, C.). L. (H. Hiouque).

Yvé (d'). (*V. Divé*).

Yver. *Niort, 1461.* D'azur à la devise d'or accomp. de 3 étoiles du même, 2 en chef, 1 en pointe. B. R.

Yvon. (An. 1643). D'azur au chevron échiqueté de 3 traits d'arg. et de gu. accomp. de 3 étoiles d'or, 2 et 1. G. C.

ADDITIONS & CORRECTIONS

Malgré tout le soin apporté à l'impression de cet ouvrage, un certain nombre d'erreurs ou d'oublis s'est glissé dans ces pages. De plus, nous avons cru utile de revoir notre texte en le rapprochant de celui de l'Armorial composé par de Sauzay à la suite des Barentines et que les *Archives historiques du Poitou* ont publié dans leur xxiiiᵉ volume. Nous avons trouvé là quelques corrections à faire au texte publié par A. Gouget.

Plus précieux encore pour ce travail de revision nous a été le manuscrit inédit de la Bibliothèque de l'Arsenal, contenant les *Preuves des Chevaliers de Malte du grand Prieuré d'Aquitaine*.

Divers ouvrages, ainsi que des renseignements qui nous ont été aimablement donnés, nous ont aidé à perfectionner notre tâche si imparfaite encore, mais qui, telle qu'elle est, pourra espérons nous rendre déjà des services.

L'Armorial que nous donnons aujourd'hui est loin d'être complet, un ouvrage de ce genre n'est d'ailleurs jamais complet, et il reste encore beaucoup à faire.

Les chercheurs qui aiment à fouiller les vieilles archives de notre province auront sans doute à ajouter dans les marges bien des noms et bien des blasons ; puisse l'imperfection même de notre publication leur donner le désir de faire profiter le public de leurs savantes recherches et augmenter ainsi les sources auxquelles viendront puiser les historiens du Poitou !

ABRÉVIATIONS DES OUVRAGES CITÉS

D Divers, annuaires héraldiques.
H D'Hozier. Armorial général de France.
K Renseignements particuliers.
M Manuscrits : principalement ceux tirés des Preuves des Chevaliers de Malte.
S De Sauzay (arch. hist. du Poitou, tome xxiii).

ADDITIONS & CORRECTIONS

Abadie (de L'). V. aux additions : Labadie.

Agnes. Ajoutez : V. Ague.

Aiguiller. Ajoutez : V. Laiguillier.

Aimon. Ajoutez : V. Aymon de la Petitière.

Ainé (de l'). Ajoutez : R.

Airon. Ajoutez : V. Ayron.

Aisse. Ajoutez : V. Aysle.

Algret. Peut être Aigret ?

Aloigny. A la place d'une autre branche, lire : la branche aînée.

Amaury. *Var.* : D'azur au chev. d'arg. accomp. de 3 étoiles en chef et de 3 roses, 2 et 1, en pointe, du même. S.

Andayer. Ajoutez : V. Audayer.

Arembert. Ajoutez : V. Arambert.

Argentière (d'). (S.). V. d'Argentrie.

Arnault. Ajoutez : V. Arnaud.

Artaguiette (d'). *La Mothe-Sainte-Héraye.* D'azur à 3 canards sauvages dormant la tête contournée, posés 2 et 1. Ecartelé d'arg. au loup passant de gu. K.

Aubry. Ajoutez : V. Aubery.

Audayer. Ajoutez : V. Andayer.

Audoyer. Ajoutez : V. Audayer, Andayer.

Ausseure. Ajoutez : V. Dausseur.

Ayron. Ajoutez : V. Airon.

Aysle. Ajoutez : V. Aisse.

Baguenard. De gu. au chev. d'arg. renversé accomp. de 2 étoiles d'or en chef et d'un croissant d'arg. en pointe. K.

Bamard. De gu. à la fasce d'arg. chargé d'un œil de sa. et d'azur. K.

Barbault de la Motte. D'arg. au barbeau de gu. mis en fasce. K.

Barbotin. *Var. :* D'azur à 3 glands d'or. S.

Bardon. (XIVᵉ S.). De... à 3 aiguières. K.

Barré. D'arg. à la bande etc... Ajoutez : V. Barre de la Guenonière.

Barusan. Ajoutez : V. Barazan.

Bauchereau. Ajoutez : V. Banchereau.

Baudry d'Asson. *Var. :* D'arg. à 3 fleurs de lis d'azur. S.

Bault (Le). Ajoutez : V. Lebault.

Bel. Ajoutez : V. Le Bel.

Bellanger. Ajoutez : *An.* 1607.

Beraudière. Mᴵˢ DE L'ISLE. *Var.* . Aigle de gu. couronnée, becquée et membrée d'azur au chef du même chargé de deux croix pattées d'or. S.

Berland. *Var. :* D'azur à 8 étoiles d'or, 3, 2, 3, à deux bars adossés d'arg. posés en pal. S.

Bernard Sauvestre. Ajoutez : V. Sauvestre.

Berthe. V. Brethé.

Berthon. Ajoutez : V. Berton.

Bertinaud. Ajoutez : V. Bretinauld.

Berton. Ajoutez : V. Berthon.

Besdon. Ajoutez : et boutonnées d'or. S.

Beuf (Le). V. Bœuf des Moulinets.

Beynac. Ajoutez : V. Bénac.

Bigot. *Var. :* Echiqueté d'or et de gu. S.

Billocque. D'azur au chev. d'arg. accomp. de 3 berloques (?) (sorte de crécelles) d'or. K. (communiqué par M. de Clisson).

Bittier. Ajoutez : G. V. Le Bittier.

Blanc. Ajoutez : V. Le Blanc.

Blom. *Var. :* les croisettes pattées. S.

Bodin. Complétez : trois épées d'argent, en pal, en barre et en bande, la garde d'or. S.

Boin. V. Bouin.

Bois (du). D'azur à 2 chevrons d'or. S.

Bormetie. (S.). V. Bonnelie.

Bordes. Ajoutez : V. Desbordes.

Bossu. Ajoutez : V. Le Bossu.

Boucherie (de la) de Varaise. *Aunis.* H. *Var. :* Mêmes armes, le cerf sur une terrasse d'arg. et un chef cousu de gu. chargé d'un soleil d'or entre 2 étoiles du même. K.

Bouquenet. Ajoutez : V. Bougrenet.

Bourot. D'arg. au lézard d'azur posé en fasce, transpercé d'une flèche de sa. posée en pal (cachet, communiqué par M. de Clisson).

Boussineau. D'azur à 3 globes d'arg. cerclés et croisetés d'or. (Communiqué par M. l'abbé de Clisson).

Boux. Ajoutez à merlettes : de sa. S.

Boynet. Le lion brochant sur le chef. S.

Brethé. Ajoutez : ces dernières armoiries paraissent être celles des Brettes.

Breton. Ajoutez : V. Le Breton.

Breuil. *Var. :* le chevron brisé.

Bridieu. Rectifiez : D'azur à la mâcle... etc. *Var. :* La mâcle cramponnée d'arg. S.

Brossier de la Charpagne. *Var. :* D'azur à 3 trèfles d'arg. (Cachet, communiqué par M. l'abbé de Clisson).

Bruneau. D'azur à la fasce d'arg. chargée de 3 merlettes de sa. accomp. de 3 étoiles d'or. (Communiqué par M. l'abbé de Clisson).

Carion. Ajoutez : V. Carrion.

Carrion. Ajoutez : V. Carion.

Cars (des). Ajoutez : V. Descars.

Caderan. De gu. à trois cadrans d'or. F. (ou d'arg.).

Chaigneau. *1566.* V. Chesneau de la Haugrenière.

Chainey. Ajoutez : V. Chesnaye.

Chardeboeuf. Ajoutez après rencontre : de bœuf.

Charton. Ajoutez : V. Chaston

Chasaud. Ajoutez : V. Chazaud.

Chameau. D'or au chameau de sa. (H.). *Var. :* D'azur au chameau d'or.

Chastaigner. *Var. :* le chevron renversé. S.

Chastenet. Ajoutez : V. Chatenet.

Chastignier. Ajoutez : V. Chateignier.

Chaston. Ajoutez : V. Charton.

Chateignier. Lire : aux rochers au lieu de au rocher.

Chaugée. *Var. :* les croisettes ancrées. S.

Chazaud. Ajoutez : V. Chasaud.

Chetardie. Ajoutez : V. aussi Trotin.

Chevalier de Barbezières. *Var.* (à Chevalier de Tessec) : De sin. à 2 épées d'arg. à la poignée d'or posées en sautoir, accomp. en pointe d'un lion d'or. Au chef cousu d'azur chargé d'une étoile d'or. K

Chevalier de la Resnière. Ecartelé : aux 1 et 4, de Jérusalem ; aux 2 et 3, d'arg. à l'écu de gu. bordé d'or, chargé d'une feuille de chêne d'arg. K.

Chevraut. *Var. :* D'arg. à 3 fusées de sa. S.

Chopin. Après deux rocs, ajoutez : d'échiquier.

Clerc. Ajoutez : V. Le Clerc.

Cocq. Ajoutez : V. Coq.

Colasseau (de). De sa. au lévrier d'or accolé d'azur. H.

Comte. Ajoutez : V. Le Comte.

Conan. Ajoutez : V. Conen.

Consay. Ajoutez : V. Conzay.

Conzay. Ajoutez : V. Consay.

Coq. Ajoutez : V. Cocq et Lecoq.

Cornelon. Ajoutez : mis pour Cornillon.

Couasgne. V. Coigne.

Cropte. Ajoutez : V. La Cropte.

Cubes. Ajoutez : V. Descubes.

Delastre. Ajoutez : V. Lastre.

Dellaîne. Ajoutez : V. d'Ellenne.

Demay. Ajoutez : V. Desmées.

Dansays. D'or au chev. de gu. accomp. de trois étoiles d'azur en chef et en pointe d'un croissant du même. K.

Deméré. D'arg. au mûrier de sin. fruité de gu. (Cachet communiqué par M. l'abbé de Clisson).

Desbordes. Ajoutez : V. Bordes.

Descars. Ajoutez : V. Cars.

Descoublan. Ajoutez : V. Coublanc.

Designy. Ajoutez : de Signy.

Deslennes. Ajoutez : V. d'Ellenne.

Desmons. Corrigez : V. Des Monts (au lieu de Mons).

Desmontiers. Ajoutez : V. Montiers.

Després. Ajoutez : V. des Prez.

Doizy. D'azur à 3 fasces dor. S.

Donat. Ajoutez : V. Douat.

Douat. Ajoutez : V. Donat.

Duboys de la Barre. *Angoumois.* D'azur à la coupe d'or surmontée de 2 colombes d'arg. affrontées avec un croiss. d'arg. en chef. K.

Duboys. (Sᵍʳ de Saint-Cyr, etc...). D'or à 3 fusées de sa. S.

Dupin. Ajoutez : V. Pin.

Dupuis. Ajoutez à la fin : et Puy.

Dupuy (nº 1). Ajoutez : V. Puy.

Dupuy de la Bardonnière. Ajoutez : R. S.

Durcot. *Var. :* D'or à 3 pommes de pin de sin. S.

Ecorce Civetière. Ajoutez : V. Le Maignan.

Ellenne. Ajoutez : V. Deslennes.

Escars (d'). Ajoutez : V. Cars, Descars.

Esperonnière. Ajoutez : V. Espronnière et Lesperonnière.

Espinay. Ajoutez : V. Lespinay.

Espine. Ajoutez : V. Lespine.

Etang. Ajoutez : V. Lestang.

Faire. Ajoutez : V. Lafaire.

Fassetot. Mis pour : Vasselot.

Fé de Boisragon. *Cognac.* D'azur au chevron d'arg. chargé de 3 roses de gu. accomp. de 3 étoiles d'or. (Communiqué par M. l'abbé de Clisson. — Ch. d'Hozier dans les Preuves de Saint-Cyr 1741 donne les armoiries que nous avons citées p. 59).

Ferré de la Fond. *Var. :* De gu. à 3 fleurs de lis d'or. S.

Féslon. Mis pour : Veslon.

Fite. Ajoutez : H.

Fleury. *Var. :* Aigle de sa. S.

Fontaine de l'Epinay. Ajoutez : C.

Forin. D'arg. à la croix de gu. S.

Foucher de la Tellière. Au lieu de 4 fasces, lire : 4 burelles.

Fourestier (nº 2). Ajoutez : V. Forestier.

Fracard. *Var. :* De gu. à 3 trèfles d'or. S.

Franc. Ajoutez : V. Lefranc.

François (nº 1) Ajoutez : V. Le François.

Garran de Balzan. Arm. anc. : D'azur au lévrier rampant d'arg. colleté de gu. ou d'arg. au lévrier de sa. (Communiqué par M. l'abbé de Clisson).

Gaudé. Lisez : au Maine.

Germonneau du Charault. Coupé : Au 1; de gu. au germe naissant d'or. Au 2, échiqueté d'arg. et d'azur. (Cachet communiqué par M. l'abbé de Clisson).

Gervain. Lire : deux roses.

Girard. *Var. :* D'azur à 3 chevrons d'or. S.

Girré. Effacez ce qui est dit et voyez : Givré.

Givré. D'azur au griffon d'or, accomp. de 3 croissants d'arg., 2 en chef, 1 en pointe. H.

Goisy. D'azur à la croix alaisée d'arg. accomp. de 3 molettes d'or 2 et 1. S.

Gojon. Ajoutez : V. Goujon, et Goyon (ce dernier nom est le véritable). *Var. :* Sans le chef. S.

Goret. Une fasce au lieu du chevron. S.

Graham. *Var. :* De Greśme. S. V. aussi Graime.

Grain de Saint-Marsault. *Var. :* De gu. à 3 demi vols d'or, ceux du chef affrontés. M.

Grailly (de). *Pays de Gex.* Au lieu de Fam. ét., lire : Fam. anc.

Grandsay (de). D'arg. au chev. de gu. accomp. de 3 étoiles du même 2 et 1. S.

Green. Corrigez : Ready to fly etc.

Grelier. D'azur au chev. d'or accomp. de 2 besants d'arg., chargé de 2 étoiles d'or et d'une fleur de lis du même en pointe. S.

Grelier. Ajoutez : V. Grellier.

Gressot. De gu. au chev. d'arg. accomp. de 3 losanges d'or ; au chef parti a) D'azur à un anneau d'or. b) De gu. à l'épée d'arg. posée en pal, la pointe en haut. (Communiqué par M. l'abbé de Clisson).

Groistin. Mis pour : Grunstein.

Grou de Commequiers. De sin. à la fasce d'arg. alaisée, accomp. de 2 flanchis d'or, l'un en chef, l'autre en pointe. (Cachet communiqué par M. l'abbé de Clisson).

Guillemin de Montplanet. De gu. à 2 fasces d'or (une jumelle) accomp. en chef d'un sanglier passant d'or et en pointe d'une rose d'arg. (Cachet communiqué par M. l'abbé de Clisson).

Guillemot. D'azur au chevron d'or accomp. en chef de 2 étoiles du même et en pointe d'une croix de Malte d'arg. (Cachet communiqué par M. l'abbé de Clisson).

Guillot (Du). V. Duguillot.

. **Guillot.** D'arg. au chevron de gu. accompagné de 3 branches de gui de sin. H.

Guillot du Dousset. *Anjou.* D'arg. à la fasce d'azur. H.

Guilloteau. *Var. :* De gu. à 2 marteaux d'armes d'or, passés en sautoir. H.

Guignot de Louzay. Ajoutez : V. Guinot.

Guinguan. Lisez : Guingand.

Guinot. Ajoutez : V. Guignot.

Guion. Ajoutez : V. Guyon.

Guivreau. Ajoutez : V. Guyvreau.

Guy de Pontlevoix. D'azur à 3 fermaux d'or. K.

Guyon. Ajoutez : V. Guion.

Guyteau de la Touche. De gu. au léopard lionné d'arg. M.

Guyvreau. Ajoutez : V. Guivreau.

Gyoré. Mis pour : Givré. De Sauzay écrit : Georé, s^r de la Barbinière.

Hacqueton. Mis pour : Acton.

Harembure. Lire : Harambure.

Hautefaye (d'). *Poitiers, Angoumois.* D'azur au lion couronné d'or. (Communiqué par M. l'abbé de Clisson).

Hautier. Ajoutez : V. Authier.

Haye (n° 1). Ajoutez : C.

Haye (n° 2). Ajoutez : V. Lahaye.

Haye (n° 3). D'or etc. V. La Haye.

Haye (de la). D'arg. au chev. de gu. accomp. de 3 trèfles de sin. S.

Hélie de la Rochaynard. Lisez · Rochénard. K.

Héraud de Gourville. *Angoumois.* D'arg. au chevron de gu. accomp. de 3 mouchetures d'hermines de sa. (K, communiqué par M. l'abbé de Clisson).

Hervé de la Viaudière. D'azur à 3 grains de blé d'or. K.

Heu, La Heu. Peut être Le Heuc, coupé *a)* d'azur à la croisette d'or, *b)* d'arg. à rose de gu. percée d'or. M. (S^{gr} de Lestiala) ou Hue, d'or à l'aigle de sa. M. S^{grs} de la Court. de Ligny, Vieux maisons, Courcelles.

Hiouque. Ajoutez : V. Yoncques.

Hugonneau. Ajoutez : K.

Huillier de la Chapelle. Ajoutez : V. L'Huillier.

Huylard, Huislard. D'or au lion d'azur armé et lamp. de gu., semé de billettes d'azur. S.

Inglard. Mis pour : Juglard.

James, Jasme. D'arg. au dauphin d'azur. S. V. Jasme.

Jarno. Ajoutez : V. Pont Jarno.

Jasme. Ajoutez : V. James.

Jousseaume. *Var. :* Idem... à la bordure d'hermines.

Kirmar. Peut être *Kerman,* d'azur à la tour d'arg. maçonnée de sa. soutenue d'une demie roue d'arg. M.

Laage (de). D'azur à la croix de gu. S.

Laage-Hélie (de). D'arg. à 3 merlettes de sa. (V. Delaage Estiées).

Labadie (de). *Var.:* D'azur à 3 fasces en devise d'arg., 2 étoiles en chef, un croissant en pointe surmonté d'un pal en devise, le tout d'arg. S. (V. Abadie de L').

Labbé. De gu. à 2 fasces d'arg., 3 fers de lance en chef, une étoile en cœur, 3 coquilles du même en pointe. S.

La Blanchère, La Blachère. D'azur au chevron d'arg. chargé de 3 aiglettes de sa. accomp. de 5 flammes d'or posées en croix et de 4 étoiles posées en écartelure. S. (Lire S^{grs} de Tillé au lieu de l'Ile). Comp. avec Blachière.

La Cassaigne (de). Ecartelé : aux 1 et 4, d'azur au dauphin couronné d'arg., aux 2 et 3, de... au chêne glanté de sin. S. V. ·Cassagne. Il est probable que ce n'est pas un chêne, mais un châtaignier ce qui fait des armoiries parlantes.

La Châtre. Ajoutez : V. Châtre.

La Chesnaye. Ajoutez : V. Chesnaye.

La Coussaye. Ajoutez : V. Coussaye.

La Croix. Ajoutez : V. Croix.

La Cropte. Ajoutez : V. Cropte.

La Douespe. Ajoutez : V. Douespe.

Lafaye (de). *Var.* : Au lieu du vol en chef, un lambel de gu. de cinq pièces. S.

La Fitte et **Lafitte.** Ajoutez : V. Fitte.

La Fontaine de l'Epinay. Ajoutez : V. Fontaine.

La Fontenelle. Ajoutez : V. Fontenelle.

La Haye (n° 1). Ajoutez : V. Haye. — N° 2, ajoutez : F. — N° 3, ajoutez : V. Haye.

La Haye Montbault. Ajoutez : V. Haye.

Laiguiller. Ajoutez : V. Aiguiller.

Laisné. Ajoutez : L.

Lande (de la). *Var.* : D'or... etc... S.

La Place (de). D'arg. à la bande de gu. chargée d'un croiss. d'arg. et accomp. de 6 roseaux ou matrats de sa. mis en pal. S.

La Porte (n° 2). Ajoutez : V. Delaporte.

La Porte (du Theil) de. *Var.* : ...Chevron brisé... S. — Ajoutez : V. Porte.

La Roche (de). *Var.* : Burelé, ondé etc. S.

La Roche-Vernay. Ajoutez : V. Roche.

Lastre. Ajoutez : V. Delastre.

La Tour de la Combe. Corrigez : Gorye au lieu de Gorge.

Launay (de). D'arg. au chevron engreslé des 2 côtés de sa. M. (S^{gr} de Saint-Sornin).

Laurencie. Ajoutez : V. La Laurencie.

Lautefois. Ajoutez : V. Autefois.

Lebault. Ajoutez : V. Bault.

Lebel. Ajoutez : V. Bel.

Le Bittier. Ajoutez : (F. Bittier).

Leblanc. Ajoutez : V. Blanc.

Le Bœuf. Ajoutez : V. Bœuf.

Le Bossu. Ajoutez : V. Bossu.

Le Breton et **Le Breton de Vonne.** Ajoutez : V. Breton.

Le Brun. Ajoutez : V. Brun.

Lebrun. D'or au chef de sa. S.

Le Clerc. Ajoutez ; V. Clerc.

Lecoq. Ajoutez : V. Cocq et Coq.

Lefranc. Ajoutez : V. Franc.

Le François. Ajoutez : V. François.

Le Maignan. Ajoutez : V. Ecorce Civetière.

Le Mastin. Ajoutez : V. Mastin.

Leriche. Ajoutez : V. Riche.

Leroy des Arnolières. Ajoutez : V. Le Roy.

Lesmery, Lémerie (de). D'or à 3 arbres de sin. S. (V. Lennerie, mauvaise orthographe de Lémery).

Lesperonnière. Ajoutez : V. Esperonnière et Espronnière.

Lespinay. Ajoutez : V. Espinay.

Lespine. Ajoutez : V. Espine.

Lestang. Ajoutez : V. Etang.

Levraut. *Var.* : D'arg. à une bande de gu. S.

Lezardière. Ajoutez : V. Robert.

L'Herberie. Après tertre, ajoutez : ou pré.

L'Huillier. Ajoutez : V. Huillier.

Liris. Au lieu de 3 lames, lire : 3 lances.

Lodre de Vaugirault. D'arg. à 3 arbres de sin. ou d'azur à 3 chênes d'or. (Communiqué par M. l'abbé de Clisson).

Maichin. Ajoutez : V. Meschain.

Malvault (de). *Var.* : D'azur à l'écu d'arg. chargé d'un écu de gu. au pal d'or. (V. Mallevaud).

Mandron. *Var.* : idem, accomp. de 6 merlettes de sa. S.

Martineau. *Var.* : D'azur à 2 pal d'arg., au chef d'or chargé d'un croissant de sa. S.

Marvillaut. Ajoutez : V. Merveillaut.

Mas (Du). De gu. à 3 têtes de lions
arrachées d'or. S. V. Dumas.

Maslier. Ajoutez : V. Mastier.

Maurais. Ajoutez : (Morais P. C. R.).

Mellangé. Lisez : Mellange.

Menagier. Ajoutez : V. Mesnager.

Merveillaut. Ajoutez : V. Marvillaut.

Meschain. Ajoutez : V. Maichin.

Mesnager. Ajoutez : V. Menagier.

Messange. Ajoutez : V. Mellange.

Momillon. (Le premier), ajoutez :
P. C. et V. Montmillon.

Moneys (de). Ecartelé : aux 1 et 4,
d'or au lion de gu. ; aux 2 et 3, d'azur
à 2 chevrons d'or. S. V. *Monnins.*

Monjon. Ajoutez : V. Montjou.

Mons. Ajoutez : V. Desmons.

Monstiers. Ajoutez : V. Desmontiers
et Moustiers.

Montbron. Idem, écartelé d'Albret
qui est de gu. plein. S.

Montferrand. Ajoutez : V. Montserault.

Montferra d. Palé d'azur et d'arg.
de 8 pièces. M.

Montier (du). Pour : Monstiers.

Montiers (des). *Var. :* Ecartelé :
aux 1 et 4, d'arg. à 3 fasces de gu. ; aux
2 et 3, d'azur au lion passant d'or, armé
et lampassé de gu. S. V. Monstiers.

Montmillon. Après P. mettre H. et
à la fin : V. Momillon.

Monts. Ajoutez : (V. Desmons. H. F.).

Montz. Ajoutez : V. Demontz.

Morais. Ajoutez : (Maurais. G. H.).

Morais (de). *Var. :* D'arg. etc. S.

Morisson. *Var. :* De sa. à 2 épées
etc. S.

Mouillebert (de). *Var. :* Sans la
fasce.

Mouraut. (*Var. :* de Mouraud 2º).
Au lieu de pals retraits, lire : billettes. S.

Moustier (Du). D'azur à 3 tours
d'arg. maçonnées de sa. S. V. Montier.

Oradour (d'). *Var. :* les 3 fleurs de
lis en chef renversées. S.

Perès (de). De gu. à 3 fasces d'or.
S. V. Peret.

Peyrat. Comme : Perrat.

Pidoux (nº 2). *Var. :* D'arg. à 3 losanges frettés de sa. S.

Pigniot. V. Piniot.

Pisseleu. *Picardie.* D'arg. à 3 lions
de gu. M.

Pizon. De gu. au poisson mis en
fasce d'arg. M.

Poispaille (de). *Var. :* D'azur à la
fasce d'arg. etc. S. V. Poixpaisse.

Ponthieu. *Supp. :* Deux sauvages de
carnation.

Prés (des). V. Després.

Rageau. V. Ragot.

Regnault. *Var. :* les trèfles d'arg. S.

Richer. Comme : Richier.

Roatin. *Var. :* ...accomp. de 3 otelles
d'arg. S.

Roche (de la). Burelé, ondé d'arg.
et de gu. de 10 pièces. S. V. La Roche.

Ruys (de). Effacez : V. de Ruais et
lisez : D'azur à la croix pattée d'or en
chef et une étoile en pointe du même,
un croissant renversé d'arg. posé en
abîme. S,

Ry (du). V. Du Rix.

Saint-Jouin. Au lieu de lion de sa.,
lire : lion d'or. S.

Sajot. V. Sageot.

Saligné (de). V. Saligny.

Saragand. *Var. :* Au lieu de 3 croisettes : 3 croissants d'arg. S.

Schomberg (de). D'or au lion coupé
de gu. sur sin. S.

Signy (de). V. Designy.

Souvré (de). D'azur à cinq cotices
d'or. M. (*Maine ?*). (Genays de Souvré ?)

Stuart. D'arg. au sautoir de gu.
cantonné de 4 quintefeuilles du même.
R. S.

Ternes. V. Terves.

Terocs. Ajoutez : V. Terves.

Terves (de). (Comtes). D'arg. à la
croix de gu. cantonnée de 4 mouchetures d'hermines. R. S. V. Terocs.

Thebault. *Var. :* D'azur à 3 tours d'or bretessées et crénelées de 4 pièces. S.

Tour-aux-Cognons (de la) (Taveau). D'azur à la fasce ondée d'arg. accomp. de 5 fleurs de lis du même, 3 et 2. S.

Trotin. Porte par alliance les armes de la Chetardie : d'azur à 2 chats passants d'arg. S.

Urvoy. De... à 2 lions léopardés posés l'un sur l'autre. S. V. Venoix.

Vassault (de). De gu. à l'aigle éployée d'arg., membrée et couronnée d'or. S.

Vieux. Ajoutez : Couronné d'arg. S.

Villattes (des). D'arg. à 3 chev. de gu. chargés d'hermines. S. *Var. :* d'hermines à 3 chev. de gu. R. (famille émigrée en Hollande).

Voyrie. Ajoutez tracées de sa. S.

DEUXIÈME PARTIE

INDEX DES FIGURES HÉRALDIQUES

DE

L'ARMORIAL POITEVIN

Dans la première partie de cet ouvrage, nous avons classé par ordre alphabétique les noms des familles poitevines pour permettre au lecteur de trouver rapidement leurs armoiries avec les variantes indiquées par les principaux auteurs, ainsi que les sources auxquelles il faut se reporter pour avoir de plus amples détails sur ces familles.

Notre tâche n'est pas terminée.

Il nous faut maintenant permettre aux chercheurs de trouver facilement la famille à laquelle appartiennent les armoiries gravées sur un cachet ou un *ex libris*, sculptées sur pierre ou sur bois, sur un monument ou sur un meuble, peintes sur un vitrail, etc., etc., et aussi faciliter l'identification d'une famille dont le nom est écrit avec des orthographes différentes.

On sait par expérience combien pareille recherche est compliquée, longue et fastidieuse.

Adoptant une méthode déjà employée par *le Comte de Renesse* dans son vaste et savant ouvrage, *Les Figures Héraldiques*, si estimé des héral distes et des archéologues, à qui il rend tant de services, nous avons patiemment classé les armoiries de chaque famille par catégories, d'après les pièces et meubles héraldiques qui ornent leurs blasons.

Ainsi sous le mot *croix* nous avons indiqué toutes les familles citées dans notre Armorial qui portent une croix dans leurs armes ; et ainsi de suite pour chaque pièce ou meuble héraldique, répétant le nom de la famille autant de fois qu'il y a de figures différentes dans son blason.

Nous engageons donc le lecteur recherchant le nom pour lui inconnu d'une famille dont il a les armoiries sous les yeux, de procéder en cherchant d'abord dans notre *Index* les meubles *les moins usités*, puisqu'ils se trouveront dans les armoiries d'un moins grand nombre de familles que les meubles qui se rencontrent fréquemment comme *les lions, les étoiles, les roses*, etc., etc., qui sont communs à une multitude de familles.

Ayant donc trouvé les noms des familles qui portent ce meuble rare, le lecteur pourra soit se reporter à l'Armorial s'il s'agit de vérifier quelques noms seulement, soit s'il y a un certain nombre de familles portant ce meuble dans leurs armes, consulter encore une fois l'*Index* en passant à un autre meuble qui se trouve dans le blason en question.

Sous la nouvelle figure, il ne rencontrera plus qu'une partie des noms qui figurent dans la première nomenclature, sa tâche sera alors suffisamment simplifié pour qu'il se reporte à l'Armorial où il trouvera le nom qu'il cherche.

Enfin, nous avons usé de signes conventionnels placés à la suite des noms de famille pour indiquer :

1º Si le nom est suivi d'une hermine ‡, c'est que le meuble au lieu d'être seul est accompagné d'autres figures héraldiques ;   ‡

2º Si le nom est suivi d'un cercle ⊙, c'est que le meuble qui nous occupe n'est pas placé directement sur le champ de l'écu, mais qu'il charge une autre figure, pièce ou meuble héraldique ;   ⊙

3º Si le nom de la famille est suivi d'une croix †, cela signifie que le meuble est bien sur le champ de l'écu, mais que celui-ci est lui-même divisé (parti, coupé, écartelé, etc.), et que la figure se trouve seule mais placée sur un des quartiers ou partitions ;   †

4º Si le nom est suivi d'un cercle contenant une croix ⊕, c'est que le meuble charge un autre meuble ou une pièce, placés eux-mêmes dans une des divisions d'un parti, coupé, écartelé (etc.) ;   ⊕

5º Si le nom est suivi d'une étoile ★, c'est que le meuble est directement sur le champ d'une des partitions de l'écu, mais en compagnie d'autres meubles ou d'autres pièces héraldiques.   ★

Ceci posé, nous espérons que la tâche de nos lecteurs sera facile.

NOTA. — Les noms imprimés en italique sont ceux qui ne se trouvent pas dans le corps de l'Armorial et qu'il faut chercher dans les additions placées à la fin du texte de l'Armorial.

INDEX DES FIGURES HÉRALDIQUES

Aigle (MEMBRES D') :
Pattes : trois : Buade, Farouïl ‡, Raquet ‡.
Tête : une : Seudée ‡.
Deux : Desmé de Chavigny ‡.
Trois : Amoureux ‡, Barberie, Guyonnière (couronnées), Jaudonnet ‡, Ruais (couronnées).

Aigrette (V. OISEAU).

Aiguière (V. VASES) ·
Trois : Bardon, Berrurière, Fontaine ‡.

Agneau pascal :
Brault †, Guillon de Rochecot ‡.

Ail :
Trois : Daux.

Alouette (V. OISEAU) ·
Trois : Dorin ‡, Robert de Beauregard ‡.

Amphiptère (serpent ailé) :
Un : Linax, Villebresme.
Trois : Grand de Luxolière.

Ancolies :
Six : Freslon ‡.

Ancre :
Une : Abraham ‡, Bailly du Pont ‡, Besnard ‡, Boreau ‡, Cumont, Decrês ⊙, Dubois ‡, Dutems, Hallouin ‡, Lemercier ‡, Livet, Martin de la Mortière ‡, Redon †, Reveau ‡, Riche ‡, Riveau ‡.
Trois ; Chapelle ⊙, Chasselle ⊙.
Cinq : Cossart ⊙.

Ange (V. CHÉRUBIN) :
Un : Angevin ‡, St-Michel (un St-Michel armé).
Trois : Nau ‡.

Anguille (V. SERPENT) :
Bourbeau ‡, Engaigne ‡.

Anilles ou fers de meule de Moulin :
Trois : Dumoulin, Habert ‡, Moulins-Rochefort.

Anneau, Annelet :
Un : Darot ‡, Gressot †.
Trois : Bouchet, Bouville ⊙, Chapelle ⊙, Corbier ‡, Fay (bagues), Fergon (gonds), Ferron ⊙, Ferry, Le Large ⊙, Mairé ⊙, Martineau des Chesney †, Peyraud (bagues), Préville ⊙, Trye ⊙, Verrières ★
Quatre : Soubeyran ‡.
Six : Constantin, Courtinier ‡, Escrone ‡, Laspaye ‡, Maurais.
Sept : Arnac.
Huit : Mayré ‡.
Dix : Forges.

Arbalètes :
Trois : Lausier.

Arbre (V. AUBÉPINE, AUBIER, AULNE, BOULEAU, CERISIER, CHATAIGNIER, CHÊNE, CORMIER, FRÊNE, GRENADIER, HOUX, IF, LAURIER, MÛRIER, NOYER, OLIVIER, ORME, PALMIER, PIN, POIRIER, SAULE, TRONC ÉCOTÉ, VERGNE, VIGNE, BOIS, FORÊT, BRANCHE, ÉPINE) :
Un : Abadie ‡, Abbadie ★, Adhumeau ‡, Alexandre ‡, Angevin de la Revêtison ‡, Augier de la Terraudière ‡, Aulneau (aulne), Avril de la Vergnée ‡, Babaud (grenadier), Baudéan †, Berthus ‡, Boislinards ‡, Couraudin ‡, Faure ‡, Fleury de la Gorgendière ‡, Fond ‡, Gassion ★, Harembure ‡, Le Berger ‡ (hêtre), Pardaillan †, Pays-Mellier ‡, Perrin ‡, Saudelet (sec) ‡, Teille ‡ (tilleul), Teil ‡ (id.), Trezin ‡.
Deux : Dousset ‡.
Trois : Du Bois ‡, Certany ⊙, Dubois ‡, Lennerie ou *Lémery, Lodre.*
Cinq : Bois.

Arc :
Un : L'Arc (bandé), Larquo (bandé).
Trois : Brunet ‡, Larchier (bandés).

Arc en Ciel :
Un : Liris ‡.

Argent plein :
Pesseu.
(Nous avons négligé les écus d'argent plein faisant partie d'une écartelure ou autre partition de l'écu).

Arrêtes de poisson :
Trois : Des Bordes ‡.

Aubépine :
Espine ou Lespine ‡.

Aubier :
Chaubier ‡, Laubier, Richeteau ‡

Aulne, Vergne :
Aulneau, Boislinards ‡, Vergnaud.
Deux : Turpault.

Avirons (Deux) :
Avenet.

Badelaire (V. Cimeterre Sabre) :
Couteau.

Bague (V. Anneau) ·

Baguette :
Trois : Le Gant ‡.

Baignoire :
Babin.

Balances :
Pervinquière ‡.

Bande :
Une : D'Abzac ‡, Aitz, Alléaume ‡, Allemagne ⊙, Archambault ‡, Arclais ⊙, Aubert de Courcenac ⊙, Audoyer ‡, Authier ‡, Azay, Baillet de la Brousse ‡, Balode, Barre ‡, Barre de la Guenonière ‡, Barré ‡, Barro ⊙, Baston ⊙, Beaucé ⊙, Beaupoil, Beauregard ‡, Berrie, Birot ‡, Bois-Béranger, Boismorin ‡ (alaisée), Borstel ‡, Bosquevert ‡ (ondée), Bouilly ‡, Boul, Boullet ‡, Bouteroue, Brach ‡, Bremiers ‡, Breuil de Théon ‡, Bridiers, et ‡, Brisay, et ⊙, Brouihac ⊙, Bruchard ⊙, Bussière ‡, Cabèce ★, Cailler ‡, Carré de la Mothe ‡, Carvoisin ‡, Cassaigne, Certany ‡, Chabert ‡, Chalon, Chastain ‡, Chastelet ‡, Chateau-Châlons ‡, Chauvirey ‡, Chazeaux ‡, Chevrier ‡, Clabat ‡, Cognac ‡, Collin ‡, Coral ⊙, Corderoy (câblée), Cour ‡, Cramaux ‡, Cropte ‡, Crossonnière ‡, Crouail ‡, Curzay ‡ (engrelée), Daix ‡, Dampierre ‡, Dauphin ‡, Degrange ‡, Desmarais ⊙, et ‡, Des-

marquets ‡, Desmons ‡, Donissan †, Dubucq, Dupuis ‡ (engrelée), Dupuy ‡, Durfort ‡, Dusson ‡, Ecorce ‡, Epremenil ★ (écotée), Erreau ‡, Escoubleau ⊙, Escrone ‡, Faire, Farouau ‡, Faucille ‡, Faure-Rencureau, Fauveau ‡, Fay ‡, Febvrier ‡, Felix ⊙, Fergon ‡, Ferré de la Fond ‡, Ferrières †, Forest (engrelée), Forges ‡, Fournier de Faron ‡ (dentelee), Fricon (bordée, ondée), Gasteuil ‡, Gobert, Gourdon ‡, Grange ‡, Guidon ‡, Labat ‡, La Court ‡, La Garlière (gironnée), Lanjon, La Revelière, Laspaye ‡, La Ville, Le Maignan ‡, Lepauvre ‡, Le Petit ‡, Letard ‡, Levrault, Loubeau, Malleray ‡, Mareau, Marquets ‡, Mastin (contre-fleurdelisée), Menou, Mons ‡, Montbel (componée) ⊙, Monts ‡, Monty ‡, Morineau ‡, Pandin ⊙, Parthenay ⊙, Pétiet ‡, Petit ‡, Préville ‡, Quatrebarbes ‡, Rataut (engrelée) ⊙, Raymond (losangée), René, Rousseau ‡, Roux (fuselée), St-Martin (nouée), St-Maury ‡, St-Vaury ‡, Sarrazin ‡, Souvigny (fuselée), Talourd ‡, Thomas (périe en abîme) ‡, Trye ‡, Varanne, Viallière ‡, Vignier (componée) ⊙, Ville, Ville de Férolles, Villiers de Lauberdière ‡, Viron.

Deux : Baraudin ‡, Chardebœuf ‡, Chauffepied ‡ (bretessée), Guillemin ‡, Tryon, et †.

Trois : Blou, Carbonnières ‡, Carion ‡, Cassin, Chauvain ⊙, Chauvigny de Blot †, Cher, Conty ⊙, Courtivron †, Cressonnière, Dassier, Després ‡, Febvre, La Fitte, Gain, Galliot ‡, Levesque de Marconnay, Maignane ‡, Maures (ondées), Monnins †, Ollivier ★, Poize, Prez de Montpezet ‡, Rabault (ondées) ⊙, Rousseau de Chamoy, Senigon †, Soisy, et ‡, Vérine ‡, Viault ‡, Vigier ‡.

Bâton posé en bande :
Babert ‡, Coral ⊙, Girard de Pindray ⊙, Maigret ‡, Naulet ‡, Rataut ⊙ (engrelé), Veillon ‡ (écoté).

Bande alaisée :
Boismorin ‡, Thomas ‡.

Bande bretessée :
Aux, Daux.
Deux : Chauffepied ‡.

Bande componnée :
Belgrand ‡, Briconnet ‡, Brissonnet, Montbel ☉, Vignier ☉.

Bande dentelée ou engrelée :
Curzay ‡, Dupuis ‡, Forest, Fournier ‡, Rataut.

Bande losangée ou fuselée (V. Losanges) :
Affray, Baslon, Bellay ‡, Cherchemont ☉, Courcillon, et ‡, Jaille, et ‡, Raymond, Roux, Souvigny.

Cotice en Bande :
Barre de Londières ☉, Celle ☉, Champinoise ☉, Faugère ☉, Fontaine ‡ (engrelée), Fougère ☉, Frezeau ☉, Labadye ☉, Le Mastin (fleurdelisée) ‡, Morienne ☉.
Deux : Crux ★, Faucille ‡, Quatrebarbes ‡, St-Maury ‡, St-Vaury ‡.
Quatre : Gaudé.
Cinq : Vigier ‡, *Souvré.*
Six : La Grillière.

Cotiçé :
Lescourt.

Bandé :
Alamand, Baudin, Berrie Blason, Céris, Daquin ‡, Fiesque, Haye de la Dubrye, Lahaye, Ursins ‡.

Baquet ou Baille :
Un : Baillet.

Bar :
Un : Baraton †, Barbarin, *Barbault,* Barbot ☉.
Deux bars adossés : Berland ‡, Bidault, Clermont-Nesle ‡, Gaucourt.
Trois : Barbarin, Barbot, Baret.
Dix : Veronneau ‡.

Barbe :
Trois : Barbe, Barbicon.

Baril :
Trois : Barillon.
Cinq : Brulon de la Brulonnière.

Barre :
Barre de la Guenonière ‡, Chasseloup-Laubat ★, Chauvinière ‡, La Barre ☉, La Blatonnière (gironnée), La Chavollière (gironnée), La Garlière, La Guivarday (gironnée), Mesnard du Gué (gironnée), St-Marsault ‡, Villates ‡.
Trois : Bachelerie ☉, Cissay ‡, Manes †, Parel ‡, Vieillechèze (enflammées).
Quatre : Parent, Raoult, Veillecheze (enflammées).
Six : Barrault.

Barré :
Badreau ‡, Barré ‡, St-Mars (et contre barré) ‡.

Cotice en Barre :
Barre de Londières ☉.

Filet en Barre :
Boisy ‡.

Barrière de champ clos :
Exea ‡.

Basson :
Basson.

Bateau :
Arivé †.

Baudrier :
Baudry.

Bêche :
Béchet.

Belette :
Juge ‡.

Belier (V. Mouton) :
Trois : Pastureau.
Têtes : trois : Bellineau ‡.

Bélier militaire :
Demarçay †.

Berloques (crécelles en forme de guidons) :
Trois : Billocque ‡.

Besant :
Un : Abzac ☉, Boullet ☉, Juon ‡, Moreau ‡.

Deux : Boullet ‡, Fors ‡, *Grelier* ‡.
Trois : Barbe ⊙, Béraudin ‡, Blair ‡, Boignon, Du Bois ⊙, Bois de Saint-Mandé ‡, Bonnet, Bony, Boula, Boulliau ‡, Brayer ★, Brosse, Brunet ‡, Buignon, Cabaret ‡, Chevallier ⊙, Chrestien, Clerembaud ‡, Creagh ⊙, Deaux ‡, Degères, Douezy ‡, Dousset-Guillot ‡, Dubois ⊙, Dupuy ⊙, Duranteau ‡, Durivault ‡, Du Tressay ⊙, Fermé ⊙, Fradet, Fromaget ‡, Fromentin ⊙, Gallet ‡, Gaschignard ‡, Gères, Gittons, Gourdon ⊙, Grimaud ‡, Grosbois ‡, Guerry, Guilloteau, Herbert ‡, Limeur ⊙, Maboul ‡, Mesle, Michel ⊙, Mouchard ‡, Ogeron de Villiers ‡, Pain, Pannit, Poisblanc ★, Querrye, Rideau ‡, Rivaut, Rondeau, Rousseau ‡, Rozel ⊙, St-Germain, Theronneau ‡, Tudart ⊙, Turpain, Tutaut ⊙, Vergne ‡, Vibrais ‡, Villiers de Prinçay ‡.
Quatre : Cicoteau ‡, Julliot ‡, Marquet ‡.
Cinq : Chartier ⊙, Deladouespe ‡, Grandsaigne, Robineau ‡, et ⊙.
Six : Abain ‡, Aiguières, Chauvinière ⊙, Faur (figurés) ‡, Fumée ‡, La Tour ⊙, Lauzon ⊙, Ollivier ‡, et ★, Poitiers ‡, Pousses ‡, Tour ⊙.
Sept : Beaulieu ‡, Fruchard ‡, Loynes ‡, et †.
Huit : Chasteigners ⊙, Chatellerault ⊙, Chevigné ‡, Feletz ⊙, Haye-Montbault ⊙, Jaille ⊙, Liniers ⊙.
Neuf : Beaumont-Bressuire ‡, Bodin de la Rollandière, id. ‡, Gaschet, Guillier, Savary de la Bedoutière ⊙.
Dix : Abzac ⊙, Rorthais ⊙.
Onze : Cramaux ⊙, Espinay ⊙, Rorthais ⊙, La Tour ⊙.
Treize : Cabèce ‡.
Quinze : Lau ⊙
Semé : Bezanne ‡, Chaffray ⊙, Chesneau ‡, Claveau ⊙, Rorthais ⊙.

Biche (V. CERF) :
Bichier.

Billette :
Une : Blandin ‡.
Deux : Baudeau ‡, Taveau ⊙.

Trois : Billaud, Chaumel ⊙, Juon ‡, Le Bascle, Mouraud ⊙.
Cinq : D'Abillon (Dabillon).
Six : Chastain ‡, Ferron ‡, Gaultron, Maussion ‡, Vonnes ‡.
Sept : Beaurepaire, Celle ‡, Pont ⊙, Vaucelles ⊙.
Huit : Chauvirey ‡.
Neuf : Bois de Chabannes ‡.
Dix : Chazerac ‡, Conan du Roc, Ferrières de Sauvebœuf ‡, Gaudin du Cluzeau, Gaultron.
Douze : Berthet.
Dix-huit : Choiseul-Praslin ‡.
Semé de billettes : Angle ‡, Beaumanoir, Brienne ‡, Charoulière ‡, *Huylard* ‡, Pelaud ‡, Richard ‡, Saint-Martin.

Blé (grains de) :
Trois : Hervé de la Viaudière.

Bœuf (V. TAUREAU, VACHE) :
Le Bœuf, Buor, Chapelle ‡, Chasselle ‡, Coyreau ‡, Cuirblanc, Lanet, Moreau.
Tête : Bouhier ‡, Desvaux (de profil) ‡.
Rencontres de Bœuf :
Une : Chardebœuf ‡, Royrand ‡.
Trois : Beufvier (couronnées), Le Bœuf, Bréchard, Frondebœuf.

Bois, Forêt :
Bideault ‡, Coutocheau de Saint-Hilaire ‡, Garineau (garenne), Guion de Vatre ‡.

Boisseau :
Trois : Boiceau ou Boisseau de la Borderie, id. †.

Bonnet (de grenadier) :
Dumoustier †.

Bordure :
Abzac ‡, Asne ‡ (denchée), Barachin ‡, Beauvillain ‡, Boislinards (engrelée) ‡, Boissel ‡, Boujeu ‡, Bournan ‡, Breuil du Doré ‡, Brouihac ‡, Cabèce ★, Cadu ‡, Caux ‡, Césard (losangée), Chaffray ‡, Champallays ‡, Champinoise ‡, Chasteigners ‡, Cha-

tellerault ‡, *Chevalier de la Resnière* ‡.
Cicoteau ‡, Clabat ‡, Clairé ‡, Cléré ‡,
Couraud ‡, Dreux ‡, Duhaux ‡, Exea ‡
(échiquetée), Feletz ‡, Ferrière ‡, Fer-
rières ‡, Ferriol ‡, Fin ‡ (engrelée), For-
ges ‡, Fresne (componée) ‡, Girard de
Pindray ‡, Girié ‡, Grignon ‡, Harem-
bure ‡, Haye ‡, Haye-Montbault ‡,
Hermite ‡ (denchée), Jaille ‡, *Jous-
seaume* ‡, Juge ‡, La Barre ‡, Landin
⊙, Laspoix ‡ (componée), La Tour ‡,
Lau ‡, Lauzon ‡, Liniers ‡, Maignane
‡, Mancau ‡ (dentelée), Le Marois ‡,
Masparault ‡, Maulay ‡, Montsorbier
‡ (componée), Rangot ‡, Raymollard ‡,
Regnault (componée) ‡, Regnault ‡
(dentelée), Rorthais ‡, Rousselière ‡,
Saligny ‡ (et dentelée), Thomas ‡, Tor-
say ‡, Tour ‡, Vérinaut ‡.

Botte (V. Houssettes) ·
Chabot ★, Ménard ⊕.

Boucle (V. Fermaux) :
Une : Ferguson ‡, Ferron ‡.
Trois : Ardillon, Broue ‡, Courbon.

Boule (V. Tourteau)
Trois : Anthenaise, Boula.

Bouleau :
Boulay ‡.

Boulet de Canon, Bombe :
Martin de la Mortière ‡.
Trois : Robert † (enflammées).

Bourgnon, Verveux (filet) :
Bourgnon ‡.

Boutoir de maréchal :
Bouttet.

Branche, Rameau :
Aymé de la Chevrelière †, Biencourt ‡,
Chapelain ‡, Fages ‡, Gaubert ‡.

Bras :
Un Dextrochère : Ayron ⊙, Babou ★,
Baudeau ‡, Creuzé ‡ (armé), Faulcon-

nier ‡ (poing ganté), Mesnard des Bourelières, Nagle (armé) ★.
Deux : Cabèce ★, Dubrac (armés),
Martin de la Mortière ‡ (les mains coupées).

Brillants (V. Diamants) ·

Broche :
Briand.

Brochet :
Brochant ⊙.
Têtes : trois : Duguet ‡.

Brosse :
Trois : Borstel †, Brosses ⊙, La Brossardière.

Bruants :
Trois : Briant.

Buires (V. Vases) ·
Trois : Bion, Bureau ‡.

Buisson (V. Épines) :
Mangou ‡.

Burelé :
Aligre ‡, Angle de Lusignan ‡, Argy,
Beignac ou Bénac ou Beynac, Brun du
Magnou ‡, Chanac ‡, Chausseraye ‡,
Chollet ‡, Chourses, Clerembault ‡, Co-
loigne ‡, Croy ★, Le Fèvre, Frezeau ‡,
Helyes ‡, La Roche, *La Roche* (ondé),
La Rochefoucauld ‡, Lusignan ‡, et ★,
Parthenay ‡, Rataut ‡, Vareilles, Vo-
luire.

Burelles :
Quatre : Babin de la Gières ‡, Fou
cher de la Tellière ‡, Raoult.
Cinq : Du Peret.
Six : Apelvoisin.

Cadrans solaires :
Trois : Caderan.

Cage :
Boujeu ‡.

Caille :
Deux : Corbier ‡ (affrontées).
Trois : Caillaud ‡, Caillet ‡, Cail
lon ‡.

Cailloux :
Trois : Chaillé ‡.
Seize : Juge ⊙.
Semé : Cailhou †.

Calebasse ·
Coyaut ‡.
Trois : Fayolle.

Calice (V. CIBOIRE, COUPE) ·
Frougeard.

Canard :
Deux : Garineau ‡.
Trois : Artaguiette †, Fureau ‡, Gargouilleau ‡.

Canettes :
Trois : Banchereau ⊙, Baylons †, Bodin ⊙, Charette ‡, Courivaud ⊙, Deslennes ‡, Ellenne ‡, Gagnoleau ⊙, Perot ‡, Reys ‡, Richard ‡, Suzannet, Tiraqueau ‡.

Canon :
Deux : Maumillon ‡.

Canton, Quartier (Franc) :
Acton d'Aurailles, Allemagne ⊙, Ancelon, et ‡, Arclais ‡, Athon ‡, Bailly du Pont ‡, Baudoin ‡, Begault ‡, Belgrand ‡, Bereau ‡, Beslon ‡, Boulard ‡, Buor ‡, Cabèce ★ (demi), Cant ‡, Casau ‡, Chartier ⊙, Chemillé ‡, Dreux-Bretagne ‡, Estienne ★, Fontenay ‡, Fourestier ‡, Garran ‡, Godet ★, Grimouard ‡, Hacqueton ‡, Joubert ‡, Lamoignon ‡, Lesperonnière ‡, Lusignan de Lezay ‡, Mairé ‡, Mesnage ‡, Pervinquière ‡, St-Mars ‡, Thibaudeau ‡, Thorigny ‡, Thouars ‡

Carreaux :
Trois : Tranchant ‡.
Cinq : Masson.
Six : Masson.

Cerf :
Babin des Bretinières ‡, Barton ‡, Le Bault ‡, Béraudin Bideault ‡, Blandin (ailé), Boucherie, Chapelain ‡, Chaudreau ‡, Chebrou ‡, et ★, Coutocheau ‡, Delavau ‡, Esserteau ‡, Frogier ‡, Gabriaut, Guion ‡, La Boucherie, Lebaud, Lebault ‡, Rampillon, Stracan.

Trois : Voyon ‡.
Naissant : trois : Hiouque, Yoncques.
Tête ou Rencontre : Blacwood (de profil) †, Chevalier de la Cour ‡, Cornullier ‡, Couetus.
Trois : Forestz ⊙ (de profil).
Massacre ou Bois de Cerf : Boislinière ‡, Compaln ‡, Dubois ‡, Voyneau ‡.

Cerisier :
Cerizier. De Luzines ‡, Serisier ‡.

Chabot :
Desprez ‡, Rogier de Marigny ‡. ᐧ
Deux : Chabot de Pêchebrun.
Trois : Chaboceau, Chabot, Chabot †, Crouail ‡, Dussault, Reclus, Rohan-Chabot ⊕.

Chaîne :
Dupont de Gault, Ferret, Leriche ‡, Rohan † (Navarre).
Deux : Aubel ‡.

Chambres :
Trois : Chambret ‡.

Chameau :
Un : Chameau.

Champagne (V. TERRASSE) ·
Brayer ‡, Brochant ‡, Estourneau ‡ (emmanché).

Chandelier :
Martin du Courtiou (à huit branches).

Chapeau (V. BONNET, CHAPERON) ·
Garnier de Pouignes.

Chapelle :
Chapelle de Jumilhac, et †.

Chaperon :
Trois : Chappron.

Charbons ardents :
Huit : Carbonnières ‡.

Chardon : ·
Un : Baillet de la Brousse ‡, Chardon, Hurtebize.
Trois : Betoulat ‡, Bouchet ‡, St-Martin.

Charrette :
Dubois de la Pastellière ⊙.

Chat :
Agaisseau †, Chabert ‡, Chaillou ‡, Charron ‡.
Deux : Chatardie.
Trois : Charton, Chaston.

Châtaignes :
Chauvière ‡.
Trois : Chastaigner.

Chataignier :
Cassagne †, Chastenet ‡, Duchassaing de Ratevoult.
Branche : Couédic.

Château (Tour donjonnée) :
Un : Bastard, Belcastel, Bideran, Blaye ‡, Castellane, Chabot † (forteresse), Chateaupers, Fort (un fort), Fortilesse, Minbielle, Perrat, St-Benoist.
Tour donjonnée : Chastelet ‡, Chateauneuf.
Trois : Aubigny, Chateau-Châlons ⊙.

Chaudrons
Trois : Chaudrier, Chaudron.

Chausse-trappe :
Trois : Gay ‡.
Neuf : Beaumont-Bressuire ‡.

Chauve-Souris :
Deux : Chauveau des Roches ‡.
Trois : Rabasté.

Chef :
Abadie ‡, Abraham ‡, Aligre ‡, Alquier ‡, Andrault ‡, Anjou ‡, Arambert ‡, Archiac ‡, Arembert ‡, Arnoul ‡, Asne ‡, Aubert de Peyrelongue ‡, Aubouin ‡, Audebert ‡, Augier de la Terraudière ‡, Bacqua ‡, Badeffe ‡, Bailli ‡, Baraton ‡, Barbe ‡, Barde ‡, Bardet ‡, Barrault ‡, Barrault ‡, Barre de Bridiers ‡, Barro ‡, Baynet ‡, Beaulieu ‡, Beauvais, Bellin ‡, Belluchau ‡, *Béraudière* ‡, Berne ‡, Berthelin ‡, Besnard ‡, Bionet ‡, Blandin ‡, Blosset ‡, Boinet ‡, Boins ‡, Du Bois ‡, Boislinière ‡, Boismorin ‡, Boisnet ‡, Boitault ‡, Bonnelie ‡, Bosquevert ‡, Bouchard ‡, Bouchereau ‡, *Boucherie* ‡, Boullet ‡,

Boulliau ‡, Bourgnon de Layre ‡, Braille ‡, Brigueil ‡, Brothier (componé), Brousse de Verteillac ‡, Bruce ‡, Budan ‡, Busseau ‡, Camin ‡, Carion ‡, Carvoisin ‡, Casau ‡, Caulaincourt ‡, Chalmot ‡, Chambret ‡, Chamillard ‡, Champagne ‡, Champagné, Chaspoux ‡, Chasselle ‡, Chastenet ‡, Chastignier ‡, Chataignier ‡, Chatillon ‡, Chaudruc ‡, Chauffepied ‡, Chauveau ‡, Cheminée ‡, Chenu ‡, Chergé ‡, Cherisey ‡, Chesneau ‡, *Chevalier* ‡, Chevalier de Villemorin ‡, Chevalleau de Boisragon ‡, Le Conte ‡, Cosson ‡, Cottereau ‡, Coulard ‡, Cour ‡, Coussaye ‡, Coyault ‡, Creagh ‡, Creuzé, et ‡, Croix ‡, Cuissard ‡, Cullon ‡, Dalesme ‡, Dancel ★, Daniaud ‡, Daux ‡, Decrès (chef de duc) ‡, Delaage ‡, Dellaine ‡, Demayré ‡, Derazes ‡, Deslennes ‡, Després ‡, Dousset ‡, Dreux ‡, Drouillet ‡, Dubois ‡, Duchier ‡, Dupré ‡, Duruau ‡, Dutheil ‡, Ellenne ‡, Estampes ‡, Estourneau ‡, Esve ‡, Fadate ‡, Fages ‡, Falloux ‡, Farcy ‡, Fauveau ‡, Fay ‡, Faye ‡, Febvrier ‡, Fenieux ‡, Fermé ‡, Ferron ‡, Filleau ‡, Fleury ‡, Folet ‡, Forest, Forestz ‡, Forien ‡, Fournel ‡, Froment ‡, Fromentin ‡, Gaillard ‡, Galliot ‡, Gamache, Garat ‡, Garde ‡, Gardeur ‡, Garnier ‡, Garran ‡, Garreau ‡, Gervain ‡, Gojon ‡, Graham ★, Granges de Surgères ‡, *Gressot* ‡, Grimaud ‡, Groistin ‡, Guérinière ‡, Guignot ‡, Guillaumet ‡, Guingan ‡, Guion ‡, Guy ‡, Hallouin ‡, Harouard ‡, Herberge ‡, Herbert ‡, Houllier ‡, Imbert ‡, Joly ★, La Bonnetière ‡, La Grange ‡, Lande ‡, La Noue ‡, La Roche Thulon ‡, La Saire ‡, Lauzon ‡, La Varenne ‡, Lavau ‡, Le Bel (barré), *Lebrun*, Le Large ‡, Lenormand ‡, Le Roy ‡, Lescure ‡, L'Herberie ‡, Lhermite ‡, Liège ‡, Limeur ‡, Liris ‡, Maisons ‡, Manceau ‡, Marans ‡, Marconnay ‡, Mareuil ‡, Marot ‡, Mars ‡ (échiqueté), Martineau ‡, Matz ‡ (échiqueté), Mauzerant (flanqué), Mavereau ‡, Meigné ‡, Mercier ‡, Momillon ‡, Moncrif ‡, Monnet ‡, Montjon ‡, Morelon ‡, Mothes ‡, Mouraud ‡, Moussy ‡, Le Moyne ‡, Narbonne ‡, Ollivier ‡,

Orré ✝, Pager ✝ (ondé), Palustre ✝, Pandin ✝, Perry ✝, Picot ✝, Pont ✝, Pourquery ✝, Pressigny ✝ (palé), Prez ✝, Prioleau ✝, Proust ✝, Ragot ✝, Ranon ✝, Rat ✝, Rayveau ✝, Razes ✝, Reveau ✝, Ribier ✝, Richard ✝, Richeteau ✝, Riveau ✝, Robert ✝, Rochereuil ✝, Rogier le Roy ✝, Rousseau ✝, Roux ✝, Ruau ✝, Rullier ✝, Ste-Marthe ✝, Saluces, Sanglier ✝, Sarode ✝, Saumier †, Serigny ✝, Seudée ✝, Soisy ✝, Taillée ✝, Taveau ✝, Teil ✝, Tellier ✝, Theil ✝, Thibaud ✝, Thibault ✝, Thitton ✝, Thomas ✝, Thomasset ✝, Toulard ✝, Trézin ✝, Tudart ✝, Tudert ★, (enguisé) †, Ursins ✝, Le Vallois ✝, Vanbecq ✝, Varin ✝ (parti), Vaucelles ✝, Verrières ✝, Viard ✝, Viau ✝, Viault ✝, Vignier ✝, Vivonne ✝

Chef denché :

Abain ✝, Bareau ★, Devezeau ✝ (5 pointes), Febvre ✝, Forain ✝, Hautier ✝, Rozel ✝.

Chef échiqueté :

D'Ailly, Barton ✝, Desnoyers †, Rogier de Mars ✝.

Chef emmanché :

Champdeniers, Fougères, Lepauvre ✝.

Chef gironné ·

Giraud ✝.

Chêne :

Arrivé ✝, Bascher †, Bodin ✝, Boislinards ✝, Boscals ✝, Boumard ✝, Brousse de Verteillac ✝, Chaigneau, Chassagne †, Chateauroux ✝, Chaudreau ✝, Chesnaye du Gué ⊙, Chesne ✝, David ✝, Delavau ✝, Dubois des Bordes ✝, Duhaux ✝, Febvrier ✝, Franchard, Lande ✝, Leduc ✝, Le Maye, Leviel, Liège ✝, Manceau ✝, Marcoul ✝, Mavereau ✝, Roigné ✝ (rogné du chef), Rullier ✝.

Trois : Daniel ✝, *Lodre.*

BRANCHES : *Une* : Creuzé ★.

Deux : Roigné de Boisvert ✝.

Trois : Coullaut ✝.

FEUILLES : *Une* :

Chevalier de la Resnière ⊙.

Trois : Laurent, Le Maye, Lesmery, Le May, Orfeuille.

En nombre indéterminé : Vasline ✝.

Chérubin (V. ANGE) :

Delange, Duplaisset ✝.

Trois : Desanges ✝.

Cheval :

Belliard †, Chevalier, Chevalleau ✝, Chevallerie ⊙, Dujon ✝, La Pastellière (naissant), Pouge ✝, Ruaux ⊙ (cabré).

Tête : Pastelière, Puyguyon.

Deux : Le Riche ✝.

Chevalier :

Longis.

Buste : Robert de Beauchamp ★.

Chevilles (V. CLOUS, FICHES, POINTES):

Trois : Creil ✝, Dubois de Fontaines ✝.

Chèvre :

Une : Aymé de la Chevrelière ★, Champs, Chevreau ✝ (un chevreau), Deschamps.

Trois : Rouillé.

Chevreuil :

Chevreuil de Romefort, Chevreuil ✝.

Chevron :

· *Un* : Acquet ✝, Adhumeau ✝, Airon ✝, Aitz ✝, Alexandre ✝, Allard ✝, Allard de Clatton et de Puirobin ✝, Allemand ✝, Amaury ✝, Amelin ✝, André, Arcemale ✝, Ardon ✝, Arnoul ✝, Arquistade ✝, Arsac ✝, Arvemalle ✝ (brisé), Aubarbier ✝, Aubin ✝, Auboutet ✝, Aubugeois ✝, Audebert ⊙, Audebert ✝, Augier de la Terraudière ✝, Augron ✝, Aumont ✝, Auvergne ✝, Avoir ✝, Avril ✝, Aymeret ✝, Aymon ✝, Babin de Rouville ✝, Babin de la Touche ✝, Babinet ✝, Bachoué ✝, *Baguenard* ✝ (renversé), Balluc ✝, Balue ✝, Barbe ✝, Barbier-Montault ✝, Barbin ✝, Bardeau ✝, Bardouin ✝, Barcau ✝, Baron ✝, Baron de Vaujolais ✝, Baron de Vernon ✝, Barraud ✝, Barre de Bridiers ✝, Barré ✝, Bascle ✝, Bastier ✝, Baudouin de la Noue ✝, id. (brisé), Beauregard ✝, Beauvillain ✝. Bedeau ✝, Bellanger, Belleville ✝, *Billoque* ✝, Berlouin ✝,

Bernard ✝, Bernardeau ✝, Bernon ✝, Berrandy ✝, Berthe ✝, Berthelin ✝, Berthon ✝, Bertrand de la Bazinière ✝, Béry ✝, Beslay ✝, Betoulat ✝, Beugnon ✝, Billard, Bizemont ✝, Blachière ✝, Blachière ✝, Blactot ✝, Blair ☉ (ondé), Blandin ✝, Blouin ✝, Boilève ✝, Boirot ✝, Bois de Chabannes ✝, Bois de Dirac ✝, Boisson de la Couraizière ✝, Bondet ✝, Bonneau ✝, Bonnegens ✝, Borde ✝, Bordes ✝, Boreau ✝, Borry ✝, Boucher ✝, Bouchet d'Amblon ✝, Bouchet de Martigny ✝, Bouet ✝, Bouhier ✝, Bouin de Beaupré ✝, Boullaye, Bourdicaud ✝ (écimé), Boursault ✝, Boussigny ✝, Bouthet ✝, Branchu ✝, Brayer ★ (alaisé), Brethé ✝, Brethé de Richebourg ✝ (ondé), Le Breton ✝, Breuil des Ouches ✝, *Breuil* (brisé), Briant ✝, Briaud ✝, Bridonneau ✝, Brilhac de Nouzières ✝, Brisson ✝, Brochard de la Clielle ✝, Brossard ✝, Brossier ✝, Brossin, Broue ✝, Brumauld ✝, Brun ✝, Buget ✝, Bunault ✝, Bureau ✝ (potencé), Burges ✝, Cabaret ✝, Cadart ✝, Cadoret ✝, Caillaud ✝, Caille ✝, Canaye ✝, Cardin ✝, Carqueville ✝, Chaillé ✝, Chambre ✝, Chapelain ✝, Charpentier ✝, Charron ✝, Charroir, Chartier ✝, Chassemont ✝, Chastaigner ✝, *Chastaigner* ✝ (renversé), Chasteau ✝, Chastelier ✝, Chateaubodeau ✝, Chaud ✝, Chaudruc ✝, Chausse ✝, Chausseblanche ✝, Chauveau des Roches ✝, Chauvière ✝, Chazelles ✝, Chazerac ✝, Chesneau ☉, Chesnon ✝, Chessé ✝, Chevalier ✝, Chevreau ✝, Chissé ✝, Chocquin ✝, Choisnin ✝, Chollet ✝, Citoys ✝, Claveau, Cochon ✝, Collin ✝, Commines ✝, Compagnon ✝, Condé ✝, Condran ✝, Le Coq ✝, Corbier ✝, Corlieu ✝, Corneille ★, Cosne ✝, Coudreau ✝, Coullaut ✝, Courcy ✝, Courivaud ✝, Courret ✝, Coutray ✝, Coyaut ✝, Creil ✝, Creuzé ✝, Dabbaye ✝, Dalesme ✝, Daniaud ✝, Dansays ✝, Daudeteau ✝, Dayron ✝, Deaune ✝, Deaux ✝, Degennes ✝, Dehaune ✝, Dejean, Delastre ✝, Delavau ✝, Demerat ✝, Deniau ✝, Desbordes ✝, Deschamps ✝, Desmé ✝, Desprez ✝, Desvaux ✝ (brisé), Divé ✝ (brisé), Doré ✝, Doride ✝, Dorineau ✝, Douézy ✝, Draud ✝, Dreux-Brézé ✝, Drouhet ✝, Drouin ✝,

Dubois ✝, Dubreuil ✝ (brisé), Duclou ✝, Duflos ✝, Dugué ✝, Duguie ✝, Dujon ✝, Dumoustier ✝, Dupas ✝, Duplex ✝, Dupont ✝, Dupré ✝, Durant ✝, Duranteau ✝, Dureau ✝, Duroussay ★, Dutiers ✝, Duval ✝, Eschallard, Esperon ✝, Espinay ✝, Estuer, Eveillechien ✝, Fadate ✝, Falloux ✝, Fauveau, Faverot ✝ ou Favreau ✝, Faydeau ✝, *Fé* ✝, Febvre ✝, Feniou ✝, Ferrand ✝, Feudrix ✝, Fieux ✝, Filleau ✝, Finé ✝, Fleuriot ✝, Fond ✝, Fontaine ✝, Fontaniau ✝, Forbin ✝, Forestier ✝, Forget ✝, Fortin ✝, Fourestier ✝, Fournier, Fourny ✝, Foyer ✝, Fradin ✝, Frémond ✝, Frère ✝, Fresneau ✝, Friconneau ✝, Froger ✝, Fromaget ✝, Froment ✝, Fureau ✝, La Fuye ✝, Fuzeau ✝, Gaboirau ✝, Gaigneron ✝, Gaillard ✝, Galliffet ✝, Gallet ✝, Garat ✝, Garipeault ✝, Garnier ✝, Gareau ✝, Gascoing ✝, Gastineau ✝, Gaulier ✝, Gaultier ✝, Gauthier ✝, Gay ✝, Gazeau ✝, Geay ✝, Gennes ✝, Geolleau ✝, Gergeau ✝, Gigou ✝, Gilbert ✝, Gillier, Giraud ✝, Godet ✝, Gorret ✝, *Grandsay* ✝, Grassin ✝, *Grelier* ✝, *Gressot* ✝, Guérin ✝, Guérinière ✝, *Guillemot* ✝, *Guillot* ✝, Guivreau ✝, Guyvreau ✝, Habert ✝, Hanne ✝, *Haye* ✝, Hélion (fuselé), *Héraud* ✝, Hugueteau ✝, Jannet ✝, Janoillac ✝, Jaudonnet ✝, Jausselin ★, Joly ✝, Jouslain (componé), Joyeux ✝, Juge ✝, Juon ✝, La Fontaine ✝, La Grange ★, La Guérinière ✝, Laistre ✝, Lapisse ✝, La Porte, *La Porte* (brisé), La Roche-Thulon ✝, Lastre ✝, La Tremoïlle ✝, *Launay* (engrelé), Laurens ✝, Lavault ✝, Leduc ✝, Le Long ✝, Le Maréchal ✝, Le Musnier ✝, Leplaisant ✝, Leulier ✝, Liris ✝, Londeys ✝, Louveau ✝, Lucas ✝, Maboul ✝, Macé ✝, Manceau ✝, Mandot ✝, Maréchal ✝, Mauras ✝, Mauroy ✝, Mavereau ✝, Menagier ✝, Miget ✝, Mignoneau ✝. Mirabeau ✝, Mocet ✝, Montferrand ✝, Montserault ★, Moreau ✝, Morel ✝, Morelon ✝, Mouchard ✝, Mourain ✝, Moury ✝, Mousseaux ✝. Négrier ✝, Papion ✝, Pasturault ✝, Perchausse ✝, Perefixe ✝, Pérot ✝, Philippes ✝, Pichard ✝, Picot ✝, Pierrefiche ✝, Pinault ✝, Plaisis, Poirel ✝, Poirier ✝, Porcheron ✝, Potier ✝, Poute ☉,

Rabault ✝, Rabreuil ✝, Rangues ✝, Rasseteau ✝, Razay ✝, Regnault ✝, Reys ✝, Richard ✝. Rideau ✝, Riollet ✝, Roatin ✝, Robert ★, Rogier ✝, Romagère ✝ (potencé), Romanet ✝, Rougier ✝, Rousseau ✝, Rouziers ✝, St-André ✝, St-Cirgue ✝, St-Fief ✝, St-Georges ✝, Salvert ✝, Saragand ✝, Sermanton ✝, Simon ✝, Stinville ✝. Teil ✝, Thibaud ✝, Thubert ✝, Touzalin ✝ (renversé), Trémoïlle ✝, Valet ✝, Vallée ✝, Le Vallois de Vilette ✝, Vaslet ✝, Vasline ✝, Vassan ✝, Veau ✝, Vernou ✝, Veuvier ✝, Vibrais ✝, Viète ✝, Villemont ✝, Villoutreys, Vouzy ✝, Voyon ✝, Yvon (échiqueté) ✝.

Deux : Alloue ✝, Arnaudet ✝, Ayrault, Ayron ✝, Babault ✝, Bastide ✝, Baudry ✝, Beausobre † (entrelacés), Beslac, Le Bœuf, *Bois*, Boivin, Brunet de Neuilly ✝ (alaisés), Chevallereau, Chevreuse, Corgnol, Crozé ✝, Dalest ✝, Deferou, Férou (brisés), Ferrou, Fonfrège ✝, Fouquet ✝, Geoffroy, Isle ✝, Lambertie, Lebrun, Maynier (rompus), Monnins †, Pape ✝, Roullin ✝.

Trois : Acarie, Agnes, Ague. Argicourt ⊙ (emanchés), Armagnac ✝, Babin de la Gières ⊙, Barlottière ⊙, Béraud ✝, Bernez, Bertrand de Vitrac, Beslac, Bidoux, Bizac, Boutaut ✝, Brunetière, Bussy (le 1er brisé), Celle, Chainey, Champelon ✝, Chapelle de Jumilhac †, Chappot ✝, Chesnaye, Clermont - Gallerande (le 1er brisé), Crux †, Désiré ✝, Desmilattes ✝, Dubois de la Morinière, Duguie ✝, Dupas, Dupuy de la Bardonnière, Dury, Esmoing, Estourneau ✝, Fauveau ⊙, Faverolles Fay ✝, Ferrières †, Fromenteau ✝, Gaudin, Gaugaing ✝, Girard, et †, Gresseau, Guignard ✝, Hermite ✝, La Rochefoucauld ⊙ (celui d'en haut écimé), Laurière ✝. Laydet, Lhermite ✝, Lucas ✝, Meaussé, Mézieux, Montlouis ✝, Peuguion ✝, Pidoux ✝, Plessis, Poute, Ramberge ✝, Sassay, Thomé ✝, *Villattes*, Villeneuve.

Quatre : Gaillard † (le dernier brisé).
Chevronné : Béruier.

Chien (autre que lévrier) ·
Bardoul ✝, Berrandy ✝, Le Breton ✝, Chesne ✝, Garran ✝.

Deux : Brachet, Chasseloup ✝, Le Berger ✝.
Trois : Chesneau de La Haugrenière ✝.
Tête : Chevalier de la Cour ✝.

Chiffre :
Un quatre : Regnault ✝.

Chou :
Chauvelin ✝.

Ciboire (V. CALICE, COUPÉ) ·
Barraud ✝.

Cigales (V. SAUTERELLE) ·
Trois : Gréaulme.

Cigogne :
Bouez ✝, Cigogne, Janvré, Vilain ✝.
Trois : Gigou, et ✝, Hugueteau ✝, Senigon de Roumefort ⊕.

Cimeterre (V. BADELAIRE, SABRE) ·
Jacobsen ✝.

Clef :
Clau ⊕, Laclau ✝.
Deux : Clavier, Clémenceau, Clermont, Clugny, La Clau, Ranfrais ✝, Reveau ✝, Robin ✝.
Trois : Chevalier, Grignon ✝.
Quatre : Chollet ✝, Claveurier.

Cloche :
Andrault ✝, Lauzon ✝, Mancau ✝.
Trois : Clock ✝, Gardeur ✝, Laîné ✝, Layné.

Clochettes :
Sans nombre ou semé : Richelot.

Clous (V. CHEVILLES, FICHES, POINTES) :
Quatre : Deladouespe.

Cœur :
Ansart du Fiesnet ⊙, Argentrie ✝, Bain ⊙, Barthomme ✝, Baudouin ✝. Bernardeau de Monterban ✝, Berrandy ✝, Bodin ✝, Bouchier ✝, Brémond, Caillon ✝, Cathelineau ⊙, Charité (enflammé), Charron ✝ (ailé), Chevenon ✝, Compain ✝, Cormier ✝, Coulard, Couprie ✝, Cousseau ✝, Curzay (enflammé) ✝, Duverger ✝, Folet ⊙, Gaillard ✝, Gar-

reau ‡, Goudon, Hallouin ‡ (ailé), Labat ‡, Lambert, Le Long (enflammé) ‡, Meigné ‡ (ailé), Petit ‡, Toulard ‡.

Deux : Aubel ‡, Berthe ‡, Brethé ‡, Febvrier ‡, Momillon ‡, Puyguyon ‡.

Trois : Cœur ‡, Drouet ‡, Faye, Girard de Pindray ⊙, Gracien, Poirel ‡, Surineau.

Huit : Champinoise ⊙.

Coing :
Trois : Coindre.

Colombe
Berthus ‡, Brunet ‡, Chazeaux ‡, Chitton ‡, Clau †, Cornillon ‡, Fages ‡, Ferruyau ‡, Gaultier ‡, Laclau ‡, Thitton ‡.

Deux : Brault ★, *Duboys de la Barre* ‡, La Clau ‡.

Trois : Boisson de la Couraizière ‡, Caillo ‡, Mathieu.

Colonne :
Une : Maron, Thibaudeau ‡.
Trois : Le Gras ‡, Remigeou.
Quatre : Bernabé ‡.

Comble :
Dupin ★.

Comète (V. Étoile) ;
Raity (8 rais) ‡.

Compas :
Curieux ‡, Jacobsen ‡.
Trois : Lecompasseur de Courtivron †.

Coq :
Béguier, Le Cocq, Collin ‡, Le Coq ‡, Cothereau ‡, Daux, Dupuytren ‡, Gaillard ‡, Gallet, Guillin †, Jau, Joyeux ‡. Le Riche ‡, Poussineau ‡, Regnault de St-Jean-d'Angély ‡, Tudert ‡, Valleteau ★, Vezien ‡.

Trois : Dujau, Gallet ‡, Grassin ‡, Jaudonnet, Querqui.

Têtes : *trois* : Gaigneron ‡, Jaudonnet.

Coquilles, Crousilles :
Une : Aymon ‡, Bragelongne ⊙, Brunet ‡, Collin ‡, Daniaud ‡, De Gennes ‡, Dupré ‡, Eveillard ‡, Gen-

nes ‡, Grosbois ‡, Janoillac ‡, Juge ‡, Limeur ‡, Mirabeau ‡, Pasquet ‡, Robin de la Tremblaye ‡, Vassan ‡, Vergier ⊙, Villiers ‡.

Deux : Beaussé ‡, Boreau ‡, Broue ‡, Burges ‡, Callays ‡, Desprez ‡, Joly ⊕, Jouslard ‡, Massé ‡

Trois : Abbadie †, Arnoul ‡, Arsac ⊙, Authier ‡, Aymar, Aymeret ⊙, Bailli ‡, Barde ★, Barré ⊙, Bataille ‡, Le Beau ‡, Berault ‡, Bernard ‡, Bernard de la Bernardière, Berthelin ⊙, Bouchard ⊙, Buet, Buor ‡, Buxière ‡ (vannets), Chargé de la Crespelière, Cherbon ‡, Choisy, Clémanson, Clemenson, Cœur ⊙, Combarel, Commines ‡, Courret ‡, Decemme ‡, Desmarais ⊙, Desmé ‡, Duclou ‡, Dupin, Ecorse ⊙, Farouïl ⊙, Faverot ‡, Faydeau ‡, Filleau ‡, Flaveau, Forget ‡, Fort, Fouquet, Fourestier ‡, Garnier, ⊙, Gaspard, Gautreau, Goguet ‡, Graham ⊕, Gréaulme, Hemery ‡, Hoguet ‡, Jacques, Jarrière, Jarrière, Jouslard, *Labbé* ‡, La Voyrie, Lebeau ‡, Le Maignan ⊙, Leplaisant ‡, Louer ‡, Massougnes ‡, et ⊙, Montbel ⊙, Reigner, Roatin ‡, Sain ‡. Sarrazin ⊙, Sermanton ‡, Suirot, Vérine ⊙, Viard ⊙, Viault ‡, et ⊙. Voyrie.

Quatre : Aubry de Varannes ‡, Boussiron ⊙, Brissac ‡, Maistre ‡, Mercier ‡, Robin ‡, Vergier de la Rochejacquelin ‡.

Cinq : Croisil ⊙, Croix ⊙, Favreau ‡, Grailly ⊙, Joubert ⊙, Laval ⊙, Maichin ‡, Odart ⊙, Ravenel ⊙, Teinteau ‡, Vallant ⊙, Vassaut ⊙, Vergier ‡.

Six : Bois des Arpentes ‡, D'Aguesseau ‡, Forest, Rabaine ‡.

Sept : Crux ★, Gautron †, Jacquelin.

Huit : Rochereuil ‡.

Douze coquilles : Michelet.

Cor de Chasse :
Un : Augeren ‡, Chauvet du Theil ‡, Duval ‡, Jourdain ‡, Ogeron ‡, Simonneau ‡, Taunay.

Deux : Chevreau ‡.

Trois : Baye ‡.

Corbeau, Corneille ·
Corneille ★, Seiches.

Trois : Barraut, Corbier ✚, Galard †, Groleau ✚.

Têtes : trois : Decazes, Giraudeau.

Cormier :
Corbier ✚.

Cornes (V. Bœuf, Cerf, etc.) ·
Trois : Bouquin.

Cotice (V. Bande).

Coupe :
Duboys de la Barre ✚, Godet ★.
Trois : La Berruyère (couvertes).

Courlis :
Corliet ✚.

Couronne :
Champagné ✚, Dugué ✚, Garran ✚.
Trois : Daux ⊙, Dubois (de feuilles), ⊙, Estampes ⊙ (ducales), Mauroy ✚.

Couteau, Coutelas :
Bion ★, Coutocheau.
Trois : Dancel ★.

Crapaud :
La Cour de la Craipelle.

Créneaux :
Trois : Verré, Viallière ⊙.

Créquier :
Beaucorps-Créquy †, Le Compasseur de Courtivron †, Créquy.

Croissant ·
Un : Aage ✚, L'Abadie ✚, Abbadie ✚, Acéré ✚, Acton d'Aurailles ⊙, Ague ✚, Allard de Clatton et de Puyrobin ✚, Andrault ★. Angevin de la Revêtison ✚, Arnaud de Bouex ✚, Arnault de la Grossetière ✚, Arnoul ★, Athon ⊙, Aubery ✚, Aubry ✚, Aubriot ✚, Aubugeois ✚, Audebert ✚, Babin de Rencogne ✚, Babinet ✚, Bacqua ✚, Badiffe ✚, Baguenard ✚, Banchereau ✚, Bardeau ✚, Barre de la Guenonière ✚, Bauchereau ✚, Le Beau ✚, Beauvillain ✚, Beguin ✚, Bernard de la Pommeraye ✚, Berseur ✚, Beuil ✚, Bion ✚, Blackwood ★, Bochard ✚, Boitault ✚, Bonneau ✚, Bonnegens ✚, Borie ✚, Bouchereau ✚, Boucheul ✚, Bouchier ⊙, Bouhier, Boullay ✚, Bourgnon de Layre ⊙, Breslay ✚, Le Breton ✚, Brunet de Sérigné ✚, Budan ✚, Bueil ✚, Cadoret ✚, Caillon ✚, Calluau ✚, Chappot ✚, Chardebœuf ✚, Charron ✚, Chastaigner ✚, Chateaubodeau ✚, Chaud ✚, Chaune ✚, Chevalier ✚, Chevalier de Villemorin ✚, Chissé ✚, Clabat ⊙, Le Coq ✚, Cortial ✚, Coulard ⊙, Courtin ✚, Coux ✚, Croix ⊙, Crozé ✚, Curieux ✚, Curzay ✚, Daguin ✚, Dalesme ✚, Dansays ✚, Daudeteau ✚, Decourt ✚ (contourné), De la Porte ✚, Delastre ✚, De Luzines ✚, Denicou ✚, Desvaux ✚, De la Douespe ✚, Dousset ✚, Drouineau ✚, Dubois des Bordes ✚, Duboussay, Duboys de la Barre ✚, Duchastelier ✚, Dugast ✚, Dumoustier ✚, Duquerroy ✚, Estoile ✚, Farouau ✚, Faure ✚, Fauveau ✚, Febvre ✚, Fenieux ✚, Filleau ✚, Fleury ★, Fleury ✚, Fontenelle ✚, Fouasseau ✚, François ✚, Friconneau ✚, Gabard ✚, Gabaret ✚, Gaborit ✚, Gadouin ✚, Garat ⊙, Garde ⊙, Garnier ✚, Gast ✚, Gaultier ✚, Geolleau ✚, Gergeau ✚, Giraud ✚, Godet ★, Goguet ✚, Gourjault, Grosbois ✚, Guillon ★, Haye ✚, Hilaire ✚, Hoguet ✚, Huet ⊙, Huillier ✚, Jannet ✚, Jouslard ✚, Juge ✚, Labadye ✚, La Fuye, Lageard ✚, La Grange ★, Lande ⊙, La Place ⊙, La Saire ✚, De Lastre ✚, Laurens ✚, Laurière ✚, Le Gant ✚, Le Geay ✚, Lescure ⊙, Maboul ✚, Martin ✚, Martineau †, Martineau ⊙, Mayaud ✚, Merveillaud †, Morel ✚, Mourain ✚, Le Moyne ⊙, et ★, Nicou ✚, Ogeron ✚, Pape ✚, Papion ✚, Pavin ✚, Porte ✚, Proust ⊙, Pugnet ✚, Ramsay ⊙, Raquet ✚, Ribier ✚, Rocas ✚, Rosiers ✚, Rullier ⊙, St-André ✚, Salbert ✚, Sanglier ⊙, Savary de Beauregard ✚, Serigny ⊙, Texier ✚, Thibault ✚, Tigernere ✚, Toulard ⊙, Varin ★, Vergne ✚, Vernou, Veuvier ✚, Villedon ⊙, Villoutreys ✚.

Deux : Augier de la Terraudière ✚, Aymé de la Chevrelière ⊙, Bailly de la Falaise ✚, Barre ✚, Barré ✚, Besse ✚, Bionneau ⊙, Bizemont ✚, Bondet ✚, Bouhier ✚, Bouilly ✚, Bresson ✚, Brochant ✚, Carbonnier ✚, Cressac ★, Curieux, Deniau ✚, Desmarquets ✚, Gasteuil ✚, Lamarque ★, Mangin, Marquets ‡, Marsac ‡, Massougnes ⊙, Mauvise ‡, Richard ⊙, et ‡.

Trois : L'Age de la Bretollière ‡, Asnières de la Chapelle, Asnières de la Chataigneraye †, Bareau ★, et ⊕, Bérangier, Bery ‡, Billy, Borry ‡, Camus ‡, Caulaincourt ⊙, Cerizay, Chaspoux ⊙, Chauvin de la Muce, Chevrier ⊙, Chollet. Constant ⊙, Court ‡. De Crês, et ‡, Daniau, Dardel ‡, Delaage ‡, Delavau ‡, Doutreleau ‡, Espinay. Espivent ‡, Essarts, Fautereau, Forestz ‡, Foyer ‡, Fromentin, Gaboireau ‡, Le Gascoing ‡, Gaullier ‡, Giraud ‡, *Givré* ‡, Guérinière ‡, Herberge ⊙, Houllier ‡, Isle ‡, La Guerinière ‡, L'Herberie ⊙, Maingarineau ‡, Mayaud ‡, Mingarnaut ‡, Moisant ‡, Moussier, Moysan ‡ Outreleau, Robert ‡, Robin ‡, Robion, Roche ‡, *Saragand* ‡, Tuffeau, Tusseau, Le Vallois ‡, Verger, Verinaut, et ‡, Vernou ‡, Verré ‡.

Quatre : Allard de Bois-Imbert ‡, Arambert ‡, Bittier ‡, Gilbert ‡, Morineau ‡.

Six : Archambault ‡, Barre de Chargé.

Semé : Bouchet ‡

Croissant renversé :

Arcemale ‡, *Ruys* ⊙.

Croisettes (V. Croix) :

Une : Bridiers (fourchetée) ‡, Caille ‡, Daniel ‡, Dubois de la Pastelière ‡, François ‡, ˙Galliot ‡, Garreau ‡, Godet ★, *Heuc* †, Marsault ‡, Thibault ‡, Touzalin ‡.

Deux : *Béraudière* ⊙, Godet ★, Thibault ‡.

Trois : Boursault ‡, Chouppes, Courtin ‡ (pied fiché), Cuissard ⊙, Daguin ⊙, Eveillechien ‡, Fleury ‡, id. (fleuronnées), Laîné (alaisées) ‡, Lauzon ⊙, St-Fief ‡, Saragand ‡.

Sept : Argenton ‡.

Huit : Delaforest.

Neuf : Agier ‡.

Seize : Chaugié ‡, Villiers ‡.

Vingt : Changy ★.

Semé : Cloistre ‡.

Croix (V. Croisettes) :

De l'Aage, Allard de Bois-Imbert ‡, Aubry de Varannes ‡, Ausseure ‡, Barbaud (barbée), Barraud ‡, Barre de Londières ‡, Baugier ‡, Béri de Marans, Bernabé ‡, Bernard de la Pommeraye ‡, Bourgneuf, Boussiron ‡, Brouihac ‡, Carré de Ste-Gemme ‡, Cartier de la Malmaison ‡, Cave. Changy ★, Chaugié ‡, Chevalleau ‡, Chevreuse ‡, Choiseul-Praslin ‡, Chollet ‡, Cossart ‡, Coucys ‡, Couraud ‡, Croisil ‡, Croissant, Croix, Desmé ‡, Durand, Esperon †, Estoile ‡, Faulcon †, Fay ‡, Fé ‡, Feschal, Fleury (vivrée), *Forin*, Foulon ‡, Gabory ‡, Gaignon, Giboust ‡, Grailly ‡ (fichée), Joubert ‡, Laval ‡, Le Marois ‡, Marsac ‡ (de Lorraine), Maumont, Mercier ‡, Meschinet ‡ (chargée d'une croix vivrée) ★, Mont-Aquay ⊙, Montmorency ‡, Odart ‡, Oudart, Pantin ‡, Rameru (rameaux), Ravenel ‡, Riom ‡, Rossignol, Sacher ‡ (écotée), St-George, St-Léger ‡, St-Legier ‡, St-Martin ‡, St-Mathurin ‡, Savary ⊙, Ternes, Terocs ‡, Vallant ‡ (endentée), Vassaut ‡ (id.), Vergier ‡, Villiers ‡.

Quatre : Angély, Blom ‡, Boussiron ‡, Chauffepied ⊙.

Six : Beuil (au pied fiché).

Croix alaisée :

Billy de Prunay ‡, Brault †, Céris, Chollet ‡, Cubes ‡, Fite, *Goisy* ‡, La Barre ‡, Lusignan de St-Gelais †, Macé, St-Gelais (écartelée avec Lusignan), St-Georges ★, Vérac †.

Croix ancrée :

Andayer, Aubusson, Audayer, Audoyer, Bauçay, Baucaire †, Beaucé, Beaugay, Bonnemain, Bonnin, Bonnin de Fraysseix †, Bouillé, Breuil de Chassenon, Caulnis, Chain, Chapelle-Rainsouin, Chasteigners ‡, La Châtre, Chaumejan, Chauvinière ‡, Comacre, Cremille, Defleury, Desmarais ‡, Dresnay ‡, Dubreuil, Faye, et ‡, Faye (nillée), Inglard ⊙, Lemercier ‡, Macaire, Magne, Mauclerc, Mauvise ‡, Montalembert, et †, Puytesson, Robineau ‡, Soubeyran ‡, Tryon †, Vigier, et ‡.

Trois : Bernardeau de la Briaudière, Garde ‡.
Sept : Meulle ‡.
Dix : *Chaugée* ‡.

Croix à 8 pointes ou de Malte :
Camin ⊙, Clervault, Duplaisset ‡, Guillemot †.
Trois : La Fontaine ‡.

Croix à 12 pointes :
Beraudière d'Ursay †.

Croix dentelée :
Bonin, Bouvin.

Croix engrelée :
Baugé, Bonnin, Chenin, Le Clerc ‡, Cordouan ‡, Daillon, Desnoyers †, Duchâtel, Fors, Gilbert ‡, Le Tillier ★, Le Vassault, Rangot, et ‡, Savary ‡.

Croix fleurdelisée :
Igonain ‡.

Croix fleuronnée :
Boin, Fors ‡.

Croix haussée :
Adam de Sichard ⊙, Gardeur ‡

Croix pattée :
Braille ⊙, Cicoteau ‡, Conty ‡, Coral ‡, Dutillet, Gardeur ‡, Gaudin, Giboureau, Picard ‡, Pierres, Richemont ‡, Rinaudeau (raccourcie), Rivaudeau (id.), Robineau ‡, *Ruys* ‡, Suirot. Tigernere (raccourcie) ‡.
Trois : Ascelin, Audebert, Barlot, Bois d'Argonne, Charnacé, Cumont, Giboureau, Girard †, Jousseaume, Lainé ‡, et ⊙, Petit ‡, St-Fief ‡.
Quatre : Cherité ‡.
Sept : Demeules.
Dix : Macé ⊙, et †.

Croix pattée et alaisée ·
Audebaud ‡, Chebrou †, Clervault, Cumont, François du Temps ‡, La Boissière ‡, Tillet.

Croix patriarcale ·
L'Abadie ‡, Carbonnier ‡.

Croix pometée :
Forest, Maurès de Malartic ⊕.

Trois : Augier de Moussac.

Croix potencée :
Chesneau ⊙, Lhermite (avec 4 croisettes) ⊙, Louer ‡, Robineau ‡.

Croisettes potencées :
Trois : Charnacé.
Quatre : Lhermite ‡.

Deux croix raccourcies :
Burlé (l'une sur l'autre).

Croix recroisettée :
Trois : Baraton ‡.
Six : Bueil ‡ (pied fiché).

Croix de St-Antoine ou Tau :
Jourdain.

Croix tréflée :
Abbadie †, Boismorin ⊙, Champs, Thomas ⊙.
Trois : Gibouin †.

Cuirasse :
Chasseloup Laubat ★.

Cygne :
Aubouin des Combes ‡, Barré ‡, Beguin ‡, Biget. Bignollet ‡, Blanc, Boullet ‡, Bricheteau, Chabot ★ Drouillet ‡. Garreau ‡, Gaudouin, Giraud, Girault, Palustre ‡, Raity ‡, Ranon ‡, Ray, Robert.
Deux : Cuvillier ‡, Darot ‡ (affrontés).
Trois : Fontaine de l'Epinay, Gargouilleau ‡, Gastineau ‡, Gigou, Guagnoleau ‡, Laistre ‡, Langlois.
Trois têtes de Cygnes : Pont-Jarno.

Daim :
Un : Gaudin.
Trois : Trudaine.
Rencontres : *trois* : Bourdin.

Dauphin (V. aussi BAR) :
Un : Brissac ⊙, Cassagne † (couronné), Dauphin ‡ (couronné), Drouhet ‡, James, Jasme.
Deux : Berland ‡, Chassagne †.
Trois : Bardin.

Deltas entrelacés (V. Pentalpha).

Denches :
Deux : Chevredents (en fasce).

Diamants :
Trois : Avice, Brillant.

Dragon :
Un : Baillet de la Brousse ‡, Drac, Duvau ‡, Fontenette, Vau ‡.
Deux : Baillet de la Brousse ‡.
Têtes : *trois* : Guivreau ‡.

Ecartelé :
Avangour, Bomez, Bonnaventure, Changy ★, Chaussée, Courseulles, Crévant, Eschizadour, Eusenou ‡, Félix ‡, Fossa, Lande, Pintieu, Ponthieux.

Echelle :
Une : Cabèce ‡.
Trois : Chiron ‡.

Echiqueté :
Auxi, Beaufosse, Bigot, Bouhault, Bourgnon †, Caraleu, Coursel, Dreux-Bretagne ‡, Exéa, Flavigny, Fonteneau, Forges, Fournoux, Gentil, *Germonneau* †, Maignane ⊙, Malledame, Martineau †, Poulhaut, Randon ‡, Redon †, Sageot, Sanzay.

Ecureuil :
Un : Barraut, Fouquet.
Trois : Fouquerand.

Ecusson :
Blair ⊙, Bodin de la Rollandière, id. ‡, Bois des Arpentes ‡, Boutet ‡, Brochard ⊙, *Chevalier de la Resnière* ‡, Clabat ⊙, Clement ⊙, Constant ⊙, Duguet ‡, Forget ⊙, Girard, Lamoignon ⊙, La Primaudaye ‡, Maignane ⊙, *Malvault* ⊙, Marans ⊙, Montmorency ⊙, Narbonne ‡, Pouvereau, Pressigny ⊙.
Trois : Bazoges, Chapelain de l'Echasserie, Charbonneau ‡, Chasseloup-Laubat ★, Cherbonneau ‡, Coué, Demontz, Fontaines (bordés), Lenoir ‡, Torsay ‡.
Six : Ferrières ⊙.
Huit : Espagne ⊙.

Emerillon :
Donat.

Enclumes :
Trois : Forges.

Epée :
Une : Aymé †, Aymé de la Chevrelière †, Barthomme ‡, Belliard †, Bodet de la Fenestre ‡, Bourgnon †, Bourgnon de Layre ⊙, Brayer †, Chabot †, Chasseloup-Laubat †, Chateauneuf ★, Couprie ‡, Delescorie ‡, Demarçay †, Dumoustier †, Duranteau ⊙, Ferrand ‡, Gaborit ‡, Garde, Gauly ‡, *Gressot* †, Joly ⊙, Leguyot, Lemercier ‡, Lescorce ‡, Liège, Marolles ‡, Martin ‡, Moreau, Pétiet ⊙, et ★, Rivaud †, Rochard ⊙, St-Cirgue ⊙, Tranchelion ‡, Vieur ⊙.
Deux : Ansart du Fiesnet ‡, Badereau ‡, Barbot ‡, Bernardeau de Monterban ‡, Chevalier ‡, *Chevalier de Barbezières* ‡, Chevalier de Tessec ‡, Courivaud ‡, Dubois de la Pastellière ‡, Marbœuf, *Morisson* ‡, Trochard.
Trois : Aisse, Aysle, Bodin ‡, Bois de la Fennonière, David du Fief, Duchastelier ‡, Ferrand ‡, Morisson, et ‡, Rochereuil ⊙, Sabourault, et ‡.
Quatre : Igonain ‡.
Six : Aisse.

Eperon (V. Molettes) ·
Trois : Guillemot.

Epervier :
Abbadie ★, Du Bois, Bouthier, Cour (sur un écot), Couraud (id.), Dexandrieux ‡, Lage ‡, Lauvergnat.
Deux : Fou (affrontés) ‡.
Trois : Cosson ‡, Esparbès ‡, Mangot.

Epervier couronné :
Age de la Bretollière et de la Grange ‡.

Epi de Blé (V. Grain, Germe, Gerbe) :
Arnaudet ‡.
Deux : Panon ‡.
Trois : Baudus ‡, Cheusse ‡, Estienne ★, Frémond ‡, Froment ‡, Fromentin ‡, Sarrazin (blé sarrazin) ⊙.

Cinq : Gerbier
Dix : Jeuilly.

Epines, Tiges d'Epine(V. Buisson):
Trois : Bourg, Espinay ou Lespinay,
Pascault ‡.

Etang (V. Rivière, Mer) ·
Bourbeau ‡.

Escarboucle :
Anjou ⊙, Belleville ‡.

Etoile :
Une : Aage ‡, Alléaume ⊙, An-
drault ⊙, Arnaud de Bouex ‡, Aubriot,
Babin des Bretinières ‡, Barbarin de
Vossac ‡, Bareau ★, Baron de Vaujo-
lais ‡, Baudry ‡, Beausobre † (16 rais),
Bellineau ‡, Bereau ⊙, Bion ‡, Black-
wood ★, Bochard ‡, Bontemps ‡,
Bruce ⊙, Bruet ‡ (6 rais), Calluau ‡,
Camus ‡, Cartier de la Malmaison ‡,
Chappot ‡, *Chevalier de Barbezières* ⊙,
Chollet ‡, Cissay ‡, Collards ‡. Le
Coq ‡, Corliet ‡. Cortial ‡, Coujard ‡,
Coyreau ‡, Cressac ★, Dardel ‡, De
Gennes, Delaville ‡, Demayré ⊙, De-
sanges ‡, Devezeau ‡, Doré ‡, Dela-
douespe ‡, Dulac ⊙, Dupin †, Du-
plex ‡, Dupont ‡, Durand ‡, Estoile ‡,
Eveillard ‡, Ferté ‡, Fleury ‡, Fou-
quet ‡, Frémond ‡, Froger ‡, Gaba-
ret ‡, Gaborit ‡, Gadouin ‡, Garde,
Gascoing ‡, Gauly ‡, Gauthier ‡, Gen-
nes ‡, Gerbier ‡, Gervain (6 rais), Gripon ‡, Guillemin ⊙, Janoillac ‡, Jausselin ★, Juge ‡, *Labbé* ‡, Laubier (8
rais), Lebeau ‡, Le Gant ‡, Leriche ‡,
Lestoile (6 rais), Londeys ‡, Martin ‡,
Massé ‡, Mouraud †, Nau (à 8 rais) ‡,
Palustre ⊙, Pétiet ‡, et †, Ragot ‡,
Rayveau ‡, Redon †, Regnault ‡, Richard ‡ (6 rais), Richard ‡, Richard ⊙,
Roche ‡, Romanet ⊙, *Ruys* ‡, St-André ‡, St-Cirgue ‡, Stinville ‡, Voyneau ‡.

Deux : L'Abadie ‡, Abbadie ‡,
Agier ‡, Allard ‡, Angevin ‡. Angevin
de la Revêtison ‡, Argentrie ‡, Arnoul ‡, et ⊙, Aubel ‡, Audebert ‡, Augier
de la Terraudière ‡, Aymon ‡, Babault ‡,
Babert, ‡, Babin de Rencogne ‡, Babinet ‡, Banchereau ‡, *Baguenard* ‡,

Bardeau ‡, Barraud ‡, Baudouin ‡,
Berault ‡, Bernardeau ‡, Bernon ‡,
Berthon ‡, Bertram ‡, Bessac ‡, Blachière ‡, Blandé ‡, Bonneau ‡, Borde ‡,
Bouchereau ‡, *Boucherie* ⊙, Boucheul ‡, Bouin de Beaupré ‡, Bresson ‡, Le Breton ‡, Breuil de Théon ‡,
Briconnet ‡, Brunet ‡, Brunet de Sérigné ‡, Cadoret ‡, Camin ⊙, et ‡, Carbonnier ‡, Carré de Busserolles ‡, Charron ‡, Chastaigner ‡, Chaud ‡, Chau
druc ‡, Chauvière ‡, Chesnon ‡, Col
lin ‡, Compagnon ‡, Coulard ‡, Cou
rivaud ‡, Cousseau ‡, Coyaut ‡, Croix ⊙,
Crossard ‡, Crozé ‡, Cuville ‡, Dab
baye ‡, Delastre ‡, Delavau ‡, Deniau ‡,
Denicou ‡, Désiré ‡, Dousset ‡, Drouhet ‡, Dubois ‡, Dumoustier ‡, Dupont ‡, Dupré ‡, Erreau ‡, Fauveau ‡,
Fé ‡, Febvre ‡, Flambart ‡, Fonfrège ‡. Fontanieu ‡, Friconneau ‡, Gabard ‡, Garnier ⊙, Gaultier ‡, Geolleau
‡, Gergeau ‡, Gilbert ‡, Godet ★, et ⊕,
Gourdon ‡, *Grelier* ⊙, *Guillemot* ‡, Guillon ‡, Jannet ‡, Jausselin ★, Joyrie ‡, Labadye ‡, Labat ‡, Lambert ‡, La Saire ‡,
Lastre ‡, Laurens ‡, Lavault ‡, Louveau ‡, Marsac ‡, Miget ‡, Mourain ‡.
Le Moyne ⊙, et ‡, Musard ‡, Nicou ‡, Perefixe ‡, Pierrefiche ‡, Poirier ‡,
Proust ⊙, Rabault ‡, Reynier ‡, Ro
bert ★, Sanglier ⊙, Sauzay ‡, Seri
gny ⊙, Teil ⊙, Thoreau ‡, Vaslet ‡,
Villoutreys ‡.

Trois : Abraham ⊙, Acéré ⊙, Allard de Clatton et de Puirobin ‡, Alquier ⊙, Amaury ‡, Arnault de la
Grossetière ‡, Aubarbier ‡, Aubugeois ‡,
Avril ‡, Aymeret ‡, Bacqua ⊙, Badereau ‡, Badiffe de Vaujompe ⊙, Baigneur, Baraudin ‡, Barbaud ‡, Bardet ⊙, Barrault ⊙, Barre de Bridiers ‡,
Barro ‡, Bascle ‡, Beauvillain ‡, Begeon de St-Mesme ·‡, Bellin ⊙, Béraud ‡, Bernard de Préchapon ‡, Berrandy ‡, Beslay ‡, Besnard ⊙, Besse ‡,
Bionneau ‡, Blactot, Blandin ‡, Boirot ‡, Bois de Dirac ‡, Boitault ⊙,
Bonnault ‡, Bonneau ‡, Bonnegens ‡,
Boucher ‡, Bouchereau ⊙, Beulay ‡,
Bounaud ‡, Branchu ‡, Brethé de la
Guibretière ‡, Bretonneau ‡, Briaud ‡,
Bridieu ‡, Brigueil ⊙, Brilhac ‡, Brousse

de Verteillac ‡, *Bruneau* ‡. Brunet ‡, Brunet de Neuilly ‡, Cadare ⊙, Cadart ⊙, Cars, Céris, Chalmot ‡, Chamillard⊙, Champagné‡, Chantereau‡, Chargé ⊙, Chasaud ‡, Chassemont ‡. Chausse ‡, Chazaud ‡, Chazeaux ‡, Chazelles ‡, Chergé ⊙, Chevalier de Villemorin ⊙, Chevreuil ‡, Chiron ‡, Chissé ‡, Chitton ⊙, Collin ⊙, Collin ‡, Compain ‡, Constant ‡, Cornillon ‡, Coussaye ⊙, Coux ‡, Crunes ‡, Cubes ‡, Dalesme ‡, Dalest ‡, Dansays ‡, Daudeteau ‡, Decourt ‡, Delaage ⊙, Delavau de Treffort ‡, Descars (6 rais), Després ⊙, Dorineau ‡, Dousset ⊙, Draud ‡, Drouineau ‡, Dubois ⊙, Dugast ‡, Dugué ‡, Duguie ⊙, Duplaisset ‡, Dupont ‡, Durand de Courcelles ‡, Duruau ‡, Easme, Escars, Espagne ‡, Espinasseau, Espine‡, Estoile‡, Fadate⊙, Falloux ‡, Farouïl, Faure ‡, *Fé* ‡, Fenieux, Fénix, Filleau‡, et⊙, Fleury⊙, Fontaine‡, Fortin‡, Fouchier ‡, Fournel ⊙, François ‡, Frogier ‡, Froment ⊙, Gaborit ‡, Gadouin ‡, Garat ‡, Garipeault ‡, Gascougnolle ⊙, Gast ‡, Gaultier ‡, Gaultron ‡, Gauthier ‡, Gervier ⊙, Giraud ‡, Grand⊙, *Grandsay* ‡, Guarin (6 rais), Guérin ‡ (6 rais), Guette ‡, Guignot ‡, Guillemin ⊙, Guion ⊙, Hallouin ⊙, Harouard ⊙, Iles, Imbert ‡, Irland ‡, Juon ‡, Labat ⊙, Labourt †, La Chassaigne ‡, La Grange ★, La Porte ⊙, La Varenne ‡, Leduc ‡, Le Maréchal ‡, Le Roy ‡, Leroy ‡, Lescure ⊙, Leulier ‡, Liège ⊙, Livaine ‡, Louveau ‡, Manceau ‡, Manes †, Maréchal ‡, Marin ‡, Mascureau †, Maumillon ‡, Mauras‡, Maurès†, Mavereau⊙, Mercier⊙, Meschinet‡, Mignoneau ‡, Momillon ‡, Montjon ⊙, Montmillon, Moreau ‡, Morel ‡, Mothes ⊙, Pager‡, Papion ‡, Pavin ‡, Du Perron ‡, Philippes ‡, Picard ‡, Picot⊙, Plouer ‡, Prez ⊙, Rabreuil ‡, Ragot ⊙, Rangues ‡, Raugues ‡, Rayveau ⊙, Regnault ‡, Ribier ‡, Riche ‡, Richeteau ‡. Riollet ‡, Rivaud ⊙, et ★, Robert ⊙, Robert ‡, Rocas ‡, Rogier ‡, Le Roy ‡, Royrand ‡, Ruau ⊙, St-Cirgue ⊙, St-Tère †, Salvert ‡, Sa-

rode ⊙, Savignac †, Savignac ‡, Sicard, Simonneau‡, Tellier⊙, Texier⊙, Thitton ‡. Thomé ‡, Vallée ‡, Villates ⊙. Voulons ‡, Yver ‡, Yvon ‡.

Quatre : Aubert de Peyrelonge ‡, Averton ‡, Barraud ‡, Berland ‡, *La Blachière* ‡, Canaye ‡, Carré de Ste-Gemme ‡. Cars, Chardebœuf ‡, Guillemin ⊙, Le Comte ‡, Lescure ‡, Maulay ‡, Rougnac ‡.

Cinq : Esperon †, Fonsèque †, Fontenelle ‡, Goudon ‡, Lostanges ‡.

Six : Chassaigne ‡, Cicoteau ‡, Dejanoillac ‡, Duquerroy ‡, Farcy (à 6 pointes) ‡, Forestier ‡, Hommes ‡, Inglard ‡, Janailhac ‡, Letard ‡, Musset (à 6 rais) ‡, Ruffray ‡, St-Maury ‡, St-Vaury ‡, Viète ‡.

Huit : Berland ‡, Crouail ‡, Masparault ⊙.

Neuf : Perefixe.

Dix : Kerveno.

Douze : Belhere.

Quinze : Ramberge ‡.

Semé d'Etoiles : Barbaste ‡, Bellot‡, Berland ‡, Cathus ‡, Chargé ‡, Cousseau ‡, Culant ★, Duperré ‡, Momillon ‡, Ruau ‡

Etourneau :

Trois : Estourneau ‡, et ⊙.

Faisan ·

Guillon †.

Faisceau consulaire :

Arnault de la Menardière ⊙, Faydeau (d'armes), La Porte ‡.

Deux : Roux.

Fallot

Trois : Picot ‡.

Fasce :

Une : Acéré‡, Age de la Bretollière‡, L'Aîné ‡, Asnières de la Chataigneraye (bandée)†, Aubert de Peyrelonge (ondée) ⊙, Availloles ‡, L'Avocat ‡ (denchée), Aymer (componée), Baille ‡, Bailly de la Falaise ‡ (emanchée), Bain ‡, *Bamard* ‡, Banchereau‡, Baraton ‡ (fuselée), Barbezières (fuselée), Bareau †, et ★, Barrière ‡, Basset (bretessée), Bastide (bastillée), Le Beau ‡, Beauharnais, Beaumont-d'Autichamp ‡, Bégeon (engrelée) ‡, Bel, Belossac, Bérault de la Bellarie ‡ (engrelée), Bernardeau (tiercée), Berthelot ‡ (bandée), Béthune, et ‡, Bionneau ‡, Blair ‡, Blosset (denchée) ⊙, Boncenne (ondée), Bonenfant ‡, Bonnart ‡, Bonnault ‡, Bottreau ‡, Bouchereau ‡, Bounaud ‡, Bouville ‡, Bragelongne ‡, Breuil ‡ (vivrée), Brosses ‡, *Bruneau* ‡, Bussy-Fontaine ‡, Butault ‡, Buxière ‡, Cadare ⊙, Cadu ‡, Caumont ‡, Celle ‡, Champelon ‡, Chapelle de la Roche-Giffart, Chasseloup ‡, Chasseloup-Laubat ★, Chaumel ‡, Chefdebien ‡, Chergé ‡, Chevallier ‡, Chevenon ‡, Choullie ‡, Clabat ⊙, Clément ‡, Cléreau ‡, Cœur ‡, Constant ‡, Cormier ‡, Coudun ‡, Court ‡, Couture (fuselée), Crossonnière ⊙, Croy † (bandée) (Pons), Daguin ‡, Dancel ★, Dejanoillac ‡, Delaage ‡, Delaunay ‡, Delavaud ‡, Demay ‡, Denicou ‡, Désigny (fuselée), Desmées ‡, Devezeau ‡, Disave ‡, Dulac ‡, Dumonard ‡, Dusoul ‡, Dutressé (nouée) ‡, Epremenil ★, Esnault (ondée) ★, Esparbès ‡, Espinay ‡, Estienne ★ (ondée), Estourneau ‡, Farouïl ‡, Favre ‡, Ferrand ⊙, Ferré ‡, Ferron ‡, Fessard ⊙, Filleau ‡, Fleuriau ‡, Fleury ★, Fonsèque †, Fouasseau (ondée) ‡, Fouchier (engrelée) ‡, Fougières ‡, Fouilloux ⊙, Foulé ‡, François ‡, Freslon ‡, Fresne ‡, Fromenteau ‡, Fruchard ‡, Fussey ‡, Gaschet ‡, Gascougnolle ‡, Gaullier ⊙, Gauthier ‡, Geoffroy ‡, Gollier ⊙, *Goret* ‡, Grand ‡, *Grou* (alaisée) ‡, Gruget ‡, Gueffault, Guénand (fuselée), Guérin (ondée) ‡, Guette ‡, Guilhon ‡, *Guillot du Dousset*, Hélie (fuselée), Hilaire ‡, Hillerin ★, Huet ‡, Inglard ‡, Jacobsen (ondée) ‡, Janailhac ‡, Joubert (crénelée) ‡, Laîné ‡, La Marche ‡, La Porte ⊙, Lastic, Lebeau ‡, Lebel, Le Roy ‡, Liège (ondée) ⊙, Linger ‡ (fuselée), Liniers ‡, Livaine ‡ (frettée), Loriou ‡, Loynes ⊙ (gironnée), Maizières, Malaunay ‡, Mallier ‡, Mannes ‡, Marche ‡, Martin (ondée), Marvillaut ‡, Maslier ‡, Massonnay ‡, Massougnes ‡, Mastier ‡, Maussion ‡, May ‡, Mellony ‡, Michel ‡, Migault (engrelée), Millon ‡, Mosson ‡, Mouillebert ‡, Mouraud ★, Nicou ‡, Oradour ‡, Pallet ‡, Panon ‡, Perrière ‡, Poixpaisse ‡, Pons (bandée), Porte (componée) ‡, Pot, et ‡, Poussineau ‡, Pugnet ‡, Quénoy (ondée), Rabaine ‡, Retail, Richard ‡, Le Riche ‡, Sain ‡, St-Savin (ondée) ‡, Ste-Maure, Salvert (vivrée), Savary ‡, Savignac ‡, Senné ⊙, Serillac (crénelée), Terronneau ‡, Texier ‡, Théronneau ‡, Tiraqueau (ondée) ‡, Tison ‡, *Tour aux Cognons* (ondée) ‡, Touzalin ‡ (id.), Tranchant ‡, Tutaut (ondée), Tyndo (crénelée) ‡, Vallensienne ‡, Vonnes ‡, Voulons ‡, Voyer-d'Argenson †.

Deux : (V. aussi JUMELLE) :

Achard de la Luardière ⊙, et de Vacognes ⊙, Achart, Aubineau d'Insay ‡ (ondées), Barrault ‡, Beaucorps, id. †, Beguier ‡, Beraudière ⊙, Besdon ‡, Besnard (ondées) ‡, Billy †, Bocquier ‡, Bouchet de Sourches, Boucheul ‡, Bouex, Chaffray ‡, Chantemerle ★, Chapelle ‡, Chardebœuf ‡, Chassaigne ‡, Le Chat ‡, Chenu ‡, Chevredents, Cléret (vivrées), Cordon, D'Aguesseau ‡, Dauphin ‡, Dercé ‡, Esnault †, Faur ‡, Francs, Fumée ‡, Galardon ‡, *Guillemin* ‡, Harcourt, Haye-Passavant ‡, Irland ‡, Izoré, *Labbé* ‡, Landin †, Le Large ‡, Maichin ‡, Mandron, Mondion ‡, Pandin ⊙, Pestalozzi ★, Prévost ‡, Regnauld ‡, Rochard ‡.

Trois : Abbadie ‡, Achard ‡, Ague ‡, Allemagne, Anglars ‡, Auzy, Barlottière ‡, Barre de la Roumelière, Bastard, Baudry-d'Asson, Béjarry, Béraudin ‡, Bernard de Marigny (ondées), Bessoneau ‡, Bois de Courval, Boisse ‡, Boisson, Boissy, Bonnin de Fraysseix (ondées) †, Bruchard ‡, Bullion (ondées) ‡, Caillères (bretessées), Cambourg (échiquetées), Cazelis, Champbon, Champelais ‡, Chateauvieux (ondées) †, Chauvet ‡, Chesnaye du Gué ‡, Chevraut, Clerembaud ‡, Cœtivy, Compain ‡, Contour, Corguilleray, Cossé (denchées), Daniel ‡ (ondées), Desherbières, Desmontiers †, *Doizy*, Durix, Elbée, Enfant, Fau, Faubert, Fin ‡, Foudras, François ‡, Gorron, Gourdeaux, Gruel, Guillerville (ondées), Herbiers, La Barre, La Chassaigne ‡, Laclau ‡ (alaisées) (3 de chaque côté), La Rivière (ondées), La Roche-Vernay (ondées), Laurière ‡, Le Ret (ondées), Lescure ‡, Lhuislier ‡, Macé ★, Maillé (ondées), Malmouche, Marthonnie, Mondion ‡, Monstiers †, Moreau † (ondées), Mouraud ‡, Nossay ‡, Oradour ‡, *Peres*. Polignac †, Rabault ‡, Raymollard ‡, Regnauld, Rix, Roche (ondées), Roux, et ‡, St-Georges (ondées) †, Suirot ⊕, Tutaut (ondées), Varin ‡, Vassé, Vérac (alaisées) †, Vigier, Villedon (ondées), Vivosne (ondées).

Fascé :
Archambault, Authon, Aymer, Ayron ‡, Baudry †, Baudry-d'Asson, Bodin de la Bodinière, Brie ‡, Brisay, Champelais ‡, Chauvain ‡, Clau †, Coucy, Croy ⊙, Crussol, Curzay ‡, Eschassériaux, Forest, Jau (ondé), Jousserand ‡, Marans †, Mascureau †, Mesgrigny † (ondéenté), Montberon, Morin †, Mortemart (ondé-enté), Pressigny ‡, Rabault ‡, Rochechouart (nébulé), St-Tère ‡

FASCE EN DEVISE :
Bacqua ‡, Blackwood ★, Dexandrieux ‡, Rostaing ‡, Thitton ‡, Thomasset ‡, Yver ‡.
Trois : Gaillard ‡.

Faucille :
Brayer †.

Faucon :
Boyer ‡, Faucon ‡, Faulconnier ‡.
Trois : Coutray ‡.
PATTE : Faulcon.

Faulx :
Falloux ⊙.
FERS DE FAULX OU RANCHERS ·
Trois : Faudry, Fayole.

Fer à cheval :
Dumas †, Favre ‡.
Trois : Borie ‡.
Six : Ferrières.
Huit : Ferré, Ferrières ⊙.

Fermaux (V. BOUCLE) ·
Trois : Bompart, Guy de Ferrières, et ⊙, et ‡, Horric.

Feuille (V. PALME) :
Boutet (houx) ⊙, Eusenou † (houx).
Deux : Blet (laurier), Le Coq (id.) ‡.
Trois : Cabèce ⊕, Fresne ‡.

Fiches (V. CLOUS, POINTES)
Trois : Boullay ‡.

Filet de pêche :
Duplex ‡.

Filet (croix) :
Boisy ‡, St-Légier ⊙.

Filière :
Linières ‡.

Flambeau :
Guyot, Vaslet ‡.
Trois : Arouet, Fare.

Binet de Flambeau :
Aubineau d'Insay ‡.

Flamme :
Fleury ★, Gaillard ‡, Simon ‡.
Deux : Dupont ‡.
Trois : Arouet de Voltaire, Chaubier ‡, Drouault, Dupuis ⊙, Flambart ‡, Fouquet ‡, Umeau, Vineau.
Quatre : Feinieux.
Cinq : Escravayat, Flambart ‡, *La Blachère* ‡.
Six : Blachière ‡.
Dix : Carbonnières ⊙.
Semé : Faye.

Flanchis :
Deux : Grou ‡.
Trois : Clock ‡.
Huit : Harembure ⊙.

Flèche, Dard :
Barthomme ‡, Bideault ‡, *Bourot* ‡, Bresson ‡, Compain ‡, Cousseau ‡, L'Arc ‡.
Deux : Bouchier ‡, Engaigne ‡.
Trois : Besly ‡, Froger (dards) ‡, Glenetz †, Pouge ‡, Vezien ‡.
Quatre : Daguin ‡, Glenetz †.
Six : Vidard.

Fer de flèche :
Trois : Brethé de Richebourg ‡, Valet ‡.

Cinq : Le Febvre ‡.

Fleurs :
Bouquet, Le Vacher ‡.
Semé : Grellet ‡.

Fleur de lis :
Une : Ancelon ⊙, Argence, Arivé †, Berseur ‡, Bonnin de la Bonninière, Bonnin de Fraysseix ⊙, Boscals ‡, Bouchereau ‡, Boullet ⊙, Brouilhac ⊙, Cant ⊙, Chateauvieux †, Chaunay, Chemillé ⊙, Choullie ‡, Clément ⊙, Coloigne ⊙, Compain ‡, Delavau ‡, Dugast ⊙, Epaule, Esnault ★, Fontaine ‡, Forget ⊙, Fou ‡, Gallard, Garnier ⊙, Gébert †, Gervier, Girard ‡, Goudon ‡, Goué ‡, Goulaine (et une demie) †, Grelier ‡, Lavau ‡, Leroy ‡, Martin de la Mortière ⊙, Nouhes, Pousses ‡, Puyvert ‡, Ranfrais ‡, Rechignevoisin, Le Roy ‡, St-Quintin, Stinville ⊙, Teil ⊙, Thibault ‡, Thorigny ⊙, Vareilles (au pied nourri), Vau.
Deux : Berthelin ‡, Bussière ‡, Couraudin ‡, Cropte ‡, Crossard ‡, François ‡, Mellony ‡, Roche ‡.
Trois : Aloigny, Amaury, Angle de Lusignan ⊙, Aton, Baglion ‡, *Baudry,* Beaumont-d'Autichamp⊙, Boisgroland †, Brilhac, Brossard ‡, Champinoise ‡, Chastelet ⊙, Chevalier, Corderoy ‡, Croy †, Delescorie ‡, Durant ‡, Duval ‡, Fadate ⊙, Fages ⊙, Faulcon ★, Favereau (demies fleurs), Ferré ‡, Fontbrenier ‡, Forien ‡, Fracard, Galliot ⊙, Gaullier ‡, Girard de Pindray ‡, Gollier ‡, Grimault, Lainé ‡, Lamoignon ⊙, La Roche-Céry ‡, Lescorce ‡, Maigret ‡, Montlouis ⊙, Naulet ‡, Poispaille ‡, Poixpaisse ‡, Razilly, Rochefaton, Rorthais ‡, Roux ⊙, Vareilles (au pied nourri).
Quatre : Cartier †, Desmier †, François du Temps ‡, Gastinaire ‡, St-Léger ‡, St-Légier ‡, Tinguy, Tison ‡.
Cinq : Acton-d'Aurailles ‡, Aloigny, Athon ‡, St-Savin ‡, Saumier †, Tour, *Tour aux Cognons* ‡.
Six : Abzac ⊙, Acton-d'Aurailles ‡, Availloles ‡, Barrière ‡, Bégault ‡, Bellay ‡, Cartier †, Le Mastin ⊙, Oradour ‡, Tyndo ‡.
Dix : Charbonneau ‡.

Douze : Reims.
Semé de fleurs de lys : Acton-d'Aurailles ‡, Ancelon ‡, Barrault ⊙, Baudrière, Boisjourdain ‡, Chambes ‡, Chateaubriand, Cherbonneau ‡, Coué ‡, Faideau, Hacqueton ‡, La Primaudaye ‡, Piégu ‡, Thouars ‡, Tour ‡.

Foi :
Abraham ⊙, Baudus ‡, Bouin de Noiré ‡, Delavau ‡, Lami.

Fontaine :
Bonneau (jaillissante) ‡, Bonneau, Duguillot ‡, Fontaine †, Fontaine, Fontanes ‡, Fonts.

Foret (instrument) ·
Trois : Poupet.

Foudre :
Fulcher ‡.
Trois : Foucher ‡, Mauvoisin.

Fougère :
Boitault ‡.
Trois : Derazes ⊙, Deschamps ‡, Razes ⊙.

Fouine :
Clabat ‡, Fay ⊙.
Trois : Fay, Simon.

Fourche :
Fouchardière.

Fourmis :
Trois : Lomeron, Quessart (volantes).

Fraisiers :
Trois : Brochard ⊙.

Frêne :
Dufresne, Fraigneau ‡.
Feuilles : *Trois :* Fresne ‡.

Frettes :
Une : Audouin ‡.
Trois : Pidoux, Tizon.
Six : Lesperonnière ‡, Taillefert.

Fretté :
Armagny, Beauvillain ‡, Bethizy, Champagne ‡, Chantefin, Coesme, Couture, Esperonnière, Farcy ‡, Frétard, Granges de Surgères ‡, Grimouard ‡

(six pièces), Jaucourt, Jousseaume, La Coustière, La Noue ‡, Lesperonnière ‡, Mars ‡, Matz ‡, Maynard ‡, Noue ‡, Petit, Plantis, Rogier ‡, Surgères, Vanbecq ‡, Vaugiraut.

Fuie :
Bertram ‡.

Fusées (V. LOSANGE) ·
Une : Fonsèque †, Cervier ‡, Poispaille ‡.
Deux : Brach ‡.
Trois : Achard d'Argence ★, Barbezières (et deux demies), Baslon, Becquillon, Brisson, Champallays ‡, *Chevraut, Duboys,* Duroussay †, Fumée, Fuzée, Guénand (et 2 demies), Herbiers, Marot ‡, Montausier, Pignonneau (et 2 demies), Rivau (id.), Ste-Marthe (id.) ‡, Salignac.
Quatre : Béchet, Bellay, Chevigné ‡, Giron.
Cinq : Barbezières, Bastide ‡, Belon ‡, Bessay (en bande), Casau ⊙, Chauvigny (et 2 demies), Chenu ⊙, Couture, Croix, et ‡, Ferté, Garnier ‡, Gaucher ‡, Helyes ⊙, Linger ‡, Malmouche, Petitpied ‡, Pignonneau, et ‡, Pocquières (et 2 demies), Segny, Sennectaire.
Six : Bethaux, Fumée.
Sept : Designy, Etang, Linger ‡.
Treize : Mesnage ‡.

Fuselé (V. LOSANGÉ) ·
Le Petit.

Gabion :
Gaborin.

Gaffe, Croc :
Ducrocq.

Galère :
Chabot ★
PROUE DE GALÈRE : Bégouën ★.

Gantelet :
Un : Broue ‡, Maingarinau ‡ (gauche).
Trois : Bessane ou Bezanne, Ferté, Vandel.

Gâteau :
Mingarnaut ‡.

Geai :
Un : Geay ‡, Guillon †, Richardière ‡.
Trois : Gaugaing ‡.

Genettes :
Trois : Duval ‡.

Gerbe :
Bontemps ‡, Cartier de la Malmaison ‡, Cuvillier ‡, Drouin ‡, Fontaine ‡, Gabaret ‡, Garnier ‡, Gerbier ‡, Imbert ‡, Marot ⊙.
Deux : Frogier ‡, Joly ★, Pasturault ‡.
Trois : Aubin ‡, Brosse, Chiché, Couhé, Drouin, Feudrix (seigle) ‡, Filleau ‡, Ponpaille ‡, St-Martin, Scourions.

Giron :
Deux : Estampes ‡, Pressigny ⊙.

Gironné :
Angles, Belleville (12 pièces), Cugnac, Didonne (12 pièces), Fédeau, Garnier (12 pièces), Harpedane de Belleville (10 pièces), Louer (12 pièces), Rogres (id.), Roux, Serpillon, Suirot, et ‡, Tréhan ‡ (12 pièces).

Gland :
Forestier ‡, Fourestier ‡, Fourny ‡.
Deux : Budan ⊙.
Trois : *Barbotin,* Bastard, Bois ‡, Chesne, Dubois ‡, Duchêne, Galletier, Mazières.
Quatre : Milleville ‡.
Cinq : Bonnart ‡.
Neuf : Fouqueteau.
Semé : Bosquevert ‡.

Gonds (V. ANNEAU) :
Fergon ⊙ (*deux ou trois*).

Grain germé :
Germonneau †.

Grappe de Raisin :
Berthre ‡, Bontemps ‡, Denis.
Trois : Choisnin ‡, Duvignault, Fradin ‡, Gaschet, Morelon ‡.

Grelot :
Trois : Sonnet.

Grenade de guerre :
Coudreau ‡.

Grenade (fruit)
Trois : Barbotin, Biré.(avec la branche), Bonneau, Crémoux (tigées), Durant de la Pastellière ‡ (id.), Guillemin, L'Evesque, Morin.

Grenadier :
Babaud.

Griffon :
Brulon de la Muce, Coral, Doujat, Estourbeillon, Fournier, *Givré* ‡, Griffon, Gripon ‡, Jorré, Robin ‡, Thomasset †, et ⊙, Villiers.
Quatre : Chevalleau ‡, Coucys ‡.
PATTES DE GRIFFON : Birot ‡, La Primaudaye ⊙.
Deux : Bourdeille.
Trois : Arnauldet, Buade.
Quatre : Chapellerie.

Gril :
Laurens, Laurent.

Grive :
Deux : Divé ⊙.

Grue :
Burges ‡, Dousset ‡, Duchier ‡, Gréaulme, Veillon ‡.

Gueules plein :
Maurès †.

Gui (branches de)
Trois : Guillot ‡.

Guidon, Banderolle (V. PAVILLON) :
Bardon ‡, Cathelineau.
Trois : Fassetot, Vasselot.

Hache :
Breuil, Coste (antique).
Trois : Poitevin, Rochette.
Quatre : La Fontenelle ‡.

Haie :
Aymé ★, Lahaye.

Hallebarde :
Deux : Audebert ‡.

Harpe :
Arpajon, Dabbaye ‡, David.
Deux : David du Bois-David ‡.

Haubert ou cote de mailles :
Une : Aubert, Bernard de Préchapon ‡.

Heaume, Casque :
Abbadie, Bachelier, Baillet⊙, Chabot ★, Chasseloup-Laubat ★, Chevalier de Tessec ‡, Desgittans.
Trois : Bourguignon (bourguignottes), Condé ‡, Raugues (armets) ‡, Vigier.

Hérisson :
Chartier ‡.
Trois : Fouquerand.

Hermine (V. MOUCHETURE).

Héron :
Gibouin de la Héronnière †, Du Perron ‡.
Trois : Arrivé ‡.

Herse :
Appellevoisin.
Deux : Appellevoisin ‡.

Heurtoir de porte :
Frappier ⊕.

Hirondelle :
Trois : Busseau ⊙, Gironde ‡.

Homme :
Bergeau (berger) ‡, Blom (sentinelle) ‡, Le Berger (berger) ‡.

Houlette :
Pastureau ‡.

Houssettes (V. BOTTES, SOULIERS) :
Trois : Percechausse.

Houx :
FEUILLES : *Une :* Boutet ‡, Eusenou †.
Deux : Hugonneau ‡.
Trois : Hugonneau.

Huchet, Cornets de chasse :
Lejunier, Malvaut.
Deux : Corliet ‡.
Trois : Bonnard, Ducornet, Le Forestier, Maigné, Nesmond.

If :
Fargès.
Trois : Moriceau ⊙.

Ile :
Garineau ‡.

Insectes (V. MOUCHE) :
Trois : Doublet (doublets).

Jars :
Un : Jau ?
Trois : Augeard.
TÊTES : *Trois :* Coujard ‡, Jarno de Pontjarno.

Joug :
Plusieurs : Monjon ‡.

Jumelles :
Une : Chabert ‡, Musset ‡.
Deux : Breuil ‡, Rivaud (ondées) †.
Trois : Boisy, et ‡, Gouffier, Joussèlin, Lignières.
Six : Robert.

Lac d'amour :
Chevalier des Prunes, Garat ‡, Simonneau ‡.

Laitues :
Trois : Herbert.

Lambel :
Asne ⊙, Baglion ‡, Barrault ‡, Barré ‡, Basset ‡, Bataille ‡, Béthune ‡, Boscher, Brotherton ‡, Cadu ‡, Clermont-Nesle ‡, Courtinier †, Crouzille †, Daix ‡, Decourt ‡, Demay ‡, Desmées, Drouillet ⊙, Faye ‡, Fayolles †, Galardon ‡, Granges ⊙, *Lafaye* ‡, Lusignan ⊙, Marconnay ⊙, Maussabré, De May ‡, Pignonneau ‡, Pot ‡, Préville ‡, Richard ⊙, Romanet ‡, St-Martin ⊙, St-Mathurin ⊙, Tison ‡, Tour ‡.

Trois : Piouneau ‡.

Lampe
Dupuytren ‡.

Lamproie :
Trois : Beauregard (naissantes) ‡.

Lance (V. PIQUE) ·
Blouin ‡, Brion (rompue), Desroches, Filleul ‡, Roches (brisée).
Trois : Epremenil ✶, Linax, Liris ‡.
Six : Le Marois ⊙.

Fers de lance :
Un : Cressac ‡, et ⊙, Garran ‡.
Deux : Bauvaulier, Joubert ‡, Pugnet (de javelot) ‡.
'*Trois :* Bellivier, Braille ‡, Briaud, Courtinier ‡, Damours ‡, *Labbé* ‡, Linax, Roatin ‡, Sayette.
Neuf : Beaumont-Bressuire ‡.

Lapin :
Trois : Babin de la Touche ‡, Brumauld ‡, Jamin.

Larme :
Deux : Drouin ‡, Joly ⊙.
Trois : Amproux, Chalard, Fauveau ⊙, Guérinière ⊙, Rangues ‡.
Cinq : Le Franc.
Semé : Avoir ‡.

Laurier :
Lau ‡, Laurenceau.
RINCEAU, BRANCHE DE LAURIER :
Boisson, Creagh ‡, Creuzé ‡, Dupuytren ⊙, Ferrand ‡, Manes †, Seudée ⊙.
Deux : Lorin †, Pervinquière ‡.
FEUILLES :
Deux : Blet, Le Coq de Torsac ‡.
Trois : Laurens, Orfeuille.
Quatre : Keating ‡.

Léopard :
Un : Anglars ‡, Avoine, Barbaste ‡, Beaucaire †, Bidaut, Chasseloup-Laubat ⊕, Cheminée (çouronné) ‡, Chevalleau ‡, Clemanceau, Cordouan ‡, Gibot, Hautier ⊙, Laval, La Vallée, Lenormand, et ⊙, Thévenin, Tongrelon.
Deux : Achard-d'Argence †, Couprie

‡ (affrontés), Croy †, Dolive, Ferrière, Gaubertière, Jaucourt, Lénormand, et ⊙, Londres, Mellangé, Messange, Plantys, Roault, Roche, Rouault (et couronnés), Sazilly, Verrier, Voyer † (couronnés).

Trois : Bouchard †, Brotherton ‡, Goulaine (demis) ‡.

Léopard lionné :

Armagnac †, *Guyteau.*

TÊTES DE LÉOPARD : Compain ‡, Gojon ‡, Goujon ‡.

Trois : Bastard, Brisson ‡, Cahideuc, Forbin ‡, Guichard, Perrière (couronnées) ‡, Portail.

Lévrier, Levrette :

Abadie ‡, Badiffe, Baylons †, Berthus ‡, Beugnon, Beynac, Carlhouet ⊙, Chamillard ‡, Chaune ‡, Chevery †, Chollet ⊙, *Colasseau,* Dadine ‡, Fauvelet, Le Febvre ‡, Forcadel ‡, Fouquet, *Garran de Balzan,* Gassion ★, Grousseau ⊕, Guidon ⊙, Le Breton ‡, Rougier ‡, Texier ‡, Vaslet ‡.

Deux : Chapelin (affrontées) ⊙.

TÊTES : *Trois :* Duval, Fromenteau ⊙.

Lézard :

Bourot ‡, Champagné ‡.

Trois : Cottereau ‡, Le Tellier ‡.

Lettres :

Béranger (S. B.) ‡, Creuzé (deux &) ⊙, Dalèst (D) ‡, Félix (3 F) ⊙, Garran (F) ‡, Monnet (deux &) ⊙.

Lion :

Un : Achard de la Luardière ‡, Adam de Nauvergnes, Albin, Amaury, Ancelin, Angle, Argicourt ‡, Armagnac ‡, ,Armagnac †, Arnaud, Arnauldet ‡, Aubarbier ‡, Audebert ‡, Augeard, Auton, Aviau, Bachelerie ‡, Banchereau, Barachin ‡, Bareau †, Baudoin ‡, Baynet ‡, Beaumont, Béchet, Bellin ‡, Bereau ★, Bernon, Bertrand de St-Fulgent, Bessac ‡, Bezanne ⊙, Biaudos †, Bionet ‡, Boinet ‡, Boins ‡, Bois ‡, Boisnet ⊙, Bondet ‡, Bonnelie ⊙, Bonnet, Bouchereau ‡, Bougrenet ‡, Boulard ⊙, Bourin, Bournan ‡, Boyer ⊙, Breslay ‡, Brethé de la Guibretière ‡, Bretonneau

‡, Brie ⊙, Brienne ⊙, Brillouet, Brun du Magnou ⊙, Bunault ‡, Cadare ‡, Cailhaut, Caillet ‡, Chaillou ‡, Chamborant, Champdeniers, Chanac ⊙, Chardon de Bonneuil, Charette ‡, Chargé ⊙, Charoulière ⊙, Chasseloup-Laubat ⊕, Chasteigner, Chateauneuf, Chateigner, Chatellerault ‡, Chauveau ‡, Chauvigny, et †, Chesnon ‡, *Chevalier de Barbezières* ‡, Chopin ★, Cluys, Coesme, Le Comte ‡, Conty ‡, Cosson ‡, Courcy ‡, Courtinier †, Coussaye ‡, Croix ‡, Crouzille †, Culant ⊙, et ⊕, Cuville ‡, Daniel ‡, Daux ‡, Daviaut, Delaville ‡, Deniau ‡, Deniort, Deslennes ⊙, Dive, Donissan †, Dorineau ‡, Doué, Dreux ‡, Drouet, Drouet de Surville ‡, Dubois ‡, Dubreuil, Dubuisson ‡, Duguillot ‡, Duperré ⊙, Dupré, Duquesne, Epremenil ★, Epremenil ⊕, Espagne ‡, Espinay ⊙, Espine ‡, Estourneau de la Touche, Farges, Fédic, Félix †, Ferchault de Réaumur, Fermé ‡, Fiennes, Fillioux, Folet ‡, Fontaine †, Forestier ‡, Foucaud, Foucher, et ⊙, Fresne ‡, Fricard, Galisson, Gardeur ‡, Gaultron ‡, Gauly ‡, Goué ‡, Grellet ⊙, Guillard, Guillin ⊕, Guinguan ‡, Guyvordeau ‡, Hautefaye, Haye ‡, Holande, Huillier ‡, *Huylard,* Jaudoin, Jausselin ★, Jourdain, Juyon ‡, La Bazinière, La Bonnetière ⊙, Lageard ‡, Lamarque †, La Morlière, Lansac, La Roche-Céry ‡, Laspoix ‡, La Varenne ‡, Lavault ‡, Le Bel, Le Grand, Le Pelletier, Le Petit ⊙, Le Tillier †, Lostanges ‡, Mairé ⊙, Marcoul ‡, Maréchal, Mareuil ⊙, Marin, Marthonie, Masparault ‡, Mauraise, Meschinet †, Mesgrigny †, Moncrif ‡, Monnins †, Monstiers †, Montbel ‡, Montfaucon, Montfrabeuf, Morienne ‡, Morin, Mousseaux ‡, Musard ‡, Ogard, Orré ‡, Pelaud ⊙, Petit ⊙, Picard, Pignon, Poignand, Poulignac †, Poussineau ‡, Pré, Proust ‡, Puillouer ‡, Puy-Montbrun, Puyrousset, Richard †, Robert, Roche ‡, Rochebeaucourt ‡, Rohan-Chabot (dans un trécheur, Ecosse) †, Rohan-Chabot (Flandre) †, Romagère ‡, Le Roux, St-André ‡, St-Jouin, Salgues, Sapincourt, Saudelet ‡, *Schomberg,* Senné ‡, Simonneault, Taride ou

Tarit ‡, Thibaudeau ‡, Thory, Trancbelion ‡, Tullaye, Viault, Vieux, Villemont ‡, Villiers.

Deux : Barbe de l'Age-Courbe ‡, Caumont, Dampierre ‡, Jullien.

Deux lions affrontés :

Agroye, Billocque, Braille ‡, Cabèce ★, Cadie ‡, Camin ‡, Caulaincourt ‡, Chateauneuf (couronnés) ★, Chateauneuf ‡, Coral ‡, Duplais, Faye ‡, Foulon ‡, Huillier (tenant une épée), Monjon ‡, Pichard ⊙, Sénigon †, Teille ‡.

Deux Lions adossés :
Chemaillard, Lestrange ‡.

Trois Lions :
D'Allemagne ‡, Baigneux, Baraton ‡, Basses, Bernezay, Breuil du Doré ‡, Brosse, Carqueville ‡, Caux, et ‡, Cotet, Falaiseau, Fayolles, et †, Ferriol ⊙, Lestrange, Marsault Motte, *Pisseleu*, Ribeyrex.

Quatre lionceaux :
Cordouan ‡, Marois ‡, Reignier.

Lion couronné :
Un : Achard de Vacognes ‡, Anché, Aspremont, Aubigné, Authier ‡, Aviau, Beaumont, Bégault ⊙, Bessac, Biencourt, et ‡, Blouin, Bouère, Boussay, Brachechien ‡, Breuil-Hélion, Brulon, Brusac, Carmant, Cathineau, Chabannes, Chaffaud, Chambes ⊙, Champeau, Champelon, et ⊙, Chapt, Chazaud ‡, Chesneau, Chezelles ‡, Chivré, Claret ‡, Clisson, Conan ⊕, Corbière, Cosnac ⊙, Coustin, Croy ⊕, Dupuy, Dutertre, Dutheil ⊙, Fauchère, Fauveau ‡, Fayolle, Feletz ‡, Flament, Le Forestier, Fos, Foucault, Foucher ⊙, Fouchier, Fouscher, Gaillard †, Gautron, Gazeau, Goullard, Grellet, Guérinière ‡, *Hautefaye*, Hilairet, Juigné, La Boire, Leroux, Le Roy ‡, Levasseur, Luchet, Lusignan ⊙, et ⊕, Mallineau, Mesgrigny, Montferrand †, Montfrabeuf, Montmorency ⊙, Montserault †, Panneverre, Piégu ⊙, Planche, Plouer ‡, Polignac †, Préaux, et ‡, Pressac, et ‡, Prévot, Puy-Montbrun, Puyvert ‡, Raynier, Regnier, Réorteau, Rogier-le-Roy ‡, Rorteau, Rossi ‡, Seigne, Terrant, Theil ⊙,

Tousche, Vallée, Vassoigne ‡, *Vieux*.
Deux : Busca, Buseau, Montaigu, Tour-Beaulieu (affrontés)
Trois : Barre de la Brosse, Chaillou, Cognac ⊙, Talleyrand.
Quatre : Beauvau.

Lion issant ou naissant :
Baron de Vaujolais ‡, Beaulieu ⊙, Boulliau ⊙, Bullion ‡, Buxière ‡, Cartier de la Malmaison ‡, Champagne ⊙, Cherisey ⊙, Cottereau †, et ⊙, Dancel ★, Dellaine ⊙, Ellenne ⊙, Esve ⊙, Goulaine, Ollivier ⊙, Piniot ‡, Poisblanc †.
Trois : Meigné ⊙.

Lion couché :
Durand de Coupé ‡.

Lion passant ou léopardé :
Abbadie ★, Allaire ‡, Autefais, Baglion ‡, Baille ‡, Bors, Cailhou-d'Esignac ⊙, Cathus ⊙, Chambret ⊙, Charretier, Chaudruc ‡, Le Conte ⊙, Dancel ★, Daquin ⊙, Duhaux ‡, Forain ⊙, Haye ‡, Hugonneau ‡, La Haye, Lau ‡, Laurière ‡, Lautefois, Lenormand ‡, Léon, Lestrange ‡, Mauléon, *Montiers* †, Moussy ⊙, Pager ‡, Payré ‡, Pestalozzi ★, Piet, Piniot ‡, Rogier de Marigny ‡, Touzalin ‡, Verthamont †, Villaines †.
Deux : Baïf ‡, Barrault ‡, Bernard-d'Estian, Blanchefort, Brunet, Caumont, Chabanas, Chefdebien ‡, Depéry ‡, Desmontiers †, Felton (couronnés), Frette (id.), Inglard ‡, Montiers, Perry ‡, Tison ‡, Venoix.
Trois : Caradreux.
Quatre : Le Marois ‡.

Lion à tête humaine :
Barbe de l'Age-Courbe.

Lion ailé (V. GRIFFON) :
Fournier, Rivaud ★, Voyer-d'Argenson ⊙.

Têtes de Lion :
Une : Deniau ‡, Goulaine, Grange ⊙, Majou ‡, Miget ‡, Phelypes ‡, Regnault ‡.
Deux : Imbert ‡.
Trois : La Balue ‡, Chambre ‡, Du-

màs, Eschallé, Farou, Gaborit ✠, Goilard.

Têtes de Lion couronnées :
Trois : Acquet (✠), Cheminée ☉, Janvre, Le Groing, Tanvre.
Six : Cherbée.
PATTES : *une :* Faulcon.
Trois : Bignollet ✠, Desmons ☉, Monts ☉, Monsorbier.

Licorne :
Bouquet de Boismorin, Chevalier, Douhet †, Duruau ✠, Fournel ✠, Lepeustre, Perthuis, Rat ✠, Ruau ✠.
Trois : Meché.
TÊTE : Borde ✠, Galliot ✠.
Trois : Vallensienne ✠.

Lièvre :
Perrin ✠, Pétiet †.

Lis de Jardin :
Chesne ✠, Dubois de la Pastellière ✠, Viète ✠.
Trois : Assailly, Chambellain (branche) ✠, Choullie ✠, Degrange ☉, Dreux ☉, Elbène, Houllier ✠, Randon ☉.

Loriot :
Loriou ☉.

Losange :
Blackwood ★, Forestier ✠, Fourestier ✠, Fourny ✠.
Deux : Doré ✠, Forcadel ✠, Montalembert ✠, Nagle †, Romagère ✠, Tigernere ✠, Tudart ✠, Tudert ★, Tutaut ✠, Veillon ✠.
Trois : Barazan, Barusan, Belleville ✠, Boisjourdain ☉, Chauvet du Theil ✠, Cherade, Crunes ✠, Dampierre, Delavaud ✠, Fleury ☉, *Gressot* ✠, Guillin †, Montausier, *Pidoux* ✠, Rousseau ☉, Taillefert, Texier ✠, Verteuil, Viau ✠, Villiers ✠.
Quatre : Guérin, Hermite ✠.
Cinq : Availloles ☉, Baraton ☉, Bouchet de la Sardière ☉, Bouhet ☉, Masson, Vigoureux.
Six : Doué, Faucille ✠, Fumée, Langes.
Sept : Arnoul de St-Simon.
Huit : Pressac ✠, Rohel.

Neuf : Chotard. Gousset, Roche-Beaucourt, Villaines †.
Dix : Fourny, Frotier ✠, Gaudin.
Seize : Courtarvel.

Losangé :
Arnault de la Menardière ✠, Aubert de Courcenac ✠, Aubineau, Aunay ✠, Auray, Barbezières, Bec, Bertrand ✠, Bonnin du Cluzeau ✠, Bouchard ✠, et †, Bouche ✠, Couture, Craon, Fleury ✠, Fontenay ✠, Gousset, Groistin ✠, Lamoignon ✠, Ligniville, Montault, Poulhaut, Renaut, Roche-Andry (les lozanges d'arg. chargés chacun de 2 burelles), St-Amand, Turpin.

Loup :
Artaguiette †, Bérault ✠, Charet, Chasseloup ✠, Clabat ✠, Compagnon ✠, Deschamps, La Maintals, Vezien.
Deux : Guérinière †, Porte-aux-Loups ✠.
PATTE : Caillo ✠.

Tête de Loup :
Trois : Aubaneau, Bailleul, Burot, Chasteau, La Noue ☉, Le Bailleul, Noue ☉, Talhouët †.

Loutre :
Garreau ✠.

Mâcle :
Une : Bridieu (cramponnée) ✠. Esgonnière (écotée).
Deux : Alloue ✠, Chevigny ✠. Es tourneau ☉, Mignot ✠, Veuvier ✠.
Trois : Augeren ✠, Bascle, Bicon, Brisson, Gillier ✠, Le Bascle, Ogeron ✠, Orré ☉, Puy du Fou, St-Georges ✠, Thibaut.
Quatre : Richemont ✠.
Sept : Blacherie.
Neuf : Greffreys, Guémenée-Rohan, Rohan-Chabot ⊕.
Semé : Bessonneau ☉, Bougrenet ☉.

Mai :
Mayaud ✠.

Maillet :
Deux : Coudreau ‡.

Main (V. Foi) ·
Bardon ‡, Baugier ‡, Béranger ‡, Broue ‡, Clairé ‡, Demagne, Engaigne ‡ (armée), Gaubert ‡, Panon ‡, Viète (droite) ‡.
Deux : Bonnefoy, Londeys ‡.
Trois : Bermondet (gauches), Dancel ★, Mancier, Le Maussier (senestres).

Maison :
Une : Maisonnier, Masougne.
Trois : Sesmaisons.

Manche :
Breuil (mal taillée).

Mantelé
Reynier ‡.

Marais (V. Étang) :
Dousset ‡.

Martel, Marteau :
Un : Martel.
Deux : *Guilloteau.*
Trois : Martel,
Cinq : St-Martin.

Masse :
Bedeau ‡.

Massue :
Deux : Dumas, et †, Massard.
Trois : Macé de la Barbelais.

Matrat (dard ancien) ·
Deux : Rousseau.

Melon ·
Mellony ‡.

Mélusine (V. Sirène) :
Aymé ★.

Mer :
Bégouen ★, Bignollet ‡, Chesneau de La Haugrenière ‡, Londeys ‡, Mercier ‡.

Merlan :
Deux : Maulay (adossés) ‡.

Merlette :
Une : Ausseure ‡, Barde ⊕, Coudun

‡, Fleuriot ‡, Himène ‡, La Roullière ‡, Monnereau, Morisson ‡, Pays-Mellier ⊙.
Deux : Barre de la Guenonière ‡, Barré ‡, Cadie ⊙, Divé ⊙, Esprit, Froger ‡ (affrontées), Gaultron ‡, Gauthier ‡, Le Brun ‡, Lerou.
Trois : Agenois, Aimon, Aymon, Bauchereau ⊙, Baudiment, Beauharnais ‡, Bedeau ‡, Berthe de la Chevrie, Bertrand de la Roche-Henri, Biaudos †, Boilève ‡, Boissière, Bosquevert ⊙, Bouchereau ⊙, Brethé, *Bruneau* ⊙, Cadart ‡, Chamarre, Chessé ‡, Collin, Le Conte, Delaage, Dellaine ‡, Desmé ‡, Erard ‡, Gasteuil ⊙, Gentet ‡, Le Gras ‡, Jeutet, Lignaud, Marsanges, Mesmin, Michel ‡, Rasseteau ‡, Rebutterie, Robert ‡, Sachet ‡, Sapinaud, Sochet, Thanchet, Tiraqueau ‡, Vasline ⊙.
Quatre : Appellevoisin ‡, Boilève ‡, Boux ‡, Couhé de Lusignan †, Le Tillier ★, Meschinet ★, Sacher ‡, Tiercelin ‡.
Cinq : Fouquet.
Six : Bottreau ‡, Cramaux ‡, Dupuy ⊙, Fussey ‡, Haye ‡, Malaunay ‡, Mandron ‡, Massonnay ‡, Maussion ‡, Mosson ‡, Prévost ‡, Regnauld ‡, Ste-Hermine ⊙, Talourd ‡, Varin ‡.
Sept : Aumont ‡, Bruneau, Le Chat ‡, Cléreau ‡, Thorigny ‡
Huit : Dargies, Lusignan de Lezay ⊙, Thouars ‡.
Neuf : Chantemerle ★, Châteaumur ‡, Chauvet ‡, Dercé ‡, Haye-Passavant ‡, Mangou ⊙.
Dix : Chemillé ‡, Nossay ‡.
Semé : Beslon ‡.

Meule :
Chevalier du Bois.

Miroir :
Trois : Aucher, Mirambel.

Mitre d'Evêque :
Corderoy ‡, Parthenay-l'Archevêque ⊙.

Molette :
Une : Bailly de la Falaise ‡, Barde ⊙, Birot ‡, Bizemont ‡, Chabert, ‡,

Cherbon ✠, Duroussay ★, Espivent ✠, Roulière ✠.

Deux : Bussière ✠, Corneille ✠, Coulard ⊕, Erreau ✠, Féron ✠, Filleul ✠, Fournier ✠, Geay ✠, Maisons ⊙, Maurès de Malartic ★, et ⊕, Le Riche ✠, Thibault ✠, Toulard ⊙

Trois : L'Aîné ✠, Aitz ✠, Arclais ⊙, Aubouin ⊙, Auboutet ✠, Baconnais, Barbier-Montault ★, Bardonin, Bardoul ✠, Béguier ✠, Belleau ✠, Beugnon ✠, Bocquier ✠, Bragelongne ✠, Brilhac de Nouzières ✠, Le Brun ✠, Cantineau, Cantinière, Caumont ✠, Champrobin, Chausse ✠, Chezelles ✠, Cosson ⊙, Cotheron, Couasnon, Cour (et ⊙), Dalesme ⊙, Dexandrieux ✠, Dreux ✠, Esperon ✠, Eveillard ✠, Ferré ✠, Finé ★, Fortin ✠, Guillemot, Joubert, Jourdain ✠, Joussebert, Malleray ⊙, Marvillaut, et ✠, Ollivier ⊕, Taupane, Viau ⊙.

Quatre : Chevreuse ✠, Fay ✠, Fougières ✠, Pantin ✠.

Cinq : Buget ⊙, Giboust ✠. et ⊙, Perpigna.

Neuf : Neuchaize ou Nuchèze.

Semé : Cosnac ✠, Culant ★.

Monde :

Cordoue ✠, Cressac ⊙, Mondetour ✠.
Trois : Boussineau.

Mont, Montagne (V. ROCHER) :

Boyer ✠, Denis ✠, Dousset ✠, Fages ✠, Foucher ✠, Fulcher ✠, Monjon ✠, Monsière ✠, Montaudouin, Montauzier, Montjon ✠, Rougemont (flambant), Sinson, Valleteau ★, Vaux.

Deux : Monty ✠.

Trois : La Marque ✠, Valleteau ★.

Six : Simon

Mortier :

Deux : Barbier-Montault †.

Mouches (V. ABEILLES) :

Trois : Baconnet, Marchand, Mouchard ✠.

Mouchetures d'Hermine :

Une : Bereau ★, Berthelin ✠, Chappot ✠, Cornulier ✠, Gourdon ✠.

Deux : Allaire ✠, Pallu du Bellay ✠, Rochard ✠.

Trois : Augron ✠, Boisse ⊙, Chopin ★, Deaune ✠, De Haune ✠, Delavau ✠, Desmons ✠, Fontaine ✠, François ⊙, Guinguan ⊙, Hanne ⊙, *Héraud* ✠, La Marche ⊙, Landerneau, Marche ⊙, Mercier, Mons ✠, Simoneau, Thomasset †, Vau, Viel.

Quatre : Chastenet ✠, Térocs ✠ ou *Terves* ✠, Verrières ⊙.

Cinq : Brouillac, De la Porte ⊙, Girié ⊙, La Porte ⊙, Leviel, Macé †, Porte ⊙, Thomasset ✠.

Sept : Draud ⊙, Lenoir ✠.

Huit : Gannes, Linger ✠.

Neuf : Desmilattes ✠, Guignard ⊙, Kerveno, Lesperonnière ⊙, St-Quentin.

Quatorze : Glenetz †, Lavau ✠.

Quinze : Baye ⊙.

Semé d'hermines ou sans nombre : Berrye, Bertrand ✠, Boisgroland †, Bouchet ✠, Coigne, Papon, Pétiet †, Rohan-Chabot (Bretagne) †, Ste-Hermine, et ✠.

Moules :

Trois : Marchand.

Moulin à Vent :

Monnet ✠, Pouvreau (sur un tertre).

Mouton ou Agneau (V. BÉLIER) ·

Un : Allard ✠, Bouin de Beaupré ✠, Dousset ✠, Guitard, Laigneau, Mignoneau ✠, Pascault ✠, Pasturault ✠.

Deux : Dupré ⊙.

Trois : Chilleau ✠, Machon, Pastureau.

Plusieurs : Bergeau ✠.

Mûre :

Trois : Citoys ✠.

Mûrier :

Deméré, Moreau, Moreau ✠, Richeteau ✠.

Navettes :

Trois : Texier de St-Germain.

Navire :

Mercier de Lépinay.

Nid :
Trois : Denis ‡.

Noix de Galle :
Trois : Galbaud.

Noyer :
Dunoyer ⊕.

Nuage, Nuée :
Babou ★, Baugler ‡, Engaigne ‡, Nagle ★, Viète ‡.
Deux : Baudus ‡.

Oeil :
Bamard ⊙, Gaubert ‡.

Oie :
Goyon.

Oiseau (V. AIGLE, AIGLETTE, BRUANT, CAILLE, CANARD, CANETTE, COLOMBE, COQ, CORBEAU, CORNEILLE, COURLIS, CYGNE, ÉMÉRILLON, ÉPERVIER, ETOURNEAU, FAISAN, FAUCON, GEAI, GRIVE, GRUE, HÉRON, HIRONDELLE, JARS, LORIOT, MERLETTES, OIE, PAON, PAPEGAI ou PERROQUET, PELICAN, PERDRIX, PHÉNIX, PIE, PIGEON, POULE, TOURTERELLE, VANNEAU, VAUTOUR, VOL) :
Un : Chauvière ‡, Cheverie †, Dupont ‡ (huppé), Macé ‡.
Deux : Boirot ‡, Faure (affrontés) ‡.
Trois : Agroué, Aigret, Audebaud ‡ (cormorans), Aymé ★ (moineaux), Ballue ‡, Cloudis, Dureau ‡.
PATTES D'OISEAU : *Trois* : Artaguette.
TÊTES D'OISEAU : *Trois* : Cossin (Milans).

Olives :
Trois : Allemand ‡.

Olivier :
Brochant ‡, Charles, Redon †, Roigné.
RAMEAU D'OLIVIER : Cornelon ‡, Ferrand ‡, Repin.

Ondes (V. MER, RIVIÈRE) :
Babin ‡, Cothereau ‡, La Varenne ‡, Taride ‡.
Trois : Lhuislier ‡.

Or plein :
Poulignac †.

Oreilles d'âne :
Deux : Orillaud.

Orle :
Boutet ‡, Gaucher ‡, Juge ‡, Savary ‡.

Orme :
Clément ‡.

Os :
Deux : Gastinaire ‡.
Trois : Caquerau.

Otelles :
Trois : *Roatin* ‡.
Quatre : Bellivier ‡, Chateauneuf (Comminges) †.
Huit : Girié ⊙.

Ours :
Berne ‡, Bernon ‡, Cordoue ‡, Dulinet, Harembure ‡, Roches.
Deux : Baudéan de Parabère †, Pardaillan de Parabère †.
TÊTES : *trois* : Bonnin de Gramont, Vernon.

Pain de Sucre :
Dousset.

J'airle :
Coningham.

Pal (V. VERGETTES) ·
Un : Abbadie ‡, Alquier ‡, Aubert de Peyrelonge ‡, Bernegoue ‡ (retrait), Camin ‡, Chandos (aiguisé), Chauveron (bandé), Dancel ★, Dauveau, Ferrières ‡, Fontbrenier ⊙, Frappier, Frotier ‡, Gaultron ‡, Le Large ‡, Marin (gironné), Morain ‡, Pérusse (au pied fiché), Ragot (cannelé) ‡, Rayveau (comété) ‡, Rochambault ‡.
Deux : Archiac ‡, Ardouin (aiguisé) ‡, Babou ★, Beraudière ‡, François de Besnay (componés), Jaumier ‡, *Martineau* ‡, Mouraud ★, Saumier ⊙, Taveau ⊙.
Trois : Bonafos, Briey (pied fiché), Brochard de la Rochebrochard, Châtil-

lon ‡, Chevallerie ‡, Eschallard, Foulé, Gassion †, Girard ‡, L'Hermite ‡, Hommes ‡, Landin †, Marconnay ‡, Pandin ‡, Poute ‡, Prioleau ‡, Razay, Razes ‡, Roussardière ‡, Saligny (pied fiché) ‡, Sarrazin ‡, Suirot ☉.
Quatre : Gombaut, Guignot ‡ ou Guinot ‡.
Cinq : Bonnin du Cluzeau ☉, Dervaux, Saligny ‡, Trochet.
Six : Gombaut, Robert.

Bâton en pal :
Mallevaud ‡, Veillon ‡.

Palé :
D'Amboise, Bernard Sauvestre ‡, Bertin ‡, Blosset ‡, Bouer, Cherchemont ‡, Claveau ‡, Derazes ‡, Estissac, Fessard (8 pièces) ‡, Fouilloux ‡, *Montferrand*, Sauvestre ‡, Vieur ‡.

Palet :
Deux : Pallet ‡.

Palmier :
Un : Aymé de la Chevrelière ☉, Bégouën †, Belliard ★, Constant ‡, Courbe, Pallu du Bellay ‡, Richeteau ‡
Trois : Stinville ‡.
Plusieurs : Rat ‡.

Palmes :
Une : Blondé ‡, La Marque ‡, Pétiet ★.
Deux : Baudouin ‡ Estoile ‡, Pallu de la Barrière.
Quatre : Descartes ‡.
Six : Messemé.

Panier :
Un : Gautron †, Ogeron ‡.
Trois : Acquet de Férolles.

Paon :
Têtes : *trois* : Demerat ‡.

Papegai ou Perroquet :
Un : Gervain ☉.
Trois : Guyot.

Papillon :
Trois : D'Abillon, Dabillon.

Paquettes :
Trois : Pasquet ‡ ou Pasquier ‡.

Parti :
Denché : Denfert †.
Emmanché : Estève, L'Ecluse.

Pavillon :
Barvet ‡.

Peau :
Pelletier.

Pégase :
Creuzé †.

Peigne (V. RATEAU)
Espagne ‡.
Trois : Aubenton.

Pélican :
D'Ausseure, Cormier ‡, Dausseur Gaubert ‡.

Pennes :
Deux : Marolles ‡.

Pentalpha (Triangles ou Deltas entrelacés) :
Bonchamps, Budan ‡, Duquerroy ‡.
Trois : Achard ‡.

Perdrix :
Febvrier ☉.
Trois : Guyonnet.

Perles :
Chevigny ‡, Perle.
Trois : Esnard.
Semé : Champallays ☉.

Pervenche :
Pervinquière ‡.

Phénix :
Audouin, Baudy ‡, Bridonneau ‡, Chaspoux ‡, Clau, Fenieux ‡, Fénis ‡, Maignon ‡, Viard ‡.

Pie :
Trois : Tranchet de la Rajeasse.

Pièces de monnaie :
Sept : Bontemps ‡.

Pigeon :
Un : Aymard ‡, Bertram ‡, Pigniot †.
Deux : Bachoué ‡.
Trois : Richard ‡.

Quatre : Corneille ★.
Six : Arnault de la Gorce.

Pile
Chandos.

Pin :
Beaudéan †, Besse ‡, Boin, Dupin, Forcadel ‡, Harouard ‡, Le Geay ‡, Meschinet ‡, Paen, Picot ‡, Poissier, Richardière ‡.
Trois : Durcot.

Pique (V. LANCE) :
Trois : Lerix.
FERS DE PIQUE : *trois* : Denfert †, Fradet, Robin.
Quatre : Clouer ‡.
Huit : Breuil du Traversay.

Plat à barbe ·
Barbier ⊕.

Poignard :
Gaubertière, Martin ‡.
Deux : Daguin ‡.
Quatre : Gabory ‡.

Poinçon :
Frogier ‡.

Points équipolés ·
Seguin, Verthamont †.

Poirier :
Payré ‡, Poirier ‡.

Poisson (V. ANGUILLES, BAR, BROCHET, CHABOT, DAUPHIN, LAMPROIE, MERLAN, SARDINE, SOLE) :
Un : De l'Age de la ·Grange ‡, Barbarin, Bourgnon de Layre ‡, Coux ‡, Lage ‡, *Pixon*.
Deux : Berland (Merlans) ⊙, Cloistre (adossés) ⊙.
Trois : Barbarin, Le Musnier (Musniers) ‡.
Dix : Veronneau (Vêrons) ‡.

Pomme (tigée et feuillée) :
Une : Adam.
Trois : Adam de Sichard ‡, Buignon, Citoys ‡.

Pomme de Pin :
Une : Avy, Pinyot ⊕.
Deux : Dupin ★. '
Trois : Bonney, Chabiel, Citoys ‡, Collards ‡, *Durcot*, Ferrière ‡, Fontanes ⊙, Himène ‡, L'Anglois ‡, Morelon ‡, Pinault ‡, Pineau, Regnault, Renault, Savary de Beauregard ‡, Talhouët, et †, Urcot.

Pont :
Brayer ★, Bruet ‡, Dupont ‡, Dupont, Ponpaille ‡, Du Pont, Ponts ⊕.
Trois : Pontenier.

Potence
Sans nombre : Chabert ‡.

Porc-Epic :
Bellere, Chevalier, Cour ⊙, Courivaud ‡, La Court ⊙, Maupéou, Porcheron ‡, Pourquery ‡.
Deux : Ragot ‡, Rayveau ‡.
Trois : Coigneux, Foucraud, Mesnard.

Pot de Fleurs ·
Epremenil ★.

Poule :
Gallinart.

Pré :
Herberge (émaillé de fleurs) ‡, L'Herberie ‡.

Puits :
Beaupuy, Dupuis ‡, Puyguyon ‡.

Pyramide :
Demarçay †, Lamarque ★.
Trois : Belliard ★.

Quintaine ;
Trois : Robert de Lézardière.

Quintefeuille :
Une : Faye, Forges, Ravenel, Renouard.
Deux : Cordouan ‡.
Trois : Amelin ⊙, Baraton †, Bascher †, Boju, Chalmot ⊙, Châteaubodeau ‡, Chevenon ‡, Corlieu ⊙, Esco-

tais, Le Gascoing ‡, Gojon ‡ ou Goujon ‡, Ranon ⊙, Roullin ‡, St-Marsault ⊙, Trezin ⊙.
Quatre : Aliday ‡, Sabourault ‡, Stuart (Stuer) ‡.

Rameau (V. BRANCHE) : ᵛ
Babault ‡, Brunet ‡, Ferruyau ‡.

Ranchiers :
Deux : Dufay, Fay, Taille du Fay.
Trois : Doet, Fay.

Raquette :
Raquet ‡.

Rasoir :
Des Montils ‡.

Rat :
Raugot.
Trois : Maurat.

Renard :
Brayer ★, Consay ou Conzay.
Deux : Chesne.
TÊTES : *trois* : Furgon.

Rivière :
Babin des Bretinières ‡, Cuvillier ‡, Esserteau ‡, Gagnoleau ‡, Gargouilleau ‡, Garineau ‡, Garreau ‡, Guagnoleau ‡, Mestairie, Palustre ‡, Raity ‡, Resty ‡, Rivet, Tiraqueau ‡, Véronneau ‡.

Roc d'échiquier .
Monsière ‡.
Deux : Bouthet ‡, Chopin †.
Trois : Aux, et †, Besnard ⊙, Cheyrou, Daux ⊙, Epremenil ★, Gaalon, La Bassetière, La Roche-St-André, La Tribouille, Linax, Morisson, Rochambault ⊙, Roche-St-André, Sallot, Tribouille. ·
Cinq : Rogier, Roquart.
Six : Robert.

Rocher (V. MONTAGNE) :
Abbadie ★, Le Breton ‡, Chabot ★, Chataignier ‡, Corliet ‡, Cothereau ‡, Denis ‡, Durand ‡ (six coupeaux), Estienne ★, Faucon ‡, Fontanieu ‡, Mandot ‡, Rogier ‡.

Trois : Chabert ⊙, Guillart ‡.
Semé : Chastignier ‡ ou Chateigner ‡.

Roitelet :
Dehault de Pressensé ★.

Rose :
Une : Agaisseau †, Bardeau ‡, Bastide ‡, Belluchau ‡, Besly ‡, Bruc, Carré de Busserolles ‡, Drouet ‡, Falloux ‡, Fauveau ‡, Favre ‡, Fleuriau ‡, Fromenteau ‡, Geoffroy ⊙, Gruget ‡, Heuc †, L'Anglois ‡, Louveau ‡, Mignot ‡, Moysan ‡, Perefixe ‡, Pidoux ‡, Pierrefiche ‡, Rabault ‡, Savignac †, Simon, Ursins ⊙, Vezien ‡, Viau ‡, Villiers ‡, Villoutreys ‡.
Deux : Airon ‡, Ayron ‡, Baron de Vernon ‡, Béguin ‡, Bridonneau ‡, Chevalier ‡, Collin ‡, Dayron ‡, De Gennes ‡, Dreux-Brézé ‡, Dubuisson ‡, Garnier ‡, Gennes ‡, Gervain ‡, Grelier ‡, Grellier ‡, Janoillac ‡, Le Long ‡, Lucas ‡, Macé ‡, Mirabeau ‡, Mothes ‡, Rochard ‡, St-Cirgue ‡, Simon ‡, Vassan ‡.
Trois : Adhumeau ‡, Amaury ‡, Ardouin ‡, Audouart ‡, L'Avocat ‡, Baille ‡, Baron ‡, Bastier ‡, Beauregard ‡, Bertrand de la Bazinière ‡, Birot ⊙, Bonnault ⊙, Bouchet de Martigny ‡, Bouet ‡, Bouin, Bounaud ⊙, Bouthon, Bretonneau ⊙, Brilhac de Nouzières ⊙, Brossier ‡, Brunet ⊙, Buzelet ‡, Cabaret ‡, Cailler ⊙, Cardin ‡, Carlhouet ‡, Carré de la Mothe ‡, Casau ‡, Charpentier ‡, Chausseblanche ‡, Chevalier ‡, Chevalleau de Boisragon ‡, Chocquin, Conan, Coussaye, Cressac †, Crugy ou Cruzy, Demay ‡, Desmées, Doineau, Doyneau, Drouillet ⊙, Duchier ⊙, Dusson ⊙, Evêque de Puyberneau, Fé ⊙, Febvre ‡, Ferruyau ⊙, Fleuriot ‡, Frère ‡, Fuzeau ‡, Gaillard ‡, Garnier ‡, Garnier, Gébert †, Graham †, Graime †, Guérin ‡, Guilbaud, Guillon ★, Guinebauld, Hérisson, Hillerin, et ★, Huet ‡, Isle, Labourt †, Lapisse ‡, Le Roy ⊙, Levesque, Lucas ‡, Mahé, Maignon ⊙, Mallier ‡, Marchant, Maslier ‡, Mastier ‡, Maubué, De May ‡, Millon ‡, Mondion ‡, Monstils ‡, Montferrand ⊕, Montserault ⊕,

Mothe, Mouillebert ‡, Mousseaux ‡, Le Moyne ‡, Parigny, Percechausse ‡, Phelypes ‡, Philippes ‡, Racodet, Richard ‡, Rogier, et ‡, Rougier ‡, Sérigny ‡, Le Vallois ⊙.

Quatre : Bernon, Conty ‡, Croix ‡, Patras ‡, Riom ‡, Roussardière ‡

Cinq : Brilhac de Nouzières ⊙, Chioche, Meschain ⊙.

Six : Besdon ‡, Bonenfant ‡, Dizimieu.

Huit : Aubert.·

Dix : Aubert.

Semé : Ferriol ‡, Rogier.

Rose tigée :
Bachoué ‡, Canaye ‡, Flory, Rossi ‡.
Deux : Bertram ‡, Doré ‡.
Trois : Bourgnon de Layre ‡, Garnier, Isle, Légier, Oiron, Rousseau ‡, Rouziers ‡.
Cinq : Maichin ⊙.
BRANCHES : *trois* : Duverger ‡.

Roseau :
Deux : Rousseau.
Trois : Rousseau ou Rouseau de la Parisière, Rozel ‡.
Six : La Place ‡, Rousseau ‡.

Rosiers :
Fleury, Rogier.

Roue de Ste-Catherine :
Deux : Belleville ‡.
Trois : Condran ‡.

Roue :
Charron ‡, *Kerman* ‡ (demi roue), La Roullière ‡, Le Tourneur, Rostaing ‡, Sarode (demi roue) ‡.
Trois : Beraudière, Charruau, Doué, Rousselière ‡.

Rouet à filer :
Ménage. -

Ruche :
Deux : Taveau ⊙.

Ruines :
Aymé †, Belliard †, Masurier (masure).

Rustre :
Trois : Bremiers ⊙.

Sabre (V. BADELAIRE, CIMETERRE) :
Deux : Durand de Coupé ‡.

Sanglier :
Borgnet, Boumard ‡, Chasteau ‡, Chateauroux ‡, Damours ‡, Febvrier ‡, *Guillemin* ‡, Marin ‡, Sanglier ‡.

Hure de Sanglier :
Une : Baron de Vernon ‡, Bois de la Touche-Levrault, Bouthet ‡, Chenu ‡, Dubois ‡, Dusoul ‡, Fevret, Grimaud ⊙, La Fortinière, Maynard, Mesnage ⊙, Pelisson.
Deux : Porcheron ‡.
Trois : Baillou, Bardouin ‡, Bascle ‡, Baudouin de la Noue ‡, Berlouin ⊙, Bertinaud, Bouet ‡, Boucz ‡, Bourgeois, Bretinauld, Cailhou †, Champin, Chollet ‡, Cochon ‡, Dumoustier ‡, Febvre ⊙, Ferguson, Goret, Gorret ‡, Guillaumet ‡, Herbert ⊙, Laurens, Pélisson, Prévost, Queux, Razin, Saint-Gareau ‡, Salbert, et ‡, Vignerot, et †.

Sardines :
Trois : Sardain.

Saule :
Bretonneau ‡.

Sauterelle :
Faucher (faucheur).

Sautoir :
Aliday ‡, Alloneau, Arambert ‡, Armand ‡, Audebert, Averton ‡, Barde ‡, Barré ‡, Bellot ⊙ (alaisé), Belon ‡ (alaisé), Bittier ‡, Blom ‡, Bouchet de la Sardière ‡, Bouhet ‡. Boux ‡, Bresson ‡ (alaisé), Brissac ‡, Broglie (ancré), Brouilhac ‡, Bruce ‡, Chantemerle †, Chebassière (fascé), Cherité ‡, Chevreuse ‡, Clouer ‡, Collards ‡, Constant (ondé) ‡, Corneille ★ (engrêlé), Cortial ‡, Courtarvel ‡, Cousdun, Culant ★ (engrêlé), Descartes ‡, Duval ‡, Estivalle ‡, Estuer, Faron (alaisé), Le Féron ‡, Ferté ‡, Froulay (endenté et bordé), Gallier, Gallois, Gastineau (denché) ‡, Girié ‡, Julliot ‡ (denché), Keating ‡, Maistre ‡, Marquet ‡, Menage ‡, Milleville ‡, Partenay, Pindray, Prevost ‡ (dentelé), Rougnac ‡, Sabourault ‡, St-Légier ⊙, Serin, *Stuart* ‡,

Thérenneau ⚓, Vidaut, Vieilleseigle.
Deux : Caille ⚓, Loynes ⊙, Thibault ⊙.
Trois : Butigny, Molen (alaisés), Vernède.
Neuf : Pépin ⚓.

Sceptre :
(Le) Roy.
Trois : Barro ⚓.

Feuille de Scie :
Guérin ⚓.

Scorpion :
Beslay ⚓

Seau :
Un : Moriceau ⚓.
Trois : Acquet de Férolles, Mont-Aquay ⚓.

Serpent, Couleuvre :
Un : Barbelinière, Bernegoue ⊙, Berthus, Binot, Brault ★, Brayer †, Burges ⚓, Chauvelin ⚓, Vau ⚓, Vilain ⚓.
Deux : Dupuis ⚓ (ailés).
Trois : Froger ⚓, Lauzon ⚓, Remigeou.
TÊTES : *trois* : Massougnes ⚓.

Sirène (V. MÉLUSINE) ·
Merveilleux, Seré de Valsergues.

Sole :
Deux : Duplex ⚓.·

Soleil :
Acéré ⚓, Airon ⊙, Audouart ⚓, Barvet ⚓, Baudy ⚓, Beauregard ⚓, Bernardeau ⚓, Bernardeau de Monterban ⚓, *Boucherie* ⊙, Chambellain ⚓, Chastenet ⚓, et ⊙, Clement ⚓, Dayron ⊙, Dehault ★, Delastre ⚓, Doré ⚓, Dreux-Brézé ⚓, Dubuisson ⚓, Durand de Courcelles ⚓, Fenis ⚓, Fontréaux ⚓, Gruget ⚓, Jaumier ⚓, Lastre ⚓, Le Berger ⚓, Ménage ⊙, Merveillaud †, Millon ⚓, Saumier ⊙, Vauconcourt, Viète ⚓.
Trois : Aligre ⊙, Bouin de Noiré ⚓, Poussard.
Qu tre : Ardon ⚓,

Sonnette :
Trois : Ferron ⚓.

Soulier (V. BOTTE, HOUSSETTE) ·
Savatte, Soulars, Souliers.

Souris :
Trois : Drouet ⚓.

Targe, Bouclier :
Semé : Cullon ⊙

Taureau (V. BŒUF) :
Berthe ⚓, Brethé, Dupré ⊙, Feniou ⚓, Lucas ⚓ Thoreau, et ⚓, Thoru.

Terrasse (V. CHAMPAGNE, TERTRE) ·
Abbadie ★, Bouchereau ⚓, *Boucherie* ⚓, Bouin ⚓, Le Breton ⚓, Chateauneuf ⚓, Chaudreau ⚓, Cheusse ⚓, Chilleau ⚓, Constant ⚓, Le Coq, Couraudin ⚓, Coutocheau ⚓, Creuzé ★, Dubois ⚓, Durand ⚓, Duruau ⚓, Fonts ⚓, Fraigneau (ondée) ⚓, Harouard ⚓, Lamarque ★, Monnet ⚓, Moussy ⚓, Pallu du Bellay ⚓, Rat ⚓, Richeteau ⚓, Sauzay ⚓, Trezin ⚓, Veillon ⚓.

Tertre (V. TERRASSE, CHAMPAGNE) :
Clement ⚓, Daniel ⚓, Foulon ⚓, Groleau ⚓, Lande ⚓. L'Herberie (émaillé de fleurs) ⚓, Moreau ⚓ (motte), Rousseau ⚓, Ruau ⚓, Serisier ⚓.
Deux : Mothes (mottes) ⚓.

Tête humaine :
· Barbe (vieillard), Barbe de l'Age Courbe (lion à la tête humaine), France ⚓ (échevelée), Guyvreau ⚓.
BUSTE : Beau.

Tête de Maure :
Boismorin ⚓, Chaudruc ⊙, Moreau ⊙, Moreau †, Moriceau ⚓, Sain ⊙, Thomas ⚓.
Deux : Desmé †, Morain ⊙, Moreau ⚓.
Trois : Le Bossu, Epremenil ★, Fardeau ⚓, La Fuye ⚓, Grand ⚓, Louvart, Morennes, Morineau ⊙, Mortal, Moury ⚓, Négrier ⚓, Reveau ⊙ ou Riveau ⊙, Vouzy ⚓.
Quatre : Prevost ⚓ (avec un turban).

162

Cinq : St-Maury.

Tête de Turc :
Trois : Cabèce ⊙.

Une Tierce :
Labadye ‡.
Deux : Tiercelin ‡.

Tiercé :
Taillée ‡.

Tiercefeuilles :
Trois : Lelièvre, Thubert ‡.

Tige
Chevalier de la Cour ‡.

Tortue :
Demayré ‡, Gilbert ‡, Letard ⊙, Petitpied ‡.

Tour :
Aubel ‡, Audonnet, Audouet, Bareau †, Bereau †, Bricheteau, Brunet de Sérigné ‡, Chaillé, Chambon, Creuzé ★, Dadine ‡, Demarçay †, Denfert †, Desmé, Douhet †, Febvre ‡, Ferruyau ‡, Finé †, Forain ‡, Foye, François ‡, Gandillaud, Gassion †, Godet ★, Joyrie ‡, *Kerman* ‡, Laydet (pavillonnée), Masougne, Perrat, Pigniot †, St-Martin, Sanzay ‡, Sauzay ‡, Tour ⊙, Tourlon (entourée d'une muraille).
Deux : Bonnelie ‡, Chasteau ‡, Delaville ‡, La Bonnetière ‡, Mondetour ‡.
Trois : Auvergne ‡, Aymé †, Brousse, Chasseloup ‡, Chastelier ‡, Dupont de Jarsais, Faulcon ★, Geoffroy ‡, Hector, Hilaire ‡, Hillaire, Jaillard, Joubert, Joubert ‡, Lacombe, Lastre, Le Tourneur, Maisons ‡, Montier, Pont, Prudhomme, Roche, Roche ‡, Sesmaisons, Thebault.
Quatre : Pont.

Tour donjonnée (V. CHATEAU).

Tournesol :
Le Febvre ‡.

Tourteau (V. BOULE) :
Un : Airon ‡, Barrault ‡, Compagnon ‡, Dayron ‡, Dugast ‡. La Primaudaye ⊙, Lhuislier ‡, Peuguion ‡.

Trois : Argenton ‡, Barbin ‡. Blair ⊙, Bois de St-Mandé, Chausseraye ⊙, Duboys de St-Mandé, Durand, Estourneau ⊙, Fadate ‡, Fougère, Meille ‡, Pinault ‡, Rosiers ‡, Salle, Terronéau ‡, Tousche.
Quatre : Chapelle ‡.
Cinq : Descubes, Gasteau, Juyon ‡, Robineau ⊙.
Six : Darain.
Huit : Masparault ⊙.
Neuf : Savary ⊙.
Dix : Grein.
Douze : Culant ★.
Seize : Clabat ⊙, Juge ⊙.
Semé : Duhaux ⊙.

Tourterelle :
Trois : Chantereau, et ‡, Mocet ‡, Razay ‡, Tourtereau.

Trangle (V. FASCE) :
Une : Bodet de la Fenestre ⊙, Cosne ‡, Dreux du Radier ‡, Fontréaux ‡, Giraud ‡, Hemery ‡.
Cinq : Aubery, Le Fèvre.

Trèfle .
Un : Chaud ‡, Erard ‡, Lhuislier ‡, Pavin ‡.
Deux : Fontaine ‡.
Trois : Arquistade ‡, Aubéry ‡, Aubry ‡, Bain ‡, Baugier ‡, Bourdicaud ‡, Brisset, *Brossier* ‡, Butault ‡, Cardinault, Caulaincourt ‡, Couvidou, Crochard, Dancel ★, Dufloet ou Duflos ⊙, Dupas ‡, Durand de Challandray, Dusoul ‡, Eveillard, et ‡, Fieux ‡, *Fracard*, France ‡, Fresneau ‡, Gaborin, Galliffet ‡, Gazeau ‡, Guilhon ‡, *Haye* ‡, Joly ‡, Lelièvre, Mallet, Puillouer ‡, Regnault ‡, Richier, Robin ‡. Simonneau ‡, Thubert ‡.
Quatre : Estivalle ‡
Six : Amoureux ‡.
Dix : Vernay.
Sans nombre ; Bernard-Sauvestre ⊙, Bertin ⊙, Buget ⊙, Clermont ‡, Daneys ‡, Pourquery ⊙, Sauvestre ⊙.

Triangles pleins :
Un : Pépin ‡, Pétiet ‡.
Deux : Rabault ⊙.

Trois : Boutaut ‡, Dutiers ‡, Preuilly.

Triangles vidés :
Grosbois ‡.
Six triangles : Achard ‡, Clisson.

Tronc écoté :
Baglion ‡, Fourré (brisé en chevron), Tison (ardent).
7 rois : Chesnel, Vassoigne (souches).

Truelle :
Cinq : Massonneau.

Tulipe :
Belluchau ⊙.

Vache (V. Bœuf, Taureau) ·
Bacqua ‡.
Deux : Galard †, Vareges.
Trois : Brethé de Richebourg, Brèttes.
Têtes : *trois* : Vacher.

Vair plein :
Lohéac.

Vairé :
Baroteau ‡, Billy de Prunay ★, Rochefort, Verré.

Vanneau :
Trois : Menagier ‡.

Vannets (V. Coquilles)
Trois : Buxière ‡.

Vases :
Houllier (à deux anses) ‡, La Varenne (flacon), Le Vacher (de fleurs), Vaselot.

Trois : Aubues, Fayole (fioles), Maubué, Potier ‡, Roche-Pichier (pichets).

Vautour :
Crossard ‡, Stuart ‡.

Veau :
Têtes de Veau : *trois* : Feslon, Veau ‡, Veslon.

Vergettes (V. Pals).

Vergeté :
Montsorbier ‡.

Vergne (Aulne) :
Dauvergne, Boislinards ‡.

Vigne :
Vignaut (chargée de 7 grappes).

Ville :
Neufville, Rogier ‡, Villebon, Ville-Fayard ‡.

Vires :
Trois : Mallevaud ‡.

Vivre :
Préaux ⊙.
Deux : Loynes ★.

Vol :
Bionneau ‡, Chalmot ‡, Fornel, Gruget ⊙, Lambert ‡, Pestalozzi †, Poix, Verdilhac.
Deux : Bussière ‡.
Demi Vol : Alleaume ⊙.
Deux : Chartier ‡, Dancel ★, Martineau ‡, Pestalozzi † (adossés).
Trois : Boutaud, Green, Prévost.

FIN

CPSIA information can be obtained
at www.ICGtesting.com
Printed in the USA
BVHW05s1958090418
512843BV00029BA/1622/P

9 781332 576722